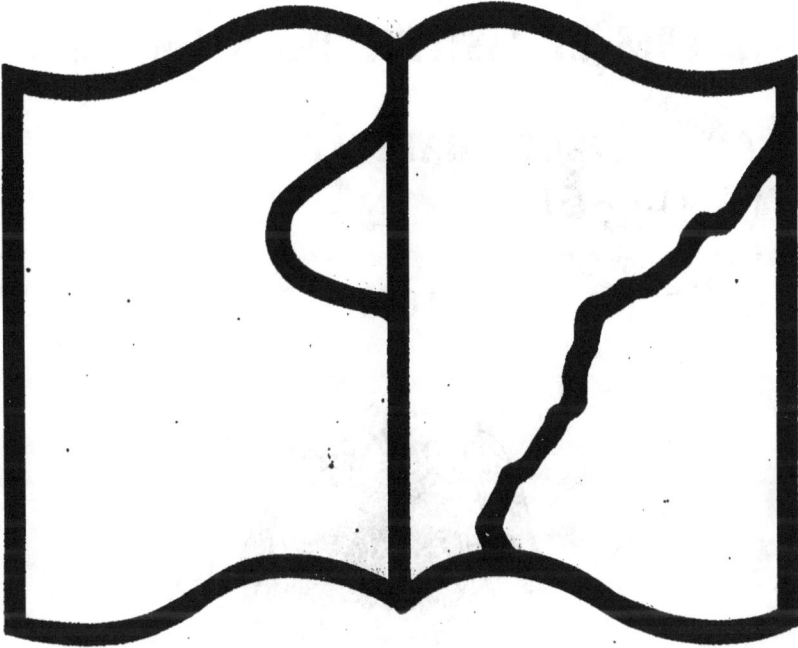

Texte détérioré — reliure défectueuse

**NF Z 43**-120-11

Symbole applicable
pour tout,ou partie
des documents microfilmés

# MANUEL

DES

## ŒUVRES ET INSTITUTIONS RELIGIEUSES

ET CHARITABLES.

1877.

# PARIS.

## IMPRIMERIE NATIONALE.

M DCCC LXXVII.

# PARIS.

## LIBRAIRIE POUSSIELGUE FRÈRES.

RUE CASSETTE, 27.

# MANUEL

DES

## OEUVRES ET INSTITUTIONS RELIGIEUSES

### ET CHARITABLES.

—

1877.

# MANUEL

### DES

## OEUVRES ET INSTITUTIONS RELIGIEUSES

## ET CHARITABLES.

—

### 1877.

## PARIS.

## IMPRIMERIE NATIONALE.

—

### M DCCC LXXVII.

# PRÉFACE.

—◦◦◦—

A mesure que la charité pénètre plus avant dans la misère et les besoins des pauvres et multiplie les moyens de venir à leur aide, il importe de mieux connaître les ressources qu'elle met à la disposition de ses auxiliaires et de ses protégés.

Rien n'a été épargné dans cette nouvelle édition du Manuel pour atteindre ce résultat.

Sans avoir la prétention de juger les œuvres dont on certifie l'existence et de les classer suivant leur mérite, on s'est appliqué à en rendre la liste complète, à en préciser le but et les conditions, à marquer avec la plus scrupuleuse exactitude les noms et les adresses des personnes qui les dirigent, à réunir tous les renseignements nécessaires pour profiter de leur secours.

Afin de faciliter les recherches, ce livre a été divisé en quinze chapitres, dont chacun renferme une catégorie spéciale, déterminée soit par l'âge, la position et la nationalité des individus protégés ou secourus, soit par l'origine ou la nature de l'assistance donnée.

Aux institutions de bienfaisance et de prévoyance du département de la Seine on a joint les asiles et les orphelinats qui, placés dans d'autres départements, reçoivent les enfants et les infirmes de la ville de Paris.

En mettant ainsi sous les yeux des personnes qui aiment à faire le bien toutes les sources auxquelles il leur est permis de puiser, le Manuel leur rendra faciles des œuvres que, réduites à leurs seules forces, elles n'auraient pu réaliser; il associe, en quelque sorte, à leur bonne volonté tout ce que la charité a concentré d'efforts, de dévouements et de sacrifices pour l'amélioration et le soulagement de l'humanité. Mais il a encore une autre ambition : la nomenclature d'un si grand nombre d'institutions nées presque toutes de l'influence du christianisme, et sous l'inspiration de l'Évangile, n'est-elle pas, malgré sa concision et sa sécheresse, le plus éloquent témoignage en faveur des croyances et des doctrines aujourd'hui si calomniées et si combattues, et une réponse victorieuse à ceux qui seraient tentés de désespérer de notre temps et de notre pays?

# SOMMAIRE DES CHAPITRES.

Les tables détaillées sont à la fin du volume

# CHAPITRE PREMIER.

## ENFANCE.

---

## PREMIÈRE SECTION.

**Premier âge, — Crèches, — Asiles, — Écoles et Œuvres pour les Écoles.**

---

### SOCIÉTÉ DE CHARITÉ MATERNELLE DE PARIS,

SOUS LE PATRONAGE DE M<sup>me</sup> LA MARÉCHALE DE MAC MAHON, DUCHESSE DE MAGENTA.

Siége de la Société : rue Chauchat, 10 (IX<sup>e</sup> arrondissement).

La Société de Charité maternelle de Paris, fondée en l'année 1788, sous les auspices de la reine Marie-Antoinette, fut dissoute pendant la révolution et réorganisée par les décrets du 5 mai 1810 et du 25 juillet 1811.

La Société vient en aide aux pauvres mères en couches, sans distinction de nationalité ni de religion. Elle encourage le mariage en ne secourant que des femmes mariées, et elle préserve les nouveau-nés de l'abandon, en imposant aux mères le devoir de nourrir elles-mêmes leurs enfants ou de les élever près d'elles pendant la première année.

L'OEuvre secourt au moment de l'accouchement : 1° les femmes qui, ayant perdu leur mari pendant leur grossesse, ont au moins un enfant vivant; 2° les femmes abandonnées de leur mari, sauf à en justifier; 3° celles qui ont un enfant vivant et un mari estropié ou atteint d'une maladie chronique; 4° celles qui sont infirmes et ont deux enfants vivants; 5° celles qui, ayant deux enfants, accouchent de deux jumeaux; 6° les femmes qui ont déjà trois enfants vivants dont l'aîné a moins de treize ans. On compte les enfants de différents lits. Si l'aîné des enfants est âgé de treize ans et qu'il soit infirme, il est compté comme enfant en bas âge.

Pour être admises aux secours, les mères doivent présenter dans les deux derniers mois de leur grossesse : 1° un certificat d'indigence et de bonnes mœurs, attestant leur inscription depuis un an, au moins, au bureau de bienfaisance. L'année d'inscription n'est, toutefois, pas exigée des femmes devenues veuves pendant leur grossesse et qui ont au moins un enfant vivant, ni de celles qui ont un enfant vivant et un mari estropié ou atteint de maladie chronique; 2° leur acte de mariage devant le ministre de leur culte; 3° les actes de naissance et de baptême de leurs enfants; et 4°, suivant les circonstances, l'acte de décès de leur mari ou un certificat d'infirmité.

Chaque femme secourue reçoit une somme de 90 francs, qui se divise ainsi :

10 francs au moment de l'accouchement ;

20 francs en objets de layette ;

50 francs à raison de 5 francs par mois, pour dix mois d'allaitement ;

10 francs pour un habillement du premier âge.

Les femmes qui, ayant été admises aux secours de l'Œuvre, accoucheront à l'hospice ne recevront pas les 10 francs de frais de couches..

La Société est placée sous le patronage de Madame la Maréchale de Mac Mahon ; elle est administrée par un comité composé de quatre vice-présidentes, d'une dame secrétaire et de quatre-vingts dames, soit quatre par arrondissement, qui ont pour mission de recevoir, d'examiner les demandes concernant le quartier dont chacune d'elles est chargée et de provoquer, s'il y a lieu, l'admission aux secours, qui est prononcée par le comité. Elles surveillent ensuite l'emploi des secours.

Les ressources de la Société se composent de fonds placés, d'allocations du ministère de l'intérieur et du département de la Seine, de souscriptions particulières, etc.

Un grand nombre de villes de France (soixante-dix-sept) sont dotées également de Sociétés de Charité maternelle approuvées et subventionnées par l'État.

Les demandes en vue d'obtenir l'autorisation de

former une Société de Charité maternelle doivent être adressées au préfet du département. (Décret du 20 avril 1815.)

Le siége de la Société de Charité maternelle est à Paris, rue Chauchat, 10, chez M. THELIER, banquier, trésorier de la Société.

*Secrétaire :* M<sup>me</sup> DELACHAUSSÉE, rue des Francs-Bourgeois, 54.

*Agent de la Société :* M. DEVRAINNE, rue de Douai, 17.

LISTE DES DAMES CHARGÉES DE DISTRIBUER LES SECOURS.

### I<sup>er</sup> *Arrondissement.* — LOUVRE.

| Quartiers. | M<sup>mes</sup> |
|---|---|
| S<sup>t</sup>-Germain-l'Aux. | LETELLIER, quai de la Mégisserie, 20. |
| Les Halles....... | BOURNAT, rue Jacob, 20. |
| Palais-Royal..... | MOUSSET, rue de Rivoli, 232. |
| Place-Vendôme... | DEVINCK, rue Saint-Honoré, 175. |

### II<sup>e</sup> *Arrondissement.* — BOURSE.

| Quartiers. | M<sup>mes</sup> |
|---|---|
| Gaillon......... | |
| Vivienne........ | } LOUIS, rue de la Victoire, 94. |
| Mail........... | HUSSENOT, rue Laffitte, 13. |
| Bonne-Nouvelle... | BONTEMPS, rue de Verneuil, 55. |

### III<sup>e</sup> *Arrondissement.* — TEMPLE.

| Quartiers. | M<sup>mes</sup> |
|---|---|
| Arts-et-Métiers... | Comtesse WALEWSKA, rue François I<sup>er</sup>, 6. |
| Enfants-Rouges... | DESLANDRES, rue des Vosges, 10. |
| Archives........ | SALMON, rue Saint-Lazare, 91. |
| Sainte-Avoie..... | Gust. SALMON, boulev. des Filles-du-Calv. 20. |

## IV<sup>e</sup> *Arrondissement.* — HÔTEL-DE-VILLE.

| Quartiers. | M<sup>mes</sup> |
|---|---|
| Saint-Merry....... | MOINERY, rue de Rivoli, 80. |
| Saint-Gervais.... | { DELACHAUSSÉE, r. des Francs-Bourgeois, 54. DESOUCHE, rue de Birague, 16. |
| Arsenal......... | Paul DE CHARNACÉ, rue Taranne, 25. |
| Notre-Dame..... | Vicomtesse Armand DE L'ESCALOPIER, quai de Béthune, 26 (île Saint-Louis). |

## V<sup>e</sup> *Arrondissement.* — PANTHÉON.

| Quartiers. | M<sup>mes</sup> |
|---|---|
| Saint-Victor..... | Paul DEFAUCOMPRET, rue de la Vieille-Estrapade, 15. |
| Jardin-des-Plantes. | DEMANTE, rue des Feuillantines, 91. |
| Val-de-Grâce..... | MICHAU, boulevard Saint-Michel, 81. |
| Sorbonne....... | BERTRAND, rue de Condé, 14. |

## VI<sup>e</sup> *Arrondissement.* — LUXEMBOURG.

| Quartiers. | M<sup>mes</sup> |
|---|---|
| Monnaie........ | Comtesse PAJOL, rue de Varennes, 73. |
| Odéon......... | Duchesse DE CAMBACÉRÈS, rue de l'Université, 21. |
| N.-D.-des-Champs. | FAYOLLE, rue de Grenelle, 89. |
| St-Germain-d.-Pr. | CORBET, rue de l'Université, 74. |

## VII<sup>e</sup> *Arrondissement.* — PALAIS-BOURBON.

| Quartiers. | M<sup>mes</sup> |
|---|---|
| St-Thomas-d'Aq.. | COUSTOU, rue du Bac, 101. |
| Invalides........ | Duchesse D'ESTISSAC, r. St-Dominique, 102. |
| École-Militaire... | Marquise DE BOISGELIN, rue St-Dominique, 106. |
| Gros-Caillou..... | Vicomtesse DE PERTHUIS, rue de l'Université, 31. |

## VIII<sup>e</sup> *Arrondissement.* — ÉLYSÉE.

| Quartiers. | M<sup>mes</sup> |
|---|---|
| Champs-Élysées.. | Baronne D'AVRIL, rue Galilée, 45. |
| Faub.-du-Roule.. | Vicomtesse DE MAUPEOU, r. Cambacérès, 11. |
| Madeleine....... | GUILHIERMOZ, rue Boissy-d'Anglas, 9. • |
| Europe.......... | Maurice COTTIER, rue de la Baume, 11. |

## IX<sup>e</sup> *Arrondissement.* — OPÉRA.

| Quartiers. | M<sup>mes</sup> |
|---|---|
| Saint-Georges.... | ARÈNE, rue Fontaine-Saint-Georges, 42. |
| Chaussée-d'Antin.. | CHAUCHAT, boulevard Haussmann, 121. |
| Faub.-Montmartre. | Philippe HOTTINGUER, rue Laffitte, 14. |
| Rochechouart..... | ELLEAUME, rue Caumartin, 21. |

## X<sup>e</sup> *Arrondissement.* — ENCLOS SAINT-LAURENT.

| Quartiers. | M<sup>mes</sup> |
|---|---|
| S<sup>t</sup>-Vincent-de-Paul. | ESTAVE-RAIMBERG, boulev. de Strasbourg, 19. |
| Porte-S<sup>t</sup>-Denis... | BÉCHET, boulevard de Strasbourg, 19. |
| Porte-S<sup>t</sup>-Martin.. | LASSON, boulevard de Magenta, 40. |
| Hôpital-S<sup>t</sup>-Louis.. | DUPONT-JOUANET, rue Albouy, 12. |

## XI<sup>e</sup> *Arrondissement.* — POPINCOURT.

| Quartiers. | M<sup>mes</sup> |
|---|---|
| Folie-Méricourt... | LENOIR, boulevard du Temple, 32. |
| Saint-Ambroise... | HENRY, boulevard Saint-Martin, 12. |
| Roquette........ | NIZEROLLE, rue Amelot, 14. |
| Sainte-Marguerite. | DENIS DE HANSY, rue Beautreillis, 6. |

## XII<sup>e</sup> *Arrondissement.* — REUILLY.

| Quartiers. | M<sup>mes</sup> |
|---|---|
| Bel-Air......... | LEBLANC, rue du Rendez-vous, 26. |
| Picpus......... | Duchesse DECAZES, au Minist. des aff. étrang. |
| Bercy.......... | FORTIER-BEAULIEU, rue de Charenton, 241. |
| Quinze-Vingts.... | JEANNEL, rue de Charenton, 28. |

## XIII<sup>e</sup> Arrondissement. — GOBELINS.

| Quartiers. | M<sup>mes</sup> |
|---|---|
| Salpétrière...... | Vicomtesse DE LA PANOUSE, quai d'Auster-litz, 57. |
| La Gare........ | PAYMAL, quai de la Gare, 19. |
| Maison-Blanche.. | { BOUVRY, boulevard Saint-Michel, 87. <br> { VIGNERON, rue du Moulin-de-la-Pointe, 41. |
| Croulebarbe..... | DECAUX, rue Notre-Dame-des-Champs, 107. |

## XIV<sup>e</sup> Arrondissement. — OBSERVATOIRE.

| Quartiers. | M<sup>mes</sup> |
|---|---|
| Mont-Parnasse... | MARCHAL, rue d'Enfer, 79. |
| La Santé........ | PALLARD, rue de la Tombe-Issoire, 84. |
| Petit-Montrouge.. | MONTAZEAU, avenue d'Orléans, 52. |
| Plaisance....... | { BOLAY, rue du Moulin-de-Beurre, 12. <br> { ROUGET, rue Sauvageot, 9. |

## XV<sup>e</sup> Arrondissement. — VAUGIRARD.

| Quartiers. | M<sup>mes</sup> |
|---|---|
| Saint-Lambert.,. | BOURNISIEN, rue Blomet, 136. |
| Necker......... | FAUVAGE, boulevard du Mont-Parnasse, 40. |
| Grenelle....... | GONDRY, rue du Commerce, 89. |
| Javel.......... | FOURCADE, rue d'Amsterdam, 67. |

## XVI<sup>e</sup> Arrondissement. — PASSY.

| Quartiers. | M<sup>mes</sup> |
|---|---|
| Auteuil......... | { Baronne BARTHOLDI, rue Raynouard, 21. <br> { FOUCHER, rue de la Municipalité, 112. |
| La Muette...:... | Gabriel DELESSERT, rue Raynouard, 9. |
| Porte-Dauphine.. | Comtesse DE NADAILLAC, rue Raynouard, 13. |
| Les Bassins...... | Marquise DE LABORDE, rue Billault, 5. |

2.

## XVII<sup>e</sup> *Arrondissement.* — LES BATIGNOLLES.

| Quartiers. | M<sup>mes</sup> |
|---|---|
| Les Ternes...... | Comtesse Karl DE MERCY-ARGENTEAU, rue d'Aguesseau, 18. |
| Plaine-Monceaux.. | DE MONBEL, rue d'Asnières, 24. |
| Les Batignolles... | SOUCHARD DE LAVOREILLE, rue Truffaut, 28. |
| Les Épinettes. ... | BARON, rue Biot, 3. |

## XVIII<sup>e</sup> *Arrondissement.* — BUTTES MONTMARTRE.

| Quartiers. | M<sup>mes</sup> |
|---|---|
| Grandes-Carrières. | LEGRAND, rue Laffitte, 49. |
| Clignancourt..... | Baronne MICHEL DE TRETAIGNE, rue Marcadet, 112. |
| La Goutte-d'Or... | BASSEBIE, rue de Clichy, 22. |
| La Chapelle. .... | HÉBERT, rue des Roses, 13. |

## XIX<sup>e</sup> *Arrondissement.* — BUTTES SAINT-CHAUMONT.

| Quartiers. | M<sup>mes</sup> |
|---|---|
| La Villette....... | LE BAUDY, rue d'Amsterdam, 81. |
| Pont-de-Flandre.. | GAGER, rue de Flandre, 59. |
| Amérique....... | JULLIANY, rue Haxo, 145. |
| Combat. ....... | LÉGER, rue de Tournon, 4. |

## XX<sup>e</sup> *Arrondissement.* — MÉNILMONTANT.

| Quartiers. | M<sup>mes</sup> |
|---|---|
| Belleville. ...... | Marquise DE LILLERS, avenue Montaigne, 23. |
| Saint-Fargeau.... | BODSON, rue de Ménilmontant, 141. |
| Père-Lachaise. ... | Arthur MIGNOT, rue Sainte-Anne, 48. |
| Charonne....... | TOPART, rue Saint-Blaise, 62 *bis*. |

## ASSOCIATION DES MÈRES DE FAMILLE.

Cette association, fondée en 1835, accorde des secours aux pauvres femmes en couches et à leurs enfants nouveau-nés qui ne peuvent être assistés par la Société de Charité maternelle ou par les bureaux de bienfaisance.

Elle est administrée par un conseil composé d'une présidente-trésorière, d'une secrétaire et de présidentes chargées chacune d'un arrondissement.

Pour être admises aux secours, les mères doivent présenter leur demande à la présidente de leur arrondissement avec l'acte de leur mariage civil et religieux, ou la preuve de leurs démarches auprès de la Société de Saint-François-Régis pour la célébration de leur mariage, l'acte de baptême de leurs enfants et une attestation des sœurs de leur quartier constatant que leur situation réclame des secours.

Nulle demande n'est reçue six semaines après l'accouchement.

Les secours consistent ordinairement en une layette pour l'enfant, en vêtements pour la mère, et en bons de pain, viande, bois, sucre.

*Présidente-trésorière:* M^me PLOCQUE, rue du Sentier, 29.

*Secrétaire:* M^me Frédéric LAURAS, rue de Sèvres, 85.

## LISTE DES PRÉSIDENTES ET VICE-PRÉSIDENTES.

### I<sup>er</sup> *Arrondissement.*

| Quartiers. | M<sup>mes</sup> |
|---|---|
| S<sup>t</sup>-Germain-l'Aux. | MOUSSET, *Présidente*, rue de Rivoli, 232. |
| Palais-Royal..... | SANGUIER, *Vice-Présidente*, rue Thérèse, 10. |
| Place-Vendôme... | Jules LAGOUTTE, *Vice-Présidente*, rue Saint-Honoré, 372. |
| Les Halles....... | BONVALLET, *Vice-Présidente*, r. Jean-Jacques-Rousseau, 19. |

### II<sup>e</sup> *Arrondissement.*

| Quartiers. | M<sup>mes</sup> |
|---|---|
| Bonne-Nouvelle... | BERTRAND-TAILLET, *Présidente*, boulevard Bonne-Nouvelle, 25. |
| Mail........... | E. BERTRAND, *Vice-Présidente*, rue du Sentier, 3. |
| Vivienne....... | M. LUCY, *Vice-Présidente*, r. des Jeûneurs, 35. |

### III<sup>e</sup> *Arrondissement.*

| Quartiers. | M<sup>mes</sup> |
|---|---|
| Archives........ | RÉVEILHAC, *Présidente*, r. des Tournelles, 47. |
| Arts-et-Métiers... | LAPAREILLÉ, *Vice-Présidente*, place du Château-d'Eau, 11. |
| Enfants-Rouges... | BONNAIRE, *Vice-Présidente*, rue Meslay, 5. |

### IV<sup>e</sup> *Arrondissement.*

| Quartiers. | M<sup>mes</sup> |
|---|---|
| Arsenal......... | LECOCQ, *Présidente*, r. Vieille-du-Temple, 47. |
| Notre-Dame..... | DAFFRY DE LA MONNOYE, *Vice-Présidente*, rue Chanoinesse, 19. |
| Saint-Gervais.... | MENOIN, *Vice-Présidente*, quai Bourbon, 45. |
| Saint-Merry..... | LOPEZ-SUASSO, *Vice-Présidente*, rue de la Verrerie, 36. |

## V<sup>e</sup> *Arrondissement.*

| Quartiers. | M<sup>mes</sup> |
|---|---|
| Val-de-Grâce. . . . | ORCIBAL, *Présidente*, boulev. S<sup>t</sup>.-Michel, 26. |
| Saint-Victor. . . . . | Benjamin CLAUDON, *Vice-Présidente*, quai de la Tournelle, 27. |
| Jardin-des-Plantes. | THOMAS, *Vice-Présidente*, q. des Orfévres, 6. |
| Sorbonne. . . . . . . | PIEL, *Vice-Présidente*, boulev. S<sup>t</sup>.-Michel, 73. |

## VI<sup>e</sup> *Arrondissement.*

| Quartiers. | M<sup>mes</sup> |
|---|---|
| S<sup>t</sup>-Germain-d.-Pr. | DE BOURBUILLE, *Présidente*, rue de Tournon, 12. |
| Monnaie. . . . . . . . | BOURUET, *Vice-Présidente*, boulevard Saint-Michel, 1. |
| Odéon. . . . . . . . . | BOUDET, *Vice-Présidente*, rue Jacob, 30. |

## VII<sup>e</sup> *Arrondissement.*

| Quartiers. | M<sup>mes</sup> |
|---|---|
| École militaire . . . | PRÉVOT, *Présidente*, rue de Varennes, 26. |
| S<sup>t</sup>-Thomas-d'Aq.. | COSTE, *Vice-Présidente*, rue du Bac, passage Sainte-Marie, 11 *bis.* |
| Invalides. . . . . . . . | Jules DOULCET, *Vice-Présidente*, au palais du Corps législatif. |
| Gros-Caillou. . . . . | DE MARGERIE, *Vice-Présidente*, rue de Grenelle, 132. |

## VIII<sup>e</sup> *Arrondissement.*

| Quartiers. | M<sup>mes</sup> |
|---|---|
| Europe. . . . . . . . . | Albert MORICE, *Présidente*, rue de Londres, 50. |
| Madeleine. . . . . . . | MALUER, *Vice-Présidente*, rue du Faubourg-Saint-Honoré, 52. |
| Faub.-du-Roule. . | LABROUCHE, *Vice-Présidente*, r. du Rocher, 76. |
| Champs-Élysées. . | FAVARD, *Vice-Présidente*, rue de Morny, 61 |

### IX<sup>e</sup> Arrondissement.

| Quartiers. | M<sup>mes</sup> |
|---|---|
| Rochechouart.... | DEVÈS, *Présidente*, rue Laffitte, 3. . |
| Faub.-Montmartre. | POCHARD, *Vice-Présidente*, rue de Vaugirard, 22. |
| Chaussée-d'Antin.. | MORILLON, *Vice-Présidente*, boulev. Haussmann, 52. |

### X<sup>e</sup> Arrondissement.

| Quartiers. | M<sup>mes</sup> |
|---|---|
| Porte-S<sup>t</sup>-Martin.. | DENONVILLIERS, *Présidente*, boulevard de Magenta, 124. |
| Porte-S<sup>t</sup>-Denis... | BOUDOUX, *Vice-Présidente*, pass. Chausson, 9. |
| S<sup>t</sup>-Vincent-de-Paul. | DE LA MARNIÈRE, *Vice-Présidente*, rue Lafayette, 150. |

### XI<sup>e</sup> Arrondissement.

| Quartiers. | M<sup>mes</sup> |
|---|---|
| Folie-Méricourt... | GAUTIER, *Présidente*, rue Basfroi, 30. |
| Saint-Ambroise... | JOSSE, *Vice-Présidente*, rue de Charonne, 163. |
| Roquette........ | LEGRAND, *Vice-Présidente*, boulevard Voltaire, 279. |
| Sainte-Marguerite. | FLÉCHEUX, *Vice-Présidente*, quai des Célestins, 6. |

### XII<sup>e</sup> Arrondissement.

| Quartiers. | M<sup>mes</sup> |
|---|---|
| Bercy......... | FORTIER-BEAULIEU, *Présidente*, rue de Charenton, 241. |
| Quinze-Vingts... | CHENOU, *Vice-Présidente*, rue de Charenton, 319. |

## XIII° Arrondissement.

| Quartiers. | M<sup>mes</sup> |
|---|---|
| ***.............. | ***, *Présidente*, |
| Maison-Blanche... | Métalli, *Vice-Présidente*, boulevard des Gobelins, 25. |
| Croulebarbe..... | Haslé, *Conseillère*, r. du Moulin-des-Prés, 23. |

## XIV° Arrondissement.

| Quartier. | M<sup>me</sup> |
|---|---|
| Plaisance........ | G'Sell, *Vice-Présidente*, rue du Moulin-de-Beurre, 18. |

(Les Sœurs de l'Assistance maternelle, rue Cassini, 3, visitent et secourent les femmes en couches du XIV° arrondissement dans les mêmes conditions que l'Association des Mères de famille.)

## XV° Arrondissement.

| Quartiers. | M<sup>mes</sup> |
|---|---|
| Vaugirard........ | De Riancey, *Présidente*, rue de Rennes, 127. |
| Grenelle......... | Angot, *Vice-Présidente*, rue du Théâtre, 132. |

## XVI° Arrondissement.

| Quartiers. | M<sup>mes</sup> |
|---|---|
| La Muette........ | Hemmet, *Présidente*, r. Desbordes-Valmore, 11. |
| Les Bassins...... | Ducy, *Vice-Présidente*, rue de Chaillot, 64. |
| Auteuil.......... | Boullay, *Vice-Présidente*, rue Michel-Ange, 17. |
| Porte-Dauphine.. | Dupoirieux, *Vice-Présidente*, rue Spontini, 73. |

## XVII<sup>e</sup> Arrondissement.

| Quartiers. | M<sup>mes</sup> |
|---|---|
| Les Ternes...... | CHAVETON, *Présidente*, rue de Villiers, 22. |
| Plaine-Monceaux.. | Léon PÉAN DE SAINT-GILLES, *Vice-Présidente*, rue des Acacias, 37 (aux Ternes). |
| Les Batignolles... | BRETOCQ, *Vice-Présidente*, r. des Batignolles, 34. |
| Les Épinettes. ... | ADDENET, *Conseillère*, rue Clairaut, 9. |

## XVIII<sup>e</sup> Arrondissement.

| Quartiers. | M<sup>mes</sup> |
|---|---|
| Grandes-Carrières. | BECQUET, *Présidente*, rue de Paradis-Poissonnière, 51. |
| La Goutte-d'Or... | GAUTHIER, *Vice-Présidente*, rue de Dunkerque, 22. |
| Clignancourt..... | Émile CLERC, *Vice-Présidente*, rue d'Amsterdam, 21. |
| La Chapelle ..... | WILLAUME, *Vice-Présidente*, r. des Roses, 25. |

## XIX<sup>e</sup> Arrondissement.

| Quartiers. | M<sup>mes</sup> |
|---|---|
| La Villette...... | GAMARD, *Présidente*, rue de Choiseul, 16. |
| Pont-de-Flandre.. | HÉMAR, *Vice-Présidente*, rue du Faubourg-Poissonnière, 52. |

## XX<sup>e</sup> Arrondissement.

| Quartiers. | M<sup>mes</sup> |
|---|---|
| Belleville. ...... | Comtesse DE REVERSEAUX, *Présidente*, rue Blanche, 40. |
| Saint-Fargeau.... | COURTIN, *Vice-Présidente*, rue de Ménilmontant, 11. |
| Ménilmontant.... | TRAVERS, *Vice-Présidente*, boulevard de Belleville, 3. |

## ASSOCIATION DES JEUNES ÉCONOMES.

(Voir chap. II : *Orphelinats hors Paris pour les filles, à Conflans.*)


## HOSPICE DES ENFANTS ASSISTÉS
### (ENFANTS TROUVÉS).

Rue d'Enfer, 100 (xiv⁰ arrondissement).

542 lits. — Assistance publique.

Cet hospice, desservi par les sœurs de Saint-Vin-cent-de-Paul, est un lieu de dépôt, de passage ou de traitement.

Les enfants peuvent être reçus depuis le jour de leur naissance : après douze ans, ils ne sont plus admis. Aussitôt après leur réception, ils sont envoyés à la campagne; les nouveau-nés sont confiés à des nourrices, et les plus âgés sont placés chez des arti-sans ou des cultivateurs. Ils ne reviennent à l'hos-pice que lorsqu'ils sont malades ou qu'ils voyagent.

Les enfants sont présentés à un bureau dans l'in-térieur de l'hospice. La personne qui les accompagne est interrogée sur toutes les circonstances qui peu-vent faire connaître l'enfant.

Sont en outre reçus :

1° Les enfants qui ont été exposés dans un lieu quelconque, sur la remise d'un procès-verbal délivré à Paris par le commissaire de police, dans les départements par l'officier de l'état civil;

2° Les enfants portés directement à l'hospice, sur la présentation de l'acte de déclaration de naissance faite à l'officier de l'état civil, constatant qu'ils sont nés de père et mère inconnus;

3° Les enfants abandonnés par leurs parents (on doit donner un acte de notoriété constatant l'abandon);

4° Les enfants abandonnés par suite de condamnation judiciaire de leur père ou de leur mère (ils sont admis sur l'ordre du commissaire de police);

5° Les orphelins de père et de mère sur la production de leur acte de naissance et de l'acte de décès de leurs parents;

6° Les enfants appartenant aux individus arrêtés ou détenus sous la prévention de crimes ou de délits;

7° Les enfants des personnes admises dans les hôpitaux.

(Les enfants de ces deux dernières catégories ne sont reçus qu'à titre provisoire.)

Les enfants placés à la campagne sont conduits à la messe, au catéchisme, à l'école, et occupés à différents travaux.

Ils sont confiés à la surveillance d'inspecteurs qui examinent s'ils sont convenablement traités, et au besoin signent pour eux des contrats d'apprentissage.

Les nouvelles que peuvent obtenir les parents qui en font la demande à l'Administration se bornent à l'indication pure et simple de l'existence ou du décès et de l'état de santé de l'enfant; elles peuvent être renouvelées tous les trois mois et sont données gratuitement.

## BUREAU DES NOURRICES.

Rue des Tournelles, 35 (iii° arrondissement).

Assistance publique.

Cet établissement, créé en 1715, a pour but de procurer aux habitants de Paris de bonnes nourrices à des prix modérés, et d'exercer sur les enfants et les nourrices une surveillance assidue qui permet de donner aux parents des nouvelles exactes de la santé des enfants.

Les parents choisissent les nourrices et fixent de gré à gré le prix par mois de nourriture, fournissent la layette et tous les effets nécessaires aux enfants, payent d'avance le premier mois et 12 francs pour le voyage. Ils payent également 12 francs pour le retour, et, en cas de décès, 8 francs pour frais d'inhumation et d'actes. Chaque mois se paye d'avance à la caisse du bureau. Le bureau accorde, à titre de secours, des nourrices aux mères indigentes qui ne peuvent élever leurs enfants elles-mêmes.

## PROTECTION DES ENFANTS DU PREMIER ÂGE
## ET EN PARTICULIER DES NOURRISSONS.

Une loi du 23 décembre 1874 a pour but de protéger la vie et la santé de l'enfant âgé de moins de deux ans placé, moyennant salaire, hors du domicile de ses parents, en nourrice, en sevrage ou en garde. Il devient par ce fait l'objet d'une surveillance de l'autorité publique.

Cette surveillance est confiée dans le département de la Seine au préfet de police, et dans les autres départements aux préfets.

Un comité supérieur de protection est institué auprès du Ministre de l'intérieur, et des inspecteurs sont chargés par les préfets de surveiller les personnes ayant un ou plusieurs nourrissons et les bureaux de placement et autres intermédiaires.

Le refus de recevoir les délégués pour cette inspection est puni d'une amende.

Toute personne qui place un enfant en nourrice, en sevrage ou en garde est tenue, sous les peines portées par l'article 346 du Code pénal, d'en faire la déclaration à la mairie où a été faite la déclaration de la naissance de l'enfant ou à la mairie de la résidence actuelle (art. 7).

Les personnes qui désirent prendre des nourrissons ou se placer comme nourrices doivent se conformer aux règlements spéciaux et se munir, à la mairie de leur résidence, des certificats nécessaires.

Toute déclaration reconnue fausse est punie.

Les bureaux de placement et les intermédiaires (sage-femme ou autre) ne peuvent exercer sans autorisation et sont l'objet de la surveillance de l'Administration.

Si, par suite de la contravention ou par suite d'une négligence de la part d'une nourrice ou d'une gardeuse, il est résulté un dommage pour la santé d'un enfant, un emprisonnement de un à cinq jours peut être infligé.

En cas de décès de l'enfant, l'application des peines portées à l'article 319 du Code pénal peut être prononcée (art. 11).

## SECOURS AUX ORPHELINS.

### Avenue Victoria, 3 (IVe arrondissement).

#### Assistance publique.

Les enfants orphelins ou abandonnés peuvent recevoir des secours, soit des bureaux de bienfaisance, soit de l'Administration centrale de l'Assistance publique, sur un fonds départemental alloué pour prévenir les abandons d'enfant. Il faut, pour obtenir ces secours, s'adresser au bureau de bienfaisance de l'arrondissement ou au directeur de l'Assistance publique, en joignant à la demande l'acte do naissance de l'enfant et les pièces constatant le décès ou la disparition du père ou de la mère et l'état d'indigence.

Le chiffre de secours provenant du fonds départemental varie, suivant l'âge de l'enfant, de 6 à 15 francs par mois, et ce secours cesse lorsque l'enfant a atteint l'âge de douze ans.

## SOCIÉTÉ PROTECTRICE DE L'ENFANCE.

Secrétariat : rue des Beaux-Arts, 4 (vɪᵉ arrondissement).

Reconnue d'utilité publique par décret du 15 mai 1869.

Cette société, fondée en 1865, a pour objet d'encourager les mères à nourrir elles-mêmes leurs enfants; des secours sont donnés dans ce but, sans distinction de religion, aux femmes mariées et à celles qui ne le sont pas.

*Président :* M. le docteur DESPAUX-ADER.

*Secrétaire :* M. le docteur Léon DUCHESNE.

*Trésorier :* M. GORGEU.

## CRÈCHES.

Ces établissements, dont le premier, fondé par M. Marbeau, a été ouvert le 14 novembre 1844, rue de Chaillot, ont pour but d'aider les ouvrières à nourrir et à élever elles-mêmes leurs enfants.

La crèche garde pendant les heures de travail, sans distinction de religion, l'enfant de quinze jours à trois ans dont la mère travaille au dehors et se conduit bien.

Elle est fermée les dimanches et jours fériés. Aucun enfant n'y passe la nuit; aucun n'y est admis quand il est malade.

La crèche est inspectée chaque jour par un médecin.

Le public est toujours admis à la visiter. Les enfants sont reçus à la crèche sur le vu d'un bulletin d'admission signé par les présidents ou la directrice et visé par un des médecins de l'Œuvre.

La mère paye une rétribution qui est en général, pour chaque jour de présence, de 20 centimes pour un enfant et de 30 centimes pour deux ou plusieurs; elle fournit le linge nécessaire pour la journée; elle vient allaiter deux fois par jour l'enfant non sevré; la plupart des crèches fournissent aux enfants sevrés les aliments nécessaires. Chaque enfant coûte, en moyenne, 70 centimes par jour à l'Œuvre.

### LISTE DES CRÈCHES DU DÉPARTEMENT DE LA SEINE.

Arrondissements.

Iᵉʳ Sainte-Madeleine, rue Sᵗ-Honoré, 247.  Laïque.

IIᵉ Bonne-Nouvelle, rue Portalès, 5.....  *Idem.*

IVᵉ Sainte-Philomène, rue Sainte-Croix-de-la-Bretonnerie, 20............  Congréganiste.

Arrondissements.

V° Sainte-Geneviève, rue de la Montagne-
    Sainte-Geneviève, 34 . . . . . . . . . . . . . **Laïque.**

VI° Bethléem ou Saint-Sulpice, rue de Mé-
    zières, 6 . . . . . . . . . . . . . . . . . . . . . **Congréganiste.**

VII° Saint-Pierre-du-Gros-Caillou, r. Cler, 3. *Idem.*
    Saint-Vincent-de-Paul, rue Oudinot, 3. *Idem.*
    Saint-Thomas-d'Aquin, rue Perronnet,
    13 . . . . . . . . . . . . . . . . . . . . . . . . *Idem.*

VIII° Saint-Philippe, rue de Monceaux, 13. *Idem.*
    Saint-Augustin, rue Malesherbes, 20. *Idem.*
    Saint-Louis-d'Antin, r. S¹-Lazare, 126. *Idem.*

IX° Notre-Dame-de-Lorette, r. Rodier, 26. *Idem.*

X° Saint-Joseph, rue Saint-Maur-Popin-
    court, 185 . . . . . . . . . . . . . . . . . . **Laïque.**

XI° Saint-Ambroise, rue Saint-Maur-Popin-
    court, 70 *bis* . . . . . . . . . . . . . . . . . **Congréganiste.**

XII° Sainte-Marie-des-Quinze-Vingts, rue
    Traversière, 41 . . . . . . . . . . . . . . **Laïque.**
    Saint-Antoine, rue de Reuilly, 119 . . . *Idem.*
    Saint-Joseph, à Bercy, passage Corbe,
    rue de la Nativité . . . . . . . . . . . . . **Congréganiste.**

XIII° Saint-Marcel, à la Maison-Blanche, r.
    Vandrezanne, 34 . . . . . . . . . . . . . *Idem.*
    Sainte-Rosalie, rue de la Glacière, 52. *Idem.*

XIV° Sainte-Élisabeth, à Plaisance, rue des
    Croisades, 12 . . . . . . . . . . . . . . . . *Idem.*

XV° Sainte-Marguerite, à Grenelle, rue Gi-
    noux . . . . . . . . . . . . . . . . . . . . . . . *Idem.*

XVI° Saint-Honoré, avenue d'Eylau, 105 . . *Idem.*
    L'Annonciation, à Passy, r. Raynouard,
    60 . . . . . . . . . . . . . . . . . . . . . . . . *Idem.*

Arrondissements.

XVIIᵉ Saint-Joseph, aux Ternes, r. Bayen, 19.  Congréganiste.

XVIIIᵉ Sainte-Henriette, à Clignancourt, rue Letort, 19.................... Laïque.

Saint-Denis, Saint-Bernard, à la Chapelle, rue Cavé, 1............. Idem.

XIXᵉ Sainte-Eugénie, à la Villette, rue de Crimée, 146................. Congréganiste.

XXᵉ· Saint-Jean-Baptiste, à Belleville, rue de la Mare, 24................. Idem.

Saint-Germain-de-Charonne, r. de Bagnolet, 63.................. Idem.

Boulogne-sur-Seine. Notre-Dame, rue d'Aguesseau, 38...... Idem.

Clichy-la-Garenne.. Saint-Vincent-de-Paul, rue Marthe, 18.... Idem.

Colombes-sur-Seine.. Saint-Benoît, r. Bouin, 7.............. Idem.

Levallois-Perret... Saint-Justin, rue Rivay, 63 bis........... Laïque.

Neuilly.......... Sainte-Amélie, rue des Poissonniers, 24.... Congréganiste.

Courbevoie........ A l'établissement des sœurs, r. du Château. Idem.

Choisy-le-Roi...... Rue du Pont, 3...... Laïque.

Cachan.......... Rue des Tournelles, 5.. Congréganiste.

Bourg-la-Reine.... Rue Henri IV........ Idem.

Des crèches doivent être prochainement ouvertes dans plusieurs quartiers de Paris et à Puteaux, Ivry, Saint-Denis, Arcueil, etc.

## SOCIÉTÉ DES CRÈCHES.

Reconnue d'utilité publique par décret du 17 juillet 1869.

Elle a pour but : 1° d'aider à fonder et à soutenir les crèches; 2° de perfectionner et de propager l'institution.

Elle accorde des subventions aux crèches dont les statuts et le règlement lui ont été communiqués. Toute demande de subvention doit être appuyée d'un état de situation.

Le minimum de la souscription est de 10 francs. Les souscriptions à la Société des crèches sont distinctes des souscriptions particulières à chaque crèche.

*Président :* M. Eugène Marbeau, rue Joubert, 47.

*Trésorier :* M. Baussan, rue Saint-Sauveur, 89.


### ORGANISATION DES CRÈCHES.

La salle ou les salles doivent contenir, au moins, huit mètres cubes d'air par chaque enfant.

Elles doivent être éclairées par des fenêtres qui se correspondent, à châssis mobiles, en tout ou en partie, ou offrir des renouvellements d'air artificiel.

Toute crèche doit être pourvue d'un promenoir à ciel découvert, ou au moins d'une cour, d'un balcon ou d'une terrasse.

Nulle crèche ne peut être ouverte avant que le préfet du département n'ait fait constater qu'elle réunit les conditions de salubrité ci-dessus prescrites. L'arrêté préfectoral qui en autorise l'ouverture fixe le nombre d'enfants qui pourront y être admis.

Toute crèche qui désire obtenir l'approbation du Ministre de l'intérieur devra faire parvenir à cet effet une demande au ministère de l'intérieur par l'intermédiaire du préfet.

A l'appui de cette demande doivent être joints :

1° Un avis du conseil municipal;

2° Deux copies du règlement de l'Œuvre;

3° Les comptes rendus des deux derniers exercices;

4° Le budget de l'année courante;

5° Une notice indiquant les dimensions des salles, le nombre d'enfants qui fréquentent habituellement la crèche, etc.

Les crèches approuvées peuvent seules recevoir les encouragements de l'État.

(Règlement général sur l'organisation des crèches. — Arrêté ministériel du 30 juin 1862.)

## OEUVRE DE LA CRÈCHE À DOMICILE.

Rue Bossuet, 14 (x° arrondissement).

Cette Œuvre a pour but d'assurer aux mères qui

gardent leurs enfants nouveau-nés des secours de diverse nature, pendant dix mois environ.

La même Œuvre existe dans quelques autres paroisses, et particulièrement à Saint-Séverin, chez les Sœurs, rue Boutebrie, 1.

## OEUVRE MATERNELLE DE SAINTE-MADELEINE.

### CRÈCHE, — ASILE, — OUVROIR.

Rue Saint-Honoré, 247 (1er arrondissement).

Reconnue d'utilité publique par décret du 29 juillet 1869.

Cette Œuvre a été fondée en 1846 par M. Marbeau et se soutient au moyen de quêtes et de souscriptions par les soins d'un comité de dames.

Les enfants sont reçus dans la crèche et dans l'asile à l'âge et dans les conditions ordinaires.

La directrice de l'ouvroir fournit du travail aux pauvres femmes qui en font la demande, après une enquête constatant la moralité et les besoins des postulantes. Le prix du travail leur est payé intégralement.

*Présidente :* Mme la baronne DE MACKAU, rue Roquépine, 6.

*Trésorière :* Mme MORISSEAU, rue du Mont-Thabor, 6.

## SALLES D'ASILE COMMUNALES DE LA VILLE DE PARIS.

Les salles d'asile ont été instituées pour recevoir les petits enfants des deux sexes de deux à six ans pendant que leurs parents travaillent. Cette œuvre fait suite à celle des crèches.

On apprend aux enfants les premières notions de religion, de lecture, d'écriture, de calcul, de chant et de couture. (Règlement du 22 mars 1855.)

A Paris, l'admission des enfants aux salles d'asile est gratuite; ils y passent toute la journée, et doivent être conduits le matin et ramenés le soir par leurs parents; ils apportent leur nourriture, ou la trouvent à l'asile moyennant une rétribution d'un ou deux sous par jour.

Pour faire admettre un enfant, il suffit de le présenter à la salle d'asile de son quartier, avec un certificat constatant qu'il a été vacciné et qu'il n'a pas de maladie contagieuse.

Les salles d'asile sont ouvertes tous les jours, excepté le dimanche, du 1er mai au 1er novembre, de 7 heures du matin à 7 heures du soir, et du 1er novembre au 1er mai de 8 heures du matin à 6 heures du soir.

La première salle d'asile à Paris a été fondée en 1828 par M. Denys Cochin; ces établissements se sont promptement multipliés, et ils furent rangés parmi les institutions publiques par la loi du 23 juin 1833.

Le règlement suivi aujourd'hui date du 21 mars 1855.

Tout ce qui concerne les salles d'asile est contrôlé à la Préfecture de la Seine, au bureau de l'instruction publique.

Cinq inspectrices nommées par la Ville en ont la surveillance officielle : quatre sont chargées du personnel des directrices, une du matériel des salles.

Un comité de patronage existe dans chaque arrondissement. Il est composé du maire, qui le préside, des curés, qui en font partie de droit, et de dames nommées par la Ville sur la présentation du maire, mais dont la mission est toute de charité (voir les circulaires ministérielles des 18 et 30 mai 1855). Ce comité doit se réunir plusieurs fois par an, pour veiller aux besoins des asiles. La dame inspectrice du quartier y est toujours convoquée.

Les dames se subdivisent en autant de groupes qu'il y a d'asiles dans l'arrondissement, et s'entendent entre elles pour le meilleur emploi des secours, l'organisation des soupes, celle des travaux de couture et les distributions de vêtements.

Il existe en ce moment à Paris 150 salles d'asile communales ou privées, et 84 dans les communes du département de la Seine. Plusieurs salles d'asile sont en construction.

LISTE DES SALLES D'ASILE COMMUNALES.

Dirigées par les sœurs.      Dirigées par les laïques.

### I<sup>er</sup> *Arrondissement.*

Rue de la Sourdière, 27. | Rue Jean-Lantier, 15 (une pour les filles, une pour les garçons).

### II<sup>e</sup> *Arrondissement.*

.................... | Cour des Miracles, 4.

### III<sup>e</sup> *Arrondissement.*

...................... | Rue Barbette, 7 (une pour les filles, une pour les garçons).
Rue Volta, 14.

### IV<sup>e</sup> *Arrondissement.*

........................ | Rue Geoffroy-l'Asnier, 23 *bis.*
Rue des Billettes, 18. (Conf. d'Augsb.)
Rue du Renard-Saint-Merry, 3.
Rue de l'Homme-Armé, 8.
Rue des Hospitalières-Saint-Gervais, 10. (Isr.)
Impasse Guémené.
Place des Vosges, 12. (Isr.)
Passage Saint-Pierre, 8 (rue Saint-Antoine, 164).
Quai d'Anjou, 35.

Dirigées par les sœurs.    Dirigées par les laïques.

## V<sup>e</sup> *Arrondissement.*

Rue Monge, 88 (une pour les filles, une pour les garçons).

Rue Victor-Cousin, 12.
Rue de Buffon, 11.
Rue de l'Arbalète, 41 (une pour les filles, une pour les garçons).
Rue de Pontoise, 21.

## VI<sup>e</sup> *Arrondissement.*

··· ·················· ·········

Rue du Pont-de-Lodi, 2.
Rue Saint-Benoît, 16.
Rue de Madame, 40.
Rue de Vaugirard, 85.

## VII<sup>e</sup> *Arrondissement.*

················· ···········

Rue de Varennes, 39.
Rue Vanneau, 48.
Rue Cler, 4.
Rue Éblé, 14.

## VIII<sup>e</sup> *Arrondissement.*

Rue Malesherbes, 22.

Rue de Ponthieu, 47.
Rue Portalis.

## IX<sup>e</sup> *Arrondissement.*

·············· ···········

Rue Neuve-Coquenard, 32 ter.
Rue Clauzel, 12.

Dirigées par les sœurs.  Dirigées par les laïques.

## X<sup>e</sup> Arrondissement.

Avenue Parmentier, 179.

Rue Grange-aux-Belles, 36.
Rue des Vinaigriers, 1.
Rue des Récollets, 25.
Rue des Petits-Hôtels, 13.
Rue de la Chopinette, 19.

## XI<sup>e</sup> Arrondissement.

Rue Oberkampf, 113.
Rue Saint-Bernard, 33.
Rue Saint-Maur, 135, et rue Darhoy.
Rue Servan, 48.
Avenue Parmentier, 13, et rue du Chemin-Vert, 70.

Rue d'Angoulême, 56.
Cité Voltaire, 2.
Rue Bréguet, 13.
Rue Keller, 8.
Rue de Charonne, 99. (Conf. d'Augsb.)

## XII<sup>e</sup> Arrondissement.

Rue de Reuilly, 77.
Rue Ruty, 5.

Rue Traversière-Saint-Antoine, 37.
Rue de Reuilly, 17.
Place de la Nativité, 7.
Avenue Daumesnil et rue Bignon.
Impasse Jean-Bouton.

## XIII<sup>e</sup> Arrondissement.

Rue Vendrezanne, 36.
Place Jeanne-d'Arc, 30.

Rue Jenner, 48.
Rue de Lourcine, 140.
Avenue d'Italie, 76.
Rue Saint-François-de-Sales, 7.
Rue Baudricourt, 57.

4.

Dirigées par les sœurs.         Dirigées par les laïques.

## XIV<sup>e</sup> Arrondissement.

| Dirigées par les sœurs | Dirigées par les laïques |
|---|---|
| Place de Montrouge. | Rue Delambre, 24. |
| Rue des Croisades, 1. | Rue Leclerc, 4. |
| Rue de la Tombe-Issoire, 81. | Rue d'Alésia, 106. |

## XV<sup>e</sup> Arrondissement.

| Dirigées par les sœurs | Dirigées par les laïques |
|---|---|
| Rue Violet, 36. | Rue Dombasle, 28. |
| Rue de Vaugirard, 149. | Rue Lacordaire, 5 (Javel). |
| Place de Vaugirard. | Rue Saint-Charles, 60, et rue Ginoux. |
| | Rue Quinault, 8. (Confession d'Augsbourg.) |
| | Rue Blomet, 19. |

## XVI<sup>e</sup> Arrondissement.

| Dirigées par les sœurs | Dirigées par les laïques |
|---|---|
| Rue du Ranelagh, 66. | Rue Boileau, 88. |
| Rue de Longchamps, 120. | Rue Boissière, 56. |

## XVII<sup>e</sup> Arrondissement.

| Dirigées par les sœurs | Dirigées par les laïques |
|---|---|
| Rue Laugier, 16. | Rue Boursault, 10. |
| Rue Brochant, 28. | Rue de la Condamine, 89. |
| Boulevard Pereire, 223. | Rue Ampère, 16. |
| | Rue Balagny, 40 (impasse Compoint). |
| | Rue Clairaut, 13. (Égl. réf.) |

## XVIII<sup>e</sup> Arrondissement.

| Dirigées par les sœurs | Dirigées par les laïques |
|---|---|
| Rue Saint-Mathieu, 9. | Rue Doudeauville, 7. |
| Rue du Mont-Cenis, 77. | Rue de Clignancourt, 61. |

Dirigées par les sœurs.        Dirigées par les laïques.

### XVIII<sup>e</sup> Arrondissement. (Suite.)

. . . . . . . . . . . . . . . . . . . .    Rue du Poteau, 71, et rue Champ-
                         pionnet.
                         Place des Abbesses, 14.
                         Rue de Torcy, 7.
                         Rue de Torcy, 21 (marché de
                         la Chapelle).

### XIX<sup>e</sup> Arrondissement.

Rue d'Allemagne, 87.        Rue de Puébla, 457 (une pour
Rue Jomard, 3 (place de l'É-     les filles, une pour les gar-
   glise).                      çons).
                         Rue de Louvain, 7.
                         Rue Barbanègre, 5.

### XX<sup>e</sup> Arrondissement.

Rue Planchat, 1.           Rue Richer, 4 (quartier du
Rue du Télégraphe, 18       Père-Lachaise).
                         Rue de la Mare, 93.
                         Rue de Tourtille, 14.
                         Place de Ménilmontant (an-
                         cienne église).
                         Rue de Vincennes.
                         Rue des Maraîchers, 31.

## SALLES D'ASILE PRIVÉES.

Les salles d'asile privées suivent à peu près les
mêmes règles que les salles d'asile communales;
elles sont soutenues par des œuvres particulières.

## LISTE DES SALLES D'ASILE PRIVÉES.

| Dirigées par les sœurs. | Dirigées par les laïques. |
|---|---|

### I<sup>er</sup> *Arrondissement.*

....................... | Rue Saint – Honoré, 247 (Sainte-Madeleine).

### V<sup>e</sup> *Arrondissement.*

.................... |
Rue des Ursulines, 10 [1].
Rue du Battoir, 9.
Rue Tournefort. (Protestante.)
Rue de Poliveau, 39.

### VI<sup>e</sup> *Arrondissement.*

.................... | Rue de Vaugirard, 58.

### VII<sup>e</sup> *Arrondissement.*

.................... |
Rue Amélie, 17. (Prot.)
Avenue de Latour-Maubourg, 96. (Prot.)

### VIII<sup>e</sup> *Arrondissement.*

Rue Saint-Lazare, 126.
Rue de Monceaux, 15.
| Rue des Écuries-d'Artois, 41. (Prot.)

### IX<sup>e</sup> *Arrondissement.*

Rue Chaptal, 22 et 29. | Rue Choron, 10. (Prot.)

### X<sup>e</sup> *Arrondissement.*

.................... | Rue du Faub.-Poissonn. (Prot.)

### XI<sup>e</sup> *Arrondissement.*

.................... |
Rue Oberkampf, 115. (Prot.)
Avenue Lacuée, 5. (Prot.)

[1] Annexée au Cours normal pratique des salles d'asile.

Dirigées par les sœurs.                    Dirigées par les laïques.

## *XII<sup>e</sup> Arrondissement.*

Passage Corbes. | Rue de Reuilly, 95. (Prot.)

## *XIII<sup>e</sup> Arrondissement.*

. . . . . . . . . . . . . . . . . . . | Avenue d'Italie, 22. (Prot.)

## *XIV<sup>e</sup> Arrondissement.*

. . . . . . . . . . . . . . . . . . . | Rue du Château. (Prot.)

## *XV<sup>e</sup> Arrondissement.*

. . . . . . . . . . . . . . . . . . . | Rue Lecourbe, 222.

## *XVI<sup>e</sup> Arrondissement.*

. . . . . . . . . . . . . . . . . . . | Rue de Lauriston, 34. (Prot.)

## *XVII<sup>e</sup> Arrondissement.*

Rue Truffaut, 15. | Rue Dulong, 65. (Prot.)
Avenue de Clichy, 163.
Rue Salneuve, 21 *bis.*

## *XVIII<sup>e</sup> Arrondissement.*

Rue Marie-Antoinette, 9. | R. des Poissonniers, 43. (Prot.)
| Place Belhomme.
| Rue Burcq, 5.
| Impasse Pers, 2.

## *XIX<sup>e</sup> Arrondissement.*

Rue de Crimée, 146. | . . . . . . . . . . . . . . . . . . .

## *XX<sup>e</sup> Arrondissement.*

Rue de Ménilmontant, 119. | Rue de Ménilmontant,24.(Prot.)
| Rue Levert, 40.

## OEUVRE DES DAMES PATRONNESSES
## DES SALLES D'ASILE.

En dehors du comité présidé par les maires de

chaque arrondissement, dont il a été question pour les salles d'asile (voir ci-dessus), il existe une Œuvre des dames patronnesses des salles d'asile. Cette Œuvre, fondée en 1844 par M^me Jules Mallet et reconstituée en 1856 par M^me A. Cochin, procure des vêtements, des chaussures et des aliments aux enfants pauvres qui fréquentent les salles d'asile.

Dans chaque arrondissement, le comité local des dames patronnesses désigne, sur la proposition du maire, qui le préside, l'une d'entre elles pour faire partie du conseil des salles d'asile.

*Présidente :* M^me A. Cochin, rue de Grenelle, 86.

*Secrétaire :* M^me Porée, avenue de Lamothe-Piquet, 16.

## ÉCOLES COMMUNALES DE LA VILLE DE PARIS
### Pour les Garçons et pour les Filles.

#### DISPOSITIONS GÉNÉRALES.

Les enfants, pour être reçus dans les écoles, doivent être âgés de six ans au moins et de treize ans au plus.

Ils doivent présenter un billet du maire de l'arrondissement autorisant leur admission, produire leurs actes de naissance et de baptême et un certificat justifiant qu'ils ont été vaccinés et qu'ils ne sont atteints d'aucune maladie contagieuse.

L'enseignement, dans les écoles primaires pu-

bliques, comprend : l'instruction morale et religieuse,
la lecture, l'écriture, les éléments de la langue française, le calcul et le système légal des poids et mesures, les éléments de l'histoire et de la géographie
de la France, le dessin linéaire, le dessin d'ornement et le chant (art. 12 du règlement, 1875).

Dans les écoles communales de jeunes filles, les
élèves sont exercées aux travaux d'aiguille (art. 13).

Les classes doivent durer trois heures le matin et
trois heures le soir; la classe du matin commence à
9 heures et celle du soir à 1 heure. L'école est ouverte dès 8 heures et demie.

Dans un grand nombre d'écoles il existe des
classes d'apprentis et d'adultes; ces classes ont ordinairement lieu le soir, de 8 à 10 heures pour les
hommes et de 7 à 9 heures pour les femmes.

Les écoles communales sont gratuites : tous les
frais en sont supportés par la ville de Paris.

Elles se divisent en écoles congréganistes et en
écoles laïques.

Les écoles congréganistes pour les garçons sont
dirigées par les frères des Écoles chrétiennes, dont la
maison principale est rue Oudinot, 27 (résidence
du supérieur général et noviciat). La plus grande
partie des écoles pour les filles sont dirigées par les
sœurs de Saint-Vincent-de-Paul.

Les écoles libres suivent à peu près les mêmes
règlements que les écoles communales.

## ÉTABLISSEMENTS SCOLAIRES COMMUNAUX
### DE LA VILLE DE PARIS. (Mai 1876.)

### Garçons.

| | COURS SPÉCIAUX. | | | |
|---|---|---|---|---|
| | ADULTES. | DESSIN. | CHANT. | DIVERS. |
| **I<sup>er</sup> *Arrondissement.*** | | | | |
| ÉCOLES CONGRÉGANISTES. | | | | |
| Rue d'Argenteuil, 37.......... | Ad. | Dess. | Ch. | *"* |
| Rue des Prêtres-Saint-Germain-l'Auxerrois, 6, et impasse des Provençaux.............. | Ad. | Dess. | *"* | *"* |
| ÉCOLES LAÏQUES. | | | | |
| Rue Jean-Lantier, 15........ | Ad. | *"* | Ch. | *"* |
| Rue Saint-Honoré, 336....... | *"* | *"* | *"* | *"* |
| **II<sup>e</sup> *Arrondissement.*** | | | | |
| ÉCOLES CONGRÉGANISTES. | | | | |
| Rue de la Jussienne, 11...... | Ad. | Dess. | *"* | *"* |
| Cour des Miracles, 4........ | *"* | *"* | *"* | *"* |
| ÉCOLES LAÏQUES. | | | | |
| Rue du Sentier, 21.......... | Ad. | Dess. | *"* | Allem. |
| **III<sup>e</sup> *Arrondissement.*** | | | | |
| ÉCOLES CONGRÉGANISTES. | | | | |
| Rue Neuve-Bourg-l'Abbé, 12... | *"* | *"* | *"* | *'* |
| Rue Montgolfier, 1.......... | Ad. | Dess. (art et géom.). | Ch. | *"* |

| | COURS SPÉCIAUX. | | | |
|---|---|---|---|---|
| | ADULTES. | DESSIN. | CHANT. | DIVERS. |
| Impasse de Béarn, 3......... | " | " | " | " |
| ÉCOLES LAÏQUES. | | | | |
| Rue au Maire, 4............ | Ad. | " | " | " |
| Rue de Picardie, 5.......... | " | " | " | " |
| Rue des Quatre-Fils, 10...... | " | " | " | " |
| *IVᵉ Arrondissement.* | | | | |
| ÉCOLES CONGRÉGANISTES. | | | | |
| Rue des Blancs-Manteaux, 21.. | " | " | " | " |
| Rue Saint-Paul, 34 (passage Saint-Pierre)............ | " | " | " | " |
| Rue Poulletier, 20.......... | " | " | " | " |
| ÉCOLES LAÏQUES. | | | | |
| Rue du Renard-Saint-Merry, 21. | Ad. | Dess. | " | " |
| Rue de l'Homme-Armé, 10.... | Ad. | " | " | " |
| Rue des Billettes, 18. (Confess. d'Augsbourg.)............ | " | " | " | " |
| Rue des Hospitalières-Saint-Gervais, 6. (Israél.).......... | " | " | " | " |
| Rue Geoffroy-l'Asnier, 23..... | Ad. | Dess. (art et géom.). | Ch. | " |
| Rue des Tournelles, 21. (Israél.) | Ad. | Dess. | Ch. | " |
| Place des Vosges, 6.......... | Ad. | " | " | " |
| *Vᵉ Arrondissement.* | | | | |
| ÉCOLES CONGRÉGANISTES. | | | | |
| Rue de Poissy, 27........... | " | " | " | " |

| | COURS SPÉCIAUX. | | | |
| | ADULTES. | DESSIN. | CHANT. | DIVERS. |
|---|---|---|---|---|
| Rue Rollin, 32............... | Ad. | // | // | // |
| Rue Saint-Jacques, 30........ | Ad. | // | // | // |
| Rue Saint-Jacques, 277....... | // | // | // | // |
| Boulevard Saint-Marcel, 28.... | // | // | // | // |
| Rue des Fossés-Saint-Jacques, 11................... | // | // | // | // |
| Rue de l'Arbalète, 39 bis..... | // | // | // | // |

### ÉCOLES LAÏQUES.

| | | | | |
|---|---|---|---|---|
| Rue Cujas, 23............... | // | // | // | // |
| Rue de Pontoise, 21.......... | Ad. | Dess. | Ch. | // |
| Rue Tournefort, 33........... | // | // | // | // |

## VI⁰ Arrondissement.
### ÉCOLES CONGRÉGANISTES.

| | | | | |
|---|---|---|---|---|
| Rue d'Assas, 68............. | Ad. | Dess. | Ch. | // |
| Rue Saint-Benoît, 10-12..... | // | // | // | // |

### ÉCOLES LAÏQUES.

| | | | | |
|---|---|---|---|---|
| Rue de Vaugirard, 85........ | Ad. | Dess. | // | // |
| Rue du Vieux-Colombier, 29... | // | // | // | // |
| Rue de Vaugirard, 9.......... | Ad. | // | Ch. | // |
| Rue du Pont-de-Lodi, 2...... | // | // | // | // |

## VII⁰ Arrondissement.
### ÉCOLES CONGRÉGANISTES.

| | | | | |
|---|---|---|---|---|
| Rue Vanneau, 76............ | // | // | // | // |

| | COURS SPÉCIAUX. | | | |
| --- | --- | --- | --- | --- |
| | ADULTES. | DESSIN. | CHANT. | DIVERS. |

**ÉCOLES LAÏQUES.**

| | | | | |
| --- | --- | --- | --- | --- |
| Rue Chomel, 6.............. | Ad. | Dess. (art et géom.). | Ch. | " |
| Avenue de Lamothe-Piquet, 10. | Ad. | Dess. | Ch. | " |

**VIII<sup>e</sup> Arrondissement.**

**ÉCOLES CONGRÉGANISTES.**

| | | | | |
| --- | --- | --- | --- | --- |
| Rue de Florence, 7.......... | " | " | " | " |
| Rue Malesherbes, 24........ | Ad. | Dess. | " | " |

**ÉCOLES LAÏQUES.**

| | | | | |
| --- | --- | --- | --- | --- |
| Rue des Écuries-d'Artois, 39. (Église réformée.) ........ | " | " | " | " |
| Rue du Faubourg-Saint-Honoré, 154 ................... | Ad. | Dess. | " | " |
| Rue de la Bienfaisance, 14 .... | Ad. | " | Ch. | " |
| Rue d'Astorg, 14. (Église réformée.). ............... | " | " | " | " |

**IX<sup>e</sup> Arrondissement.**

**ÉCOLES CONGRÉGANISTES.**

| | | | | |
| --- | --- | --- | --- | --- |
| Rue des Martyrs, 63......... | " | " | " | " |

**ÉCOLES LAÏQUES.**

| | | | | |
| --- | --- | --- | --- | --- |
| Rue de Bruxelles, 32......... | " | " | " | " |
| Rue Neuve-Coquenard, 17 (impasse de l'École, 9)........ | Ad. | Dess. | " | " |
| Rue de la Victoire, 16 ....... | " | " | " | " |

5

| | COURS SPÉCIAUX. | | | |
|---|---|---|---|---|
| | ADULTES. | DESSIN. | CHANT. | DIVERS. |
| **X<sup>e</sup> Arrondissement.** | | | | |
| ÉCOLES CONGRÉGANISTES. | | | | |
| Rue Claude-Vellefaux, 35..... | " | " | " | " |
| Rue du Faubourg-Saint-Martin, 157-159............... | " | " | " | " |
| Rue des Récollets, 23........ | " | " | " | " |
| Rue des Petits-Hôtels, 21..... | " | " | " | " |
| ÉCOLES LAÏQUES. | | | | |
| Rue de Chabrol, 43......... | Ad. | Dess. | " | " |
| Rue de la Chopinette, 19...... | Ad. | " | " | " |
| Rue de Marseille, 17........ | Ad. | Dess. (art et géom.). | Ch. | " |
| **XI<sup>e</sup> Arrondissement.** | | | | |
| ÉCOLES CONGRÉGANISTES. | | | | |
| Rue Servan, 50............. | " | " | " | " |
| Avenue de la Roquette, 25.... | Ad. | Dess. (art et géom.). | " | " |
| Rue d'Angoulême, 54........ | " | " | " | " |
| Rue Saint-Bernard, 20....... | Ad. | Dess. (art et géom.). | Ch. | " |
| ÉCOLES LAÏQUES. | | | | |
| Rue Morand, 3............. | Ad. | Dess. (art et géom.). | Ch. | " |
| Rue Bréguet, 15........... | Ad. | " | " | " |
| Rue Keller, 10............. | Ad. | " | " | " |
| Rue de la Roquette. (Confess. d'Augsbourg.)........... | " | " | " | " |

| | COURS SPÉCIAUX. | | | |
|---|---|---|---|---|
| | ADULTES. | DESSIN. | CHANT. | DIVERS. |
| Rue de Popincourt, 9........ | " | " | " | " |
| *XII<sup>e</sup> Arrondissement.* | | | | |
| ÉCOLES CONGRÉGANISTES. | | | | |
| Rue de Reuilly, 39.......... | Ad. | " | Ch. | Appr. |
| Rue de Charenton, 315...... | Ad. | Dess. | " | " |
| ÉCOLES LAÏQUES. | | | | |
| Rue d'Aligre, 5 ........... | Ad. | Dess. (art et géom.). | Ch. | " |
| Place de la Nativité, 5....... | Ad. | " | " | " |
| Rue du Rendez-Vous, 53..... | Ad. | " | " | Appr. |
| Rue de Reuilly, 74. (Église réformée.) ................. | " | " | " | " |
| Avenue Daumesnil et rue Bignon. | " | " | " | " |
| Boulevard Mazas............ | " | " | " | " |
| *XIII<sup>e</sup> Arrondissement.* | | | | |
| ÉCOLES CONGRÉGANISTES. | | | | |
| Place Jeanne-d'Arc, 33....... | " | " | " | " |
| Boulevard de l'Hôpital, 167... | " | " | " | " |
| Rue du Moulin-des-Prés, 12... | Ad. | " | " | " |
| ÉCOLES LAÏQUES. | | | | |
| Rue Saint-Hippolyte, 27...... | Ad. | Dess. | Ch. | " |
| Avenue d'Italie, 76.......... | Ad. | Dess. | " | " |
| Rue Saint-François-de-Sales, 8. | Ad. | " | " | " |
| Rue Baudricourt, 57........ | Ad. | " | Ch. | " |

| | COURS SPÉCIAUX. | | | |
| --- | --- | --- | --- | --- |
| | ADULTES. | DESSIN. | CHANT. | DIVERS. |
| Place Jeanne-d'Arc, 33....... | Ad. | " | " | " |
| Rue Jenner, 48. ........... | " | " | " | " |
| **XIV<sup></sup> Arrondissement.** | | | | |
| ÉCOLES CONGRÉGANISTES. | | | | |
| Rue Boulard, 36............ | Ad. | Dess. (art et géom.). | Ch. | " |
| Rue de la Tombe-Issoire, 81... | " | " | " | " |
| ÉCOLES LAÏQUES. | | | | |
| Rue Ducange, 1............ | Ad. | " | Ch. | " |
| Boulevard du Mont-Parnasse, 80. | Ad. | Dess. | " | " |
| Boulevard Arago, 99........ | Ad. | " | " | " |
| Rue d'Alésia, 106........... | Ad. | Dess. | " | " |
| **XV<sup></sup> Arrondissement.** | | | | |
| ÉCOLES CONGRÉGANISTES. | | | | |
| Rue Violet, 73............. | Ad. | " | " | " |
| Rue des Fourneaux, 20...... | " | " | " | " |
| Place de Vaugirard.......... | Ad. | Dess. (art et géom.). | Ch. | " |
| ÉCOLES LAÏQUES. | | | | |
| Rue Dombasle, 22.......... | " | " | " | " |
| Rue Lacordaire, 5 (quartier de Javel)................. | Ad. | " | " | " |
| Rue Quinault, 8. (Conf. d'Augsbourg.) ............... | " | " | " | " |
| Rue Saint-Charles, 60....... | " | " | " | " |

| | COURS SPÉCIAUX. | | | |
| --- | --- | --- | --- | --- |
| | ADULTES. | DESSIN. | CHANT. | DIVERS. |
| Rue Blomet, 19............. | *u* | *u* | *u* | *u* |
| **XVI<sup>e</sup> Arrondissement.** | | | | |
| ÉCOLES CONGRÉGANISTES. | | | | |
| Rue Hamelin.............. | *u* | *u* | *u* | *u* |
| Rue Decamps, 4........... | Ad. | *u* | *u* | *u* |
| Rue du Ranelagh, 72........ | *u* | *u* | *u* | *u* |
| ÉCOLES LAÏQUES. | | | | |
| Rue de Passy, 29........... | Ad. | *u* | Ch. | *u* |
| Rue de la Municipalité, 2..... | Ad. | Dess. | *u* | *u* |
| **XVII<sup>e</sup> Arrondissement.** | | | | |
| ÉCOLES CONGRÉGANISTES. | | | | |
| Rue Legendre, 49.......... | *u* | *u* | *u* | *u* |
| Rue d'Armaillé, 27.......... | Ad. | *u* | *u* | *u* |
| Rue Lemercier, 105......... | Ad. | *u* | Ch. | *u* |
| ÉCOLES LAÏQUES. | | | | |
| Rue des Batignolles, 20...... | Ad. | *u* | *u* | *u* |
| Rue Balagny, 40 (impasse Compoint)................ | Ad. | *u* | *u* | *u* |
| Rue Lecomte, 6. (Église réformée.) ............... | Ad. | Dess. (art et géom.). | *u* | *u* |
| Rue Pouchet, 46. .......... | Ad. | *u* | *u* | *u* |
| Rue Laugier, 16........... | *u* | *u* | *u* | *u* |
| Rue Ampère, 16........... | *u* | *u* | *u* | *u* |

| | COURS SPÉCIAUX. | | | |
| --- | --- | --- | --- | --- |
| | ADULTES. | DESSIN. | CHANT. | DIVERS. |
| **XVIIIᵉ Arrondissement.** | | | | |
| ÉCOLES CONGRÉGANISTES. | | | | |
| Rue Richomme, 13. ......... | Ad. | " | " | " |
| Rue Pajol, 8............... | " | " | " | " |
| Rue Lepic, 62 ............. | " | " | " | " |
| ÉCOLES LAÏQUES. | | | | |
| Rue de la Vieuville, 1........ | Ad. | Dess. | " | " |
| Rue du Poteau, 71.......... | " | " | " | " |
| Rue Ordener, 109........... | " | " | " | " |
| Rue des Poissonniers, 43. (Confession d'Augsbourg.)...... | " | " | " | " |
| Rue de Clignancourt, 63..... | Ad. | " | Ch. | " |
| Rue Tardieu, 5............. | " | " | " | " |
| Rue Doudeauville, 3......... | Ad. | Dess. (art et géom.). | Ch. | " |
| Rue de Torcy, 5 ............ | " | " | "" | " |
| Rue de Torcy, 21 (marché).... | " | " | " | " |
| **XIXᵉ Arrondissement.** | | | | |
| ÉCOLES CONGRÉGANISTES. | | | | |
| Rue de Meaux, 53.......... | Ad. | " | " | " |
| ÉCOLES LAÏQUES. | | | | |
| Place de l'Église, à la Villette. | Ad. | Dess. | " | " |
| Rue de Lassus, 11.......... | Ad. | Dess. | Ch. | " |
| Rue de Puébla, 459......... | Ad. | Dess. (art et géom.). | " | " |

| | COURS SPÉCIAUX. | | | |
|---|---|---|---|---|
| | ADULTES. | DESSIN. | CHANT. | DIVERS. |
| Rue Barbanègre, 7 .......... | ‖ | ‖ | ‖ | ‖ |

### XXᵉ Arrondissement.
#### ÉCOLES CONGRÉGANISTES.

| | | | | |
|---|---|---|---|---|
| Rue Julien-Lacroix, 16 ....... | ‖ | ‖ | ‖ | ‖ |
| Rue Vitruve, 3 ............. | ‖ | ‖ | ‖ | ‖ |
| Rue Pelleport, 166 .......... | ‖ | ‖ | ‖ | ‖ |

#### ÉCOLES LAÏQUES.

| | | | | |
|---|---|---|---|---|
| Rue Henry-Chevreau, 26 ..... | Ad. | ‖ | ‖ | ‖ |
| Rue de la Mare, 25 ......... | Ad. | Dess. | ‖ | ‖ |
| Rue de Puébla, 40 .......... | Ad. | ‖ | ‖ | ‖ |
| Rue de Tlemcen, 9 .......... | Ad. | ‖ | ‖ | ‖ |
| Rue du Ratrait, 15 .......... | ‖ | ‖ | ‖ | ‖ |
| Square National, 17 *bis.* (Église réformée.) ............. | ‖ | ‖ | ‖ | ‖ |
| Rue de Belleville, 94 ........ | ‖ | ‖ | ‖ | ‖ |
| Rue Riblette, 12 ............ | ‖ | ‖ | ‖ | ‖ |

## ÉCOLES COMMUNALES.

## Filles.

### Iᵉʳ Arrondissement.
#### ÉCOLES CONGRÉGANISTES.

| | | | | |
|---|---|---|---|---|
| Rue de l'Arbre-Sec, 17 ....... | ‖ | ‖ | ‖ | ‖ |

| | COURS SPÉCIAUX. | | | |
|---|---|---|---|---|
| | ADULTES. | DESSIN. | CHANT. | DIVERS. |
| Passage Saint-Roch, 33....... | // | // | // | // |
| Rue de la Sourdière, 27...... | Ad. | // | // | // |

ÉCOLES LAÏQUES.

| | | | | |
|---|---|---|---|---|
| Rue Molière, 22............ | // | // | // | // |
| Rue Jean-Lantier............ | // | // | // | // |

II⁰ Arrondissement.

ÉCOLES CONGRÉGANISTES.

| | | | | |
|---|---|---|---|---|
| Rue de la Jussienne, 16...... | // | // | // | // |
| Rue de la Lune, 12.......... | // | // | // | // |

ÉCOLE LAÏQUE.

| | | | | |
|---|---|---|---|---|
| Cour des Miracles, 4......... | Ad. | // | // | Angl. |

III⁰ Arrondissement.

ÉCOLE CONGRÉGANISTE.

| | | | | |
|---|---|---|---|---|
| Rue du Vert-Bois, 40........ | // | // | // | // |

ÉCOLES LAÏQUES.

| | | | | |
|---|---|---|---|---|
| Rue de Montmorency, 16..... | // | // | // | // |
| Rue Volta, 14............. | Ad. | // | // | Compt. |
| Rue de Sévigné, 48......... | // | // | // | // |
| Rue Vieille-du-Temple, 168... | // | // | // | // |

| | COURS SPÉCIAUX. | | |
| | ADULTES. | DESSIN. | CHANT. | DIVERS. |
| --- | --- | --- | --- | --- |

### IV<sup>e</sup> Arrondissement.

#### ÉCOLES CONGRÉGANISTES.

| | ADULTES. | DESSIN. | CHANT. | DIVERS. |
| --- | --- | --- | --- | --- |
| Rue Poulletier, 7 | u | u | u | u |
| Rue du Cloître-Saint-Merry, 10. | Ad. | u | u | u |
| Rue Sainte-Croix-de-la-Breton-nerie, 22 | u | u | u | u |
| Rue du Fauconnier, 9 | u | u | u | u |

#### ÉCOLES LAÏQUES.

| | ADULTES. | DESSIN. | CHANT. | DIVERS. |
| --- | --- | --- | --- | --- |
| Rue du Renard-Saint-Merry, 23. | u | u | u | u |
| Rue des Billettes, 18. (Confess. d'Augsbourg.) | u | u | u | u |
| Rue de l'Homme-Armé, 6 | u | u | u | u |
| Rue des Hospitalières-Saint-Gervais, 6. (Israél.) | u | u | u | u |
| Impasse Guémené | Ad. | u | u | u |
| Place des Vosges, 12. (Israél.) | u | u | u | u |
| Quai d'Anjou, 35 | u | u | u | u |
| Rue Geoffroy-l'Asnier, 23 | Ad. | u | u | u |

### V<sup>e</sup> Arrondissement.

#### ÉCOLES CONGRÉGANISTES.

| | ADULTES. | DESSIN. | CHANT. | DIVERS. |
| --- | --- | --- | --- | --- |
| Rue des Bernardins, 19 | u | u | u | u |
| Rue Thouin, 15 | u | u | u | u |
| Rue des Boulangers, 19 (sœurs Augustines de Sainte-Marie). | Ad. | u | u | u |
| Rue de l'Epée-de-Bois, 3-5, et rue Mongo, 88 | u | u | u | u |

| | COURS SPÉCIAUX. | | | |
| --- | --- | --- | --- | --- |
| | ADULTES. | DESSIN. | CHANT. | DIVERS. |
| Rue Lhomond, 59.......... | " | " | " | " |
| Rue Saint-Jacques, 250 ...... | " | " | " | " |
| Rue Boutebrie, 1 ........... | Ad. | " | " | " |
| **ÉCOLES LAÏQUES.** | | | | |
| Rue Victor-Cousin, 12 ....... | " | " | " | " |
| Rue de l'Arbalète, 41, et rue Berthollet ................. | Ad. | " | " | " |
| Rue de Pontoise, 21 ......... | " | " | " | " |
| Rue de Buffon, 11 .......... | " | " | " | " |
| **VI<sup>e</sup> Arrondissement.** | | | | |
| **ÉCOLES CONGRÉGANISTES.** | | | | |
| Rue Saint-Benoît, 18........ | " | " | " | " |
| Rue de Vaugirard, 82 ....... | " | " | " | " |
| **ÉCOLES LAÏQUES.** | | | | |
| Rue de Vaugirard, 85........ | " | " | " | " |
| Rue de Madame, 40......... | " | " | " | " |
| Rue Saint-André-des-Arts, 39.. | Ad. | " | " | " |
| **VII<sup>e</sup> Arrondissement.** | | | | |
| **ÉCOLES CONGRÉGANISTES.** | | | | |
| Rue Saint-Dominique, 187.... | Ad. | " | " | " |
| Rue Saint-Guillaume, 13 ..... | " | " | " | " |
| Rue Las-Cases, 27.......... | " | " | " | " |

| | COURS SPÉCIAUX. | | | |
|---|---|---|---|---|
| | ADULTES. | DESSIN. | CHANT. | DIVERS. |
| **ÉCOLES LAÏQUES.** | | | | |
| Rue Chomel, 6............. | Ad. | " | " | " |
| Avenue de Lamothe-Piquet, 10. | Ad. | " | " | " |
| Rue Éblé, 14.............. | " | " | " | " |
| *VIII° Arrondissement.* | | | | |
| ÉCOLES CONGRÉGANISTES. | | | | |
| Rue de Monceaux, 15........ | " | " | " | " |
| Rue Malesherbes, 22......... | " | " | " | " |
| Rue de Surênes, 18.. ....... | " | . " | " | " |
| **ÉCOLES LAÏQUES.** | | | | |
| Rue des Écuries-d'Artois, 39. (Église réformée.)........ | " | . " | " | " |
| Rue du Faubourg-Saint-Honoré, 154................. | " | " | " | " |
| Rue d'Astorg, 14. (Église réformée.)................ | " | " | " | " |
| Rue de la Bienfaisance, 14 .... | " | " | " | " |
| *IX° Arrondissement.* | | | | |
| ÉCOLES CONGRÉGANISTES. | | | | |
| Néant. | " | " | " | " |
| **ÉCOLES LAÏQUES.** | | | | |
| Rue de la Victoire, 18........ | " | " | " | " |

| | COURS SPÉCIAUX. | | | |
|---|---|---|---|---|
| | ADULTES. | DESSIN. | CHANT. | DIVERS. |
| Rue Fontaine-Saint-Georges, 10. (Annexe de la précédente.) . | " | " | " | " |
| Rue Clauzel, 12.............. | " | " | " | " |
| Rue Milton, 19 ............. | Ad. | " | " | " |

### X\* Arrondissement.

#### ÉCOLES CONGRÉGANISTES.

| | | | | |
|---|---|---|---|---|
| Rue de Belzunce, 5.......... | " | " | " | " |
| Avenue Parmentier, 179...... | Ad. | " | " | " |
| Rue du Terrage, 16.......... | " | " | " | " |

#### ÉCOLES LAÏQUES.

| | | | | |
|---|---|---|---|---|
| Rue de Chabrol, 41.......... | Ad. | " | " | " |
| Rue des Vinaigriers, 1 ....... | " | " | " | " |
| Rue de la Chopinette, 19..... | " | " | " | " |

### XI\* Arrondissement.

#### ÉCOLES CONGRÉGANISTES.

| | | | | |
|---|---|---|---|---|
| Rue du Chemin-Vert, 70 (sœurs Augustines de Sainte-Marie). | " | " | " | " |
| Rue Servan, 48 (s\*\* des Écoles chrétiennes)............. | " | " | " | " |
| Rue Saint-Maur, 135, et rue Darboy................. | " | " | " | " |
| Rue Oberkampf, 113......... | Ad. | " | " | " |
| Rue Saint-Bernard, 33....... | Ad. | " | " | " |

| | COURS SPÉCIAUX. | | | |
|---|---|---|---|---|
| | ADULTES. | DESSIN. | CHANT. | DIVERS. |
| **ÉCOLES LAÏQUES.** | | | | |
| Rue Bréguet, 13............ | *u* | *u* | *u* | *u* |
| Rue des Taillandiers, 21. (Conf. d'Augsbourg.)............ | *u* | *u* | *u* | *u* |
| Cité Voltaire, 2............ | *u* | *u* | *u* | *u* |
| Rue Keller, 8............... | Ad. | *u* | *u* | *u* |
| Rue Amelot, 124........... | *u* | *u* | *u* | *u* |
| **XIIᵉ Arrondissement.** | | | | |
| **ÉCOLES CONGRÉGANISTES.** | | | | |
| Rue de Reuilly, 77.......... | Ad. | *u* | *u* | *u* |
| Rue Ruty, 4............... | *u* | *u* | *u* | *u* |
| Passage Corbes, 9.......... | Ad. | *u* | *u* | *u* |
| Rue de Citeaux, 26 (sœurs de la Charité de Nevers)........ | Ad. | *u* | *u* | *u* |
| **ÉCOLES LAÏQUES.** | | | | |
| Rue d'Aligre, 3............ | *u* | *u* | *u* | *u* |
| Place de la Nativité, 9...... | *u* | *u* | *u* | *u* |
| Rue de Reuilly, 74. (Église ré- formée.)............. | *u* | *u* | *u* | *u* |
| Rue de Reuilly, 17.......... | *u* | *u* | *u* | *u* |
| Avenue Daumesnil et r. Bignon. | *u* | *u* | *u* | *u* |
| Impasse Jean-Bouton........ | *u* | *u* | *u* | *u* |
| **XIIIᵉ Arrondissement.** | | | | |
| **ÉCOLES CONGRÉGANISTES.** | | | | |
| Boulevard de l'Hôpital, 165... | Ad. | *u* | *u* | *u* |

| | COURS SPÉCIAUX. | | | |
| --- | --- | --- | --- | --- |
| | ADULTES. | DESSIN. | CHANT. | DIVERS. |
| Rue Vendrezanne, 34.......... | Ad. | " | " | " |
| Place Jeanne-d'Arc, 30...... | Ad. | " | " | " |
| **ÉCOLES LAÏQUES.** | | | | |
| Rue de Lourcine, 140........ | Ad. | " | " | " |
| Avenue d'Italie, 76.......... | " | " | " | " |
| Rue Saint-François-de-Sales, 8. | Ad. | " | " | " |
| Rue Jenner, 42............. | " | " | " | " |
| Place Jeanne-d'Arc, 26....... | Ad. | " | " | " |
| Rue Baudricourt, 57......... | " | " | " | " |
| **XIVᵉ Arrondissement.** | | | | |
| **ⵀ ÉCOLES CONGRÉGANISTES.** | | | | |
| Place de la Mairie........... | Ad. | " | " | " |
| Rue des Croisades, 1 (sœurs des Écoles chrétiennes)........ | Ad. | " | " | " |
| Rue de la Tombe-Issoire, 81... | Ad. | " | " | " |
| **ÉCOLES LAÏQUES.** | | | | |
| Rue Delambre, 24.......... | Ad. | " | " | " |
| Boulevard Arago, 99......... | Ad. | " | " | " |
| Rue d'Alésia, 106........... | Ad. | " | " | " |
| **XVᵉ Arrondissement.** | | | | |
| **ÉCOLES CONGRÉGANISTES.** | | | | |
| Place de Vaugirard......... | " | " | " | " |

| | COURS SPÉCIAUX. | | | |
|---|---|---|---|---|
| | ADULTES. | DESSIN. | CHANT. | DIVERS. |
| Rue Violet, 36 (sœurs Saint-Paul de Chartres)......... | " | " | " | " |
| Rue de Vaugirard, 149...... | " | " | " | " |
| ÉCOLES LAÏQUES. | | | | |
| Rue Lacordaire, 5 (quartier de Javel)................. | " | " | " | " |
| Rue Quinault, 6. (Conf. d'Augsbourg.) ............... | " | " | " | " |
| Rue Dombasle, 28.......... | " | " | " | " |
| Rue Saint-Charles, 60, et rue Ginoux................. | " | " | " | " |
| Rue Blomet, 19........... | " | " | " | " |
| *XVI<sup>e</sup> Arrondissement.* | | | | |
| ÉCOLES CONGRÉGANISTES. | | | | |
| Rue Boissière, 54........... | Ad. | " | " | " |
| Rue de Longchamps, 120..... | Ad. | " | " | " |
| Rue du Ranelagh, 64........ | " | " | " | " |
| Rue Jouvenet, 25 (sœurs Augustines de Sainte-Marie)...... | Ad. | " | " | " |
| ÉCOLE LAÏQUE. | | | | |
| Rue de Passy, 27........... | Ad. | " | " | " |
| *XVII<sup>e</sup> Arrondissement.* | | | | |
| ÉCOLES CONGRÉGANISTES. | | | | |
| Rue Salneuve, 19 (sœurs Augustines de Sainte-Marie)..... | " | " | " | " |

6.

| | COURS SPÉCIAUX. | | | |
|---|---|---|---|---|
| | ADULTES. | DESSIN. | CHANT. | DIVERS. |
| Rue des Moines, 43......... | Ad. | // | // | // |
| Boulevard Pereire, 221....... | // | // | // | // |
| **ÉCOLES LAÏQUES.** | | | | |
| Rue Boursault, 10.......... | Ad. | // | // | // |
| Rue Balagny, 40 (impasse Com-point)................. | // | // | // | // |
| Rue Ampère, 16........... | // | // | // | // |
| Rue Marcadet, 309 (cité des Fleurs)............... | // | // | // | // |
| Rue Lecomte, 4. (Eglise réformée.)................ | // | // | // | // |
| Rue Laugier, 16........... | // | // | // | // |
| **XVIIIᵉ Arrondissement.** | | | | |
| **ÉCOLES CONGRÉGANISTES.** | | | | |
| Rue Cavé, 5.............. | // | // | // | // |
| Rue du Mont-Cenis, 77...... | // | // | // | // |
| **ÉCOLES LAÏQUES.** | | | | |
| Impasse de Constantine, 5..... | // | // | // | // |
| Rue de Clignancourt, 61..... | Ad. | // | // | // |
| Rue des Poissonniers, 43. (Conf. d'Augsbourg.)............ | // | // | // | // |
| Rue Doudeauville, 5......... | // | // | // | // |
| Rue du Poteau, 71, et r. Championnet................. | // | // | // | // |
| Rue de Torcy, 7........... | // | // | // | // |

| | COURS SPÉCIAUX. | | | |
| --- | --- | --- | --- | --- |
| | ADULTES. | DESSIN. | CHANT. | DIVERS. |
| Rue de Torcy, 21 (marché de la Chapelle)................ | 0 | 0 | 0 | 0 |
| Rue de Clignancourt, 70...... | 0 | 0 | 0 | 0 |
| **XIX<sup></sup> Arrondissement.** | | | | |
| ÉCOLE CONGRÉGANISTE. | | | | |
| Rue d'Allemagne, 87 (sœurs Saint-Charles de Nancy).... | Ad. | 0 | 0 | 0 |
| ÉCOLES LAÏQUES. | | | | |
| Place de l'Église, à la Villette.. | Ad. | 0 | 0 | 0 |
| Rue de Louvain, 7.......... | 0 | 0 | 0 | 0 |
| Rue de Puébla, 457........ | 0 | 0 | 0 | 0 |
| Rue Barbanègre, 7.......... | 0 | 0 | 0 | 0 |
| **XX<sup></sup> Arrondissement.** | | | | |
| ÉCOLES CONGRÉGANISTES. | | | | |
| Rue Planchat............. | 0 | 0 | 0 | 0 |
| Rue du Télégraphe, 18 (sœurs Saint-Charles de Nancy).... | 0 | 0 | 0 | 0 |
| ÉCOLES LAÏQUES. | | | | |
| Rue de Ménilmontant, 88..... | 0 | 0 | 0 | 0 |
| Rue de Puébla, 368......... | Ad. | 0 | 0 | 0 |
| Rue de Puébla, 40.......... | 0 | 0 | 0 | 0 |
| Rue de Tlemcen, 9.......... | Ad. | 0 | 0 | 0 |
| Rue Riblette, 10............ | 0 | 0 | 0 | 0 |

## ÉCOLES DE DESSIN SUBVENTIONNÉES
### PAR LA VILLE DE PARIS.

Un grand nombre d'écoles communales ont des cours de dessin; il existe en outre des écoles spéciales subventionnées par la Ville, dont la liste suit :

Pour les hommes.         Pour les femmes.

### I<sup>er</sup> *Arrondissement.*

.......................... | Rue de l'Arbre-Sec, 22.

### II<sup>e</sup> *Arrondissement.*

Rue du Sentier, 21.      | Rue Réaumur, 55.

### III<sup>e</sup> *Arrondissement.*

Rue Sainte-Élisabeth, 12. | Rue Sainte-Élisabeth, 12.

### IV<sup>e</sup> *Arrondissement.*

......................... | Rue Saint-Louis-en-l'Ile, 82.

### VI<sup>e</sup> *Arrondissement.*

......................... | Rue du Vieux-Colombier, 29.

### VII<sup>e</sup> *Arrondissement.*

......................... | Rue du Bac, 83.

### VIII<sup>e</sup> *Arrondissement.*

......................... | Rue d'Anjou-Saint-Honoré, 11.
                                   (Mairie.)

### IX<sup>e</sup> *Arrondissement.*

......................... | Rue des Martyrs, 23.

Pour les hommes.        Pour les femmes.

### X<sup>e</sup> *Arrondissement.*

| Rue des Petits-Hôtels, 19. | Rue du Faubourg-Saint-Martin, 72. (Mairie.) |

### XI<sup>e</sup> *Arrondissement.*

| Rue Bréguet, 15. | Rue Neuve-de-Popincourt, 11. |

### XII<sup>e</sup> *Arrondissement.*

| Rue Crozatier, 51. | .......................... |

### XIV<sup>e</sup> *Arrondissement.*

| ...................... | Rue Mouton-Duvernet, 10. |

### XVI<sup>e</sup> *Arrondissement.*

| ...................... | Rue de Passy, 49. |

### XVII<sup>e</sup> *Arrondissement.*

| ...................... | Rue Bridaine, 7. |

### XVIII<sup>e</sup> *Arrondissement.*

| ...................... | Rue Doudeauville, 78. |

### XIX<sup>e</sup> *Arrondissement.*

| ...................... | Rue de la Villette, 23 (Belleville). |

## LIVRETS DE CAISSE D'ÉPARGNE
### EN FAVEUR DES ÉLÈVES DES ÉCOLES PRIMAIRES COMMUNALES DE LA VILLE DE PARIS.

Par arrêté du préfet de la Seine en date du 26 juin 1872, les bourses d'apprentissage de la Ville de Paris ont été remplacées par des livrets de caisse d'épargne d'une valeur de 100 à 150 francs, en faveur des élèves des écoles primaires communales de garçons et de filles.

Il est accordé à chaque école un livret de 150 francs, et en plus un livret de 100 francs par chaque centaine d'élèves présents en moyenne dans le cours de l'année scolaire.

Les livrets sont distribués chaque année, au concours, entre les candidats de chaque école.

Le montant des livrets est délivré au titulaire après sa majorité par un arrêté du préfet, après enquête.

## CAISSE DES ÉCOLES.

Il existe dans la plupart des arrondissements de Paris des caisses dites des Écoles, destinées à faciliter aux enfants pauvres la fréquentation des écoles, en leur donnant des secours et en les encourageant par des récompenses. Les secours consistent principalement en chaussures et en vêtements. Des livrets de caisse d'épargne sont accordés comme récompense aux élèves les plus méritants des écoles communales (garçons et filles).

## OEUVRE DE SAINTE-GENEVIÈVE,
Maison des Lazaristes, rue de Sèvres, 95 (VI<sup>e</sup> arrondissement).

Cette OEuvre a pour but de former dans les paroisses de la banlieue de Paris des établissements à la fois religieux et charitables tenus par les sœurs, et d'assurer ainsi les secours et les soins aux malades indigents et l'éducation chrétienne des jeunes filles.

Quarante maisons environ ont été jusqu'ici fondées par cette OEuvre.

Le minimum de la cotisation des membres souscripteurs est de 5 francs par an.

Les dames trésorières s'engagent à apporter à l'OEuvre au moins 50 francs par an.

Les membres du conseil s'occupent des établissements fondés par l'OEuvre, organisent les quêtes et recherchent les moyens d'étendre l'action bienfaisante de l'OEuvre.

Le directeur est le supérieur général des Lazaristes et des filles de la Charité, rue de Sèvres, 95.

*Présidente :* M^me la duchesse DE CHEVREUSE, rue Saint-Dominique, 31.

## OEUVRE DES FAUBOURGS.

Cette OEuvre, fondée en 1848, s'occupe de l'instruction religieuse des enfants, afin d'arriver par ce moyen à moraliser les familles pauvres des quartiers les plus malheureux de Paris.

Son but spécial est d'assurer aux enfants la fréquentation régulière des écoles.

Des secours en vêtements et objets de literie sont
accordés comme encouragement et comme récompense aux enfants qui suivent les écoles avec assiduité, et des livrets de caisse d'épargne sont remis,
à la fin de l'année, aux élèves qui se sont signalés
par leur bonne conduite et leur application.

Le nombre des enfants surveillés et assistés par
l'Œuvre s'élève par an à plus de quatre mille et les
secours distribués dépassent 25,000 francs.

Les souscriptions, dont le minimum est fixé à
5 francs par an, et les dons en nature peuvent être
adressés aux membres du bureau.

*Présidents :* Le R. P. Pététot, supérieur de l'Oratoire, rue du Regard, 11.

M. le Curé de Saint-Roch, rue Saint-Roch, 8.

*Présidente :* Mme la comtesse de Bar, rue d'Albe, 14.

*Secrétaire :* Mme Laforest, rue Pauquet, 23.

*Trésorière :* Mlle La Fonta, rue d'Astorg, 9.

## SOCIÉTÉ CHARITABLE DES ÉCOLES CHRÉTIENNES
### DU VII<sup>e</sup> ARRONDISSEMENT.

Cette société a été fondée en 1803 par M. Piault,
maire du Xe arrondissement, à une époque où il
n'existait pas d'écoles chrétiennes. Elle a cédé à la
Ville de Paris une partie de celles qu'elle a fondées.
Elle a encore à sa charge l'école des Frères, rue de

Grenelle-Saint-Germain, 40 ; elle donne des secours à plusieurs écoles et paye l'apprentissage des enfants les plus méritants choisis dans toutes les écoles libres ou municipales situées dans l'arrondissement.

*Président* : M. le comte DE BONNEUIL, rue Saint-Guillaume, 31.

*Trésorier* : M. DU ROUSSET, notaire, rue Jacob, 48.

*Secrétaire administrateur* : M. COLMET D'AAGE, doyen de la Faculté de droit.

## SOCIÉTÉ CHARITABLE
## D'ÉDUCATION ET D'INSTRUCTION PRIMAIRE
## DE SAINTE-CLOTILDE.

(vii° arrondissement.)

Reconnue d'utilité publique.

Cette Société a pour but le développement de l'instruction primaire et religieuse dans la paroisse, l'administration et l'entretien des écoles libres et de la maîtrise déjà établies par M. le Curé, et la fondation d'écoles nouvelles, si cela est nécessaire.

La Société se compose de membres fondateurs, ayant souscrit pour une somme annuelle de 10 francs au moins pour six ans, et d'associés simples, ayant souscrit pour une somme de 10 francs.

Elle est administrée par un conseil dont le curé

de la paroisse et un autre ecclésiastique désigné par lui font partie de droit.

Les ressources de la Société se composent : 1° des offrandes et cotisations de ses membres; 2° du produit des quêtes ou autres moyens de bienfaisance autorisés à son profit; 3° des dons ou legs, secours ou subventions.

S'adresser à M. le Curé de la paroisse de Sainte-Clotilde.

## SECONDE SECTION.

**Œuvres spéciales pour les Enfants
et les Orphelins.**

---

### ŒUVRE NATIONALE DES ORPHELINS
### DE LA GUERRE (1870-1871).

Secrétariat : rue de Lille, 3.

Cette OEuvre a été fondée immédiatement après la guerre. Elle a pour but de venir en aide aux enfants dont les pères sont morts pour la défense du pays, soit qu'ils aient été tués sur le champ de bataille, soit qu'ils aient succombé aux maladies contractées dans leur service militaire.

Un comité central d'administration, siégeant à Paris, a créé dans chaque département un ou plusieurs sous-comités pour recueillir les fonds dans le département au moyen de quêtes et de souscriptions et rechercher, adopter et secourir les orphelins de la guerre.

L'OEuvre a ainsi adopté cinq mille orphelins ou orphelines. Le choix du mode de secours a été laissé à chaque comité ou sous-comité. Les enfants ont été, selon les circonstances, placés dans des orphelinats, laissés dans leur famille ou aux personnes charitables qui les avaient recueillis. Il a été donné à

7

chacun d'entre eux un livret de caisse d'épargne spécial, calculé de manière à assurer à chaque enfant 100 francs par an jusqu'à sa seizième année.

Les enfants placés dans les établissements emploient le montant de leur livret à payer une partie du prix de la pension, et le Comité se charge de payer le surplus. L'OEuvre a terminé ses travaux et n'admet plus d'enfants.

Outre leur livret, il a été constitué aux jeunes filles, par un décret en date du 7 avril 1873, une petite dot de 200 francs. A cet effet, une somme de 500,000 francs a été versée à la Caisse des dépôts et consignations, et chaque jeune fille a reçu un brevet établissant ses droits, sur ces 500,000 francs à une somme de 200 francs qui lui sera payée soit à l'époque de son mariage, soit à l'âge de vingt-cinq ans accomplis. La dot s'augmente de l'intérêt du capital et de la dot des orphelines décédées, qui se trouvera répartie entre les orphelines survivantes. Si une orpheline dotée vient à mourir avant d'avoir touché sa dot, son acte de décès doit être envoyé au préfet du département, pour que cette pièce soit transmise à la Caisse des dépôts et consignations.

Quand une orpheline a atteint l'un des termes fixés pour le remboursement (mariage ou vingt-cinq ans accomplis), elle doit adresser à M. le directeur général de la Caisse des dépôts et consignations, à Paris, une demande de payement sur papier libre, en ayant soin d'indiquer son adresse, afin qu'il lui soit donné avis des pièces à produire pour toucher sa dot. Toute orpheline qui n'aura pas fait cette demande dans l'année qui suivra l'expiration des termes susénoncés sera déchue de ses droits (art. 3 du décret du 7 avril 1873).

*Présidente de l'Œuvre :* M^me THIERS.

*Vice-Présidente :* M^me la maréchale DE MAC MAHON, duchesse de Magenta.

*Trésorière :* M^lle DOSNE.

*Secrétaire :* M. H. FAURE.

Le secrétariat est ouvert, à Paris, rue de Lille, 3, le mardi et le jeudi de chaque semaine, de 2 à 3 heures.

## ŒUVRE DES ORPHELINS
### DE M^gr L'ARCHEVÊQUE DE PARIS.

Au secrétariat de l'Archevêché, rue de Grenelle, 127.

Cette Œuvre a été créée en 1871 par monseigneur Guibert, archevêque de Paris, immédiatement après la guerre et la commune, dans le but de recueillir les orphelins des deux sièges de Paris.

L'Œuvre des orphelins de la guerre étant spécialement consacrée aux enfants dont les pères appartenaient à l'armée active, l'Œuvre fondée par Monseigneur a recueilli sans distinction d'origine les enfants du diocèse de Paris dont les parents, non militaires, étaient morts par le fait de la guerre, soit par suite d'une blessure ou des privations endurées pendant le siége, soit en ayant pris part à l'insurrection de la Commune. L'Œuvre a adopté plus de cinq cents enfants, garçons ou filles, qui ont été placés dans des établissements religieux, soit à Paris, soit en province, et dont la pension est payée par l'Œuvre jusqu'à leur seizième année.

Le Comité a partagé entre ses membres la surveillance et le patronage des orphelins placés par ses soins.

Les admissions ont cessé dans le courant de l'année 1875, mais l'Œuvre n'aura terminé sa mission qu'en 1884 seulement. Elle se soutient au moyen de quêtes, sermons de charité, souscriptions, etc.

Chaque année, le jour de la Toussaint et le jour des Morts, une quête en sa faveur est ordonnée dans toutes les églises du diocèse.

Les souscriptions sont reçues au secrétariat de l'Archevêché, où l'on trouvera aussi tous les renseignements nécessaires.

Le comité d'administration est présidé par S. Ém. le cardinal Archevêque de Paris.

*Présidente :* Mme la maréchale de Mac Mahon, duchesse de Magenta.

*Secrétaire :* M. le vicomte de Melun, rue Saint-Dominique, 76.

## OEUVRE DE L'ADOPTION.

Direction : rue des Tournelles, 43 (iii<sup>e</sup> arrondissement).

Reconnue d'utilité publique par décret du 26 février 1870.

L'OEuvre de l'adoption a pour but de recueillir en France le plus grand nombre possible d'orphelins et d'orphelines de père et de mère. Elle les adopte de cinq à dix ans accomplis et garde les garçons jusqu'à dix-huit ans, les filles jusqu'à vingt et un ans. A Paris, on ne les admet qu'à sept ans accomplis.

On considère comme orphelin l'enfant dont le père ou la mère survivant a disparu depuis deux ans, au moins, sans qu'on en puisse suivre la trace, ou a été condamné par la justice criminelle ou correctionnelle à un emprisonnement qui a encore plus de deux ans à courir. Les enfants naturels sont admis.

Toute demande d'adoption est considérée comme non avenue quand elle n'est pas accompagnée de toutes les pièces devant former le dossier, savoir : 1° l'acte de naissance; 2° l'extrait de baptême; 3° l'acte de décès du père et de la mère; 4° le certificat de vaccination, de bonne constitution et de bonne santé; 5° l'acte de cession (le modèle peut en être donné par l'OEuvre) pour les garçons jusqu'à dix-huit ans, pour les filles jusqu'à vingt et un ans, par le tuteur, ou à son défaut par le plus proche parent.

L'acte de cession doit être sur papier timbré, avec signature légalisée.

La personne qui présente un enfant s'engage à payer 50 francs pour son trousseau.

Une indemnité sera due si l'on retire l'enfant avant l'époque convenue.

Tout enfant vicieux, insubordonné ou atteint d'une maladie chronique ou incurable est rendu à sa famille ou à ses protecteurs, sans aucun remboursement de la part de l'Œuvre.

Les ressources de l'Œuvre se composent d'une souscription annuelle de 50 centimes par associé, de dons annuels, de legs testamentaires, de quêtes, de loteries, etc.

Tout membre de l'Œuvre qui se charge de réunir 10 francs, produit d'une série de vingt associés, ou les verse seul, est zélateur ou zélatrice et reçoit les annales de la Société, qui paraissent tous les deux mois sous le titre de *l'Ange de la Famille*, Annales de l'Œuvre de l'adoption.

Les demandes d'adoption et de renseignements et les souscriptions doivent être adressées à la direction, rue des Tournelles, 43, à M. l'abbé JACQUET, *directeur général*, ou à M. LEROY, *secrétaire* et *vice-trésorier*.

Bureau supplémentaire de renseignements, à la librairie Sauton, rue du Bac, 41.

## SOCIÉTÉ DE PATRONAGE
## DES ORPHELINATS AGRICOLES.

Siége de la Société et secrétariat : Maison des Lazaristes,
rue de Sèvres, 95.

Cette société, fondée en 1868 par M. le marquis
de Gouvello, a pour but la création et le développement des institutions destinées à donner aux enfants assistés et aux orphelins pauvres l'instruction
primaire, religieuse et agricole.

1° Elle protége et soutient les asiles ruraux qui
reçoivent les enfants depuis leur naissance jusqu'à
l'âge de dix ou douze ans;

2° Elle facilite la création des orphelinats agricoles destinés à recueillir des orphelins de dix à
vingt ans;

3° Elle encourage l'établissement à la campagne
d'orphelinats fondés pour élever, dans des conditions morales et pratiques, des orphelines assistées
ou indigentes, en les exerçant à tous les travaux que
comporte pour une femme une exploitation rurale ;

4° Elle s'occupe d'une façon toute particulière de
la fondation d'écoles spéciales de contre-maîtres, religieux ou laïques, pouvant être mis à la disposition
des personnes qui désirent installer chez elles des
orphelinats agricoles.

La Société se compose de fondateurs payant une
cotisation annuelle de 100 francs, de souscripteurs

dont la cotisation est de 20 francs et de dames patronnesses.

Elle est administrée par un comité dont le *président* est M. DE LA ROCHEFOUCAULD, duc de Doudeauville, rue de Varennes, 65.

*Secrétaire général* : M. le marquis DE GOUVELLO, rue Saint-Dominique, 27.

*Trésorier* : M. l'abbé MAILLY, procureur général des Lazaristes.

*Présidente des dames patronnesses* : M^me DE LA ROCHEFOUCAULD, duchesse de Doudeauville.

Les souscriptions, les lettres, les demandes de subventions, sont adressées au siége de la Société, rue de Sèvres, 95, à M. le président, à M. le secrétaire général, ou à M. Leroy, agent général de la Société, vice-trésorier de l'OEuvre de l'adoption, rue des Tournelles, 43.

Les demandes d'admissions d'enfants doivent être adressées à M^me la duchesse de Doudeauville.

Toutes les demandes doivent être faites avant le 1^er mars de chaque année.

## OEUVRE DE SAINTE-ANNE.

Reconnue d'utilité publique par décret du 13 avril 1859.

L'OEuvre de Sainte-Anne, fondée en 1824 par M^me la comtesse de la Bouillerie, adopte, suivant ses ressources, un certain nombre de jeunes filles ou orphelines pauvres âgées de onze ans au moins, et pourvoit à leur éducation en les plaçant dans des établissements où elle paye leur pension. Les enfants sont en outre surveillées par les dames qui ont concouru à leur placement.

On fait partie de l'Œuvre moyennant une cotisation annuelle dont le minimum est fixé à 6 francs.

Cette Œuvre est dirigée par un conseil qui prononce les admissions.

*Présidente :* M<sup>me</sup> la princesse D'ESSLING, rue Jean-Goujon, 8.

*Vice-Présidente :* M<sup>me</sup> BASSERY, rue de Clichy, 46.

*Secrétaire-Trésorier :* M. BUFFET, rue Malesherbes, 8.

## OEUVRE DES ENFANTS DÉLAISSÉES
### (JEUNES FILLES).
Rue Notre-Dame-des-Champs, 33 (vi<sup>e</sup> arrondissement).

Cette Œuvre a été fondée en 1803 par M<sup>me</sup> la comtesse de Carcado et continuée par M<sup>me</sup> la comtesse de Saisseval.

Son but est l'adoption entièrement gratuite de jeunes orphelines de mère, sans protection et sans appui; elles sont reçues de huit à dix ans. L'acte de décès de la mère est exigé pour l'admission. Elles restent jusqu'à vingt et un ans. A leur sortie, les dames de l'Œuvre s'occupent de leur placement, et leur donnent un trousseau et une petite dot lorsqu'elles se marient.

Les souscriptions pour l'Œuvre et les demandes d'admission à l'orphelinat doivent être adressées à M^me la comtesse Albéric DE CHOISEUL, *Présidente*, rue de l'Université, 59, à M^me la comtesse DE FALAISEAU, *Trésorière*, rue Notre-Dame-des-Champs, 35, ou à M^lle DELMAS, *Directrice* de l'établissement.

A cette Œuvre en est jointe une autre pour la convalescence et la première communion. (Voir chap. V : *Œuvre de l'Enfant Jésus.*)

## OEUVRE DU RAPATRIEMENT
### DES ORPHELINS DÉLAISSÉS (JEUNES GARÇONS).

Cette Œuvre se propose de recueillir les jeunes garçons délaissés, soit pour les renvoyer dans leur pays, soit pour les élever dans un orphelinat fondé par M. l'abbé Sarrauste à la Forêt, par Montsalvy (Cantal). — (Voir *Orphelinats*, chap. II.)

S'adresser rue de Sèvres, 95, aux Lazaristes, ou à M. l'abbé Sarrauste, à la Forêt.

## OEUVRES DES CATÉCHISMES
### DANS LES PAROISSES.

Dans presque toutes les paroisses de Paris, des quêtes sont faites pour fournir l'habillement des enfants pauvres de la première communion; des associations formées dans quelques catéchismes placent ces enfants et les surveillent pendant leur apprentissage.

Dans plusieurs catéchismes, il existe de petites conférences de Saint-Vincent-de-Paul.

Les enfants, sous la conduite de leurs parents ou de leurs maîtres, visitent les pauvres et leur portent des secours.

Pour les renseignements, s'adresser dans les paroisses.

## ŒUVRE
## DE NOTRE-DAME DE LA PREMIÈRE COMMUNION ET DES APPRENTIS.

A Auteuil, rue La Fontaine, 4o (xvi<sup>e</sup> arrondissement).

L'Œuvre de la Première Communion, fondée par M. l'abbé Roussel, reçoit les enfants après douze ans et les jeunes gens qui ont été privés du bienfait du catéchisme et de l'école et qui n'ont pu faire leur première communion; elle les garde pendant au moins trois mois. Les premières communions se font quatre fois par an, le 19 mars, à la Fête-Dieu, le 8 septembre et le 8 décembre.

Le prix de la pension varie suivant les circonstances : il est en général de 20 à 30 francs par mois.

L'élève doit apporter en entrant dans la maison : 1° Son acte de baptême, ou s'il n'est pas baptisé son

acte de naissance; 2° une lettre de recommandation de M. le curé de sa paroisse; 3° autant que
possible un certificat de médecin attestant qu'il n'est
atteint d'aucune maladie contagieuse.

Les demandes d'admission doivent être adressées
un peu à l'avance, à M. l'abbé ROUSSEL, rue La Fontaine, 40, à Auteuil.

## OEUVRE DE L'ENFANT JÉSUS.

### CONVALESCENCE ET PREMIÈRE COMMUNION DES JEUNES FILLES.

(Voir chap. V.)

## OEUVRE DE LA PREMIÈRE COMMUNION
## DES RAMONEURS ET FUMISTES.

L'OEuvre des Ramoneurs de Paris, fondée par
l'abbé de Pontbriant et l'abbé de Fénelon, existe
depuis plus d'un siècle. Elle a pour but de préparer
à la première communion les petits ramoneurs et
fumistes que leur travail empêche de suivre les catéchismes des paroisses.

Les membres de l'OEuvre, jeunes gens, étudiants
ou artistes, font le catéchisme quatre fois par semaine
aux enfants, dans une salle de l'ancienne maison
des Carmes (aujourd'hui École des hautes études
ecclésiastiques). On réunit aussi les enfants le dimanche pour la messe.

Les catéchismes commencent au mois de novembre

et se terminent pendant le mois de mai. La première communion et la confirmation sont données chez les pères Franciscains, rue des Fourneaux, 83 (Vaugirard). Les enfants y sont préparés par une retraite de huit jours qui a lieu ordinairement à Saint-Étienne-du-Mont, et à laquelle assistent les parents et quelques patrons.

Les enfants sont habillés aux frais de l'Œuvre, au moyen des secours recueillis par les dames patronnesses et les membres de l'Œuvre.

Une annexe de l'Œuvre est établie à Dijon.

*Président :* M. Fiot, rue Cassette, 28.

*Vice-Président :* M. R. Saglio, rue d'Assas, 51.

*Secrétaire :* M. Griffaton, rue de Vaugirard, 46.

Pour les renseignements et les dons, s'adresser aux membres du bureau de l'Œuvre.

## ŒUVRE DES PETITS RAMONEURS
### ET DES JEUNES FUMISTES.
Rue Rollin, 32 (v⁰ arrondissement).

Cette Œuvre se propose de faciliter aux petits ramoneurs et aux jeunes fumistes l'accomplissement de leurs devoirs religieux, de leur assurer le bienfait de l'instruction élémentaire et enfin de subvenir à leurs besoins matériels.

Des réunions religieuses ont lieu chaque dimanche

chez les Frères des Écoles chrétiennes, rue Rollin, 32.
Les enfants qui n'ont pas fait leur première communion y sont préparés avec soin. Les exercices religieux sont précédés et suivis de jeux et de récits instructifs et amusants.

Les classes de la semaine ont lieu de 8 à 10 heures
du soir, tous les jours, le jeudi excepté.

M. le Curé de Saint-Étienne-du-Mont est Supérieur de l'Œuvre. La direction spirituelle est confiée
à un des pères de l'école Sainte-Geneviève.

Pour se faire admettre dans cette Œuvre, les enfants devront se présenter rue Rollin, 32.

Des livrets à la caisse d'épargne sont accordés aux
enfants les plus méritants.

En cas de maladie ou de chômage, l'Œuvre leur
accorde des secours et des médicaments.

Les dons en argent et en nature sont reçus chez
le P. PLAINEMAISON, *Directeur* de l'Œuvre, rue Lhomond, 18, chez M. le comte Humbert DE MONTLAUR,
*Président*, rue du Bac, 44, et chez M. Gaston DE SEN-
NEVILLE, *Trésorier*, rue de Grenelle, 52.

## HÔPITAUX POUR LES ENFANTS,
### (Voir chap. V : *Hôpitaux spéciaux*.)

## MAISONS DE CONVALESCENCE POUR LES ENFANTS,
### (Voir chap. V : *Convalescence*.)

# CHAPITRE II.

## INSTITUTIONS CHARITABLES ET ORPHELINATS.

---

## PREMIÈRE SECTION.

### Institutions charitables et Orphelinats dans Paris pour les Garçons.

---

### ŒUVRE DE SAINT-NICOLAS.
#### Rue de Vaugirard, 92 (vi⁰ arrondissement).
Reconnue d'utilité publique par décret du 17 août 1859.

Cette Œuvre, fondée en 1827 par M$^{gr}$ de Bervanger et M. le comte Victor de Noailles, est dirigée par les Frères des Écoles chrétiennes; elle reçoit les jeunes garçons de la classe ouvrière et leur donne, avec une éducation religieuse, l'instruction primaire et industrielle.

L'Œuvre se compose de membres fondateurs s'engageant à payer une cotisation annuelle de 50 francs au moins, ou donnant une somme de 200 francs, et de membres souscripteurs payant une cotisation annuelle inférieure à 50 francs.

Elle est administrée par un conseil de trente

membres choisis parmi les fondateurs, sous la présidence de M^gr l'Archevêque de Paris.

Cette Œuvre a trois maisons : l'une à Paris, rue de Vaugirard, 92 ; la deuxième à Issy (Seine), Grande Rue, 70 ; la troisième à Igny, par Bièvres (Seine-et-Oise).

Les enfants sont reçus de sept à quatorze ans.

La pension est de 30 francs par mois, sans le vin ; 50 francs d'entrée et 30 francs de frais divers pour le premier mois. L'enfant admis après douze ans paye 35 francs par mois.

Il faut pour être admis : être de Paris ou des environs, ou avoir à Paris des parents ou correspondants ; savoir lire et écrire et les éléments du calcul, n'avoir aucune infirmité ni aucune maladie chronique ou contagieuse.

La maison d'Igny est plus spécialement affectée aux travaux agricoles.

Il y a dans l'établissement de Paris des ateliers internes, dirigés par d'habiles contre-maîtres, où les enfants peuvent faire leur apprentissage aux mêmes conditions que leurs classes. L'apprentissage dure trois ans pour les marbriers, relieurs, tourneurs en optique, opticiens, horlogers-mécaniciens, monteurs en bronze, ciseleurs sur métaux, facteurs d'instruments de musique en cuivre, doreurs sur bois, menuisiers, selliers-malletiers, layetiers ; quatre ans pour les sculpteurs sur bois, graveurs sur bois, facteurs d'instruments de précision, graveurs-géographes.

S'adresser pour les admissions au frère Directeur de chacun de ces établissements.

## ASILE-ÉCOLE FÉNELON.

### A Vaujours, par Livry (Seine-et-Oise).

*Société Fénelon*, reconnue d'utilité publique par décret du 5 février 1852.

Fondé par M. l'abbé Dubeau, curé de Vaujours, cet établissement est dirigé par les Frères des Écoles chrétiennes. Les jeunes garçons y sont reçus de sept à dix ans. Après leur première communion, ils peuvent être mis en apprentissage par les soins de la Société.

La pension est de 30 francs par mois; 30 francs d'entrée.

S'adresser pour les admissions au frère Directeur, à Vaujours.

## ORPHELINAT DE NOTRE-DAME PRÉSERVATRICE.

### Rue Lhomond, passage des Vignes, 2 (v° arrondissement).

L'OEuvre a été fondée en 1872 dans le but de préserver des dangers de la rue et de l'atelier les jeunes garçons pauvres, orphelins, abandonnés, e d'en faire des apprentis et ouvriers vraiment chrétiens.

Les enfants se partagent en deux sections :

1° Les jeunes écoliers de sept à douze ans, qui reçoivent dans la maison même l'instruction primaire;

2° Les apprentis depuis douze ans et au delà. Les uns apprennent un état dans la maison; les autres, en plus grand nombre, sont placés en ville dans de bons ateliers et viennent prendre leurs repas et coucher dans l'établissement. Tous ont, avant ou après leur travail, deux heures de classe pour compléter leur instruction.

La maison est dirigée par les Pères du Saint-Esprit et du Saint-Cœur de Marie.

La maison contient en ce moment environ quatre-vingts enfants et pourrait en recevoir davantage si les ressources le permettaient.

S'adresser pour les admissions au père Supérieur.


## MAISON

### DES ORPHELINS DE SAINT-VINCENT-DE-PAUL.

#### Chemin du Moulin, 1 (v⁰ arrondissement).

Cette maison, dirigée par les Frères de Saint-Vincent-de-Paul, reçoit des jeunes garçons orphelins; ils sont admis de sept à douze ans.

Le prix de la pension est de 30 francs par mois.

Le programme de l'enseignement est celui de l'instruction primaire. Dans la maison se trouvent des ateliers où les enfants apprennent divers états.

Après la première communion, les directeurs de la maison s'occupent avec les parents ou protecteurs des enfants de leur placement en apprentissage; ils les surveillent et les font entrer autant que possible dans les patronages de la société de Saint-Vincent-de-Paul.

Les demandes d'admission doivent être adressées à M. le Supérieur de la maison des Orphelins, chemin du Moulin, 1. (Voir *Institut apostolique*, chap. xii.)

### ORPHELINAT SAINT-LOUIS.

Rue de Sèvres, 67 (viie arrondissement).

(Voir chap. V : *Convalescence.*)

### ORPHELINAT DE GARÇONS.

#### PROVIDENCE SAINTE-MARIE.

Rue de Reuilly, 77 (xiie arrondissement).

(Voir chap. III, 1re section.)

### ORPHELINAT

#### DES SOEURS DE L'IMMACULÉE CONCEPTION

#### DU TIERS-ORDRE DE SAINT FRANÇOIS D'ASSISE.

Rue de la Voie-Verte, 27 (xive arrondissement).

#### Garçons et Filles.

Les garçons sont reçus à cinq ans et sortent à douze ans.

Le but spécial de l'Œuvre est de recevoir des enfants illégitimes.

3o francs par mois. — 100 francs d'entrée pour le trousseau et le lit. — Instruction primaire.

## ORPHELINAT SAINT-CHARLES,
### Rue Blomet, 147 (xv° arrondissement).
#### Reconnu d'utilité publique par décret du 4 mars 1876.

Cet orphelinat, dirigé par les Religieuses de Notre-Dame-des-Anges, reçoit les garçons et les filles orphelins de père ou de mère.

Les garçons sont reçus de deux à sept ans et gardés jusqu'à leur première communion.

Les filles sont reçues de deux à onze ans et gardées jusqu'à vingt et un ans.

La pension est de 25 francs par mois; 5o francs d'entrée.

Les demandes doivent être adressées à M^me la Supérieure de l'orphelinat.

La communauté a fondé plusieurs orphelinats à Clamart, Morangis, Saint-Aile, Digne. (Voir chapitre II, *Orphelinats hors Paris pour les garçons et pour les filles.*)

## ASILE DES PETITS ORPHELINS.
### Rue de Ménilmontant, 119 (xx° arrondissement).

Cet asile, fondé en 1853, reçoit les enfants orphelins des deux sexes, de deux à sept ans. Les enfants restent dans la maison jusqu'à l'âge de treize ans.

L'établissement est dirigé par les Sœurs de Saint-Vincent-de-Paul.

La pension est de 15 francs par mois; 100 francs d'entrée.

On peut fonder un lit, moyennant un legs ou une donation de 6,000 francs, ou moyennant la constitution d'une rente perpétuelle de 300 francs.

L'OEuvre est administrée par un conseil dont le Supérieur général des Lazaristes est *Président; Trésorier*, M. Georges DE SALVERTE, rue d'Anjou-Saint-Honoré, 12.

Les offrandes et les demandes d'admission doivent être adressées à M^me la Supérieure de l'Asile des Petits Orphelins, rue de Ménilmontant, 119.

## DEUXIÈME SECTION.

### Institutions charitables et Orphelinats dans Paris pour les Filles.

———

### MAISON DE NOTRE-DAME-DES-ARTS.

Rue Dufrénoy, 18 (xvı° arrondissement).

Reconnue d'utilité publique par décret du 6 mars 1861.

L'institution de Notre-Dame-des-Arts a été fondée à Paris, en 1855, par Mᵐᵉ Fernande de Jaubert, vicomtesse d'Anglars (en religion révérende mère Marie-Joseph), première supérieure de la communauté religieuse de Notre-Dame-des-Arts; cette communauté a été autorisée et la maison reconnue d'utilité publique par décret du 6 mars 1861.

Depuis la mort de la fondatrice, en 1872, l'une des assistantes, la révérende mère Marie-Émilienne Chanet, élue Supérieure, dirige l'institution.

L'institution de Notre-Dame-des-Arts a pour but de procurer, à des conditions faciles (au moyen de bourses fournies par des subventions publiques ou privées), aux filles des hommes recommandables par leurs travaux dans les professions libérales (savants, publicistes, littérateurs, artistes, administrateurs):

1° L'éducation classique la plus élevée, qui met

ces jeunes filles au niveau de leur famille et les prépare aux examens de l'Hôtel-de-Ville;

2° Une éducation professionnelle artistique, qui les dote d'un art utile (musique ou peinture), pouvant être mis à profit en cas de revers ou d'insuffisance de fortune.

Le prix de la pension est de 1,200 francs jusqu'à l'âge de douze ans et 1,500 francs au-dessus de cet âge. Presque toutes les élèves françaises jouissent de bourses ou de fractions de bourse. Pour l'admission comme pour l'attribution des bourses disponibles, les orphelines sans fortune ont toujours la priorité.

L'institution admet un certain nombre d'élèves étrangères; leur pension est du prix double de celle des françaises.

La maison sera prochainement transférée rue de la Faisanderie.

Une seconde maison du même ordre, dans les mêmes conditions, existe à Riom (Puy-de-Dôme).

S'adresser pour les admissions à M$^{me}$ la Supérieure.

## ORPHELINAT SAINT-ROCH.

Place du Marché-Saint-Honoré, 32 (1$^{er}$ arrondissement).

Dirigé par les Sœurs de Saint-Vincent-de-Paul.
Les orphelines de père et de mère de la paroisse sont reçues gratuitement entre six et onze ans et

gardées jusqu'à vingt et un ans; pour les autres, le
prix est de 300 francs par an.

Instruction primaire. — Couture. — Lingerie
fine.

## ORPHELINAT
### DES SOEURS DE SAINT-VINCENT-DE-PAUL.
#### Rue de l'Arbre-Sec, 17 (1ᵉʳ arrondissement).

On reçoit les orphelines de père ou de mère, légitimes, appartenant au quartier; elles sont admises
de quatre à onze ans et restent jusqu'à vingt et un
ans.

25 francs par an jusqu'à quinze ans; 100 francs
d'entrée.

Instruction primaire. — Couture.
Il y a un patronage dans la maison.

## ÉTABLISSEMENT CHARITABLE
### DES ORPHELINES DE LA PROVIDENCE.
#### Passage Saint-Roch, 20 (1ᵉʳ arrondissement).

Reconnu d'utilité publique par ordonnance royale en date du 16 avril 1836.

Fondée en 1814 par Mᵐᵉ la comtesse Dubois de
Lamotte, sous le patronage de Mᵐᵉ la duchesse d'Angoulême.

L'établissement occupe une maison léguée par
M. l'abbé Marduel, curé de Saint-Roch, et entre-

tenue par l'Administration de l'Assistance publique. On y reçoit un certain nombre d'enfants dont les parents peuvent payer une modique pension, mais plus spécialement des orphelines.

La maison est tenue par les Religieuses de l'ordre de la Providence de Portieux (Vosges).

S'adresser pour les admissions à M^me la Supérieure de l'établissement.

## ORPHELINAT.

### Rue de la Lune, 14 (11ᵉ arrondissement).

Dirigé par les Sœurs de Saint-Vincent-de-Paul.

Les jeunes filles sont reçues très-jeunes et restent jusqu'à dix-huit ou vingt et un ans.

3oo francs par an.

Classes. — Lingerie.

## ORPHELINAT

### DES SŒURS DE SAINT-VINCENT-DE-PAUL.

#### Rue de Béarn, 5o (111ᵉ arrondissement).

On les reçoit de huit à dix ans de la paroisse principalement. Elles sortent à vingt et un ans.

25 francs par mois; 5o francs d'entrée, lorsque cela est possible.

Instruction primaire. — Lingerie.

9

## OUVROIR EXTERNE ET GRATUIT.

### Rue aux Ours, 23 (III° arrondissement).

Dirigé par les Religieuses auxiliatrices de l'Immaculée Conception.

## ORPHELINAT

### DES SŒURS DE SAINT-VINCENT-DE-PAUL.

#### Rue du Clottre-Saint-Merry, 10 (IV° arrondissement).

On reçoit les enfants depuis l'âge de quatre ans et on les garde jusqu'à vingt et un ans.

La pension est de 25 francs par mois; 50 francs d'entrée.

Instruction primaire. — Couture.

## ORPHELINAT

### DES SŒURS DE SAINT-VINCENT-DE-PAUL.

#### Rue Sainte-Croix-de-la-Bretonnerie, 20 (IV° arrondissement).

On reçoit les jeunes filles à sept ou huit ans et quelquefois plus jeunes, et on les garde jusqu'à vingt et un ans.

La pension est de 25 francs par mois; l'entrée se fixe de gré à gré.

Instruction primaire. — Travaux de lingerie.

## ORPHELINAT SAINT-GERVAIS.

Rue Geoffroy-l'Asnier, 3o (iv° arrondissement).

Dirigé par les Sœurs de Saint-Vincent-de-Paul.
On reçoit les enfants de huit à dix ans et on les
garde jusqu'à dix-huit ou vingt et un ans.
La pension est de 15 à 25 francs; 5o francs d'en-
trée.
Instruction. — Couture.
Il existe dans la maison une école professionnelle
de jeunes filles.

## ORPHELINAT SAINT-LOUIS.

Rue Poulletier, 7 (iv° arrondissement).

Dirigé par les Sœurs de Saint-Vincent-de-Paul.
On reçoit les enfants depuis l'âge de huit ans et
on les garde jusqu'à vingt et un ans; à leur sortie,
elles reçoivent un trousseau et une dot. Les jeunes
filles de la paroisse sont admises gratuitement; les
autres payent 2o à 25 francs par mois, 1oo francs
d'entrée.
Instruction primaire. — Lingerie. — Fleurs. —
Broderies en soie et en or. — Blanchissage et repassage.

## ORPHELINAT
## DES SŒURS DE SAINT-VINCENT-DE-PAUL.
### Rue du Fauconnier, 11 (IV° arrondissement).

On reçoit les enfants de sept à huit ans, et on les garde jusqu'à vingt et un ans.

20 ou 25 francs par mois.

Instruction primaire. — Travaux de lingerie.

## ORPHELINAT SŒUR ROSALIE RENDU.
### Rue de l'Épée-de-Bois, 5 (V° arrondissement).

Dirigé par les Sœurs de Saint-Vincent-de-Paul.

On reçoit les jeunes filles de quatre à douze ans; on les garde jusqu'à vingt et un ans. Les enfants de la paroisse Saint-Médard sont reçues gratuitement; les autres payent 25 ou 30 francs par mois; entrée, 50 francs.

Classes. — Couture.

## ORPHELINAT DE JEUNES FILLES.
### Rue des Bernardins, 19 (V° arrondissement).

Dirigé par les Sœurs de Saint-Vincent-de-Paul.

Pour les jeunes filles de la paroisse de Saint-Nicolas-du-Chardonnet seulement. Elles sont reçues depuis l'âge de six ans et restent jusqu'à vingt et un ans.

Le prix varie : il est en général de 25 francs par mois; 50 francs d'entrée.

Instruction primaire. — Lingerie.

## OUVROIR

## DES RELIGIEUSES DE L'IMMACULÉE CONCEPTION.

### Rue Lhomond, 27 et 29 (v° arrondissement).

Classes. — Travaux de lingerie, broderie et repassage. — Les jeunes filles sont reçues de sept à treize ans. 300 francs par an, y compris le blanchissage. Trousseau et literie à fournir.

## ASILE SAINTE-MARIE.

### Rue Saint-Jacques, 253 (v° arrondisssement).

Fondé en 1826 par M^lle Guillard pour les jeunes filles abandonnées ou orphelines.

15 francs par mois.

On les reçoit dès l'âge de cinq ans.

## ORPHELINAT SAINT-JACQUES-DU-HAUT-PAS.

### Rue Saint-Jacques, 250 (v° arrondissement).

Fondé par M. le Curé de Saint-Jacques-du-Haut-Pas.

Dirigé par les Sœurs de Saint-Vincent-de-Paul.

Destiné aux jeunes filles de la paroisse, ou l'ayant habitée un certain temps. On les reçoit vers l'âge de sept ans, et on désire les garder jusqu'à vingt et un ans.

Cette maison est soutenue avec les ressources de la paroisse et les secours de la charité privée.

### ORPHELINAT SAINT-ÉTIENNE-DU-MONT.

Rue Thouin, 15 (v⁵ arrondissement).

Dirigé par les Sœurs de Saint-Vincent-de-Paul.

Fondé en 1832 pour les orphelines du choléra (Œuvre de Mᵍʳ de Quelen), cet orphelinat reçoit les jeunes filles orphelines de père ou de mère vers l'âge de dix ans, à la condition qu'elles resteront jusqu'à vingt et un ans.

Le prix de la pension est de 20 à 25 francs par mois. — Places gratuites et à prix réduit.

L'Œuvre donne aux jeunes filles, à leur sortie de la maison, un trousseau et une somme d'argent qui varie suivant la satisfaction qu'elles ont donnée pendant leur séjour dans l'orphelinat.

### ORPHELINAT DE LA SAINTE-FAMILLE.

Rue Lhomond, 41 (v⁵ arrondissement).

Dirigé par les Sœurs servantes du Saint-Cœur-de-Marie.

Les enfants sont admises très-jeunes et restent jusqu'à dix-huit ou vingt et un ans.

Instruction primaire. — Couture. — Lingerie.

15 à 25 francs par mois; il faut fournir la literie.

## ORPHELINAT DE L'ENFANT-JÉSUS.

Rue Lhomond, passage des Vignes, 3 (v⁰ arrondissement).

Dirigé par les Sœurs Saint-Thomas-de-Villeneuve.

Fondé en 1715, cet orphelinat reçoit les jeunes filles depuis l'âge de six ans.

Instruction primaire. — Travaux à l'aiguille.

Prix de la pension : 360 francs par an. Entrée : 20 francs.

## ORPHELINAT
## DES SŒURS DE SAINT-JOSEPH-DE-CLUNY.

Rue d'Ulm, 16 (v⁰ arrondissement).

On reçoit les jeunes filles dès l'âge de six ans; elles sortent à dix-huit ans.

Instruction primaire. — Lingerie. — Couture.

20 francs par mois; 50 francs d'entrée.

## ŒUVRE DE L'IMMACULÉE CONCEPTION.

Rue Saint-André-des-Arts, 39 (vi⁰ arrondissement).

Orphelinat fondé en 1842 et dirigé par les Sœurs de Saint-Vincent-de-Paul. Il peut contenir environ cinquante enfants. On les reçoit de neuf à dix ans et on les garde jusqu'à l'âge de vingt et un ans.

Le prix de la pension varie de 10 à 20 francs, suivant les positions.

Cette œuvre est patronnée par M. le Curé de Saint-Séverin.

## ORPHELINAT
## DES SŒURS DE SAINT-VINCENT-DE-PAUL.
### Rue Saint-Benoît, 16 et 18 (vi* arrondissement).

Exclusivement pour les jeunes filles de la paroisse de Saint-Germain-des-Prés, qui sont admises gratuitement dès l'âge de sept ans. Elles restent jusqu'à vingt et un ans.

## PETITE ŒUVRE DE SAINT-SULPICE.
### Rue Cassette, 37 (vi* arrondissement).

Fondée par le Catéchisme de Saint-Sulpice.

Les jeunes filles sont reçues de six à neuf ans et restent jusqu'à vingt et un ans. Les externes sont admises gratuitement. Les internes de la paroisse de Saint-Sulpice sont également admises gratuitement; celles des autres paroisses payent 25 francs par mois pendant le temps de l'apprentissage. L'Œuvre a une seconde maison à Montrouge pour les plus jeunes élèves.

Instruction primaire. — Travaux à l'aiguille.

## MAISON DES ENFANTS DE LA PROVIDENCE.

### Rue du Regard, 13 (vi° arrondissement).

Cette maison, fondée vers 1822 par M<sup>lle</sup> Buchère, est dirigée par les Sœurs de Notre-Dame-de-Bon-Secours. Elle reçoit soixante-dix orphelines, qui restent dans la maison jusqu'à l'âge de vingt et un ans. A leur sortie, on les place selon leur goût et leur aptitude : la plupart sont placées comme domestiques; quelques-unes ont obtenu le brevet d'institutrices ou sont entrées dans les communautés religieuses.

Le prix de la pension est de 25 francs par mois.

S'adresser pour les admissions à M<sup>me</sup> la Supérieure.

## ORPHELINAT DES SŒURS DE LA PRÉSENTATION

## DE LA SAINTE-VIERGE.

### Rue de Vaugirard, 106 (vi° arrondissement).

On reçoit les enfants dès l'âge de six ou sept ans.
30 francs par mois; 25 francs d'entrée.
L'entretien est à la charge des parents.

## ORPHELINAT DE JEUNES FILLES.

### Rue de Vaugirard, 82 (vi° arrondissement).

Dirigé par les Sœurs de Saint-Vincent-de-Paul.
Pour les enfants de la paroisse Saint-Sulpice seulement. On les reçoit vers huit ans.

## ORPHELINAT DE JEUNES FILLES.
Rue Saint-Dominique, 187 (vII° arrondissement).

Dirigé par les Sœurs de Saint-Vincent-de-Paul. -
Principalement pour les enfants de la paroisse.
Les conditions varient dans certains cas.
La pension habituelle est de 3o francs par mois;
6o francs d'entrée.
Classes. — Lingerie. — École professionnelle.

## ORPHELINAT SAINT-GUILLAUME.
Rue Saint-Guillaume, 13 (vII° arrondissement).

Dirigé par les Sœurs de Saint-Vincent-de-Paul.
On reçoit les jeunes filles et les orphelines.
Enseignement primaire. — Travail à l'aiguille et
soins du ménage.
Les jeunes personnes du catéchisme de Saint-
Thomas-d'Aquin payent la pension d'un certain
nombre d'orphelines.

## ORPHELINAT DE SAINTE-CLOTILDE.
Rue Las Cases, 27 (vII° arrondissement).

Dirigé par les Sœurs de Saint-Vincent-de-Paul.
Fondé par M. l'abbé Hamelin, curé de la paroisse.
Soutenu par les jeunes filles du catéchisme.
Les enfants de la paroisse sont admises gratuite-
ment; on les garde jusqu'à vingt et un ans.

## MAISON DE LA PROVIDENCE.
### Rue Oudinot, 3 (vii° arrondissement).

Dirigé par les Sœurs de Saint-Vincent-de-Paul.

Cette maison a été fondée en 1820 par M. l'abbé Desgenettes, alors curé des Missions. Elle renferme deux cent cinquante jeunes filles ou orphelines.

Quelques places sont à la nomination des personnes qui ont concouru à la fondation de cet établissement.

Le prix de la pension est de 30 francs par mois, et 50 francs d'entrée pour le trousseau. Les jeunes filles restent dans la maison jusqu'à vingt et un ans et reçoivent à leur sortie un petit trousseau.

Les demandes d'admission gratuite ou payante doivent être adressées à M^me la Supérieure de l'orphelinat, rue Oudinot, 3.

## MAISON DES FILLES DE LA CROIX,
### DITES
### SŒURS DE SAINT-ANDRÉ.
### Rue de Sèvres, 90 (vii° arrondissement).

Orphelinat de jeunes filles. — Pension, de 350 à 400 francs par an. Le trousseau est payé en plus.

Les jeunes filles sont reçues de six à quatorze ans. Enseignement primaire. — Travaux à l'aiguille.

## INTERNAT PROFESSIONNEL,

### CHEZ LES RELIGIEUSES DE NOTRE-DAME DE LA DÉLIVRANDE.

Avenue Montaigne, 2 et 4
(entrée à part, rue Jean-Goujon) (VIII⁰ arrondissement).

Les jeunes filles sont reçues moyennant 30 francs par mois et 30 francs d'entrée, et travaillent à la lingerie, aux fleurs, à la confection des robes, etc.

## ORPHELINAT SAINT-AUGUSTIN.

Rue Malesherbes, 22 (VIII⁰ arrondissement).

Dirigé par les Sœurs de Saint-Vincent-de-Paul.

Les jeunes filles orphelines de père ou de mère, de la paroisse Saint-Augustin, sont reçues gratuitement dès l'âge de huit ans. Le prix de la pension de celles qui ne sont pas de la paroisse est de 25 francs par mois.

A vingt ans, elles passent au patronage interne. (Voir chapitre III.)

Dans la maison : crèche, asile, école communale, maison de secours, fourneau, asile de vieillards, bibliothèque de la conférence de Saint-Vincent-de-Paul, patronage interne et externe.

## ORPHELINAT DE JEUNES FILLES.

Rue de la Ville-l'Évêque, 17 (viiiᵉ arrondissement).

Dirigé par les Sœurs de Saint-Vincent-de-Paul.
Réservé exclusivement pour les jeunes filles pauvres de la paroisse de la Madeleine, qui sont reçues gratuitement dès l'âge de six ans.
S'adresser à M. le Curé de la paroisse.

## INSTITUTION SAINT-LOUIS.

Rue de Clichy, 50 (ixᵉ arrondissement).

Cette maison a été fondée en 1813 par Mᵐᵉ de Barthélemy, sur la paroisse de Saint-Louis-d'Antin, pour les jeunes filles pauvres et principalement les orphelines; elle en contient environ soixante.
Elles sont reçues dès l'âge de neuf ans et sont gardées jusqu'à vingt et un ans.
Une partie des places sont gratuites; d'autres sont payantes au prix de 300 francs par an.
L'Œuvre se soutient par des souscriptions et par une quête annuelle. Elle est confiée aux sœurs de la Présentation de la Sainte-Vierge.
Les dons et les demandes d'admission doivent être adressées à Mᵐᵉ la marquise de Dampierre, rue de

Lille, 70, Trésorière de l'Œuvre, ou à M<sup>me</sup> la Supérieure, rue de Clichy, 50.

La maison contient en outre : 1° un externat gratuit pour les enfants indigents du quartier; 2° une école professionnelle pour les jeunes filles (ateliers de couture, de fleurs, commerce et comptabilité); 3° un patronage pour les jeunes filles.

## ORPHELINAT DE JEUNES FILLES.
### Rue de La Rochefoucauld, 25 (ix<sup>e</sup> arrondissement).

Dirigé par les Sœurs de Saint-Vincent-de-Paul.

Pour les orphelines de père et de mère de l'arrondissement.

Elles sont reçues à huit ans et restent jusqu'à vingt et un ans.

20 à 25 francs par an. — Entrée ou trousseau suivant les circonstances.

## ORPHELINAT DE JEUNES FILLES.
### Rue Bossuet, 14 (x<sup>e</sup> arrondissement).

Dirigé par les Sœurs de Saint-Vincent-de-Paul.

Réservé exclusivement aux enfants de la paroisse de Saint-Vincent-de-Paul, qui sont reçues gratuitement dès l'âge de sept ans et restent jusqu'à vingt et un ans.

## ORPHELINAT DE JEUNES FILLES.

Rue des Petites-Écuries, 5 (x⁰ arrondissement).

Dirigé par les Sœurs de Saint-Vincent-de-Paul.

Pour les orphelines de la paroisse de Saint-Eu-gène.

Elles sont reçues de sept à huit ans, et restent jus-qu'à vingt et un ans.

## ORPHELINAT DE JEUNES FILLES.

Rue du Terrage, 16 (x⁰ arrondissement).

Dirigé par les Sœurs de Saint-Vincent-de-Paul.

Pour les jeunes filles de la paroisse de Saint-Lau-rent, qui sont reçues de sept à huit ans et restent jusqu'à vingt et un ans.

25 francs par mois jusqu'à quinze ans. — 50 francs d'entrée.

Instruction primaire. — Lingerie fine.

## OUVROIR DES SŒURS DES ÉCOLES CHRÉTIENNES.

Rue Servan, 48 (xi⁰ arrondissement).

Les jeunes filles y sont admises de douze à quinze ans.

360 francs par an. — 25 francs d'entrée.

Couture et lingerie.

## ORPHELINAT DE JEUNES FILLES.

Rue Oberkampf, 113 (xi° arrondissement).

Dirigé par les Sœurs de Saint-Vincent-de-Paul.

Les jeunes filles sont reçues depuis l'âge de sept ans et sortent à vingt et un ans.

300 francs par an et un petit trousseau.

Principalement destiné aux enfants de la paroisse de Saint-Ambroise.

Classes. — Lingerie. — Blanchissage. — Ménage.

## OUVROIR SAINT-MARGUERITE.

Rue Saint-Bernard, 33 (xi° arrondissement).

Dirigé par les Sœurs de Saint-Vincent-de-Paul.

Pour les jeunes filles de la paroisse seulement.

Elles sont reçues de quatre à douze ans et restent jusqu'à vingt et un ans.

Les conditions de prix varient selon les circonstances.

Instruction primaire. — Lingerie. — Soins du ménage.

La maison comprend : Asile. — Écoles communales. — Écoles d'adultes. — Patronage interne. — Patronage externe. — Vestiaire.

## ORPHELINAT DU FAUBOURG SAINT-ANTOINE.
### MAISON EUGÈNE-NAPOLÉON.

Rue du Faubourg-Saint-Antoine, 254 (xɪɪᵉ arrondissement).

Reconnue d'utilité publique par décret du 1ᵉʳ octobre 1858.

Dirigée par les Sœurs de Saint-Vincent-de-Paul.

Cette maison a été fondée selon le désir exprimé par l'impératrice Eugénie d'employer à une œuvre charitable une somme votée par le conseil municipal de Paris pour lui offrir un collier de diamants à l'occasion de son mariage.

L'établissement est destiné à recevoir au moins trois cents jeunes filles qui lui sont confiées par leurs familles, par plusieurs grandes administrations ou par des bienfaiteurs, pour leur donner, avec l'instruction primaire, une éducation morale et religieuse et essentiellement professionnelle. Les enfants ne peuvent être admis avant huit ans, ni après douze ans.

Le prix de la pension est de 500 francs, mais il peut être abaissé par décision du conseil d'administration. — Les jeunes filles qui restent après l'âge de dix-huit ans n'ont à payer aucune pension jusqu'à leur majorité : elles forment une division supérieure et peuvent recevoir selon leur travail quelques gratifications. Elles reçoivent aussi un trousseau à leur sortie de l'orphelinat.

La tenue des livres est enseignée aux élèves de la première division.

Toutes les élèves sont formées aux soins et aux travaux du ménage.

L'enseignement professionnel, comprend, au choix des jeunes filles et selon leurs aptitudes :

1° La lingerie fine;

2° Travaux, blanchissage et raccommodage, sur dentelle noire et blanche;

3° Confections pour dames et enfants;

4° Broderies en or et en soie pour équipements militaires, ornements d'église, etc.;

5° Fleurs artificielles fines;

6° Repassage perfectionné.

Un conseil d'administration statue sur les demandes d'admission.

## MAISON DE LA SAINTE-ENFANCE.
### Rue de Reuilly, 80 (xiiᵉ arrondissement).

Dirigée par les Sœurs de l'Immaculée Conception.

Cette maison renferme :

1° Un asile pour les petits garçons de deux à sept ans, au prix de 1 franc par mois;

2° Une école gratuite pour les petites filles;

3° Un asile payant pour les filles. Le prix est de 2 francs par mois de deux à sept ans, et 3 francs de huit à douze ans.

## PROVIDENCE SAINTE-MARIE.
Rue de Reuilly, 77 (xii⁰ arrondissement).

### Filles et Garçons.

Dirigée par les Sœurs de Saint-Vincent-de-Paul.

Les filles sont reçues de six à douze ans, et on les garde jusqu'à vingt et un ans.

35 francs par mois.

École professionnelle dans la maison. (Voir chap. III, 1ʳᵉ section.)

## ŒUVRE DU SAINT-CŒUR-DE-MARIE.
### INTERNAT PROFESSIONNEL POUR LES JEUNES FILLES.
Rue de Picpus, 60, 62 et 64 (xii⁰ arrondissement).

Reconnue d'utilité publique par décret du 10 janvier 1853.

Dirigée par les Sœurs des Écoles chrétiennes.

Les jeunes filles sont reçues depuis cinq ans jusqu'à quatorze ans.

30 francs par mois; 100 francs d'entrée.

Lorsqu'une enfant travaille suffisamment bien, elle en reçoit la récompense, et les sommes gagnées par elle en plus du prix de la pension sont mises à la Caisse d'épargne au nom de l'élève.

Enseignement primaire très-soigné. — La partie professionnelle comprend : le dessin d'ornement, les broderies de tout genre (or et soie), lingerie, réparation des dentelles, gilets d'homme, confections pour dames, raccommodage et repassage.

S'adresser pour les admissions à M<sup>me</sup> la Supérieure.

## ORPHELINAT SAINTE-ÉLISABETH.

### Rue de Cîteaux, 28 (xii<sup>e</sup> arrondissement).

Dirigé par les Sœurs de la Charité de Nevers.

Les jeunes filles sont reçues à six ans et restent jusqu'à vingt et un ans.

20 francs par mois; 5o francs d'entrée.

Instruction primaire. — Couture. — Lingerie.

## CLASSES ET OUVROIR POUR LES JEUNES FILLES.

### Rue du Chevaleret, 112 (xiii<sup>e</sup> arrondissement).

#### COMPAGNIE DU CHEMIN DE FER D'ORLÉANS.

Dirigé par les Sœurs de Saint-Vincent-de-Paul.

Cet établissement a été fondé par la Compagnie du chemin de fer d'Orléans en faveur de ses ouvriers et employés. Les sœurs sont chargées :

1° De la réfection des employés;

2° De la pharmacie et de la visite des malades;

3° Des classes pour les enfants.

4° De la direction d'un ouvroir externe comprenant des ateliers de blanchissage, couture, fleurs, confection des gilets.

Les employés de la Compagnie et leurs enfants sont seuls admis.

## ORPHELINAT

### DES SŒURS FRANCISCAINES OBLATES DU SACRÉ-CŒUR.

Rue de la Glacière, 25 (xiii° arrondissement).

On reçoit gratuitement, ou selon les arrangements pris avec les parents ou les bienfaiteurs, les jeunes filles dès l'âge de six ans. On les garde jusqu'à vingt et un ans.

Classes.—Travaux de couture, ornements d'église. — Fleurs, etc.

## ŒUVRE DE SAINTE-ROSALIE.

### APPRENTIES INTERNES.

Boulevard d'Italie, 48 et 50 (xiii° arrondissement).

Dirigée par les Sœurs Franciscaines oblates du Sacré-Cœur.

Cette maison reçoit gratuitement les jeunes filles du quartier dès l'âge de trois ans.

Instruction primaire. — Couture. — Ateliers pour les fleurs et les plumes.

Patronage et école professionnelle dans la maison.

## ORPHELINAT DE JEUNES FILLES.

Rue Jenner, 40 (xiii° arrondissement).

Dirigé par les Sœurs de Saint-Vincent-de-Paul.

Pour les jeunes filles de la paroisse de Saint-Marcel.

L'âge et les conditions ne sont pas déterminés.

Classes jusqu'à quatorze ans. — Soins du ménage. — Blanchissage.

École professionnelle.

## ORPHELINAT

### DES SŒURS DE SAINT-VINCENT-DE-PAUL.

Place Jeanne-d'Arc, 3o (xiiiᵉ arrondissement).

Pour les jeunes filles de la paroisse de Notre-Dame-de-la-Gare seulement.

Instruction primaire. — Lingerie de tout genre. — École professionnelle.

## ORPHELINAT

### DES SŒURS DES ÉCOLES CHRÉTIENNES.

Rue des Croisades, 1 (xivᵉ arrondissement).

On reçoit seulement les jeunes filles de la paroisse de Notre-Dame-de-Plaisance.

Il y a dans la maison : école communale, asile, maison de secours. La crèche est au nᵒ 12 de la même rue.

## ORPHELINAT-OUVROIR DE SAINTE-MARIE.

### Place de la Mairie du xiv° arrondissement.

Dirigé par les Sœurs de Saint-Vincent-de-Paul.

On reçoit les enfants depuis l'âge de six ans. Celles qui sont admises gratuitement doivent rester jusqu'à vingt et un ans.

Cet orphelinat est principalement destiné aux jeunes filles de la paroisse de Saint-Pierre-de-Mont-rouge. Jusqu'à leur première communion, on ne s'occupe que de leur instruction primaire; ensuite elles choisissent un état à l'école professionnelle (fleurs, lingerie, gilets). — 3o francs par mois.

## PENSIONNAT-OUVROIR DU SAINT-CŒUR-DE-MARIE

### Rue Perceval, 22 (xiv° arrondissement).

Dirigé par les Religieuses du Saint-Cœur-de-Marie (de Nancy).

Éducation religieuse, instruction élémentaire et enseignement professionnel (couture, blanchissage, raccommodage de dentelles, broderies de toutes sortes, broderies en or, ornements d'église, etc.).

Les élèves sortent quelquefois, mais il n'y a pas de vacances régulières.

3oo francs par an.

4oo francs pour un cours supérieur.

Les élèves doivent fournir les objets de literie (ou les louer moyennant 20 francs par an) et apporter un trousseau.

Internes, externes et demi-pensionnaires.

## ORPHELINAT DE JEUNES FILLES.

Rue de la Tombe-Issoire, 81 (xive arrondissement).

Dirigé par les Sœurs de Saint-Vincent-de-Paul.

Pour les jeunes filles de la paroisse de Saint-Pierre-de-Montrouge.

Les enfants sont reçues à six ans et restent jusqu'à vingt et un ans.

20 à 25 francs par mois.

Classes. — Ouvroir.

## ORPHELINAT

### DES SŒURS DE L'IMMACULÉE-CONCEPTION
### DU TIERS-ORDRE DE SAINT FRANÇOIS D'ASSISE.

Rue de la Voie-Verte, 27 (xive arrondissement).

### Filles et Garçons.

Les filles sont reçues à cinq ans et sortent à vingt et un ans.

Le but spécial de l'Œuvre est de recevoir des enfants illégitimes.

25 francs par mois; 100 francs d'entrée pour le lit et le trousseau.

Instruction primaire. — Lingerie.

Externat pour les enfants pauvres du quartier.

## ORPHELINAT SAINT-CHARLES.

Rue Blomet, 147 (xv° arrondissement).

### Filles et Garçons.

Les conditions pour les filles sont indiquées aux Orphelinats de garçons, chapitre II, 1° section.

## ORPHELINAT

## DES SŒURS DE SAINT-PAUL DE CHARTRES.

Rue Violet, 44 (xv° arrondissement).

On y reçoit les jeunes filles à huit ou neuf ans, au prix de 25 francs par mois.

## ORPHELINAT DE JEUNES FILLES.

Rue de Vaugirard, 149 (xv° arrondissement).

Dirigé par les Sœurs de Saint-Vincent-de-Paul.

Pour les enfants de la paroisse et de l'arrondissement.

Elles ne sont pas reçues avant l'âge de dix ans et restent jusqu'à vingt et un ans.

25 francs par mois et 100 francs d'entrée.

Classes. — Soins du ménage. — Couture. — Blanchissage.

## ORPHELINAT DES SAINTS-ANGES.
Rue de Vaugirard, 159, passage Dulac, 7 (xv° arrondissement).
Reconnu d'utilité publique en 1861.

Cet établissement, fondé en 1844 par M<sup>me</sup> la baronne Paul Dubois, reçoit les jeunes orphelines de père ou de mère de deux à huit ans et les garde jusqu'à vingt et un ans. A cette époque, elles sont placées par les soins des dames de l'Œuvre, qui continuent leur patronage aussi longtemps qu'elles en sont dignes.

Le prix de la pension est de 430 francs par an, plus 100 francs d'entrée pour le trousseau. Quand les enfants ont atteint l'âge de quatorze ans, elles sont gardées gratuitement dans la maison. Elles s'occupent spécialement de couture, de blanchissage et de repassage.

Un conseil de dames dirige cette œuvre. La maison est tenue par les Sœurs de la Sagesse.

*Présidente :* M<sup>me</sup> la baronne DE SAINT-DIDIER, rue de la Ville-l'Évêque, 23.

*Trésorière :* M<sup>me</sup> A. BOCQUET, rue de la Pépinière, 21.

S'adresser pour les admissions à M<sup>me</sup> la Présidente ou à M<sup>me</sup> la Trésorière de l'Œuvre.

## ORPHELINAT SAINT-PIERRE-SAINT-PAUL.

### Rue d'Auteuil, 39 (xvi° arrondissement).

Dirigé par les Religieuses Ursulines.

Cet établissement, fondé par la sœur Basile en 1871, est destiné à recevoir les orphelines de père ou de mère dès l'âge de trois ans; on les garde jusqu'à dix-huit ans. Si l'enfant a encore un de ses parents survivants, on exige de lui une rétribution de 5 ou 10 francs par mois.

L'Œuvre est administrée par un conseil.

*Présidente :* M<sup>me</sup> la baronne CERISE, rue Pasquier, 7.

*Administrateur :* M. A. DE BARTHÉLEMY.

*Trésorier :* M. le baron G. CERISE.

La cotisation des membres de l'Œuvre est de 20 francs par an.

S'adresser pour les admissions à la Présidente ou à la Supérieure de l'orphelinat.

## ORPHELINAT SAINT-HONORÉ.

### Avenue d'Eylau, 105 (xvi° arrondissement).

Dirigé par les Sœurs de la Sagesse.

Pour les enfants de la paroisse Saint-Honoré seulement.

On les reçoit depuis l'âge de trois ans et on les garde jusqu'à vingt et un ans.

3oo francs par an; 1oo francs d'entrée.

Classes. — Lingerie. — Repassage.

Il y a dans la maison : pensionnat, asile, externat, crèche et fourneau.

## ORPHELINAT DE LA PRÉSENTATION DE MARIE.

Rue Nicolo, 1o (xvi° arrondissement).

Les enfants sont reçues de deux à cinq ans et sortent à vingt et un ans.

2o francs par mois. — Trousseau et literie à fournir.

Cette maison, qui était située à Grenelle, rue du Théâtre, 5.1, vient d'être transférée à Passy.

## ORPHELINAT DE NOTRE-DAME-DE-GRÂCE.

Rue Raynouard, 6o (xvi° arrondissement).

Dirigé par les Sœurs de Saint-Vincent-de-Paul.

Les orphelines sont reçues à six ans et restent jusqu'à vingt et un ans.

4oo francs par an jusqu'à seize ans. — Trousseau.

Instruction primaire. — Blanchissage. — Lingerie. — Fleurs. — Ateliers de boutons en soie.

## ORPHELINAT
## DES SŒURS DES ÉCOLES CHRÉTIENNES.
### Rue Brochant, 28 (xviiᵉ arrondissement).

On reçoit les jeunes filles de cinq à douze ans.
360 francs par an.
Classes. — Couture.

## ASILE ET OUVROIR
### DE LA COMPAGNIE DES CHEMINS DE FER DE L'OUEST.
#### Avenue de Clichy, 163 *bis* (xviiᵉ arrondissement).

Dirigé par les Sœurs de Saint-Vincent-de-Paul.

1° L'asile, fondé par la Compagnie, ne reçoit que les enfants des employés du chemin de fer, de deux à six ans inclusivement (garçons et filles).

2° L'ouvroir (réservé de même aux filles des employés) reçoit un certain nombre de jeunes filles ayant fait leur première communion. Elles apprennent à travailler à la couture et à faire des fleurs.

La Compagnie emploie à divers travaux de couture les femmes des employés.

## ORPHELINAT
## DE LA PETITE OEUVRE DES JEUNES FILLES
### DE LA PAROISSE SAINTE-MADELEINE.
#### Rue Jouffroy, 46 (xviiᵉ arrondissement).

Dirigé par les Sœurs de la Sainte-Enfance de Jésus.

Pour les jeunes filles de la paroisse de la Madeleine seulement.

L'orphelinat est administré par la Petite Œuvre des Jeunes Filles, dont M. le Curé est Supérieur.

*Présidente :* M^lle FEUILLET DE CONCHES, rue Neuve-des-Mathurins, 73.

*Trésorière :* M^lle Marthe JOURDAIN, rue de Luxembourg, 21.

Les enfants sont reçues à sept ans et sortent à vingt et un ans.

15 francs par mois; 150 francs d'entrée.

Instruction primaire. — Lingerie. — Confection. — Robes.

Les demandes d'admission doivent être adressées à la Présidente de la Petite Œuvre.

## ORPHELINAT DE JEUNES FILLES.
### Rue Salneuve, 19 (xvii^e arrondissement).

Dirigé par les Sœurs de la congrégation de Sainte-Marie.

Les jeunes filles sont reçues de deux à treize ans. Les plus jeunes sont envoyées à Trappes (Seine-et-O.).

Le prix de la pension varie, suivant les circonstances, de 12 à 25 francs par mois.

Classes jusqu'à la première communion.

La maison renferme : école communale, maison de secours, asile pour les vieillards.

## ORPHELINAT DE JEUNES FILLES.
### Rue de Villiers, 15 (xvii° arrondissement).

Dirigé par les Sœurs de Saint-Vincent-de-Paul.

Pour les jeunes filles de la paroisse de Saint-Ferdinand-des-Ternes.

École professionnelle.

## ORPHELINAT DE JEUNES FILLES.
### Rue Durantin prolongée, 51 (xviii° arrondissement).

Dirigé par les Sœurs de Saint-Vincent-de-Paul.

Pour les jeunes filles de la paroisse de Saint-Pierre-de-Montmartre seulement.

Elles sont reçues très-jeunes et restent jusqu'à vingt et un ans.

Instruction primaire. — Couture, etc.

## ORPHELINAT DE JEUNES FILLES.
### Rue Ordener, 117 (xviii° arrondissement).

Dirigé par les Sœurs de Saint-Vincent-de-Paul.

Pour les enfants de la paroisse de préférence.

On les reçoit de trois à douze ans, et on les garde jusqu'à dix-huit ou vingt et un ans.

Le prix varie selon les circonstances.

Instruction primaire. — Couture. — Lingerie.

## ORPHELINAT DE JEUNES FILLES.

Place de l'Église de la Villette, ou rue Jomard (xix⁰ arrondiss¹).

Dirigé par les Sœurs de Saint-Vincent-de-Paul,
Pour les jeunes orphelines du quartier.
25 francs par mois. — Quelques places sont gratuites.

## ORPHELINAT DE JEUNES FILLES.

Rue de Meaux, 36 (xix⁰ arrondissement).

Dirigé par les Sœurs de Saint-Vincent-de-Paul.
Les jeunes filles sont reçues à l'âge de sept ans et restent jusqu'à vingt et un ans.
25 francs par mois.
Classes. — Couture. — École professionnelle.

## ASILE DES PETITS ORPHELINS.

Rue de Ménilmontant, 119 (xx⁰ arrondissement).

### Garçons et Filles.

(Voir aux *Orphelinats de Garçons*, chap. II, 1ʳᵉ section.)

## ORPHELINAT DE JEUNES FILLES.

Rue des Fêtes, 19 (xx⁰ arrondissement).

Dirigé par les Sœurs de Saint-Joseph-de-Bon-Secours.

Les jeunes filles sont reçues de neuf à douze ans et restent jusqu'à vingt et un ans.

200 francs par an, les deux premières années seulement. — Un trousseau et un lit à fournir.

Classes. — Couture. — Soins du ménage.

Chaque orpheline reçoit, à titre de récompense, à sa sortie de l'établissement à vingt et un ans, une petite dot.

## TROISIÈME SECTION.

### Institutions charitables et Orphelinats hors Paris pour les Garçons.

----

### ÉCOLE D'ESSAI DES ENFANTS DE TROUPE.
#### A Rambouillet (Seine-et-Oise).
##### Ministère de la Guerre.

L'École d'essai des enfants de troupe a été instituée, en exécution des décrets du 24 avril et du
23 juillet 1875, pour élever et diriger vers la profession militaire les élèves qui y sont admis; le but
de cet établissement, qui est placé sous la haute surveillance du Gouverneur de Paris, est de donner à
ces enfants les aptitudes nécessaires pour devenir de
bons sous-officiers.

Les enfants à admettre à l'École d'essai sont choisis parmi les enfants de troupe actuellement classés
dans les régiments. Ils sont reçus gratuitement.

Un certain nombre d'enfants issus de familles militaires, dont l'instruction reste entièrement à la
charge de leurs parents ou de leurs tuteurs, peuvent
être reçus comme pensionnaires; le nombre en est
fixé à trente pour un effectif de six cents élèves.

Nul ne peut être admis à l'École d'essai s'il a moins

de dix ans ou plus de douze à l'époque des admissions, fixée au 1er octobre de chaque année.

Les propositions d'admission pour les enfants de troupe des régiments doivent être transmises au Ministre avant le 1er juillet et être accompagnées de :

1° L'acte de naissance;

2° Une déclaration d'un médecin constatant que l'enfant a été vacciné et jouit d'une bonne constitution;

3° Un certificat de bonne conduite;

4° Un état des services du père;

5° Un certificat délivré par le maire du lieu de domicile des parents énonçant les moyens d'existence, le nombre d'enfants et les charges des parents, et donnant des renseignements précis sur la moralité de la famille et de l'enfant;

6° Une déclaration des parents ou tuteur constatant qu'ils consentent à l'engagement ultérieur de l'enfant, sous peine de rembourser les frais d'éducation.

Pour les élèves pensionnaires, si le père ou le parent militaire qui lui donne droit à concourir est encore au service, la demande doit être adressée par voie hiérarchique au général commandant le corps d'armée; s'il n'est plus au service, la demande devra être adressée au préfet, qui la transmet au général. Les demandes devront être accompagnées des pièces indiquées ci-dessus.

Le prix de la pension est de 400 francs par an.
Le prix du trousseau est de 450 francs.

Tout candidat doit savoir lire et écrire, s'il est âgé de dix à onze ans. S'il a de onze à douze ans, il doit connaître, en outre, les quatre règles du calcul. Les fils d'officier ne sont pas admis à concourir.

Une commission spéciale, instituée au ministère de la guerre, est chargée d'examiner les demandes d'admission et d'établir, d'après les titres des pétitionnaires, le classement des enfants à admettre à l'École d'essai.

L'École est dirigée par un commandant ayant sous ses ordres des officiers et autres personnes employées dans la maison.

Des professeurs sont chargés de l'instruction primaire.

Les soins de l'infirmerie, de l'habillement et de la nourriture des élèves sont confiés aux Sœurs de Saint-Vincent-de-Paul.

## ÉCOLE DES MOUSSES DE LA FLOTTE.

Établie à bord du vaisseau *l'Austerlitz*, rade de Brest (Finistère).

### Ministère de la Marine.

Fondée par décret du 5 juin 1856.

Cette École est destinée à recevoir les mousses qui, antérieurement, étaient répartis entre les cinq divisions des équipages de la flotte.

Sont admis : 1º les fils de marins et autres salariés de la marine; 2º les fils des officiers, sous-officiers et soldats des corps de troupes de terre et de mer; 3º à défaut d'un nombre suffisant de candidats de ces catégories, il peut être admis des enfants n'appartenant ni à l'une ni à l'autre.

Les demandes doivent être adressées soit aux commandants des divisions des équipages de la flotte, dans les cinq ports militaires, soit aux commissaires de l'inscription maritime, sur le littoral et à Paris. Elles doivent être accompagnées : 1º de l'acte de naissance de l'enfant; 2º d'un certificat constatant son degré d'instruction; 3º d'un état des services de son père.

Les candidats doivent être âgés au moins de treize ans (taille minimum 1ᵐ,33) ou au plus de quatorze ans (taille minimum 1ᵐ,38).

Ils doivent être bien constitués, exempts de maladies scrofuleuses ou contagieuses; s'ils n'ont pas une très-bonne conduite, ils seront renvoyés dans leurs familles. Ils reçoivent une instruction nautique professionnelle et suivent des cours d'enseignement élémentaire.

A seize ans, ils peuvent contracter un engagement volontaire pour cinq ans, ou servir en qualité de novice pendant deux ans. Les élèves doués d'aptitudes particulières peuvent, à leur sortie de l'École, concourir pour l'obtention de bourses spéciales, soit au

lycée de Brest, soit à l'École des arts et métiers
d'Angers.

## ÉTABLISSEMENT DES PUPILLES DE LA MARINE.
### A Brest.
#### Ministère de la Marine.

Fondé par décret du 15 novembre 1862.

Réorganisé par décret de 1868 et règlement de
1869.

Cet établissement recueille les enfants orphelins
des inscrits maritimes (officiers-mariniers, maîtres
au cabotage et matelots), ceux du personnel navi-
guant qui proviennent du recrutement volontaire,
des sous-officiers et soldats des corps de troupes de
la marine, et enfin des ouvriers de la marine, suivant
certaines conditions de service.

Les orphelins de père et de mère doivent avoir
au moins sept ans; ceux qui ont encore leur père ou
leur mère doivent avoir neuf ans au moins.

Les demandes sont adressées par les parents ou
tuteurs aux commissaires de l'inscription maritime
pour les enfants du littoral et au Ministre de la marine pour les candidats de l'intérieur. Elles doivent
être accompagnées : 1° de l'acte de naissance du candidat; 2° de l'acte de décès des parents décédés;
3° de l'acte de mariage des parents; 4° des états de
service du père.

A treize ans, les pupilles passent à l'École des mousses.

L'établissement des pupilles est commandé par un capitaine de frégate. L'instruction professionnelle est dirigée par des officiers et quartiers-maîtres. L'instruction élémentaire est donnée par les frères de la Doctrine chrétienne.

### ÉCOLES PRATIQUES D'AGRICULTURE.
#### Ministère de l'Agriculture et du Commerce.

Il existe dans les départements un certain nombre de fermes-écoles, destinées, en vertu des lois du 3 octobre 1848 et du 30 juillet 1875, à l'enseignement pratique de l'agriculture.

Le prix de la pension des élèves (270 francs par an) est à la charge de l'État.

Les demandes d'admission doivent être adressées au directeur de chaque école, et être accompagnées de l'acte de naissance du candidat et d'un certificat de moralité.

Les jeunes gens sont reçus à l'âge de seize ans; ils doivent posséder les éléments de l'instruction primaire. On tient compte de l'aptitude aux travaux agricoles.

Les écoles pratiques d'agriculture, d'un ordre un peu plus élevé que les fermes-écoles, reçoivent des candidats mieux préparés, au point de vue de l'instruction.

Les élèves payent au directeur une pension de 400 francs par an.

Le brevet de capacité délivré à la sortie de tous ces établissements donne droit, sans autre épreuve, au bénéfice du volontariat d'un an.

On peut avoir les renseignements nécessaires au Ministère de l'Agriculture et du Commerce, direction de l'Agriculture.

## ORPHELINAT D'AULNAY-LEZ-BONDY.

### PROTECTORAT DE SAINT-JOSEPH.

A Aulnay-lez-Bondy, par le Bourget (Seine).

Dirigé par les Sœurs de Saint-Joseph.

Les garçons sont reçus de six à huit ans et restent jusqu'à dix-huit ou vingt ans.

20 à 30 francs par mois, suivant les soins qu'on exige; 30 à 50 francs d'entrée.

Instruction primaire. — Travaux agricoles. — Soins du ménage, et tout ce qui peut faciliter leur placement comme domestiques.

## ORPHELINAT DE GARÇONS.

A Auxerre (Yonne).

Dirigé par les Petites-Sœurs de Jésus Franciscaines.

Les orphelins sont reçus de trois à cinq ans, placés vers quatorze ans et surveillés jusqu'à dix-huit ans.

Gratuit. — 100 francs d'entrée et un trousseau.

## ORPHELINAT SAINT-JOSEPH.
### A Bapaume (Pas-de-Calais).

Dirigé par les Frères de Saint-François-d'Assise.
200 francs par an jusqu'à seize ans; 30 francs
d'entrée et un trousseau. L'entretien et le blanchissage sont à la charge des parents.

Les enfants sont reçus depuis neuf ans au moins
jusqu'à quinze ans au plus.

## ORPHELINAT DE GARÇONS.
### A Beaupont, par Coligny (Ain).

Dirigé par les Petites-Sœurs de Jésus Franciscaines.

Les orphelins sont reçus dès l'âge de trois ans et
restent jusqu'après leur première communion.

Gratuit. — 100 francs d'entrée et un trousseau.

## ORPHELINAT DE LA SAINTE-FAMILLE.
### A Bléville, par le Havre (Seine-Inférieure).

Dirigé par les Religieuses Franciscaines.
On reçoit les garçons depuis l'âge de trois ans, et
on les garde jusqu'à douze ans.
250 francs par an; 50 francs d'entrée.
Travaux de jardinage.

## ORPHELINAT SAINT-JOSEPH.
### Au Bourget (Seine).

Orphelinat industriel pour les garçons à la Cristallerie et Émaillerie de M. E. Paris.

Dirigé par les Sœurs de Saint-Vincent-de-Paul.

Les garçons sont reçus gratuitement, moyennant 100 francs d'entrée, à l'âge de douze ans, et restent jusqu'à vingt ans.

Ils suivent les cours de l'instruction primaire dans l'établissement et travaillent à la cristallerie.

## ORPHELINAT AGRICOLE.
### A la Bousselaye-en-Rieux, par Allaire (Morbihan).

Dirigé par les Frères de Saint-François-d'Assise. La Maison mère est à Saint-Genis-de-Saintonge (Charente-Inférieure).

Les garçons sont reçus à dix ans et sortent à vingt.

200 à 250 francs par an; 50 francs d'entrée.

Instruction primaire. — Travaux agricoles de tous genres et exploitation d'un moulin.

## ORPHELINAT
## DES SŒURS DE SAINT-VINCENT-DE-PAUL.
### A Chambéry (Savoie).

Les garçons sont reçus de trois à sept ans et restent jusqu'à vingt et un ans.

200 francs par an jusqu'à seize ans; 50 francs d'entrée.

Instruction primaire. — Agriculture. — Horticulture.

On admet les enfants de la Savoie et de la Haute-Savoie, et exceptionnellement ceux des autres départements.

## ORPHELINAT DE GARÇONS.

### A Caen (Calvados).

Dirigé par M. l'abbé Leveneur.

Les enfants sont reçus de six à treize ans et restent jusqu'à vingt et un ans.

300 francs par an.

Classes. — Ateliers industriels.

## ORPHELINAT
## DES SŒURS DE SAINT-VINCENT-DE-PAUL.

### Rue de Bayeux, 69, à Caen (Calvados).

### Garçons et Filles.

Les garçons sont reçus très-jeunes et restent jusqu'à vingt et un ans.

300 francs par an.

Classes. — Agriculture.

## ORPHELINAT DE GARÇONS.

### A Chevilly, par Bourg-la-Reine (Seine).

Dirigé par les Pères du Saint-Esprit et du Saint-Cœur de Marie.

Les garçons (pour la plupart alsaciens-lorrains) sont reçus de six à sept ans.

Le prix varie de 240 à 400 francs; 50 à 80 francs d'entrée.

Instruction primaire. — Culture. — Jardinage. — Divers métiers : forge, menuiserie, cordonnerie, etc.

## ORPHELINAT AGRICOLE DE SAINT-SAUVEUR.

### A Cellule, par Riom (Puy-de-Dôme).

Dirigé par les Pères du Saint-Esprit et du Saint-Cœur-de-Marie.

Les garçons sont reçus dès l'âge de sept ans et sortent à vingt ans.

200 francs par an. — Trousseau à fournir.

Classes. — Agriculture. — Menuiserie, forge, etc.

Cet orphelinat peu nombreux est annexé à un petit séminaire important.

## ORPHELINAT DE CERFROID.

### A Cerfroid, par Gandelu (Aisne).

Dirigé par les Religieux du Tiers-Ordre de la Très-Sainte Trinité.

Les enfants ne sont reçus ni avant six ans ni après dix ans. Ils peuvent rester jusqu'à quinze ans.

Instruction élémentaire. — Travaux horticoles. — Atelier de menuiserie et ébénisterie.

20 francs par mois; 50 francs d'entrée ou un trousseau complet.

## ORPHELINAT AGRICOLE.

### A Coubeyrac, par Gensac (Gironde).

Dirigé par les Frères de Marie.

Les garçons sont reçus à l'âge de huit ans et peuvent rester jusqu'à vingt et un ans.

Instruction primaire. — Agriculture. — Viticulture. — Atelier de tailleur.

80 hectares sont cultivés par les frères et les orphelins, qui sont pour la plupart alsaciens-lorrains.

240 francs par an jusqu'à quinze ans révolus; 50 francs d'entrée.

## ORPHELINAT DE COURBESSAC.

### A Courbessac, par Nîmes (Gard).

Dirigé par les Sœurs de Saint-Joseph d'Aubenas.

Les garçons sont reçus dès l'âge de quatre ans et restent jusqu'à quatorze ou quinze ans.

Classes. — Soins du ménage. — Travaux agricoles.

200 francs par an (les mois payés à l'avance).

Quelques places sont gratuites.

## ORPHELINAT AGRICOLE.

### A Doüvaine (H^te-Savoie).

Dirigé par les Sœurs de Saint-Vincent-de-Paul de la Roche.

Les garçons sont reçus de six à douze ans et gardés jusqu'à seize ans.

20 francs par mois; 50 francs d'entrée.

Instruction primaire. — Travaux agricoles. — Le latin est enseigné aux enfants qui paraissent avoir des dispositions pour l'état ecclésiastique.

## ORPHELINAT AGRICOLE.

### A la Ducherais-en-Campbon (Loire-Inférieure).

Fondé par M^gr l'Évêque de Nantes en 1874 dans les bâtiments d'un ancien collége.

Dirigé par M. l'abbé Dabin, avec l'aide des Sœurs de Notre-Dame-de-Bethléem.

Les garçons sont reçus de quatre à douze ans et peuvent rester jusqu'à vingt ans.

200 francs par an jusqu'à quinze ans; 50 francs d'entrée.

Instruction primaire. — Travaux agricoles, jardinage. — Élevage des bestiaux.

## ORPHELINAT AGRICOLE.

### A Élancourt, par Trappes (Seine-et-Oise).

Fondé par M. l'abbé Méquignon, curé d'Élan-court.

Dirigé par les Sœurs de Saint-Vincent-de-Paul.

On reçoit les orphelins de deux à sept ans; on les instruit jusqu'à douze ans, puis ils passent au travail de l'agriculture, et on les garde jusqu'à ce qu'ils soient en âge d'être placés. Ils continuent à revenir dans la maison, chaque semaine s'ils le peuvent, apporter leurs effets, qui sont entretenus par les soins des sœurs, et confier leurs économies, qui sont mises à la Caisse d'épargne.

250 francs par an; 50 francs d'entrée.

## ORPHELINAT DE NOTRE-DAME-DU-SACRÉ-COEUR.

### A Giel, par Putanges (Orne).

Dirigé par des ecclésiastiques, sous le patronage de Msr l'Évêque de Sées.

Les garçons sont reçus de huit à neuf ans et restent jusqu'à vingt et un ans.

300 francs par an.

Classes. — Agriculture et industrie.

## ORPHELINAT AGRICOLE ET INDUSTRIEL.

### A Gradignan (Gironde).

Dirigé par M. l'abbé Moreau.

Les garçons sont reçus de sept à dix ans.

15 francs par mois; 5o francs d'entrée.

Agriculture. — Viticulture. — Ateliers pour divers états.

## ORPHELINAT D'IGNY.

### A Igny, par Bièvres (Seine-et-Oise).

Dirigé par les Frères des Écoles chrétiennes. (Voir *Saint-Nicolas*, chap. II, 1re section.)

## ORPHELINAT D'ISSY.

### A Issy (Seine), Grande Rue, 7o.

Dirigé par les Frères des Écoles chrétiennes. (Voir *Saint-Nicolas*, chap. II, 1re section.)

## ORPHELINAT AGRICOLE.

### A Kerhars, par Sarzeau (Morbihan).

Dirigé par les Sœurs de Saint-Vincent-de-Paul.

Les petits garçons sont reçus de deux à sept ans et restent jusqu'à douze ans.

200 francs par an; 5o francs d'entrée.

Instruction primaire. — Agriculture.

## ORPHELINAT AGRICOLE DE N.-D.-DU-CANTAL.

### A la Forét, par Montsalvy (Cantal).

Fondé et dirigé par M. l'abbé Sarrauste.

Les garçons sont reçus de trois à dix ou douze ans; ils sont ensuite placés chez des cultivateurs sous la surveillance de l'Œuvre, qui s'en occupe jusqu'à vingt et un ans.

Instruction élémentaire. — Agriculture. — Horticulture. — Charronnage, etc.

10 ou 15 francs par mois. — Un trousseau.

## ORPHELINAT DE NOTRE-DAME-DE-LÉRINS.

### A Lérins, par Cannes (Alpes-Maritimes).

Dirigé par les Religieux Cisterciens de la Congrégation de Sénanque.

Les petits garçons sont reçus de dix à douze ans. Il n'y a pas d'âge fixé pour la sortie.

200 francs par an; 50 francs d'entrée pour le trousseau.

Classes. — Travaux agricoles. — Ateliers d'imprimerie et de reliure.

## ORPHELINAT AGRICOLE DE SAINT-HILAIRE.

### A Luché-Thouarsais, par Saint-Varent (Deux-Sèvres).

Dirigé par la Congrégation des Frères de Marie.

Les garçons sont reçus depuis l'âge de dix ans; ils restent jusqu'à dix-huit ou vingt et un ans.

250 francs par an jusqu'à seize ans; 50 francs d'entrée.

Instruction primaire. — Agriculture. — Grande culture et jardinage.

## ORPHELINAT AGRICOLE.

### A Launay, par Saint-Méen (Ille-et-Vilaine).

Dirigé par les Pères de l'Immaculée-Conception.

Les garçons (enfants légitimes) sont reçus à l'âge de dix ans accomplis et restent jusqu'à vingt ans.

200 francs par an jusqu'à quinze ans. — Un trousseau.

A la sortie, on donne comme récompense un trousseau.

Classes matin et soir. — Travaux de culture dans la journée. — Jardinage, menuiserie.

## ORPHELINAT NAPOLÉON.

### A Ligny-en-Barrois (Meuse).

Dirigé par les Frères de Saint-Pierre-ès-Liens de Marseille.

Les enfants du département payent 220 francs par an jusqu'à leur douzième année.

Ceux des autres départements payent 3oo francs par an jusqu'à quinze ans révolus.

Agriculture. Les jeunes gens sont placés chez des cultivateurs lorsqu'ils ont atteint seize ou dix-huit ans.

## ORPHELINAT AGRICOLE DE N.-D.-DES-CHAMPS.
### Aux Matelles (Hérault).

Dirigé par les Sœurs garde-malades de Notre-Dame Auxiliatrice.

Les garçons ne sont pas reçus avant sept ans ni après dix ans. Il n'y a pas d'âge fixé pour la sortie : on les place quand ils peuvent travailler.

10 francs par mois; 20 francs d'entrée.

Travaux de la campagne.

## ORPHELINAT AGRICOLE ET INDUSTRIEL.
### A Mesnières-en-Bray, par Neufchâtel (Seine-Inférieure).

Dirigé par M. l'abbé Frigot.

On reçoit à sept ans et l'on garde jusqu'à vingt ans les jeunes garçons du département, et s'il reste des places vacantes, ceux des autres départements sont également admis.

3oo francs par an; 5o francs d'entrée et un trousseau.

Instruction primaire. — Agriculture, horticulture, menuiserie, brosserie, cordonnerie, tuilerie, sculpture sur bois, etc.

## SOCIÉTÉ D'ADOPTION

### POUR LES ENFANTS TROUVÉS, ABANDONNÉS OU ORPHELINS.

Secrétariat général de l'Œuvre : A Paris, rue Jacob, 20
(VI\* arrondissement).

Colonies agricoles : Au Mesnil-Saint-Firmin (Oise) et à Merles.

La Société d'adoption, fondée en 1843, a pour but de recueillir les petits garçons abandonnés ou orphelins.

Elle les occupe aux travaux de la campagne, leur donne une éducation morale et religieuse, une instruction primaire en rapport avec leur état, et les place ensuite chez des agriculteurs.

La Société envoie les enfants adoptés par elle dans les colonies agricoles qui lui appartiennent au Mesnil-Saint-Firmin et à Merles.

La colonie agricole du Mesnil-Saint-Firmin, dirigée par les Sœurs de Saint-Joseph de Cluny, reçoit les enfants depuis l'âge de six ans et les garde jusqu'à leur première communion.

Après leur première communion, ils passent à la ferme de Merles, à 3 kilomètres du Mesnil-Saint-Firmin. Cette ferme est dirigée par les Frères de la Société de Sainte-Marie. Les enfants sont employés à divers travaux de culture, jusqu'au moment où ils peuvent être placés chez des particuliers, où ils continuent à rester sous le patronage de la Société.

L'Œuvre admet les enfants de toutes les parties de la France, moyennant une pension de 240 francs par an et 50 francs d'entrée. On exige un certificat de médecin constatant que l'enfant jouit d'une bonne santé et n'a aucune infirmité.

*Président :* M. Alfred BLANCHE.

*Secrétaire général :* M. Victor BOURNAT, avocat à la Cour d'appel de Paris, rue Jacob, 20.

Adresser les souscriptions et les demandes d'admission au *Secrétaire général.*

## ORPHELINAT DE SAINT-PAVIN-DES-CHAMPS.

### Au Mans (Sarthe).

Dirigé par les Sœurs de la Providence d'Alençon. Les garçons sont reçus à quatre ans et doivent quitter la maison à douze ans.

200 francs par an; 50 francs d'entrée.

## ORPHELINAT SAINT-MICHEL.

### A Morangis, par Longjumeau (Seine-et-Oise).

Dirigé par les Sœurs de Notre-Dame-des-Anges. Les garçons sont reçus de deux à sept ans et gardés jusqu'à la première communion.

25 francs par mois; 50 francs d'entrée.

## COLONIE AGRICOLE DE NAGEL.
### A Nagel, par Conches (Eure).

Fondée par M. Parent du Châtelet et dirigée par lui, avec le concours de M. l'abbé Letourneur.

Les garçons sont reçus de dix à onze ans et restent jusqu'à vingt ans.

240 francs par an; 100 francs d'entrée.

Classes pour l'instruction primaire. — Agriculture. — Grande culture et un peu de jardinage.

## COLONIE AGRICOLE DE N.-D.-DE-BETHLÉEM.
### Quartier Saint-Félix, à Nantes (Loire-Inférieure).

### Garçons et Filles.

Fondée par M. l'abbé Bauduz.

Dirigée par les Sœurs de N.-D.-de-Bethléem.

Les garçons sont reçus à quatre ou cinq ans et restent jusqu'à seize ou dix-huit ans.

200 francs par an; 50 francs d'entrée.

Classes. — Jardinage. — Grande culture. — Soins des bestiaux. — Industrie et exploitation de carrières, etc.

## COLONIE AGRICOLE DE NOURRAY.
### A Nourray, par Saint-Amand-de-Vendôme (Loir-et-Cher).

Dirigée par les Religieux de Sainte-Croix de Neuilly-Paris.

Les garçons sont reçus de six à neuf ans et peuvent rester jusqu'à leur majorité.

200 francs par an; 50 francs d'entrée.

Instruction primaire. — Travaux agricoles exclusivement.

## ÉTABLISSEMENT DE SAINT-NICOLAS.
### A Orléans (Loiret).

Dirigé par les Frères des Écoles chrétiennes.

Les garçons sont reçus dès l'âge de sept ans et restent jusqu'à leur mise en apprentissage (à douze, treize ou quatorze ans).

360 francs par an; 60 francs d'entrée.

Pour les enfants du diocèse seulement.

Instruction primaire soignée.

## ORPHELINAT
### DES SŒURS DE SAINT-VINCENT-DE-PAUL.
### A Péronne (Somme).

Fondé par les Frères des Écoles chrétiennes; actuellement dirigé par les Sœurs.

Les Sœurs ont en même temps l'asile communal.

Principalement pour les enfants de la paroisse; ils sont reçus dès l'âge de quatre ans et sortent à dix-sept ans.

360 francs par an. Entrée : 50 fr. ou un trousseau.

Classes et apprentissage au dehors.

## ORPHELINAT DE PERROU.

A Perrou, par Juvigny-sous-Andaine (Orne).

### Garçons et Filles.

Dirigé par les Sœurs Franciscaines.

Les garçons sont reçus depuis l'âge de trois ou quatre ans; ils sortent un an après leur première communion. Classes une partie de la journée. Le reste du temps est employé aux travaux du ménage, du jardin et de la culture.

200 francs par an jusqu'à treize ans; 5o francs d'entrée. — Literie et un petit trousseau.

## ORPHELINAT AGRICOLE DE SAINT-ALEXIS.

A Peyregoux, par Lautrec (Tarn).

Dirigé par les Frères de Saint-François-Régis.

Les enfants du département, de préférence mais sans exclusion pour les autres, sont reçus de neuf à douze ans et restent jusqu'à dix-neuf ans.

100 à 15o francs par an jusqu'à quinze ans.
Instruction primaire. — Culture de la terre.

## COLONIE AGRICOLE.

A Plongerot, par Saint-Loup (Haute-Marne).

Dirigée par M. l'abbé Bizot, avec le concours des Frères.

Les enfants orphelins ou abandonnés sont admis à neuf ans et restent jusqu'à dix-huit ans. A leur sortie, ils reçoivent un habillement complet et une récompense proportionnée à leur travail.

Instruction. — Agriculture sur un domaine de 190 hectares.

200 francs par an; 50 francs d'entrée.

## ORPHELINAT AGRICOLE.
### A Queilhe, par Mirepoix (Ariége).

Dirigé par les Frères de Saint-Joseph de Tarbes.
Les garçons sont reçus au-dessous de onze ans et sortent à vingt ans.

200 francs par an jusqu'à quinze ans. Trousseau.
Instruction primaire. — Agriculture, vignes, jardinage.

## ORPHELINAT AGRICOLE
## DE NOTRE-DAME-DE-LA-REVERDERIE.
### Près Rambouillet (Seine-et-Oise).

Dirigé par les Sœurs de Saint-Paul de Chartres.
Pour les orphelins de père et de mère, depuis l'âge de huit ans. On les garde jusqu'à dix-huit ans.

200 francs par an jusqu'à seize ans; 50 francs d'entrée.

Lecture, écriture, calcul. Arpentage et travaux exclusivement agricoles, culture, soin des bestiaux. —Forge et charronnage.

## ORPHELINAT AGRICOLE DE Sᵗ-FRANÇOIS-RÉGIS.

### A la Roche-Arnaud, près le Puy (Haute-Loire).

Dirigé par les Frères de Saint-François-Régis.

Les garçons, pour être admis, ne doivent pas avoir moins de neuf ans ni plus de douze ans accomplis; ils doivent rester jusqu'à dix-neuf ans (engagement par écrit).

200 à 250 francs par an; 60 francs pour le trousseau ou fourni en nature.

Instruction primaire. — Travaux manuels. — Exploitation agricole.

## ORPHELINAT SAINT-AILE.

### A Saint-Aile, par Rebais (Seine-et-Marne).

#### Garçons et Filles.

Dirigé par les Sœurs de Notre-Dame-des-Anges.

Les garçons sont reçus de deux à sept ans et gardés jusqu'à la première communion.

Les filles sont reçues de deux à onze ans et gardées jusqu'à vingt et un ans.

20 francs par mois; 50 francs d'entrée.

## COLONIE AGRICOLE DE SAINT-ANTOINE.

### Près Saint-Genis (Charente-Inférieure).

Dirigée par les Frères de Saint-François-d'Assise (Maison mère).

Prix : 200 francs par an, payables jusqu'à seize ans si l'on s'engage à laisser l'enfant jusqu'à sa majorité, ou 300 francs payables chaque année sans cette condition ; 50 francs d'entrée.

Age d'admission : de huit à dix ans.

## ORPHELINAT DE SAINT-ILAN.

### Près Saint-Brieuc (Côtes-du-Nord).

Dirigé par les Pères du Saint-Esprit et du Saint-Cœur-de-Marie (rue Lhomond, 30, à Paris).

Enseignement horticole.

Les enfants sont reçus de neuf à quatorze ans exclusivement.

260 francs par an. — Le trousseau, fourni par la maison, coûte 80 francs.

A leur sortie, les jeunes gens reçoivent une petite somme d'argent et un trousseau.

## ORPHELINAT GÉNIN.

### A Saint-Denis (Seine), place aux Gueldres, 12.

Dirigé par les Sœurs de Saint-Vincent-de-Paul.

On reçoit les garçons dès l'âge de quatre ans et on les garde jusqu'à quatorze ou quinze ans.

Exclusivement destiné aux enfants de Saint-Denis ou l'ayant habité au moins trois ans.

Quarante sont admis gratuitement. La pension des autres est de 20 francs par mois.

Instruction primaire. — Soins du ménage.

## ASILE SAINT-JOSEPH.

### A Saint-Macaire (Gironde).

#### Garçons et Filles.

Dirigé par les Sœurs de Saint-Vincent-de-Paul.

Les enfants sont admis de trois à sept ans. Les garçons sortent après leur première communion.

Instruction primaire. — Quelques élèves sont employés à l'agriculture.

200 francs au moins par an; 50 francs d'entrée.

Il existe dans la maison un asile pour les vieillards indigents.

## ORPHELINAT AGRICOLE.

### A Saint-Martin-des-Douets, près Tours (Indre-et-Loire).

Dirigé par les Sœurs de la Présentation de la Sainte-Vierge.

Les garçons sont admis à huit ans et restent jusqu'à dix-huit ans.

250 ou 300 francs par an jusqu'à quinze ans; 50 francs d'entrée.

Instruction primaire. — Agriculture, jardinage, travaux de la ferme.

## BERCEAU DE SAINT-VINCENT-DE-PAUL.

### A Saint-Vincent-de-Paul, près Dax (Landes).

Reconnu d'utilité publique par décret du 11 octobre 1865.

Cette maison a été instituée pour honorer le lieu de la naissance de l'apôtre de la charité et grouper autour de son berceau ses principales fondations.

Elle comprend : 1° Un orphelinat de garçons; 2° Un orphelinat de jeunes filles (voir 2° section); 3° Un hospice de vieillards (voir chap. VI); 4° Une école professionnelle pour les garçons.

### ORPHELINAT.

Dirigé par les Sœurs de Saint-Vincent-de-Paul.

Les orphelins sont reçus de six à douze ans. Après leur première communion ils passent à l'école professionnelle.

Le prix de la pension à l'orphelinat est de 200 francs par an; 100 francs d'entrée.

Les enfants ne doivent être atteints d'aucune maladie contagieuse ou exigeant un traitement spécial.

### ÉCOLE PROFESSIONNELLE.

Elle se compose exclusivement des orphelins qui ont fait leur première communion dans la maison. Ils font leur apprentissage dans l'un des ateliers de la maison, jusqu'à seize ans.

L'école professionnelle comprend les états suivants : boulangers, jardiniers, laboureurs, menuisiers, serruriers, tailleurs, cordonniers. Les jeunes
gens étudient sous la direction des prêtres de la Mission et ont pendant l'apprentissage trois et quatre
heures de classe par jour.

Le prix de la pension est de 3oo francs par an.

## ORPHELINAT SAINT-NICOLAS.

### A Sainghin-en-Mélantois (Nord).

Dirigé par les Prêtres de l'Institut de la Charité.

On reçoit les garçons de six à douze ans et on les
garde au plus tard jusqu'à dix-huit ans.

Classes jusqu'à la première communion.

Ateliers de tailleurs, cordonniers, charpentiers,
serruriers, boulangers, jardinage et culture.

Prix peu élevé, suivant les circonstances. —
5o francs d'entrée.

## ORPHELINAT AGRICOLE.

### A Séderon (Drôme).

Dirigé par les Sœurs Franciscaines.

2oo francs par an; 5o francs d'entrée.

## ORPHELINAT DE LA PROVIDENCE.
### Boulevard du Mail, 31, à Sens (Yonne).

**Garçons et Filles.**

Dirigé par les Sœurs de la Providence d'Alençon.

On reçoit les garçons de quatre à six ans et on les garde jusqu'à treize ou quatorze ans.

Instruction primaire. — Pour les filles, la couture; pour les garçons, le jardinage.

250 francs par an; 50 francs d'entrée.

## COLONIE AGRICOLE DE LA NATIVITÉ.
### A Servas, par Alais (Gard).

Dirigée par les Sœurs de Saint-Vincent-de-Paul.

Pour les garçons du département du Gard seulement. Ils sont reçus depuis l'âge de cinq ans et restent jusqu'à dix-huit ans.

100 francs par an.

Classes jusqu'à la première communion. — Agriculture.

## ORPHELINAT DE L'IMMACULÉE-CONCEPTION.
### A Toulouse (Haute-Garonne).

**Orphelins de père et de mère.**

Dirigé par M. l'abbé Julien.

On les reçoit dès l'âge de dix ans, moyennant une pension de 3 francs par semaine (156 francs par an) et 50 francs d'entrée.

Après leur première communion, les enfants sont placés en apprentissage; mais ils restent sous la direction et sous le patronage de l'Œuvre.

Une succursale de la même Œuvre, aux mêmes conditions, a été fondée par M. l'abbé Julien au Castelet, par Ax (Ariége).

## ORPHELINAT AGRICOLE DE SAINT-JOSEPH.

### A Valence (Drôme).

Sous la direction de M. l'abbé Nadal, avec le concours des Religieuses du Saint-Sacrement.

Fondé en 1852 par M. l'abbé Belle.

Les enfants légitimes, orphelins de père et de mère, ou ayant encore leur père ou leur mère, sont admis dès l'âge de sept ans.

Instruction primaire. — Agriculture. — Jardinage. — 15 hectares cultivés par les orphelins.

20 francs par mois; réduction de prix pour les enfants du département.

## ORPHELINAT.

### A Vaujours (Seine-et-Oise).

(Voir *Saint-Nicolas*, chap. II, 1re section.)

ORPHELINATS. **161**

## ORPHELINAT ET APPRENTISSAGE.

Rue des Tournelles, 22, à Versailles (Seine-et-Oise).

Dirigé par les Frères des Écoles chrétiennes.

Les garçons sont reçus dès l'âge de sept ans; ils sortent à quatorze ou quinze ans, à moins qu'ils n'entrent en apprentissage.

On reçoit les enfants de la ville et des environs.

Enseignement primaire. — Apprentissage (si l'on veut).

400 francs par an pour les élèves des classes, 450 francs pour les apprentis; 50 francs d'entrée et 20 francs de cautionnement d'effets.

La ville de Versailles entretient un certain nombre de bourses et demi-bourses dans l'établissement.

## ORPHELINAT.

A la Ville-aux-Bois-lez-Dizy, par Dizy-le-Gros (Aisne).

**Garçons et Filles.**

Fondé par M. le Curé de la Ville-aux-Bois.

Dirigé par les Sœurs de Saint-Joseph.

Les garçons sont reçus dès l'âge de cinq ans et sortent de dix-huit à vingt et un ans.

180 francs par an; 50 francs d'entrée et un petit trousseau.

Instruction primaire. — Agriculture. — Horticulture. — Ateliers de menuisiers, cordonniers, plâtriers, cordiers, sculpteurs, mouleurs.

## ORPHELINAT AGRICOLE
## DE NOTRE-DAME-DES-TREIZE-PIERRES.

### A Villefranche (Aveyron).

Dirigé par les Frères de Saint-Viateur.

Les garçons sont reçus de huit à douze ans et restent jusqu'à dix-neuf ans.

Instruction primaire. — Agriculture. — Horticulture. — Tissage pour toile ordinaire.

180 francs par an jusqu'à seize ans révolus. — 120 francs d'entrée ou un trousseau complet.

## ORPHELINAT SAINT-LOUIS.

### A Villeneuve-d'Ornain, par Bordeaux (Gironde).

Pour les enfants du département.

## ORPHELINAT AGRICOLE DE St-JOSEPH-DE-LA-FAYE.

### A Saint-Yrieix (Haute-Vienne).

Dirigé par les Religieux de Sainte-Croix.

Les garçons sont reçus de huit à douze ans et restent ordinairement jusqu'à dix-huit ans.

Instruction primaire. — Agriculture.

200 francs par an jusqu'à seize ans; 50 francs d'entrée.

# QUATRIÈME SECTION.

## Institutions charitables et Orphelinats hors Paris pour les Filles.

---

## LÉGION D'HONNEUR.

---

### MAISONS D'ÉDUCATION
CRÉÉES PAR DÉCRET IMPÉRIAL DU 29 MARS 1809
ET ORDONNANCE ROYALE DU 16 MAI 1816.

### 1° MAISON D'ÉDUCATION DE SAINT-DENIS (SEINE).
Ministère de la Guerre.

*Surintendante :* Mme LE RAY.

Cet établissement reçoit gratuitement les filles légitimes des membres de la Légion d'honneur, sans fortune, ayant au moins le grade de capitaine, en activité de service, ou une position civile correspondante à ce grade. Un certain nombre de places payantes sont réservées aux filles, petites-filles, sœurs, nièces et cousines des membres de l'Ordre.

Il ne peut être accordé qu'une place gratuite par famille.

Le prix de la pension d'une élève aux frais des familles est de 900 francs par an.

Avant l'entrée d'une élève, gratuite ou payante, les parents doivent déposer une somme de 300 francs pour le trousseau.

Les conditions d'admission exigées d'une jeune fille sont les suivantes :

1° Être âgée de neuf ans au moins, et de onze ans au plus, au moment de la signature du décret de nomination;

2° Être en état de subir, lors de l'entrée dans la maison d'éducation, un examen constatant qu'elle sait lire et écrire, qu'elle possède les éléments du catéchisme et les premières notions d'histoire sainte et de grammaire.

Les pièces à fournir à l'appui d'une demande sont :

1° Acte de naissance, dûment légalisé;

2° Acte de baptême, dûment légalisé;

3° Certificat de médecin constatant que l'enfant a eu la petite vérole ou a été vaccinée, qu'elle n'a aucun vice de conformation, et qu'elle n'est atteinte d'aucune maladie chronique ou contagieuse (si le certificat est délivré par un médecin civil, sa signature doit être légalisée par l'autorité municipale);

4° Certificat constatant que la jeune fille sait lire et écrire et possède les premiers éléments de grammaire, d'histoire sainte et de catéchisme;

5° Copie dûment certifiée du titre du père comme membre de la Légion d'honneur;

6° Copie, dans la même forme, des états de service;

7° Engagement signé par le père, et, à défaut, par la mère ou par le tuteur, si la jeune fille est orpheline, de verser à la Caisse des dépôts et consignations à Paris, au moment de l'entrée de l'élève, la somme de 300 francs pour frais de trousseau;

8° Les familles qui n'ont pas leur domicile à Paris devront en outre faire connaître le nom, l'adresse et la qualité d'une personne habitant Paris qui servirait de correspondant à l'élève, et s'engagerait à la recevoir dans tous les cas où sa sortie, soit temporaire, soit définitive, serait ordonnée par le Grand Chancelier.

La maison de Saint-Denis est placée sous la surveillance et l'autorité du Grand Chancelier, qui présente les élèves à la nomination du Chef de l'État; elle est régie par une surintendante qui a sous ses ordres six dames dignitaires et un grand nombre de dames attachées à l'établissement. Les succursales sont desservies par les religieuses de la communauté de la Mère-de-Dieu.

### 2° SUCCURSALES DE LA MAISON DE SAINT-DENIS.

1° Maison d'Écouen (Seine-et-Oise);

2° Maison des Loges, par Saint-Germain-en-Laye (Seine-et-Oise).

Les places gratuites dans ces deux maisons d'édu-

cation de la Légion d'honneur sont réservées aux
filles légitimes des membres de l'ordre, sans fortune, depuis le grade de soldat jusqu'à celui de
capitaine inclusivement ou occupant une fonction
civile équivalente.

Il ne peut être accordé qu'une seule place gratuite par famille.

Un certain nombre de places payantes sont réservées aux filles, petites-filles, sœurs, nièces ou cousines des légionnaires. Le prix de cette pension est
de 600 francs par an, payables par trimestre et
d'avance; il est dû en plus, en entrant, une somme
de 250 francs pour le trousseau. La Grande Chan-
cellerie prend à sa charge le trousseau des élèves
gratuites.

Les conditions exigées des jeunes filles sont les
mêmes que celles énoncées plus haut pour l'admission à la maison de Saint-Denis.

Les pièces à produire pour une demande sont
celles énumérées pour Saint-Denis dans les para-
graphes 1 à 6 et 8.

## HOSPICE DES ORPHELINES DE LA MARINE.

### A Rochefort (Charente-Inférieure).

#### Ministère de la Marine.

Cet hospice a été créé vers 1694 et maintenu par
lettres patentes du mois de novembre 1779.

Douze veuves indigentes et quarante orphelines de marins, militaires de la marine et ouvriers du port domiciliés avant leur décès dans la commune de Rochefort, y sont entretenues.

L'hospice est dirigé par des Sœurs.

## MAISON MARIE-JOSEPH.

### OUVROIR INDUSTRIEL POUR LE DÉVIDAGE DES SOIES.

#### Aux Andelys (Eure).

Cet ouvroir, placé sous la surveillance des Sœurs de Saint-Vincent-de-Paul, est annexé à la manufacture de soie de M. Hamelin, aux Andelys. (Maison à Paris, rue Saint-Denis, 144.)

Les jeunes filles y sont reçues gratuitement à l'âge de onze à douze ans, et les parents doivent signer l'engagement de les laisser jusqu'à l'âge de vingt et un ans, sous peine de payer à l'établissement une indemnité à raison de 50 centimes par jour depuis l'entrée jusqu'à la sortie.

Leur journée est partagée entre les travaux de l'atelier, couture, classes et récréations.

On leur apprend tout ce qui est nécessaire pour la bonne tenue d'un ménage. A vingt et un ans, elles reçoivent un trousseau et une dot de 200 à 500 francs, suivant les services rendus.

Celles qui veulent rester sont employées comme

ouvrières ou sous-maîtresses et reçoivent des gages qui peuvent s'élever jusqu'à 400 francs par an.

L'établissement occupe en ce moment trois cents jeunes filles internes.

Il a été fondé en 1861 à Paris, rue de la Glacière, et transféré ensuite aux Andelys.

Les demandes d'admission doivent être adressées à Mme la Supérieure de l'ouvroir.

## ORPHELINAT.

### Rue de l'Évière, 2, à Angers (Maine-et-Loire).

Dirigé par les Sœurs de Sainte-Marie-des-Anges.

Les enfants sont reçues gratuitement depuis l'âge de cinq ans et restent jusqu'à vingt et un ans.

Literie et trousseau à fournir, et une petite somme quand cela est possible pour les frais d'entrée.

## ORPHELINAT DE NOTRE-DAME-DU-SACRÉ-CŒUR.

### Boulevard Héloïse, 2, à Argenteuil (Seine-et-Oise).

Dirigé par les Sœurs Servantes du Sacré-Cœur-de-Jésus.

Cet orphelinat reçoit les jeunes filles pauvres, orphelines ou délaissées depuis l'âge de sept ans jusqu'à vingt et un ans.

Le prix de la pension est de 20 francs par mois pour les enfants qui suivent dans les classes le cours d'instruction élémentaire, et 15 francs pendant trois ans pour celles qui après leur première communion entrent dans un des ouvroirs de l'établissement pour y apprendre un état. On doit payer en plus pour les unes et les autres 30 francs d'entrée.

S'adresser pour les admissions à M^me la Supérieure de l'orphelinat.

## ORPHELINAT DE NOTRE-DAME-DES-VERTUS.

### Rue de la Courneuve, 7, à Aubervilliers (Seine).

Dirigé par les Sœurs de Saint-Vincent-de-Paul.
Les jeunes filles sont reçues dès l'âge de six ans. L'âge de la sortie n'est pas fixé.
25 francs par mois; 15 francs d'entrée.
Classes. — Lingerie.

## ORPHELINAT.

### A Beaurepaire (Saône-et-Loire).

Dirigé par les Sœurs de Saint-Vincent-de-Paul.
Les jeunes filles sont reçues à quatre ou cinq ans, au prix de 200 francs par an, ou 150 francs jusqu'à quatorze ans si l'on s'engage à les laisser jusqu'à vingt et un ans.
À leur sortie, à vingt et un ans, on leur donne un trousseau.

## ORPHELINAT AGRICOLE.

### A Bézouotte, par Mirebeau-sur-Bèze (Côte-d'Or).

Fondé par M. le Curé de la paroisse.

Dirigé par les Religieuses de la Divine Providence de Ribeauvillé.

Les jeunes filles sont reçues de trois à quatorze ans et doivent rester jusqu'à vingt et un ans.

180 francs par an jusqu'à quinze ans révolus. — Un trousseau ou 50 francs d'entrée.

Classes. — Agriculture. — Soins du ménage.


## ORPHELINAT.

### A Bonnay, par Saint-Gengoux (Saône-et-Loire).

Dirigé par les Sœurs.

Les jeunes filles sont reçues vers onze ou douze ans.

200 francs par an au-dessous de onze ans; 150 francs au-dessus de onze ans, lorsque les parents s'engagent à les laisser jusqu'à vingt et un ans, sauf à payer une indemnité de 300 francs s'ils les retirent avant cet âge.

Lorsqu'il n'y a pas de conditions pour la sortie, la pension est de 200 francs par an.

Trousseau et literie à fournir.

Instruction primaire. — Lingerie. — Soins du ménage.

# ÉTABLISSEMENT
## DES SŒURS DE LA PROVIDENCE DE PORTIEUX.

### A Boissise-la-Bertrand, par Melun (Seine-et-Marne).

Pour les jeunes filles.
3oo à 4oo francs par an.

## ORPHELINAT ET PENSIONNAT.

### Place de Montébello, 1, à Bourg-la-Reine (Seine).

Dirigé par les Sœurs de Saint-Vincent-de-Paul.
Les jeunes filles orphelines ou autres sont reçues
de cinq à douze ans.
Rien n'est fixé pour la sortie.
3o francs par mois; 5o francs d'entrée.
Classes. — Lingerie. — Confection.
Il y a dans la maison crèche, écoles, ouvroir
interne, école professionnelle, vestiaire pour les
pauvres.

## ORPHELINAT.

### Rue de Flandre, 55, au Bourget (Seine).

Dirigé par les Sœurs de Saint-Vincent-de-Paul.
Les jeunes filles sont reçues à six ans; l'âge de
la sortie n'est pas déterminé.
3o francs par mois; 1oo francs d'entrée.
Classes. — Travail manuel. — Couture.

## ORPHELINAT
## DES SŒURS DE SAINT-VINCENT-DE-PAUL.

Rue de Bayeux, 69, à Caen (Calvados).

### Filles et Garçons.

Les filles sont reçues très-jeunes et restent jusqu'à vingt et un ans.

200 francs par an.

Classes. — Couture. — Soins du ménage.

## ÉTABLISSEMENT
## DES SŒURS DE LA PROVIDENCE DE PORTIEUX.

A Chamarande (Seine-et-Oise).

300 à 400 francs par an.

## ÉTABLISSEMENT
## DES SŒURS DE LA PROVIDENCE DE PORTIEUX.

A Chalô-Saint-Mars, par Étampes (Seine-et-Oise).

300 francs par an, y compris le blanchissage et le raccommodage.

## MAISON DES SŒURS DE SAINT-VINCENT-DE-PAUL.

A Champigny-sur-Marne (Seine).

Dirigée par les Sœurs de Saint-Vincent-de-Paul.

Les jeunes filles sont reçues moyennant 3o francs par mois; 1oo francs d'entrée.

Instruction primaire. — Lingerie pour magasin.

## ORPHELINAT.

Rue des Vallées, 5, à Châtenay-lez-Bagneux,
par Antony (Seine).

Dirigé par les Sœurs de Saint-Vincent-de-Paul.

On reçoit les jeunes filles à tout âge; on les garde jusqu'à vingt et un ans.

20 à 25 francs par mois jusqu'à quinze ans; 5o à 1oo francs d'entrée.

Classes. — Couture. — Lingerie. — Confection. — Blanchissage. — Soins du ménage.

Il y a dans la maison écoles et asile.

## ORPHELINAT DE LA PROVIDENCE.

Rue de Bordeaux, 8, à Charenton-le-Pont (Seine).

Dirigé par les Sœurs de Saint-Vincent-de-Paul.

25 francs par mois.

Instruction primaire. — Lingerie. — Soins du ménage.

Il existe dans la maison : patronage, fourneau économique, vestiaire, logement gratuit de quelques vieillards, visite des malades.

## ORPHELINAT.

### A Châtillon-lez-Bagneux (Seine).

Dirigé par les Sœurs de Saint-Vincent-de-Paul.

Les jeunes filles sont reçues à six ans; rien n'est fixé pour la sortie.

30 à 35 francs par mois.

Classes. — Couture.

## ORPHELINAT DE SAINT-THOMAS DE VILLENEUVE.

### A Chaville (Seine-et-Oise).

Dirigé par les Religieuses de Saint-Thomas de Villeneuve.

On y reçoit des orphelines de père ou de mère de six à douze ans et on les garde jusqu'à vingt et un ans.

20 francs par mois; 100 francs d'entrée pour le lit et le trousseau.

Elles sont spécialement formées aux soins du ménage.

S'adresser à M<sup>me</sup> la Supérieure de l'orphelinat.

## ORPHELINAT DE NAZARETH.

### A la Rue, rue de Fresnes, 24, Chevilly, par Bourg-la-Reine (Seine).

Dirigé par les Sœurs Servantes du Saint-Cœur-de-Marie.

Les jeunes filles sont reçues depuis l'âge de deux ans ; on les garde jusqu'à dix-huit ou vingt et un ans.

Le prix varie, suivant les circonstances, de 10 à 25 francs par mois. — Trousseau et literie à fournir.

Instruction primaire. — Couture. — Soins du ménage.

## ORPHELINAT DE LA PROVIDENCE.

A Condes, par Chaumont (H^te-Marne).

Dirigé par les Religieuses de la Providence de Langres.

Les jeunes filles sont reçues à sept ans et restent jusqu'à vingt et un ans.

Instruction primaire. — Couture. — Soins du ménage. — Blanchissage. — Jardinage. — Travaux en fil de laiton.

12 francs par mois au moins; 5o francs d'entrée.

## ASSOCIATION DES JEUNES ÉCONOMES.

Reconnue d'utilité publique par décret du 6 novembre 1849.

### OUVROIR,

Impasse de Conflans, 6, à Conflans-Charenton-le-Pont (Seine).

L'Association des jeunes économes, fondée en 1823, se compose de jeunes personnes dont la souscription est au moins de 3o centimes par mois et de 6o pour le mois de janvier. Les mères de famille peuvent faire inscrire leurs filles dès l'âge le plus tendre; celles qui se marient après y avoir été admises continuent d'en faire partie comme abonnées.

Tout le monde indistinctement peut faire partie de l'Œuvre à titre d'abonné.

Le but de l'Association est de pourvoir gratuitement à l'éducation morale et religieuse, à l'instruction, à l'apprentissage et au placement des jeunes filles pauvres autres que les orphelines et les enfants trouvées.

Les jeunes filles ne sont admises qu'à l'âge de huit ans.

Les demandes d'admission doivent être faites par les parents avant le 1er mars de chaque année; elles sont soumises à une commission nommée par le Conseil et chargée de visiter les familles.

Elles doivent être accompagnées de l'acte de baptême, du certificat de vaccine de l'enfant et de la justification du mariage civil et religieux de ses parents. Les jeunes filles admises sont placées soit dans un ouvroir de charité situé à Conflans, soit en apprentissage. L'ouvroir entreprend toute espèce d'ouvrages de lingerie; la Supérieure, avertie par une lettre, envoie immédiatement recevoir les commandes d'ouvrage.

Les enfants qui sont restées attachées à l'Œuvre

jusqu'à l'âge de vingt et un ans, et dont la conduite est satisfaisante, reçoivent un trousseau en quittant l'Association.

Les parents qui, sous quelque prétexte que ce soit, retireraient leurs enfants avant l'âge de vingt et un ans ne pourront rien réclamer de l'Association.

*Supérieur de l'Œuvre* : M. l'abbé d'HULST, vicaire général, rue de Varennes, 90.

*Directrice-trésorière* : Mlle J. LAURAS, rue de Sèvres, 85.

Les lettres, pour tout ce qui concerne l'Œuvre, doivent être adressées à la sœur Lauras, Supérieure de l'ouvroir des jeunes économes, impasse de Conflans, 6, à Conflans, par Charenton-le-Pont (Seine), ou à Mlle J. Lauras, rue de Sèvres, 85.

## ORPHELINAT.

### A Conflans, par Charenton-le-Pont (Seine).

Dirigé par les Dames du Sacré-Cœur.

Les jeunes filles de la paroisse sont reçues et élevées gratuitement.

## ORPHELINAT DU CŒUR-IMMACULÉ DE MARIE.

### A Courcelles-sur-Aujon, par Saint-Loup (Hte-Marne).

Dirigé par les Sœurs du Cœur-Immaculé de Marie.

Les orphelines de père ou de mère sont admises dès l'âge de cinq ans et restent jusqu'à dix-huit ou vingt et un ans.

12 francs par mois. — 5o francs d'entrée et un trousseau.

Instruction primaire. — Couture. — Blanchissage. — Soins du ménage, de la basse-cour, du jardin. — Culture.

## PENSIONNAT.

### Rue de la Ruelle, 2o, à Créteil (Seine).

Dirigé par les Sœurs de Saint-Vincent-de-Paul.

Les jeunes filles sont reçues depuis l'âge de six ans. Aucune époque fixe pour la sortie.

3o ou 35 francs par mois; 5o francs d'entrée.

Instruction primaire. — Couture.

## ORPHELINAT.

### A Crèvecœur (Nord).

Dirigé par les Sœurs Augustines de Cambrai.

12 francs par mois. Les enfants sont admises de trois à cinq ans.

Elles apprennent à lire, écrire, compter, à travailler à l'aiguille et sont surtout initiées aux soins du ménage pour être ensuite placées comme servantes.

## ASILE SAINT-DOMNIN.

### A Digne (Basses-Alpes).

Dirigé par les Sœurs de Notre-Dame-des-Anges.

Maison de retraite pour les dames âgées et pour vingt-cinq orphelines.

(Voir *Orphelinat Saint-Charles*, chap. II, 1re section.)

## ORPHELINAT

## DES SŒURS DE SAINT-VINCENT-DE-PAUL.

### Rue du Clocher-Saint-Pierre, à Douai (Nord).

Pour les orphelines de père ou de mère, à l'exclusion des enfants illégitimes.

Admission gratuite de cinq à huit ans; on les garde jusqu'à vingt et un ans. On n'exige pas d'entrée, mais on reçoit ce que les bienfaiteurs veulent bien donner.

Lingerie. — Travaux à aiguille.

## ORPHELINAT DE NOTRE-DAME-AUXILIATRICE.

### A Drancy, par le Bourget (Seine).

Dirigé par les Sœurs de Saint-Vincent-de-Paul.

On reçoit les jeunes filles de la paroisse, de Paris et des environs depuis l'âge de sept ans, et on les garde jusqu'à dix-huit ans.

Classes jusqu'à la première communion; ensuite classes et couture.

20 francs par mois; 100 francs d'entrée.

Maison de convalescence pour les jeunes filles des patronages de Paris. (Voir chap. III, 1<sup>re</sup> section.)

## ORPHELINAT.

Rue Étienne-Blanc, à Dugny, par le Bourget (Seine).

Dirigé par les Sœurs de Saint-Vincent-de-Paul.
Les jeunes filles sont reçues de quatre à sept ans.
25 francs par mois; 50 francs d'entrée.
Classes toute la journée jusqu'à treize ans. — Couture. — Lingerie.
Il y a dans la maison : école, asile, etc.

## ORPHELINAT AGRICOLE.

A Éculigny, par Bligny-sur-Ouche (Côte-d'Or).

Dirigé par les Religieuses de la Providence de Langres.
Les jeunes filles sont reçues à trois ou quatre ans et restent jusqu'à vingt et un ans.
Instruction primaire. — Couture. — Soins du ménage, du jardin, du bétail. — Travaux agricoles.
15 francs par mois. — 50 francs d'entrée ou un trousseau.

## ORPHELINAT.

Place de l'Église, 17, à Fontenay-aux-Roses (Seine).

Dirigé par les Sœurs de Saint-Vincent-de-Paul.

Les jeunes filles sont reçues à six ou sept ans. Rien n'est fixé pour la sortie.

500 francs par an, 400 francs si les parents se chargent de leur entretien; 20 francs d'entrée.

Classes et instruction soignée. — Ouvroir professionnel. — Lingerie. — Modes.

Asile, vestiaire, patronage dans la maison.

## ASILE DE NOTRE-DAME-DE-BON-ESPOIR.

A Fragnes-la-Loyère, par Châlons-sur-Saône (Saône-et-Loire).

Dirigé par les Sœurs de la Présentation de Marie de Châtel, par Cousance (Jura).

Les jeunes filles sont reçues de cinq à dix ans; il n'y a pas d'âge fixe pour la sortie.

200 francs par an; 100 francs d'entrée.

Classes. — Couture. — Soins du ménage.

## ORPHELINAT.

A Fresnes-lez-Rungis, par Antony (Seine).

Dirigé par les Sœurs de Saint-Vincent-de-Paul.

On reçoit les jeunes filles à tout âge; elles sortent

à vingt et un ans seulement, à moins de convention particulière et d'un prix de pension plus élevé.

20 francs par mois jusqu'à quatorze ans (si l'enfant est intelligente); 50 francs d'entrée.

Classes. — Lingerie. — Soins du ménage.

Classes pour les enfants de la paroisse.

## ORPHELINAT.

### Rue d'Arcueil, 35, à Gentilly (Seine).

Dirigé par les Sœurs Fidèles Compagnes de Jésus. Conditions :

15 francs par mois de sept à douze ans;

12 francs par mois de douze à quatorze ans;

10 francs par mois de quatorze à seize ans;

Gratuit de seize à vingt et un ans.

80 francs d'entrée pour la literie. Le trousseau peut être fourni par la maison au prix de 90 francs.

En cas de maladie, les frais d'infirmerie sont à la charge des parents ou bienfaiteurs.

Les enfants qui restent dans l'établissement jusqu'à vingt et un ans reçoivent à leur sortie un habillement complet et une gratification, si l'on a été satisfait de leur conduite et de leur travail.

Les Sœurs Fidèles Compagnes de Jésus ont un pensionnat à Gentilly, rue d'Arcueil, 35, à Rueil, et à Paris, rue de la Santé, 63; on peut s'adresser à Paris pour les renseignements sur l'orphelinat de Gentilly.

## ORPHELINAT AGRICOLE.

### A Haroué (Meurthe-et-Moselle).

Dirigé par les Sœurs de la Foi.

Enseignement primaire. — Travaux du ménage. — Couture. — Jardinage. — Culture. — Soins de la basse-cour.

200 francs par an. Literie et trousseau à fournir.

240 francs par an pour les élèves qui ne sont pas appliquées à la culture et pour celles qui n'ont pas atteint l'âge de douze ans. Quelques places sont gratuites.

## ORPHELINAT AGRICOLE.

### A Huisseau-en-Beauce, par Saint-Amand-de-Vendôme (Loir-et-Cher).

Dirigé par les Sœurs de la Présentation de la Sainte-Vierge.

On reçoit les jeunes filles depuis l'âge de deux ans et elles peuvent rester jusqu'à vingt et un ans.

Instruction primaire. — Couture. — Blanchissage. — Travaux agricoles.

200 francs par an. — Trousseau en nature ou en argent.

## INTERNAT MANUFACTURIER.

### FABRIQUE D'ENVELOPPES, PAPIERS À LETTRES, ETC.

Huault et Cⁱᵉ, rue du Clos-de-l'Hospice, 3, à Ivry-sur-Seine (Seine).

Fondé par M. Huault.

Dirigé par les Sœurs de la Divine Providence de Ribeauvillé (Vosges).

Admission gratuite à dix ans. Les enfants doivent rester jusqu'à vingt et un ans, sous peine de-payer les frais d'éducation, calculés à 1 franc par jour.

A vingt et un ans elles reçoivent à leur sortie un trousseau et elles touchent le montant des récompenses accordées à leur travail par M. Huault. Elles peuvent aussi rester dans la maison à titre d'ouvrières.

La maison contient en ce moment trente jeunes filles.

Les enfants, étant à leur entrée occupées principalement de leur instruction, peuvent être reçues dès l'âge de dix ans.

## ORPHELINAT DE SAINT-FRAMBOURG.

### Place de l'Église, à Ivry-sur-Seine (Seine).

Dirigé par les Sœurs de la Croix-de-Saint-André. Fondé en 1819 par la duchesse douairière d'Orléans pour les orphelines pauvres de la commune. Le prix de la pension est de 25 francs par mois et est réglé en général selon les ressources des parents.

La maison reçoit en outre des pensionnaires qui peuvent n'être pas de la commune.

Une enfant retirée avaut vingt et un ans doit un dédit de 200 francs.

Externat. — Asile pour les petits enfants.

## OUVROIR DE LA PROVIDENCE.
Rue Neuve-Saint-Frambourg, 19, à Ivry-sur-Seine (Seine).

Dirigé par les Sœurs de Saint-Vincent-de-Paul.

Les jeunes filles sont reçues depuis l'âge de sept ans et restent jusqu'à vingt et un ans : une indemnité de 500 francs est due si l'enfant est retirée avant cet âge.

60 francs d'entrée; un trousseau. 25 francs par mois de pension jusqu'à quinze ans. — A leur sortie, la maison leur donne un trousseau et les aide à se placer.

A cet orphelinat est joint un pensionnat libre sans obligation de dédit, à 30 francs par mois.

## ORPHELINAT.
Rue Nationale, 6, à Ivry-sur-Seine (Seine).

Dirigé par les Sœurs du Divin-Sauveur de Niederbronn (Alsace).

Les jeunes filles sont reçues de préférence après leur première communion.

20 à 25 francs par mois. L'âge de la sortie n'est pas fixé. — Instruction. — Soins du ménage. — Blanchissage.

## ORPHELINAT.

### À Juilly, par Dammartin (Seine-et-Marne).

Dirigé par les Dames de Saint-Louis.

Les jeunes filles sont reçues à neuf ans et restent jusqu'à vingt et un ans.

240 francs par an; 240 francs pour le trousseau.

Blanchissage. — Repassage. — Soins du ménage. — Lingerie. — Robes, et tout ce qui peut faciliter leur placement comme femmes de chambre.

Il existe dans la maison une école normale libre pour les personnes qui se destinent à l'instruction. Le prix est de 600 francs par an, non compris l'entretien et le renouvellement du trousseau.

## ORPHELINAT.

### Rue Mathieu, à Mâcon (Saône-et-Loire).

Dirigé par les Religieuses de Saint-Charles.

Les jeunes filles sont reçues de sept à douze ans; elles sortent à dix-huit ans accomplis. L'orphelinat est spécialement pour les jeunes filles du pays; cependant on peut en recevoir aussi du dehors.

150 francs par an. — Un trousseau.

Instruction primaire. — Couture. — Soins du ménage. — Blanchissage.

# ORPHELINAT
## DES RELIGIEUSES DE SAINT-JOSEPH DE CLUNY.
### Grande Rue, 22, à Maisons-Alfort (Seine).

Pour les jeunes filles de la paroisse et des environs; on les reçoit dès l'âge de six ans et on les garde jusqu'à dix-huit ou vingt et un ans, suivant les conventions.

200 francs par an.

Instruction primaire. — Travaux de couture. — Lingerie, etc.

Il existe dans la maison un pensionnat, un asile et des écoles communales.

## ORPHELINAT DE L'ENFANT-JÉSUS.
### Au Mans (Sarthe).

Dirigé par les Sœurs d'Évron.

Les enfants sont reçues de six à douze ans.

Le prix de la pension varie suivant l'âge. — 200 francs par an à six ans. Un trousseau et la literie.

On accepte aussi une somme une fois donnée.

Lingerie et confection.

## ORPHELINAT DES DAMES BÉNÉDICTINES.
### Boulevard Saint-Lazare, 13, à Mantes (Seine-et-Oise).

Les jeunes filles sont reçues de neuf à dix ans et restent jusqu'à vingt et un ans.

20 francs par mois ; un trousseau ou 100 francs d'entrée.

Instruction primaire. — Couture. — Jardinage. — Soins du ménage et de la basse-cour.

Il existe dans la maison un pensionnat, un externat et une maison de retraite pour les dames âgées.

## ORPHELINAT

### DES SŒURS DE SAINT-JOSEPH DE CLUNY.

#### Au Mesnil-Saint-Firmin, près Breteuil (Oise).

Cet orphelinat a été fondé par les Sœurs qui dirigent la colonie agricole du Mesnil-Saint-Firmin, mais il en est entièrement distinct. (Voir chap. II, 2e section.)

200 francs par an jusqu'à quinze ans, en s'engageant à laisser les jeunes filles jusqu'à dix-huit ans au moins, ou 250 francs sans engagement. — 50 francs d'entrée dans les deux cas.

On reçoit les enfants en bas âge.

## ORPHELINAT

### DES SŒURS DE SAINT-VINCENT-DE-PAUL.

#### A Mitry (Seine-et-Marne).

Les jeunes filles sont reçues depuis l'âge de cinq ans et restent jusqu'à vingt et un ans.

25 à 30 francs par mois.

Classes. — Lingerie.

## ORPHELINAT DE NOTRE-DAME-DE-BON-SECOURS.

### A Montpellier (Hérault).

Dirigé par les Sœurs Garde-Malades de Notre-Dame Auxiliatrice.

Les enfants ne sont pas reçues avant sept ans ni après dix ans.

Il n'y a pas d'âge fixé pour la sortie. — On les place quand elles peuvent travailler.

10 francs par mois; 20 francs d'entrée.

Soins du ménage. — Couture.

## MAISON DE L'INTÉRIEUR-DE-NAZARETH.

### Grande Rue, 50, à Montrouge (Seine).

On y reçoit les jeunes filles dès l'âge de six ans.

Préparation à la première communion. — Apprentissage. — Après l'apprentissage, travail comme ouvrières.

Cette maison dépend de l'OEuvre des Catéchismes de Saint-Sulpice, dite Petite-OEuvre. (Voir 1re sect.)

30 francs par mois; 20 francs d'entrée.

## ORPHELINAT.

### Rue Saint-Germain, 18, à Nanterre (Seine).

Dirigé par les Sœurs de Saint-Vincent-de-Paul.

Les enfants sont reçues à cinq ou six ans. — Rien de fixe pour la sortie.

25 francs par mois; 60 francs d'entrée.

Classes jusqu'à la première communion. — Couture. — Lingerie.

## COLONIE AGRICOLE DE N.-D.-DE-BETHLÉEM.

### Quartier Saint-Félix, à Nantes (Loire-Inférieure).

### Garçons et Filles.

Fondée par M. l'abbé Bauduz.

Dirigée par les Sœurs de Notre-Dame-de-Bethléem.

Les jeunes filles sont reçues à quatre ou cinq ans et restent jusqu'à vingt ans.

200 francs par an; 50 francs d'entrée.

Classes. — Couture. — Blanchissage. — Repassage, etc.

## ORPHELINAT DES RELIGIEUSES DOMINICAINES.

### Avenue Sainte-Foy, 18, à Neuilly (Seine).

Les enfants sont admises gratuitement de six à dix ans et gardées jusqu'à vingt et un ans.

Instruction primaire. — Travaux de couture. — Repassage. — Soins du ménage, etc.

Les admissions sont prononcées par la Supérieure générale de la communauté.

## ORPHELINAT.

Rue des Poissonniers, 11, à Neuilly (Seine).

Dirigé par les Sœurs de Saint-Vincent-de-Paul.

Les jeunes filles sont reçues dès l'âge de cinq ans et restent jusqu'à dix-huit ou vingt et un ans.

300 francs par an; 100 francs d'entrée.

Classes jusqu'à treize ans. — Couture. — Blanchissage. — Repassage.

Crèche. — Asile. — Écoles. — Patronage. — Dispensaire dans la maison.

## ORPHELINAT SAINT-LOUIS

### POUR LES PETITES FILLES DÉLAISSÉES.

Au Pecq, près Saint-Germain-en-Laye (Seine-et-Oise).

Dirigé par les Sœurs de Saint-Vincent-de-Paul.

Les enfants ne sont pas admises avant deux ans ni après sept ans.

250 francs par an; 50 francs d'entrée.

Les enfants du département de Seine-et-Oise sont reçues de préférence.

## ORPHELINAT.

A Perrou, par Juvigny-sous-Andaine (Orne).

### Garçons et Filles.

Dirigé par les Sœurs Franciscaines.

Les enfants sont reçus depuis l'âge de trois ou quatre ans. Les filles peuvent rester jusqu'à vingt et un ans.

Classes jusqu'à quinze ans. — A cet âge elles passent définitivement à l'ouvroir; elles y apprennent les travaux à l'aiguille et, suivant leurs forces, le blanchissage et les soins du ménage.

200 francs par an jusqu'à quinze ans. 50 francs d'entrée; literie et un petit trousseau à fournir.

## ORPHELINAT SAINTE-SUZANNE.

A Persan, par Beaumont (Seine-et-Oise).

Dirigé par les Sœurs de Saint-Vincent-de-Paul.

Cet orphelinat a été fondé à Mours par M. E. Chardin (de Paris), dans les ateliers consacrés au dévidage des soies, et a été transféré à Persan depuis quelques années.

On y reçoit des orphelines ou des jeunes filles pauvres appartenant à d'honnêtes familles, à l'âge de douze ans; à moins de rares exceptions, elles doivent avoir fait leur première communion.

Après un mois d'essai, elles sont admises définitivement en payant 100 francs d'entrée si elles ont fait leur première communion ou 200 francs si elles ne l'ont pas faite. Les parents ou bienfaiteurs s'engagent par écrit à les laisser jusqu'à l'âge de vingt et un ans, ou à payer à la maison, s'ils les retirent avant cette époque, une indemnité de 3oo francs.

Les enfants suivent les classes, sont exercées aux travaux du ménage et travaillent suivant leurs forces et leurs aptitudes; une petite somme prélevée sur les gains de chaque mois leur est remise à leur sortie de l'établissement. A vingt et un ans, les Sœurs s'occupent de les placer.

### ORPHELINAT SAINT-ÉDOM.
#### Rue de Paris, 9₁, à Puteaux (Seine).

Dirigé par les Sœurs de Saint-Vincent-de-Paul.

Les jeunes filles sont reçues à sept ans. Les orphelines restent jusqu'à vingt et un ans; l'âge de la sortie des autres n'est pas fixé.

2o à 3o francs par mois.

Classes. — Travaux de couture.

Il y a dans la maison un ouvroir externe et un patronage de jeunes filles.

### ORPHELINAT.
#### A Précigné (Sarthe).

Dirigé par les Sœurs du Saint-Nom-de-Jésus.

Les enfants sont reçues au-dessous de six ans et peuvent rester jusqu'à vingt et un ans.

25o francs par an. — Trousseau à fournir.

Classes. — Travaux agricoles.

## MAISON DES SŒURS DE SAINT-VINCENT-DE-PAUL.

### A Royan (Charente-Inférieure).

Orphelines de père ou de mère. Ne sont pas reçues avant l'âge de huit ans et restent jusqu'à vingt et un ans.

200 francs par an; 300 francs de dédit si on les retire avant l'âge convenu.

S'adresser à la Supérieure, à Royan. (Voir chap. V.)

## ORPHELINAT SAINT-AILE.

### A Saint-Aile, par Rebais (Seine-et-Marne).

(Voir *Orphelinats pour les Garçons.*)

## ORPHELINAT DE LA SAINTE-ENFANCE.

### A Saint-Calais (Sarthe).

Dirigé par les Sœurs de la Sainte-Enfance-de-Jésus d'Angers.

On reçoit les enfants dès l'âge de six ans.

200 francs par an. — Entrée: 25 francs, la literie et le trousseau.

On accepte aussi une somme une fois donnée : à six ans cette somme est de 600 francs; à douze ans, elle est de 300 ou 400 francs.

Lingerie et confection.

## OUVROIR INTERNE
## DES ORPHELINES DE SAINT-DENIS.

Rue de la Fromagerie, 27, à Saint-Denis (Seine).

Dirigé par les Sœurs de Saint-Vincent-de-Paul.

Soutenu au moyen de souscriptions particulières.

25 francs par mois pour les orphelines de Saint-Denis; 3o francs pour les autres.

Les jeunes filles restent jusqu'à vingt et un ans. La pension ne se paye que jusqu'à quinze ou dix-huit ans.

## ORPHELINAT
## DES DAMES DE SAINT-THOMAS DE VILLENEUVE.

Rue des Louviers, 15, à Saint-Germain-en-Laye (Seine-et-Oise).

On y reçoit les jeunes filles dès l'âge de sept ans et on les garde jusqu'à dix-huit et vingt et un ans.

Le prix de la pension est de 3oo francs par an; 20 francs d'entrée, un trousseau.

Instruction primaire. — Travaux du ménage. — Blanchissage, repassage, couture.

S'adresser pour les admissions à Mme la Supérieure.

Il y a dans la maison une école gratuite externe et un grand pensionnat.

## ASILE SAINT-JOSEPH.
### A Saint-Macaire (Gironde).

### Garçons et Filles.

Dirigé par les Sœurs de Saint-Vincent-de-Paul.

Les filles sont reçues de trois à sept ans et restent jusqu'à dix-huit ou vingt ans.

Classes. — Travaux de couture.

200 francs au moins par an; 50 francs d'entrée.

Il existe dans la maison un asile pour les vieillards indigents.

## ORPHELINAT DE LA PROVIDENCE.
### Rue Mongenot, 21, à Saint-Mandé (Seine).

Dirigé par les Sœurs de Saint-Vincent-de-Paul.

Les enfants sont reçues dès l'âge de quatre ans et gardées jusqu'à vingt et un ans. La pension varie de 10 à 30 francs par mois; 100 francs d'entrée.

Instruction primaire. — Travaux de lingerie.

## ORPHELINAT.
### A Saint-Maurice, par Charenton (Seine).

Dirigé par les Sœurs de Saint-Vincent-de-Paul.

Les filles sont reçues à cinq ou six ans et restent jusqu'à dix-huit ou vingt ans.

25 francs par mois; 50 francs d'entrée.

## ORPHELINAT.

### Rue Saint-Denis, 3o, à Saint-Ouen (Seine).

Dirigé par les Sœurs de Saint-Vincent-de-Paul.

Les jeunes filles sont reçues depuis l'âge de trois ans; aucune époque n'est fixée pour la sortie.

Les plus jeunes vont à l'asile; les autres suivent les classes et travaillent à l'aiguille.

25 francs par mois; 5o francs d'entrée.

## ORPHELINAT.

### A Saint-Sorlin, par Mornant (Rhône).

Dirigé par les Petites Sœurs de Jésus Franciscaines. (Maison mère.)

Pour les orphelines ou enfants abandonnées de trois à sept ans. A quinze ans elles vont en apprentissage et restent sous le patronage des Sœurs jusqu'à vingt et un ans.

Admission gratuite; 1oo francs d'entrée et un trousseau à fournir.

Instruction. — Soins du ménage. — Couture.

Orphelinats du même ordre à Veyre, Beaupont, Auxerre, Aromas.

## ORPHELINAT

## DU BERCEAU DE SAINT-VINCENT-DE-PAUL.

### A Saint-Vincent-de-Paul, près Dax (Landes).

Dirigé par les Sœurs de Saint-Vincent-de-Paul.

Les orphelines sont reçues de six à douze ans et restent jusqu'à dix-huit ans.

200 francs par an; 100 francs d'entrée.

Classes. — Couture. — Soins du ménage (lingerie, buanderie, repassage, cuisine, etc.).

### ORPHELINAT AGRICOLE.

#### A Séderon (Drôme).

Dirigé par les Sœurs Franciscaines.

200 francs par an; 50 francs d'entrée.

### ORPHELINAT DES SŒURS DE LA PROVIDENCE.

#### Boulevard du Mail, 31, à Sens (Yonne).

#### Garçons et Filles.

(Voir *Orphelinats pour les Garçons*.)

### ORPHELINAT SAINT-JOSEPH.

#### Grande Rue, 143, à Sèvres (Seine-et-Oise).

Dirigé par les Sœurs de Saint-Vincent-de-Paul.

Les petites filles sont reçues depuis l'âge de sept ans et restent jusqu'à dix-huit ou vingt et un ans.

30 francs par mois; 50 francs d'entrée.

Classes. — Travail à l'aiguille.

## ORPHELINAT.

### A Stains, par Saint-Denis (Seine).

Dirigé par les Sœurs de Saint-Vincent-de-Paul.

Les jeunes filles sont admises à sept ans et restent jusqu'à dix-huit ou vingt et un ans.

25 francs par mois; entrée suivant les circonstances.

Instruction primaire. — Couture. — Soins du ménage.

## ORPHELINAT INDUSTRIEL.

### A Tarare (Rhône),
### Manufacture de peluches et velours de M. Martin.

Dirigé par les Sœurs de Saint-Joseph de Lyon.

Les jeunes filles doivent, pour être reçues, avoir de treize à seize ans. L'apprentissage est de trois années entières, non compris un mois d'essai. Elles devront fournir seulement un trousseau et une convention d'apprentissage signée par le père ou tuteur, ou deux témoins, s'engageant à payer 100 francs d'indemnité si la jeune fille est retirée avant le temps convenu.

Afin d'encourager l'apprentie, il lui est accordé chaque année un gage qui varie suivant son âge, son aptitude et le genre de travail auquel elle est employée. Elle est défrayée de tout, sauf de robes.

Leçons de lecture, écriture, calcul. — Couture.

On exige un certificat de bonne conduite.

S'adresser au Directeur de la manufacture.

## ORPHELINAT.

### A Tresmes, par Faremoutiers (Seine-et-Marne).

Dirigé par les Sœurs.

Orphelinat et pensionnat.

36o francs par an, 3o francs d'entrée et un petit trousseau, ou 46o francs sans frais accessoires.

Classes. — Couture. — Soins du ménage.

## OUVROIR SAINTE-GENEVIÈVE.

### Rue Sainte-Sophie, à Versailles (Seine-et-Oise).

Dirigé par les Sœurs de Saint-Vincent-de-Paul.

Les jeunes filles sont reçues dès l'âge de dix ans et peuvent rester jusqu'à vingt et un ans.

3oo francs par an jusqu'à quinze ans, 1oo francs par an de quinze à dix-huit ans, gratuit après dix-huit ans; 5o francs d'entrée.

Classes. — Lingerie.

## ORPHELINAT ALSACIEN-LORRAIN.

### Au Vésinet (Seine-et-Oise).

(Voir chap. XIV : *Alsaciens-Lorrains.*)

## ORPHELINAT DU SACRÉ-CŒUR-DE-JÉSUS.

### Rue de la Chaume, à Vichy (Allier).

Dirigé par les Religieuses Franciscaines de la Régulière-Observance.

Les jeunes filles sont reçues depuis l'âge de trois ans et restent jusqu'à dix-huit ans.

Instruction primaire. — Couture. — Repassage. — Raccommodage. — Soins du ménage.

200 francs par an; 25 francs d'entrée.

Il y a dans la maison un pensionnat et un externat.

## ORPHELINAT.

### A la Ville-aux-Bois-lez-Dizy, par Dizy-le-Gros (Aisne).

### Garçons et Filles.

Fondé par M. le Curé de la Ville-aux-Bois et dirigé par les Sœurs de Saint-Joseph.

Les filles sont reçues dès l'âge de cinq ans et sortent de dix-huit à vingt et un ans.

180 francs par an; 50 francs d'entrée et un petit trousseau.

Instruction primaire. — Couture. — Blanchissage. — Soins du ménage.

## ORPHELINAT AGRICOLE DE LA SAINTE-ENFANCE DE MARIE.

### A Villegusien, par Longeau (Haute-Marne).

Fondé par M. l'abbé Molard, directeur de l'orphe-linat.

Dirigé par les Sœurs de la Providence de Langres.

On reçoit les jeunes filles depuis l'âge de deux ans; elles sortent à vingt ans.

150 ou 200 francs par an jusqu'à quinze ans; 50 francs d'entrée.

Instruction primaire. — Travaux agricoles. — Boulangerie. — Buanderie. — Repassage. — Rac-commodage. — Soin des bestiaux. — Jardinage. — Culture, etc.

40 hectares de terre sont cultivés par quatre-vingts jeunes filles qui font tous les travaux nécessaires et peuvent se placer ensuite dans les fermes.

## ORPHELINAT.

### A Villers-en-Arthies, par Vétheuil (Seine-et-Oise).

Dirigé par les Sœurs de Saint-Vincent-de-Paul.

Les jeunes filles sont reçues depuis l'âge de deux ans.

22 francs par mois.

## ORPHELINAT INDUSTRIEL.

### FABRIQUE DE PÂTES ALIMENTAIRES DE GROULT.

#### A Vitry-sur-Seine (Seine).

Dirigé par les Religieuses Augustines de Sainte-Marie. Fondé par M. Groult.

Les jeunes filles sont reçues à l'âge de douze ans, après avoir fait leur première communion, et sont gardées gratuitement, moyennant une entrée de 200 fr.

Elles doivent rester jusqu'à vingt et un ans, sous peine de payer une somme proportionnée à la durée de leur séjour.

La maison peut contenir cent jeunes filles.

## ORPHELINAT

## DES SŒURS DE SAINT-VINCENT-DE-PAUL.

#### A Yvré-l'Évêque (Sarthe).

On reçoit les enfants depuis l'âge de cinq ans.

120 francs par an; entrée: le trousseau et la literie.

On accepte aussi une somme une fois donnée.

Couture et confection.

---

Il existe encore en dehors de ces listes un grand nombre d'orphelinats qui peuvent recevoir les enfants de Paris à peu près aux mêmes conditions que celles indiquées ci-dessus.

# CHAPITRE III.

## JEUNESSE.

---

## PREMIÈRE SECTION.

### Apprentissage.
### Patronage. — Écoles professionnelles.

---

## ŒUVRE

## DES APPRENTIS ET DE JEUNES OUVRIÈRES.

Reconnue d'utilité publique par décret du 8 novembre 1873.

Cette Œuvre est divisée en deux sections : associations de jeunes gens et patronages de jeunes ouvrières.

### PREMIÈRE SECTION.

### ASSOCIATIONS DE JEUNES GENS.

L'Œuvre, sous la direction des Frères des Écoles chrétiennes, prend sous sa protection les jeunes apprentis et ouvriers après la première communion. Ils sont surveillés pendant leur apprentissage, secourus dans leurs maladies, et ils complètent leur éducation dans les écoles du soir. On met à leur disposition les dimanches, après les offices, des salles de récréation, des jeux, une bibliothèque, et on assure leur persévérance en les faisant entrer dans des associations charitables et des sociétés de secours mutuels.

*Président :* M. le vicomte DE MELUN, rue Saint-Dominique, 76.

*Trésorier :* M. Henry POUSSIELGUE, rue Cassette, 27.

S'adresser pour l'admission des jeunes gens au Frère Directeur de chaque association, et pour les renseignements généraux à la Maison mère des Frères, rue Oudinot, 27.

### LISTE DES ASSOCIATIONS DE JEUNES GENS.

#### PARIS.

*I<sup>er</sup> Arrondissement.*

Rue d'Argenteuil, 37.

*II<sup>e</sup> Arrondissement.*

Rue de la Jussienne, 11.

*III<sup>e</sup> Arrondissement.*

Rue Montgolfier, 1.

*IV<sup>e</sup> Arrondissement.*

Rue Poulletier, 20.

*V<sup>e</sup> Arrondissement.*

Rue Rollin, 32. | Rue Saint-Jacques, 30.

*VI<sup>e</sup> Arrondissement.*

Rue d'Assas, 68. | Rue de Vaugirard, 92.

*VII<sup>e</sup> Arrondissement.*

Rue de Grenelle, 44.

*VIII<sup>e</sup> Arrondissement.*

Rue Malesherbes, 24. | Avenue Beaucourt, 11.

*X<sup>e</sup> Arrondissement.*

Rue Lafayette, 230. | Rue du Faub.-S<sup>t</sup>-Martin, 153.

*XI<sup>e</sup> Arrondissement.*

Rue Servan, 50. | Rue Saint-Bernard, 20.

*XII<sup>e</sup> Arrondissement.*

Rue de Charenton, 315. | Rue de Reuilly, 39.

*XIII<sup>e</sup> Arrondissement.*

Rue du Moulin-des-Prés, 12.

*XIV<sup>e</sup> Arrondissement.*

Place de la Mairie-de-Montrouge.

*XVI<sup>e</sup> Arrondissement.*

Rue Decamps, 4.

*XVIII<sup>e</sup> Arrondissement.*

Rue Lepic, 62. | Rue Richomme, 13.

*XIX<sup>e</sup> Arrondissement.*

Rue Riquet, 11.

*XX<sup>e</sup> Arrondissement.*

Rue Pelleport, 1.

## BANLIEUE.

Aubervilliers. | Saint-Denis.
Clichy. | Neuilly.

## DEUXIÈME SECTION.

### PATRONAGE DES JEUNES OUVRIÈRES.

Le patronage des jeunes ouvrières a été fondé en
1851. Il adopte les jeunes filles à la sortie des
écoles primaires, se charge de leur placement après
la première communion, règle les conditions de
l'apprentissage, les réunit le dimanche aux endroits indiqués plus bas, où se trouvent, après une instruction
religieuse et une classe, des récréations variées, et
leur accorde des récompenses en raison de leur conduite et de leur assiduité. Chaque jeune fille est placée sous la surveillance d'une dame patronnesse qui
la visite, et la secourt si elle est malade.

Dans un grand nombre de patronages, les jeunes
filles ne sont admises qu'après un certain temps de
noviciat; d'autres patronages font commencer leur
tutelle avant la première communion, pendant les
classes.

L'Association des Enfants-de-Marie, sous la direction des Sœurs de Saint-Vincent-de-Paul, et l'Association de Notre-Dame-de-Bon-Conseil accueillent
les jeunes filles qui pendant plusieurs années ont été
les modèles du patronage.

Une société de secours mutuels, sous le nom de
Sainte-Marie, a été établie dans l'Œuvre.

Une maison de convalescence fondée par M<sup>me</sup> la

baronne de Ladoucette à Drancy, près du Bourget (Seine), reçoit les jeunes filles des patronages au prix de 3o francs par mois. Un orphelinat a été également établi à Drancy par M^me de Ladoucette pour les enfants appartenant aux familles des protégées de l'Œuvre : il y a 52 places gratuites ; les autres sont au prix de 20 francs par mois.

L'Œuvre a été érigée en archiconfrérie par le Saint-Père en 1866.

*Présidente générale :* M^me la baronne DE LADOUCETTE, rue de Chaillot, 74.

*Secrétaire :* M^lle LALLEMAND, rue Perronet, 12.

*Trésorière :* M^lle GAILLARDIN, rue de Verneuil, 52.

S'adresser pour les admissions aux directrices de chaque patronage.

### LISTE DES PATRONAGES DE JEUNES OUVRIÈRES.

#### PARIS.

*I^er Arrondissement.*

Rue de l'Arbre-Sec. | Place du Marché-S^t-Honoré, 32.

*II^e Arrondissement.*

Rue de la Lune, 14. | Rue de la Jussienne, 16.

*III^e Arrondissement.*

Rue de Béarn, 10. | Rue Charlot, 7.

## IV<sup>e</sup> Arrondissement.

Rue Sainte-Croix-de-la-Bretonnerie, 22.
Rue Geoffroy-l'Asnier, 36.

Rue Poulletier, 7.
Rue du Cloître-Saint-Merry, 10.
Rue du Fauconnier, 19.

## V<sup>e</sup> Arrondissement.

Rue des Boulangers, 12.
Rue Thouin, 15.
Rue Saint-Jacques, 250.
Rue de l'Épée-de-Bois, 5.
Rue de l'Arbalète, 41.

École Cochin.
Rue Lhomond, 59.
Rue des Bernardins, 19.
Rue Boutebrie, 5.

## VI<sup>e</sup> Arrondissement.

Rue de Madame (école communale).

Rue de Vaugirard, 82.
Rue de Vaugirard, 85.

## VII<sup>e</sup> Arrondissement.

Rue de Sèvres, 90.
Rue Saint-Dominique, 187.
Rue Saint-Guillaume, 13.

Rue Oudinot, 3.
Rue Chomel (école communale).

## VIII<sup>e</sup> Arrondissement.

Rue de la Ville-l'Évêque, 17.
Rue de Monceaux, 15.

Rue Malesherbes, 22.

## IX<sup>e</sup> Arrondissement.

Rue Chaptal, 22.

Rue de Clichy, 50.

## X<sup>e</sup> Arrondissement.

Rue Lafayette, 190.
Rue Parmentier, 179.

Rue du Terrage, 16.
Rue Bossuet, 14.

*XI<sup>e</sup> Arrondissement.*

Rue Oberkampf, 113.
Rue du Chemin-Vert, 70.
Rue Servan, 48.

Rue St-Maur-Popincourt, 135.
Rue Saint-Bernard, 33.
Rue Keller, 8.

*XII<sup>e</sup> Arrondissement.*

Rue de Citeaux, 7.
Avenue du Bel-Air, 13.

Rue de Reuilly, 77.

*XIII<sup>e</sup> Arrondissement.*

Rue Baudricourt, 57.
Rue Vendrezanne, 34.
Rue Jenner, 40.

Place Jeanne-d'Arc, 30.
Rue de la Glacière, 52.

*XIV<sup>e</sup> Arrondissement.*

Place de la Mairie-de-Montrouge.

Rue Delambre, 24.
Rue des Croisades, 2.

*XV<sup>e</sup> Arrondissement.*

Rue Violet, 36.
Rue Violet, 77.
Place de la Mairie, à Vaugirard.

Rue de Vaugirard, 149.
Avenue de Lamothe-Piquet, 76.
Rue Saint-Charles, 60.

*XVI<sup>e</sup> Arrondissement.*

Rue Christophe-Colomb, 10.

Rue de Longchamps, 120.

*XVII<sup>e</sup> Arrondissement.*

Rue Salneuve, 19.

Rue de Villiers, 15.

*XVIII<sup>e</sup> Arrondissement.*

Rue de Maistre, 35.
Rue Affre, 9.

Rue Durantin prolongée, 51.
Rue Ordener, 117.

*XIX<sup>e</sup> Arrondissement.*

Place de l'Église de la Villette. | Rue de Meaux, 34.
Rue d'Allemagne, 87.

*XX<sup>e</sup> Arrondissement.*

Rue du Télégraphe, 18. | Rue Vitruve, 10.
Rue de la Mare, 24. | Rue de Ménilmontant, 119.

## BANLIEUE.

Arcueil. | Fontenay-aux-Roses.
Bourget (Le). | Montrouge (Le Grand-).
Charenton-le-Pont. | Neuilly.
Châtillon-lez-Bagneux. | Pantin.
Choisy-le-Roi. | Puteaux.
Clamart. | Saint-Denis.
Clichy-la-Garenne. | Saint-Maurice.
Courbevoie. | Saint-Ouen.
Drancy. | Sceaux.

## PATRONAGES

### DES APPRENTIS ET DES JEUNES OUVRIERS

#### DE LA SOCIÉTÉ DE SAINT-VINCENT-DE-PAUL.

Cette Œuvre, fondée par la Société de Saint-Vin-cent-de-Paul, a pour but de soustraire les enfants, après leur première communion, aux plaisirs dan-gereux de la rue et de leur faire passer chrétienne-ment et agréablement la journée du dimanche, de les placer en apprentissage, d'intervenir dans le con-trat, de veiller à son exécution et de surveiller les apprentis par de fréquentes visites dans leurs ateliers. Les enfants sont reçus le dimanche dans les maisons de l'Œuvre, et ils y trouvent, entre les offices et l'instruction religieuse, des jeux et des récréations. Plusieurs maisons ont, en outre, des cours du soir.

On a établi, pour les jeunes apprentis, de petites conférences de Saint-Vincent-de-Paul dont les membres vont chaque semaine visiter une famille.

Après l'apprentissage, les jeunes ouvriers sont réunis en sociétés et prennent part à l'administration de la maison. Dans plusieurs patronages il y a tous les soirs une réunion de jeunes ouvriers, et dans deux, moyennant une pension modique, quelques-uns peuvent être logés et nourris. Quelques maisons ont, pour les enfants qui vont encore à l'école, un patronage le jeudi.

### MAISONS DE PATRONAGES.

Arrondissements.

V<sup>e</sup>. Sainte-Mélanie, rue Lhomond, 26.

VI<sup>e</sup>. Notre-Dame-de-Nazareth, rue Stanislas, 11.

X<sup>e</sup>. Saint-Charles, rue Bossuet, 12.

XIII<sup>e</sup>. Sainte-Rosalie, rue Corvisart, 17.

XIV<sup>e</sup>. Cercle Mont-Parnasse, boulevard du Mont-Parnasse, 126.

XV<sup>e</sup>. Notre-Dame-de-Grâce, rue de Lourmel, 29 (Grenelle).

XX<sup>e</sup>. Sainte-Anne, rue Planchat, 6 bis (Charonne).

S'adresser pour les renseignements au secrétariat général de la Société de Saint-Vincent-de-Paul, rue Furstenberg, 6, tous les jours, excepté le dimanche.

## OEUVRE DE SAINT-JEAN.

### APPRENTISSAGE DE JEUNES GARÇONS.

Rue Saint-Dominique, 174, passage Landrieu, 9 (viiᵉ arrond᷊').

L'OEuvre de Saint-Jean, fondée au mois d'août 1838 en mémoire de M. l'abbé Landrieu, curé de Sainte-Valère, place en apprentissage les jeunes garçons pauvres du Gros-Caillou, les surveille chez leurs maîtres et dans leurs familles, les réunit les dimanches et fêtes dans une maison située rue Saint-Dominique-Saint-Germain, 174, passage Landrieu, nº 9, pour leur procurer des jeux, des instructions sur la religion et les devoirs de leur état, et les faire assister aux offices; elle récompense la bonne conduite des apprentis et leur exactitude à la réunion du dimanche par des distributions de vêtements, etc.

Elle leur prête de bons livres.

L'OEuvre exerce aussi son patronage et sa surveillance sur quelques enfants qui n'ont pas encore fait leur première communion.

Les offrandes et les demandes d'admission peuvent être adressées à M. le comte DE LAMBEL, rue Saint-Dominique, 33, ou à M. DU GARREAU, passage Landrieu, 9.

Cette OEuvre se soutient au moyen d'une quête, d'une loterie annuelle et de souscriptions.

## ŒUVRE
### DES OUVRIERS ET APPRENTIS DU PAPIER PEINT.
Rue de Reuilly, 79 (xii<sup>e</sup> arrondissement).

Cette Œuvre, dirigée par les Sœurs de Saint-Vincent-de-Paul, a pour président M. Rioror, fabricant de papier peint.

Les jeunes garçons qui en font partie sont âgés de douze à dix-sept ans. Ils travaillent dans les fabriques, viennent en classe le soir de 7 à 9 heures. Quelques-uns couchent dans la maison.

S'adresser à la Supérieure de la Providence-Sainte-Marie, rue de Reuilly, 77.

## TRAVAIL DES ENFANTS ET DES FILLES MINEURES
### EMPLOYÉS DANS L'INDUSTRIE.

D'après la loi du 2 juin 1874, les enfants ne peuvent être employés par les patrons ni être admis dans les manufactures, usines, ateliers ou chantiers, avant l'âge de douze ans révolus.

Ils peuvent toutefois être employés à l'âge de dix ans dans les industries spécialement déterminées par un règlement d'administration publique, etc.

Jusqu'à l'âge de douze ans révolus, les enfants ne peuvent être assujettis à un travail de plus de six heures par jour, interrompu par un repos.

A partir de douze ans, ils ne peuvent être employés plus de douze heures par jour, interrompues par un repos. Tout travail de nuit leur est interdit jusqu'à l'âge de seize ans révolus.

La même interdiction est appliquée à l'emploi des filles mineures (de seize à vingt et un ans) dans les usines ou manufactures, sauf le cas de chômage résultant d'une interruption accidentelle et de force majeure.

Les enfants âgés de moins de seize ans et les filles âgées de moins de vingt et un ans ne peuvent être employés à aucun travail par leurs patrons les dimanches et fêtes reconnues par la loi, même pour rangement de l'atelier, excepté dans les usines à feu continu, où ils peuvent être employés la nuit ou les dimanches et jours fériés aux travaux indispensables, lorsqu'ils ont au moins douze ans, et, dans ce cas, on devra leur assurer le temps et la liberté nécessaires pour l'accomplissement de leurs devoirs religieux.

Avant douze ans, un enfant ne peut être employé qu'autant que ses parents ou tuteur justifieront qu'il fréquente actuellement une école publique ou privée.

Avant quinze ans, il ne peut être admis à travailler plus de six heures par jour, s'il ne justifie, par la production d'un certificat de l'instituteur ou de l'inspecteur primaire, qu'il a acquis l'instruction primaire élémentaire.

Les enfants ne pourront être employés dans les fabriques et ateliers indiqués au tableau officiel des établissements insalubres ou dangereux que sous les conditions spéciales déterminées par un règlement d'administration publique.

Les patrons ou chefs d'établissements doivent veiller au maintien des bonnes mœurs et à l'observation de la décence publique dans leurs ateliers.

## PROTECTION DES ENFANTS
### EMPLOYÉS DANS LES PROFESSIONS AMBULANTES.

La loi du 20 décembre 1874 punit d'un emprisonnement de six mois à deux ans et d'une amende de 16 à 200 francs quiconque fera exécuter par des enfants de moins de seize ans des tours de force périlleux ou des exercices de dislocation; tout individu autre que les père et mère, pratiquant les professions d'acrobate, saltimbanque, charlatan, montreur d'animaux ou directeur de cirque, qui emploiera dans ses représentations des enfants âgés de moins de seize ans; les père et mère exerçant les professions ci-dessus désignées qui emploieraient dans leurs représentations leurs enfants âgés de moins de douze ans; les pères, mères, tuteurs, patrons, qui auront livré gratuitement ou à prix d'argent leurs enfants, pupilles ou apprentis, âgés de moins de seize ans, aux individus exerçant les professions ci-dessus spécifiées ou à des individus faisant métier de la mendicité.

Même peine pour ceux qui auront déterminé les

enfants âgés de moins de seize ans à les suivre dans les conditions indiquées ci-dessus.

Quiconque emploiera des enfants âgés de moins de seize ans à la mendicité habituelle, soit ouvertement, soit sous l'apparence d'une profession, sera considéré comme auteur ou complice du délit de mendicité en réunion, prévu par l'article 276 du code pénal, et sera puni des peines édictées audit article.

## SOCIÉTÉ DE PROTECTION

### DES APPRENTIS ET DES ENFANTS EMPLOYÉS DANS LES MANUFACTURES.

Siége de la Société : Rue de Rennes, 44 (vɪᵉ arrondissement).

Reconnue d'utilité publique par décret du 4 juillet 1868.

La Société de protection a pour but d'améliorer la condition morale et matérielle des apprentis et des enfants employés dans les manufactures, par tous les moyens qui, en respectant la liberté de l'industriel et l'autorité du père de famille, agiront en conformité des lois sur l'apprentissage et le travail des enfants dans les manufactures.

Son action s'exerce par les subventions qu'elle accorde, par les récompenses qu'elle décerne, par sa propagande auprès des industriels de toute la France, etc.

La Société publie un *Bulletin* qui paraît tous les deux mois.

Tous les membres de la Société reçoivent gratuitement le *Bulletin*.

La cotisation annuelle est de 10 francs; elle peut être remplacée par une somme de 100 francs une fois payée.

Les demandes pour faire partie de la Société et toutes les communications et correspondances doivent être adressées à M. Jules Périn, *secrétaire* de la Société.

Le conseil d'honneur est présidé par le Ministre de l'agriculture et du commerce.

Le conseil d'administration est ainsi constitué :

*Président* : M. Dumas (de l'Institut), membre de l'Académie française, secrétaire perpétuel de l'Académie des sciences.

*Secrétaire général* : M. Léon Lefébure, ancien membre de l'Assemblée nationale.

*Secrétaire* : M. Jules Périn, avocat à la Cour d'appel de Paris.

La Société a fondé un certain nombre d'*OEuvres annexes*, savoir :

1° OEUVRE DE L'ASSISTANCE JUDICIAIRE.

États civils. — Tutelles. — Subrogées tutelles.

*Secrétaire* : M. Joret-Desclozières, avocat, rue Thénard, 4.

2° OEUVRE DES SOCIÉTÉS D'ASSISTANCE PATERNELLE DES ENFANTS EMPLOYÉS DANS LES DIVERSES INDUSTRIES PARISIENNES.

Protection attentive. — Surveillance de l'éducation et de l'apprentissage. — Fondation de cours et d'écoles.

Il existe des sociétés d'assistance paternelle des enfants dans plusieurs industries parisiennes : papier peint (voir ci-dessus), plumes et fleurs, ébénisterie, imprimerie, librairie.

*Secrétaire :* M. Alphonse SRIBER, rue de Turbigo, 21.

3° OEUVRE DE PRÉVENTION DES ACCIDENTS DE FABRIQUE ET DE PATRONAGE DES JEUNES MUTILÉS.

*Secrétaire :* M. Albert ROBIN, rue Madame, 56.

4° OEUVRE DES BIBLIOTHÈQUES D'APPRENTIS.

*Secrétaire :* M. Édouard HENRY, rue de Vaugirard, 48.

5° OEUVRE DE PLACEMENT DES APPRENTIS.

Offres et demandes. — Secours. — Lits d'apprentis.

*Secrétaire :* M. Émile LEROUX, ingénieur, rue Louisle-Grand, 1.

## 6° ŒUVRE DES INSTITUTRICES DE CHARITÉ.

Les institutrices font gratuitement des cours aux enfants et aux apprentis, aux heures et aux conditions indiquées par les patrons.

*Secrétaire :* M<sup>lle</sup> LANGLOIS, institutrice, rue de Rennes, 44.

## 7° ŒUVRE DU PATRONAGE DES ENFANTS ÉTRANGERS.

*Secrétaire :* M. ARNOULD-THÉNARD, place Saint-Sulpice, 6.

## SOCIÉTÉ DES AMIS DE L'ENFANCE,
### POUR L'ÉDUCATION ET L'APPRENTISSAGE
### DES JEUNES GARÇONS PAUVRES DE LA VILLE DE PARIS.

Reconnue d'utilité publique par décret du 4 décembre 1867.

Maison de famille : Rue de Crillon, 15 (IV° arrondissement).

Cette Société, fondée en 1828, prend à sa charge les enfants sans parents et sans protecteurs; elle les place à ses frais et sous sa surveillance à l'établissement de Saint-Nicolas.

Elle adopte aussi ceux pour lesquels les parents, les protecteurs ou les œuvres de charité consentent à payer une partie des dépenses; elle complète alors la somme nécessaire à l'éducation.

Enfin elle soutient à domicile dans leurs familles

d'autres jeunes enfants en accordant des secours et en surveillant leur éducation.

Après leur première communion, les protégés de la Société des Amis de l'enfance sont mis en apprentissage chez des maîtres choisis par elle; elle pourvoit aux dépenses, les surveille dans les ateliers et leur accorde des récompenses.

La Société a ouvert, sous le nom de Maison de famille, rue de Crillon, 15, un asile où les enfants trouvent, pendant leur apprentissage, un abri quand l'atelier chôme, des soins quand ils sont malades, des vêtements régulièrement renouvelés toutes les semaines, et où ils passent toute la journée du dimanche.

Les garçons ne sont pas reçus avant huit ans ni après douze ans accomplis.

Les demandes d'admission doivent être adressées, avant le 1ᵉʳ mars de chaque année, à M. le Secrétaire général de l'Œuvre, rue de Crillon, 15 (près de la Bastille). Elles doivent être accompagnées de l'acte de naissance et de baptême (au moins de ce dernier) et contenir les noms et adresses de ses parents ou protecteurs.

La souscription annuelle est de 20 francs.

On reçoit les souscriptions chez le trésorier de la Société.

Les ressources de l'Œuvre consistent, outre les souscriptions, en une quête et une loterie.

La Société a pour *Président d'honneur* M<sup>gr</sup> le cardinal archevêque de Paris.

Elle est administrée par un conseil, dont le *Président* est M. le comte L. DE BÉTHUNE, rue de Lille, 71.

*Trésorier :* M. VERZINAY, rue de Rivoli, 94.

*Secrétaire général :* M. LAFISSE, rue de Rome, 23.

*Agent de la Société :* M. BROCHARD, rue de Crillon, 15.

Une société de secours mutuels a été fondée pour les anciens apprentis et approuvée par arrêté du Ministre de l'intérieur en date du 25 mai 1860.

Elle a pour *Président* M. DELAMARRE.

## SOCIÉTÉ
### D'APPRENTISSAGE DE JEUNES ORPHELINS.

Agence de la Société : Rue d'Anjou, au Marais (III<sup>e</sup> arrondiss<sup>t</sup>).

Reconnue d'utilité publique par ordonnance du 27 septembre 1839.

Cette Société adopte sans distinction de nation ni de culte, place en apprentissage, habille et entretient les garçons de onze ans, orphelins de père et de mère, ou de père seulement, ceux que leur père a abandonnés ou qu'il est hors d'état d'élever, étant placé lui-même dans un hospice d'incurables ou d'aliénés, ou condamné à plus de deux ans de détention.

L'Œuvre ouvre à ses pupilles son agence-école

les dimanches, toute la journée; elle veille à ce qu'ils reçoivent une instruction élémentaire, religieuse et morale et leur fait suivre les écoles du soir dans les quartiers où ils résident. Les cours de dessin ont lieu à l'agence deux fois par semaine.

Le minimum de la cotisation est de 6 francs par an.

Toute personne, en s'engageant à payer une subvention annuelle pendant la durée de l'apprentissage, peut faire adopter immédiatement un enfant réunissant les conditions prescrites par les statuts de la Société.

L'OEuvre est administrée par un conseil.

Elle a pour *Président* M. LOZOUET, rue de la Chaussée-d'Antin, 12.

*Secrétaire :* M. APPERT, boulevard Voltaire, 48.

*Trésorier :* M. Edmond MALLET, banquier, rue d'Anjou-Saint-Honoré, 37.

*Administrateur :* M. COUSIN, rue d'Anjou (Marais), 6.

L'OEuvre a fondé entre ses anciens pupilles une association de secours mutuels qui a été, sous le nom des *Amis d'apprentissage*, approuvée en 1860.

### OEUVRE DES APPRENTIS.

Rue La Fontaine, 40, à Auteuil (xvi<sup>e</sup> arrondissement).

M. l'abbé Roussel a joint à l'OEuvre de la Première Communion (voir chapitre I, 2ᵉ section) une OEuvre de Jeunes Apprentis.

Divers métiers sont enseignés aux jeunes gens : imprimerie, typographie, menuiserie, cordonnerie, serrurerie. La maison forme aussi des tailleurs, des jardiniers et des mouleurs.

Les conditions de prix sont, au début de l'apprentissage, à peu près les mêmes que celles de l'OEuvre de la Première Communion.

Adresser les demandes à M. l'abbé Roussel, rue La Fontaine, 40, à Auteuil.

## ASSOCIATION

### POUR LE PLACEMENT EN APPRENTISSAGE
### ET LE PATRONAGE DES ORPHELINS DES DEUX SEXES.

Agence : Rue Saint-Antoine, 110 (ivᵉ arrondissement).

Reconnue d'utilité publique par décret du 7 août 1867.

Le siége de la Société est à la mairie du IVᵉ arrondissement.

L'Association a pour but de procurer à des orphelins et des orphelines pauvres :

1° Une éducation morale et religieuse, selon le culte de leurs parents;

2° Une instruction appropriée à leur intelligence ;

3° L'apprentissage d'un état, d'après leur choix et leurs facultés.

Les enfants sont admis à l'âge de onze ans. Les

conditions d'adoption sont les mêmes que celles de la Société d'apprentissage (voir ci-dessus).

Chaque enfant admis au patronage est placé immédiatement en apprentissage, sous la surveillance et la direction d'un membre de l'Association.

Les souscriptions, les dons, les lots pour la loterie annuelle, sont reçus par les membres du bureau.

*Président* : M. Ducholet, rue de la Verrerie, 2.

*Trésorier* : M. Rocné, rue de Bretagne, 46.

*Agent de la Société* : M. Cintract, rue Saint-Antoine, 110.

## ŒUVRE DE LA PROVIDENCE SAINTE-MARIE.

Rue de Reuilly, 77 (xii° arrondissement).

Cette maison, dirigée par les Sœurs de Saint-Vincent-de-Paul, comprend :

1° Une salle d'asile ;

2° Six classes primaires d'externes ;

3° Trois classes (adultes filles) ;

4° Trois classes (adultes garçons) ;

5° Une école professionnelle ;

6° Un orphelinat de jeunes filles où l'on reçoit les enfants de six à douze ans ; on les garde jusqu'à vingt et un ans, moyennant 35 francs par mois ;

7° Un orphelinat de garçons, reçus de six à douze

ans, gardés jusqu'à treize ou quatorze ans, au même prix que les filles;

8° Un patronage de quatre cents apprenties et jeunes ouvrières;

9° Un patronage de trois cents apprentis et jeunes ouvriers;

10° Une maison de retraite pour de jeunes aveugles sorties de l'Institution nationale (voir *Aveugles*, chap. VII) et que leurs parents ne peuvent recevoir chez eux.

Le prix de la pension est de 600 francs.

11° Une réunion a lieu le dimanche pour les mères de famille et les vieillards des deux sexes.

## ŒUVRE SAINTE-ROSALIE.

Boulevard d'Italie, 50 (xiiie arrondissement).

Cette Œuvre, dirigée par les Lazaristes, a été fondée en 1860 sous le patronage de Son Éminence Monseigneur le cardinal Morlot; elle a pour but de continuer une partie du bien que faisait la sœur Rosalie dans le faubourg Saint-Marceau et d'y conserver le souvenir de son nom.

La chapelle sert de chapelle de secours pour le XIIIe arrondissement.

Un des prêtres qui la dessert s'occupe spécialement des Alsaciens-Lorrains, nombreux dans le quartier.

Les principales Œuvres établies dans cette maison sont :

1° OEuvre des Alsaciens-Lorrains;

2° Patronage de jeunes garçons;

3° Écoles primaires pour les filles;

4° École professionnelle pour les filles;

5° Patronage pour les jeunes filles de treize à vingt-cinq ans;

6° OEuvre de la Sainte-Famille;

7° Bureau pour la légitimation des mariages, sous la direction des conférences de Saint-Vincent-de-Paul;

8° Visite et secours religieux aux malades du quartier;

9° OEuvre spéciale pour la préparation à la première communion.

(Voir aux divers chapitres.)

## OEUVRE GÉNÉRALE
### DES ÉCOLES PROFESSIONNELLES CATHOLIQUES,

SOUS LE PATRONAGE DE S. ÉM. M<sup>gr</sup> L'ARCHEVÊQUE DE PARIS.

Secrétariat : Rue Cassette, 30 (vi° arrondissement).

L'OEuvre des Écoles Professionnelles, spécialement destinée aux jeunes filles qui veulent embrasser les diverses carrières de l'industrie et du commerce, a pour but :

1° De leur assurer, dans le plus bref délai possible, une profession convenable, rémunératrice et pouvant s'exercer à la maison;

2° De compléter leur éducation classique, eu la mettant en harmonie avec leur position;

3° De leur donner une solide éducation chrétienne.

La durée habituelle de l'apprentissage est de trois ans.

Les écoles sont congréganistes ou laïques; elles sont payantes ou gratuites, internes ou externes.

Le prix de l'internat est en général fixé à 1 franc par jour.

Dans quelques écoles, une partie du gain de la jeune fille lui appartient.

*Programme des études et travaux industriels enseignés soit en totalité, soit en partie, dans les Écoles.*

### ÉTUDES.

Écriture, langue française, arithmétique; géographie générale, commerciale et industrielle; histoire de France générale; sciences appliquées aux usages de la vie, botanique, physique, hygiène, etc.; dessin élémentaire, ornements, géométrie élémentaire, travaux d'aiguilles indispensables aux femmes.

### TRAVAUX INDUSTRIELS.

Commerce, tenue des livres, droit commercial, langues anglaise et allemande, dessin d'après nature,

aquarelle, composition, peinture sur porcelaine et
étoffes, éventail et émail, coloriage, imagerie, gra-
vure sur bois, confections, robes et lingerie, modes,
fleurs, broderies, dentelles, ornements d'église, brû-
nissage de métaux, découpage, chaussures, etc.

### LISTE DES ÉCOLES PROFESSIONNELLES
### SUBVENTIONNÉES ET PATRONNÉES PAR LE COMITÉ.

| Congréganistes. | Laïques. |
|---|---|
| **I<sup>er</sup> Arrondissement.** | |
| ................................ | Rue Richelieu, 15. |
| **III<sup>e</sup> Arrondissement.** | |
| ................................ | Rue Vieille-du-Temple, 110. |
| **IV<sup>e</sup> Arrondissement.** | |
| Rue Geoffroy-l'Asnier, 30. | Rue Saint-Antoine, 143. |
| **VI<sup>e</sup> Arrondissement.** | |
| ................................ | Rue de Seine, 54. |
| | Rue du Cherche-Midi, 116. |
| **VII<sup>e</sup> Arrondissement.** | |
| Rue Saint-Dominique, 187. | Rue de Grenelle, 175. |
| **IX<sup>e</sup> Arrondissement.** | |
| Rue de Clichy, 50. | ................................ |
| **X<sup>e</sup> Arrondissement.** | |
| ................................ | R. du Faub.-Poissonnière, 104. |
| | Rue St-Maur-Popincourt, 214. |

Congréganistes.　　　　　　　　Laïques.

## XII<sup>e</sup> Arrondissement.

Rue de Reuilly, 77. | Avenue Daumesnil, 61.

## XIII<sup>e</sup> Arrondissement.

Rue Vendrezanne, 36. | . . . . . . . . . . . . . . . . . . . . . . .
Rue du Chevaleret, 106.
Rue Jenner, 30.
Place Jeanne-d'Arc, 32.
Rue de la Glacière, 54.

## XIV<sup>e</sup> Arrondissement.

Place de la Mairie (Montrouge), | . . . . . . . . . . . . . . . . . . . . . .

## XV<sup>e</sup> Arrondissement.

. . . . . . . . . . . . . . . . . . . . . . | Rue Rouelle, 40 (Grenelle).

## XVI<sup>e</sup> Arrondissement.

Rue de Boulainvilliers, 15. | . . . . . . . . . . . . . . . . . . . . .

## XVII<sup>e</sup> Arrondissement.

Avenue des Ternes, 80. | Rue Truffaut, 20.

## XVIII<sup>e</sup> Arrondissement.

Rue Affre, 13. | Rue de la Charbonnière, 5.

## XIX<sup>e</sup> Arrondissement.

Rue de Meaux, 38. | . . . . . . . . . . . . . . . . . . . . .
Rue d'Allemagne, 87.
Rue de la Villette, 25.

## XX<sup>e</sup> Arrondissement.

Rue de la Mare, 24. | . . . . . . . . . . . . . . . . . . . . .

## ATELIERS CHRÉTIENS POUR LES JEUNES FILLES.

Rue Pauquet, 29, et rue Galilée, 42 (même maison)
(xvi⁶ arrondissement).

Le but de cette OEuvre est de procurer aux jeunes filles de la paroisse de Saint-Pierre-de-Chaillot les moyens de faire leur apprentissage dans des conditions favorables au point de vue moral et professionnel.

L'OEuvre est administrée par un conseil de dames, présidé par M. le Curé de la paroisse.

On peut faire partie de l'OEuvre comme :

*Fondatrice*, moyennant une somme de 500 francs une fois payée;

*Protectrice*, moyennant une souscription annuelle de 40 francs;

*Patronnesse*, par une cotisation annuelle de 25 francs.

Le gouvernement intérieur de la maison est confié à une Directrice qui choisit les maîtresses d'atelier et admet les apprenties.

Les jeunes filles sont reçues gratuitement; elles sont externes. La journée commence à 8 heures du matin et finit à 7 heures et demie du soir; aucune sortie n'a lieu pendant cet intervalle.

Les apprenties doivent avoir fait leur première communion et appartenir à la paroisse.

Après avoir fait les deux années d'apprentissage, elles peuvent rester attachées à la maison, et dans ce cas elles reçoivent, avec le titre d'ouvrières, le prix de leurs journées.

*Présidente :* M^me DROUYN DE LHUYS, rue François I^er, 55.

*Trésorière :* M^me Aimée SEILLIÈRE, avenue de l'Alma, 61.

*Secrétaire :* M^lle FABRE DE LA MAURELLE, rue de Bassano, 21.

Les souscriptions et dons de toute nature peuvent être adressés à M. le Curé, qui les fait remettre à la Trésorière.

## OUVROIRS.

(Voir chap. II, *Orphelinats.*)

## SECOURS AUX ATELIERS D'APPRENTISSAGE.

Ministère de l'Agriculture et du Commerce.

(Voir chap. XI.)

# DEUXIÈME SECTION.
### Œuvres pour la Jeunesse.

---

## ASSOCIATION DES INSTITUTRICES.
### Rue du Regard, 15 (vɪᵉ arrondissement).

#### MAISON DES DAMES DE LA RETRAITE.

L'Association des Institutrices, fondée en 1839, se propose : 1° de protéger les jeunes filles qui se destinent à l'enseignement; 2° de donner aux familles et aux institutions des maîtresses sûres et capables.

Le siége de l'Association est dans la maison des Dames de la Retraite. Les associées s'y réunissent le dernier dimanche de chaque mois.

Le secrétariat de l'Œuvre est ouvert les mardis, jeudis, samedis et dimanches, de 2 à 4 heures.

L'Œuvre s'occupe du placement des associées dans les meilleures conditions possibles et vient en aide, selon son pouvoir, à celles qui en ont besoin.

Pour être admise dans l'Œuvre il faut présenter des recommandations de personnes connues et les diplômes que l'on peut avoir, donner tous les renseignements nécessaires et être reçue comme aspirante pendant une année.

Lorsque les membres de l'Association n'ont pas de place ou ne sont pas occupées, elles peuvent être reçues momentanément dans la maison de la Retraite pour s'y recueillir et s'y reposer.

La Supérieure des Dames de la Retraite est Directrice de l'OEuvre et délègue une des dames de la communauté pour s'en occuper spécialement.

Le conseil se compose en outre d'un prêtre Directeur, d'une Présidente et de plusieurs Conseillères.

La cotisation annuelle des associées varie de 5 à 25 francs par an, suivant leur position.

## OEUVRE

## DES RELIGIEUSES DE MARIE-AUXILIATRICE.

Rue de la Tour-d'Auvergne, 17 (ix<sup>e</sup> arrondissement).

### Pour les Institutrices.

Cette OEuvre, fondée pour les jeunes ouvrières, s'occupe aussi des institutrices. (Voir ci-après.)

## ASSOCIATION POUR LES DEMOISELLES EMPLOYÉES DANS LE COMMERCE.

Rue de Vaugirard, 106 (vi<sup>e</sup> arrond').

Fondée en 1861, approuvée comme société de secours mutuels le 27 février 1864, reconnue comme établissement d'utilité publique le 17 juin 1873.

Cette Association, placée sous le patronage de plusieurs négociants de Paris, est dirigée par les Sœurs de la Présentation de la Sainte-Vierge de Tours.

Elle a pour but d'offrir aux demoiselles employées dans le commerce la facilité de se réunir les dimanches et les jours de fêtes au local de la Société pour se distraire chrétiennement, se soutenir et s'encourager dans le bien, et former entre elles une société d'assistance mutuelle qui leur assure *gratuitement*, en cas de maladie, un asile, les secours médicaux et pharmaceutiques et les soins des Sœurs. Lorsqu'elles sont sans place, les associées trouvent dans la maison, pendant un mois, un lit *gratuit*, et, moyennant rétribution, la nourriture préparée par les Sœurs.

Par ses relations, la Société procure à ses membres, mais d'une manière tout à fait officieuse, la facilité de se placer dans de bonnes maisons de commerce.

Pour être admise dans la Société, il faut être demoiselle employée dans le commerce, être valide, d'une conduite régulière, n'avoir pas plus de quarante ans et pas moins de seize ans, et acquitter exactement la cotisation annuelle de 18 francs, payable d'avance et par trimestre.

On peut faire partie de la Société comme *Membre honoraire* en souscrivant pour une somme annuelle dont le minimum est fixé à 20 francs.

En souscrivant pour une somme annuelle de 100 francs, on est *Membre fondateur*.

S'adresser pour les renseignements au siége de la Société, rue de Vaugirard, 106, le dimanche ou le jeudi toute la journée.

## OEUVRE POUR LES INSTITUTRICES
### ET LES DEMOISELLES EMPLOYÉES DANS LE COMMERCE.

Chez les Sœurs de Marie-Auxiliatrice,
rue de la Tour-d'Auvergne, 17 (ıx° arrondissement).

Les Religieuses de Marie-Auxiliatrice ont fondé une Œuvre spéciale pour les institutrices et les demoiselles employées dans le commerce. Elles sont entièrement séparées des jeunes ouvrières, mais elles peuvent comme elles loger dans la maison moyennant une minime rétribution.

S'adresser pour tous renseignements à la Supérieure de la communauté, rue de la Tour-d'Auvergne, 17.

## ASSOCIATION DES DOMESTIQUES,
### DITES
## SERVANTES DE MARIE.

Rue Duguay-Trouin, 7 (vı° arrondissement).

Reconnue d'utilité publique par décret de 1865.

L'Association, fondée en 1849 par les Sœurs Ser-

vantes de Marie et dirigée par elles, a pour but de
donner aux personnes en service, le plus souvent
isolées et loin de leurs familles, un centre où elles
retrouvent, autant qu'il se peut, l'affection et les conseils de la famille absente, puis un asile assuré où
elles ont droit d'être reçues lorsqu'elles sont malades
ou sans place; les Sœurs, dans ce dernier cas, s'occupent de les placer.

Chaque dimanche, les associées peuvent se réunir
chez les Sœurs; elles y trouvent des exercices religieux établis exprès pour elles et aussi des distractions qui les intéressent.

Les Pères Maristes sont aumôniers de la maison.

Les personnes en service qui désirent faire partie
de l'Association doivent présenter des lettres de recommandation du curé de la paroisse, des maîtres
qu'elles ont servis, ou de personnes honorables.

La cotisation des associées est de 6 francs par an.
Lorsqu'elles sont admises dans la maison, elles
doivent payer pour leur nourriture une pension de
1 franc par jour. Lorsqu'elles ne sont encore qu'as-
pirantes à faire partie de l'Association, ou lorsqu'elles sont malades, cette pension est de 1 fr. 25 cent.
par jour.

L'Œuvre possède à Versailles, rue d'Angivilliers,
21, une maison de convalescence pour les associées
à qui un changement d'air est ordonné.

On peut s'adresser, pour prendre des renseignements et demander des domestiques, rue Duguay-Trouin, 7, tous les jours, de 9 à 11 heures du matin et de 1 à 5 heures du soir.

## ŒUVRE DE NOTRE-DAME-AUXILIATRICE.

Rue du Cherche-Midi, 138 (xv° arrondissement).

**Pour les Domestiques sans place.**

Cette OEuvre, dirigée par les Sœurs de la Croix, a pour but de recueillir, moyennant 1 franc par jour, les jeunes filles qui désirent se placer comme domestiques.

Elle reçoit aussi les institutrices et les dames de compagnie.

Il faut, pour être reçue dans la maison, présenter les certificats des maîtres que l'on a servis, ou si l'on n'a pas encore été placée, les recommandations du curé et du maire de sa commune.

L'OEuvre loge et nourrit annuellement plus de deux mille personnes sans place; il y a en outre dans l'établissement une école gratuite, tenue par les Sœurs, pour les petites filles indigentes.

S'adresser, pour le placement des domestiques et pour les renseignements, aux Sœurs, rue du Cherche-Midi, 138, tous les jours, de 9 heures du matin à 6 heures du soir, les dimanches et fêtes exceptés.

## ŒUVRE DE SAINT-JOSEPH.

Rue Vercingétorix, 51 (xiv° arrondissement).

**Pour les Domestiques hommes sans place.**

Cette OEuvre a pour but de créer une famille religieuse aux hommes isolés dans Paris, de les aider à se placer dans des familles chrétiennes et de les maintenir dans la pratique de leurs devoirs religieux et les règles de la morale chrétienne.

La Maison de Saint-Joseph offre l'hospitalité aux hommes qui se trouvent sans place; ils sont admis sur la présentation de bons certificats : ils payent 1 fr. 50 cent. par jour pour la nourriture et le logement.

Ceux qui sont placés reviennent à la maison quand ils ont des moments libres, surtout le dimanche; on profite de leur présence pour les instruire et leur rappeler leurs devoirs.

*Directeur :* M. l'abbé HUCHET, rue Vercingétorix, 51.

## ŒUVRE POUR LES JEUNES OUVRIÈRES.

Rue de la Tour-d'Auvergne, 17 (ix° arrond').

Sous la direction des Religieuses de Marie-Auxiliatrice.

Les Religieuses de Marie-Auxiliatrice reçoivent les jeunes filles ouvrières autorisées par leurs parents et munies de certificats et de recommandations du curé et du maire de leur commune. Elles peuvent prendre leurs repas et loger dans la maison moyennant une modique pension (environ 1 fr. 50 cent. par jour).

Elles travaillent au dehors; les dimanches et jours de fêtes, elles trouvent dans la maison les distractions et les soins convenables.

Cette OEuvre est complétée par une *Société de secours mutuels* qui leur assure entre autres avantages :

*En cas de maladie ou de blessure* entraînant incapacité de travail, les visites du médecin, les médicaments, un lit, les soins des Sœurs et les frais de séjour au siége de la Société;

*En cas de chômage*, l'associée aura, si elle le désire, pendant un mois, son logement au siége de la Société, dans des conditions très-favorables.

La cotisation annuelle est de 18 francs; celle des membres honoraires est de 25 francs.

## OEUVRE DE NOTRE-DAME DE LA PERSÉVÉRANCE.

### Rue du Faubourg-Saint-Denis, 157 (x<sup>e</sup> arrondissement).

L'OEuvre de la Persévérance a été établie à Paris en 1857. Son but est d'offrir un asile aux jeunes filles orphelines ou éloignées de leurs familles, lorsqu'après être sorties d'apprentissage elles commencent à exercer une profession.

Elles travaillent à leur compte particulier dans les
magasins ou dans les ateliers, où elles sont placées
par leurs parents avec le concours des Directrices de
l'Œuvre, et elles reviennent chaque jour prendre
leurs repas et loger dans l'établissement. La direction que reçoivent ces jeunes filles a pour résultat de
les habituer au travail, à l'ordre, à l'économie, et
de conserver en elles les habitudes d'une vie chrétienne et sérieuse.

La rétribution due à la maison est de 3o francs
par mois pour le logement, la nourriture, le chauffage, l'éclairage, plus 1o francs de frais d'entrée; le
blanchissage se paye à part.

On exige un petit trousseau.

L'Œuvre est administrée par un conseil présidé
par M. le Curé de Saint-Vincent-de-Paul.

*Présidente :* M^me HARDY, rue des Petits-Hôtels, 28.

*Directrice :* M^elle POUMET DE PALACIO, rue du Fau-
bourg-Saint-Denis, 157, à qui l'on peut s'adresser
pour toutes les demandes de renseignements.

### ŒUVRE DE NOTRE-DAME DE BONNE-GARDE.
Rue de la Sourdière, 27 (1er arrondissement).

**Pour les jeunes filles orphelines ou éloignées de leur famille.**

Cette Œuvre, fondée en 1875, a pour but d'offrir
les avantages et l'appui de la maison maternelle aux

jeunes filles de seize à vingt-cinq ans, orphelines ou éloignées de leur famille et travaillant pour vivre. Les jeunes filles qui y sont admises travaillent à leur compte, soit dans l'intérieur de l'établissement, soit au dehors dans les magasins ou dans les maisons de confection, où elles sont placées par leurs parents ou leurs protectrices avec le concours des Sœurs. Une conduite irréprochable, l'accomplissement des devoirs de la religion, une grande simplicité et docilité, sont les conditions essentielles de l'admission d'une jeune fille.

Moyennant 1 fr. 25 cent. par jour, elles sont logées, nourries, éclairées et chauffées.

L'Œuvre est placée sous le patronage de M. le Curé de Saint-Roch et dirigée par les Sœurs de Saint-Vincent-de-Paul.

On peut faire partie de l'Œuvre, comme :

*Fondateur*, par une cotisation annuelle de 100 francs;

*Souscripteur*, par une cotisation annuelle de 10 francs au moins;

*Bienfaiteur*, par une somme de 500 francs une fois donnée;

*Donateur*, par toute autre offrande.

Les souscriptions et les demandes d'admissions ou de renseignements peuvent être adressées à la Sœur Directrice de l'Œuvre, rue de la Sourdière, 27.

## ASILE DU SACRÉ-COEUR DE JÉSUS.

Place de la Mairie du XIVᵉ arrondissement (Montrouge)
ou rue de Liancourt, 31 (même maison).

**Pour les jeunes ouvrières sans famille et sans ressources.**

Dirigé par les Sœurs de Saint-Vincent-de-Paul.

Asile pour les jeunes ouvrières, qui sont logées, nourries, chauffées, éclairées, moyennant 1 franc par jour. Elles travaillent à leur compte.

La maison fournit l'ouvrage (gilets d'homme, lingerie fine, fleurs, fabrication des bas). (Voir *Écoles professionnelles.*)

## PATRONAGE INTERNE POUR LES JEUNES FILLES.

Rue de Monceaux, 15 (viiiᵉ arrondissement).

Dirigé par les Sœurs de Saint-Vincent-de-Paul et réservé exclusivement aux jeunes filles de la paroisse de Saint-Philippe-du-Roule.

Elles travaillent au dehors et reviennent chaque jour chez les Sœurs, où elles sont logées et nourries moyennant une minime rétribution.

## PATRONAGE INTERNE.

Rue Saint-Bernard, 33 (xiᵉ arrondissement).

Dirigé par les Sœurs de Saint-Vincent-de-Paul.
Mêmes conditions que dans les autres maisons.

## PATRONAGE INTERNE POUR LES JEUNES FILLES.

### Rue Malesherbes, 22 (viii° arrondissement).

Dirigé par les Sœurs de Saint-Vincent-de-Paul.

Réservé uniquement aux jeunes filles qui sortent de leur orphelinat (voir chap. II) à l'âge de vingt ans. Moyennant 1 franc par jour, elles sont logées et nourries : elles vont travailler au dehors comme ouvrières, et suivent le dimanche le patronage externe de la maison.

## ŒUVRE DE NOTRE-DAME-DE-SION.

### Rue Notre-Dame-des-Champs, 61 (vi° arrondissement).

#### Reconnue d'utilité publique par décret du 25 juin 1856.

La Congrégation des Religieuses de Notre-Dame-de-Sion a été fondée en 1844 par le R. P. Théodore Ratisbonne. En dehors de ses nombreux pensionnats, elle donne un asile et l'instruction religieuse aux jeunes filles israélites qui demandent le baptême.

Elle les reçoit avec le consentement de leurs parents et les élève gratuitement dans ses catéchuménats.

Plusieurs maisons de cet ordre sont établies en France, à l'étranger, et particulièrement à Jérusalem.

Les demandes et les dons doivent être adressés à M<sup>me</sup> la Supérieure générale, rue Notre-Dame-des-Champs, 61.

## SOCIÉTÉ DE PATRONAGE
### POUR LE RENVOI DANS LEURS FAMILLES
### DES JEUNES FILLES SANS PLACE ET DES FEMMES DÉLAISSÉES.

Rue Saint-Guillaume, 3o (VII⁰ arrondissement).

Reconnue d'utilité publique par ordonnance du 18 juillet 1844.

Cette OEuvre a pour but de renvoyer dans leur pays et leur famille, sans distinction de culte, les jeunes ouvrières sans famille, domestiques sans place, sous-maîtresses sans emploi, veuves et femmes délaissées, sans moyens suffisants d'existence et exposées, si elles prolongent leur séjour à Paris, à tous les dangers de la misère et de l'isolement.

Elle s'occupe du rapatriement des convalescentes et des filles-mères sortant des hôpitaux recommandées soit par les Directeurs, soit par les Aumôniers, Supérieures ou Dames visitantes des hôpitaux. Les recommandations peuvent aussi être faites par le commissaire de police du quartier, le chef du bureau des passe-ports aux indigents, le directeur de l'asile ou le chef de l'atelier où était employée la jeune fille, le curé ou un des vicaires de sa paroisse, le maire ou le directeur de l'Assistance publique; mais nulle n'est admise sans une recommandation qui doit indiquer d'une manière précise la situation, les nom, prénom, âge, profession, domicile à Paris, le lieu où elles désirent se rendre, les parents ou autres par qui elles seront reçues.

Aucun autre papier n'est exigé, sauf le passe-port quand le départ doit s'effectuer par la ligne d'Orléans.

Les jeunes filles ne doivent pas être âgées de plus de vingt-cinq ans et les femmes veuves ou délaissées de plus de trente ans. Dans quelques cas, il peut être fait exception à cette règle.

Les personnes qui désirent partir doivent se présenter munies d'une lettre, ainsi qu'il est dit plus haut, à M. l'abbé Malzac, rue Saint-Guillaume, 30, le matin jusqu'à midi, tous les jours, excepté le dimanche; il reçoit aussi les souscriptions des personnes qui désirent prendre part à cette OEuvre.

*Président :* le R. P. Pététot, Supérieur général de l'Oratoire.

*Secrétaire général :* M. l'abbé Malzac, rue Saint-Guillaume, 30.

## OEUVRE DE NOTRE-DAME-DE-BETHLÉEM.
### REFUGE PROVISOIRE POUR LES FEMMES ET LES JEUNES FILLES SANS ASILE.

Rue Notre-Dame-des-Champs, 115 (vi<sup>e</sup> arrondissement), et à Antony (Seine).

Cette OEuvre a été fondée en 1857 par M<sup>lle</sup> Janvrain pour recueillir sans conditions et gratuitement les femmes et les filles qui se trouvent sans famille, sans domicile, sans ouvrage, sans pain. A leur entrée, elles sont logées séparément, et immédiatement des informations sont prises sur leur compte, afin de leur procurer du travail ou des emplois selon leurs aptitudes et leurs antécédents. On admet les personnes étrangères à Paris ou on les aide à retourner en province.

La maison recueille aussi les petites filles privées de leurs parents ou abandonnées par eux et qui ne peuvent être reçues dans les autres orphelinats; elle les garde jusqu'à leur majorité.

L'OEuvre est dirigée par les Sœurs de Notre-Dame-de-Bethléem.

Une maison appartenant à l'OEuvre, située à Antony (Seine), est destinée aux enfants dont la santé réclame l'air de la campagne.

S'adresser, pour les admissions et pour les dons en nature et en argent, à Mme la Supérieure, rue Notre-Dame-des-Champs, 115.

# CHAPITRE IV.

### Secours à domicile
## aux Indigents, aux Malades et aux Blessés.
## Bureaux de Bienfaisance.

---

## ADMINISTRATION GÉNÉRALE
## DE L'ASSISTANCE PUBLIQUE.

Avenue Victoria, 3, et place de l'Hôtel-de-Ville, 3
(iv<sup>e</sup> arrondissement).

Cette administration est chargée de la direction des hospices et hôpitaux civils, du service des secours à domicile des bureaux de bienfaisance et du service des enfants assistés du département de la Seine.

Elle a été fondée en 1801 et organisée de nouveau par la loi du 10 janvier 1849.

Elle se compose d'un Directeur nommé par le Ministre de l'intérieur, sur la proposition du Préfet de la Seine; d'un conseil de surveillance, dont les membres sont nommés par le Chef de l'État, sur la proposition du Préfet de la Seine; de trois divisions et de trois Inspecteurs.

#### ADMINISTRATION GÉNÉRALE.

*Directeur :* M. DE NERVAUX.
*Secrétaire général:* M. A. BAILLY.

250 CHAPITRE IV.

## SECRÉTARIAT GÉNÉRAL.

*Secrétaire général :* M. A. BAILLY.

*Chefs de bureau :* M. MOURLAN, personnel et service de santé; M. DEMAY, marchés, adjudications, matériel, services généraux; M. MARESCOT DU THILLEUL, domaine et contentieux; M. BRUEYRE, enfants assistés.

### DIVISION DES HÔPITAUX ET HOSPICES ET SECOURS À DOMICILE.

*Chef de division :* M. HAVET.

*Chefs de bureau :* M. MAURY, hôpitaux, hospices et maisons de retraite; M. VINÇARD, admissions dans les hôpitaux et hospices; M. D'ÉCHÉRAC, secours.

### DIVISION DE LA COMPTABILITÉ.

*Chef de division :* M. DUTOCQ.

*Chefs de bureau :* M. BAUDEU, comptabilité en deniers; M. DAUBIÉ, comptabilité en matières.

### INSPECTEURS.

MM. IMARD, BRELET, LAURAND.

### CAISSE.

*Receveur :* M. GUILLON.

*Chef de bureau :* M. LAIR.

*Caissier :* M. JORET.

*Contrôleur des recettes et dépenses :* M. TRÉFOUEL.

*Contrôleur du matériel :* M. D'YNGLEMARE.

## BUREAUX DE BIENFAISANCE.

### Assistance publique.

Le soin des pauvres à Paris était confié avant 1789 au grand bureau des pauvres établi sous François Ier. Il était présidé et dirigé par le Procureur général du Parlement et prélevait chaque année une taxe d'aumône sur tous les habitants de Paris.

En 1793, le grand bureau fut remplacé par quarante-huit comités de bienfaisance correspondant aux divisions municipales de la cité. Ceux-ci firent place à leur tour, en 1816, à douze bureaux de charité, qui en 1830 prirent le nom de bureaux de bienfaisance. En 1860, lors de l'agrandissement de Paris, le nombre de ces bureaux fut porté à vingt, comme celui des arrondissements.

Les bureaux de bienfaisance sont chargés, sous la direction et la surveillance de l'Administration de l'Assistance publique, de la distribution des secours à domicile dans chacun des arrondissements de la ville de Paris.

Chaque bureau se compose du maire de l'arrondissement, Président de droit, de ses adjoints et de douze administrateurs nommés par le Préfet de la Seine. Un nombre indéterminé de commissaires ou de dames de charité, nommés par le bureau, viennent en aide aux administrateurs pour la visite des pauvres et la répartition des secours. Un agent comptable salarié, et dont la responsabilité est garantie par un cautionnement, gère sous le nom de *Secrétaire-Trésorier* les finances du bureau.

Des médecins et des chirurgiens attachés à chaque bureau donnent des consultations et des soins gratuits aux indigents de l'arrondissement et vaccinent gratuitement les enfants. Des sages-femmes, désignées par le bureau, prêtent gratuitement leur ministère aux indigentes qui le réclament.

L'arrondissement est partagé en douze divisions, chacune sous la surveillance d'un administrateur, qui, de concert avec les commissaires, visite à domicile les indigents de sa division pour leur remettre les secours qui leur sont alloués et connaître par lui-même l'état des familles.

Chaque bureau de bienfaisance siége à la mairie de son arrondissement et y tient ses séances.

Plusieurs maisons confiées aux Sœurs sont affectées à la distribution des secours, aux consultations gratuites, à la pharmacie, au dépôt de linge, vêtements et combustibles.

Dans chaque bureau est ouvert un livre sur lequel sont inscrits tous les indigents secourus. Nul ne peut être inscrit au rôle des indigents s'il ne réside pas depuis un an révolu à Paris. Les étrangers ne peuvent être admis aux secours qu'en justifiant d'une résidence de dix années consécutives.

Les familles secourues doivent envoyer leurs enfants à l'école et prouver qu'ils ont été vaccinés.

Il y a deux sortes de secours : les secours annuels et les secours temporaires.

Sont admis aux secours annuels : les vieillards ayant accompli leur soixante-quatrième année et les individus qui ne peuvent pourvoir à leur existence par suite d'infirmités graves, telles que paralysie, cancer, tremblement général, rhumatisme goutteux, anévrisme, asthme goutteux ou suffocant, hydropisie, rachitisme, dartres incurables, hernies, privation d'un membre, surdité complète, surdi-mutité, idiotisme, épilepsie, faiblesse de vue assez grande pour empêcher l'indigent de travailler.

Sont admis aux secours temporaires : les chefs de famille ayant au moins trois enfants au-dessous de quatorze ans, ou deux enfants dont l'un serait atteint d'une infirmité grave ; les veufs et veuves ayant deux enfants au-dessous de quatorze ans ou un atteint d'une infirmité grave ; les veuves ou femmes abandonnées qui, ayant déjà un enfant au-dessous de quatorze ans, sont enceintes ; les femmes en couches et les nourrices, les enfants abandonnés, les orphelins au-dessous de seize ans, les blessés, les malades.

Les actes de l'état civil doivent être produits à l'appui des demandes ; ils peuvent être sur papier libre. Les infirmités doivent être constatées par des certificats de médecins attachés au bureau.

Nul indigent n'est admis que sur la délibération du conseil du bureau.

Les demandes d'admission et les réclamations de tous genres doivent être adressées à l'administrateur de la division où réside l'indigent. L'administrateur donne audience une fois par. semaine à la maison de secours de sa division et porte la demande ou la réclamation à la première séance du bureau.

Le bureau de bienfaisance s'assemble une fois par semaine, à jour fixe.

Dans chaque maison de secours est affiché un tableau contenant les noms des médecins et chirurgiens, les jours et heures de leurs consultations, le nom et l'adresse des administrateurs et des commissaires et les jours et heures de leurs audiences.

Tous les mois, il est délivré à chacun des administrateurs, selon les ressources du bureau et l'exigence des besoins, des cartes et bons applicables à diverses espèces de secours. L'administrateur fait la répartition de ces cartes entre les commissaires et les dames de charité (dans les arrondissements où le concours des dames a été réclamé), et ceux-ci distribuent les cartes, soit à domicile, soit à la maison de secours.

Les secours en nature consistent en pain, bouillon, viande crue ou cuite, portions alimentaires, bois, cotrets, falourdes, mottes, charbon, braise, bains à domicile, chemises, gilets de laine, pantalons, vestes de drap, bas, chaussons de laine, tabliers, blouses, layettes, lits, paillasses, paille, meubles, ustensiles, poêles, etc.

Le bureau prête des draps sur la déclaration signée par les propriétaires, principaux locataires ou personnes connues qui répondent de la valeur du prêt.

Tout indigent inscrit au bureau est soigné gratuitement, en cas de maladie, par le médecin de sa division, est visité par les Sœurs et reçoit tous les médicaments dont il a besoin.

Les cartes de pain et de viande sont portées chez les fournisseurs désignés par le bureau. Les cartes de bois, de vêtements, de draps, sont servies à la maison de secours.

Les secours en argent sont donnés, soit par le bureau lui-même, soit par l'Administration de l'Assistance publique sur la proposition du bureau.

L'Administration de l'Assistance publique accorde :

Aux vieillards de 84 ans révolus...... 12 fr. par mois.
Aux vieillards de 81 ans révolus...... 10
Aux vieillards de 79 ans révolus...... 8
Aux vieillards de 69 à 78 ans révolus.. 5
Aux aveugles..................... 5
Aux paralytiques................. 5

Pour être admis à ces secours il faut être domicilié à Paris depuis cinq ans au moins et inscrit

comme indigent depuis plus de deux ans; toutefois
une année d'inscription suffit pour celui qui justifie
d'une résidence continue dans la ville de Paris.

Le directeur de l'Assistance publique prononce les
admissions, sur les présentations des bureaux de bienfaisance; les demandes doivent être accompagnées
d'un acte de naissance ou de tout autre acte officiel
constatant régulièrement l'âge, et pour les aveugles
et les infirmes un certificat délivré par le bureau
central est nécessaire.

On peut cumuler les différents secours d'argent;
mais les aveugles ne peuvent cumuler le secours de
l'Assistance publique avec celui des Quinze-Vingts,
s'il dépasse 200 francs.

En outre, l'Administration délivre des secours extraordinaires selon le besoin; elle donne 3 francs
pour chaque enfant vacciné. Enfin elle accorde les
secours de la fondation Monthyon pour les convalescents sortant des hôpitaux.

L'inscription au bureau de bienfaisance donne
droit :

1° Moyennant un certificat délivré au bureau, à
la remise gratuite de bandages, jambes de bois, bé-
quilles, et généralement de tous les appareils nécessaires pour les blessures ou infirmités[1];

---

[1] S'adresser, pour la remise de ces objets, au bureau central,
avenue Victoria, 3.

2° A l'admission gratuite aux asiles de convalescence de Vincennes et du Vésinet;

3° A la délivrance gratuite par la préfecture de police de passe-ports avec secours de route;

4° A l'autorisation du commissaire de police pour brocanter et vendre dans les rues;

5° A la remise ou diminution des impôts ou patentes;

6° A l'exemption des droits d'enregistrement et de succession;

7° A la délivrance, dans certains cas, des effets d'un parent décédé dans un hospice;

8° A l'inhumation gratuite;

9° A la délivrance gratuite des actes de l'état civil.

Les ressources des bureaux de bienfaisance consistent :

1° Dans une somme variable que l'Administration de l'Assistance publique alloue tous les ans à chaque bureau, selon la population, les besoins, le nombre des indigents, etc.;

2° Dans les collectes, souscriptions, quêtes faites par le bureau lui-même, aumônes spéciales déposées dans les églises, dans les justices de paix, etc.;

3° Dans les legs et donations en faveur des pauvres de la ville de Paris.

En 1853, l'Administration de l'Assistance publique a établi le traitement à domicile pour les malades qui ne sont pas inscrits aux bureaux de bien-

faisance. Il suffit d'envoyer au secrétariat des bureaux
le nom et l'adresse du malade qui réclame le secours;
il est visité par le médecin, et les médicaments lui
sont fournis par le bureau. Une commission, composée d'administrateurs du bureau, statue sur les
secours, en nature ou en argent, qui peuvent lui
être accordés lorsqu'une enquête a constaté ses besoins. Il peut être envoyé gratuitement, comme les
indigents inscrits, aux asiles de convalescence.

*Liste de toutes les Paroisses de Paris, des Bureaux*
*de bienfaisance et des Maisons de secours qui les*
*desservent.*

On a indiqué sur cette liste les maisons de Sœurs
s'occupant des pauvres qui sont *Maisons de secours du*
*Bureau de bienfaisance* et celles qui sont seulement
*Maisons de secours paroissiales.* Celles-ci visitent les
pauvres de leur quartier, mais elles n'ont à leur disposition que les secours donnés par la paroisse, tan-
dis que les autres maisons servent aux distributions
des bureaux de bienfaisance (pharmacie, médecin,
secours, etc.).

La liste des paroisses est complète. Les circonscriptions des paroisses et celles des maisons de secours n'étant pas les mêmes, certaines maisons de
Sœurs desservent deux paroisses et quelques paroisses ont plusieurs maisons de secours.

## I<sup>er</sup> *Arrondissement.*

Bureau de bienfaisance : A la Mairie, place du Louvre.

**SAINT-GERMAIN-L'AUXERROIS**, place du Louvre, 1.

*Bureau de bienfaisance.* Rue de l'Arbre-Sec, 15. (*Sœurs de Saint-Vincent-de-Paul.*)

**SAINT-ROCH**, rue Saint-Honoré, 298.

*B. de b.* Rue du Marché-Saint-Honoré, 32. (*S. de S.-V.-de-P.*)

**SAINT-EUSTACHE**, rue du Jour.

*B. de b.* Rue de l'Arbre-Sec, 15. (*S. de S.-V.-de-P.*)
*B. de b.* Rue de la Jussienne, 16. (*S. de S.-V.-de-P.*)

**SAINT-LEU**, rue Saint-Denis, 92 *bis*.

*B. de b.* Rue de l'Arbre-Sec, 15. (*S. de S.-V.-de-P.*)

## II<sup>e</sup> *Arrondissement.*

Bureau de bienfaisance : Rue de la Banque, 8.

**NOTRE-DAME-DES-VICTOIRES**, place des Petits-Pères, 7 *bis*.

*B. de b.* Rue de la Jussienne, 16. (*S. de S.-V.-de-P.*)

**NOTRE-DAME-DE-BONNE-NOUVELLE**, rue de la Lune, 23.

*B. de b.* Rue de la Lune, 12 et 14. (*S. de S.-V.-de-P.*)

## III<sup>e</sup> *Arrondissement.*

Bureau de bienfaisance : A la Mairie, square du Temple.

**SAINT-JEAN-SAINT-FRANÇOIS**, rue Charlot, 6.

*B. de b.* Rue du Vert-Bois, 40. (*S. de S.-V.-de-P.*)

**SAINTE-ÉLISABETH**, rue du Temple, 195.

*B. de b.* Rue de Béarn, 10. (*S. de S.-V.-de-P.*)

Saint-Denis-du-Saint-Sacrement, rue Turenne, 68 *bis*.

    *B. de b.* Rue de Béarn, 10. (*S. de S.-V.-de-P.*)

Saint-Nicolas-des-Champs, rue Saint-Martin, 252 *bis*.

    *B. de b.* Rue du Vert-Bois, 40. (*S. de S.-V.-de-P.*)

## IV<sup>e</sup> *Arrondissement.*

Bureau de bienfaisance : A la Mairie, place Baudoyer.

Notre-Dame, place du Parvis.

    *Par.* Rue Geoffroy-l'Asnier, 30. (*S. de S.-V.-de-P.*)
    *B. de b.* Rue Boutebrie, 1 (v<sup>e</sup> arrond.). (*S. de S.-V.-de-P.*)

Saint-Gervais, rue François-Miron, 2.

    *Par.* Rue Geoffroy-l'Asnier, 30. (*S. de S.-V.-de-P.*)

Saint-Merry, rue Saint-Martin, 76 *bis*.

    *B. de b.* Rue du Cloître-Saint-Merry, 10. (*S. de S.-V.-de-P.*)

Saint-Louis-en-l'Île, rue Saint-Louis, 19 *bis*.

    *Par.* Rue Poulletier, 5 et 7. (*S. de S.-V.-de-P.*)

Notre-Dame-des-Blancs-Manteaux, rue des Blancs-Manteaux, 12.

    *B. de b.* Rue Sainte-Croix-de-la-Bretonnerie, 22. (*S. de S.-V.-de-P.*)

Saint-Paul-Saint-Louis, rue Saint-Antoine, 120.

    *B. de b.* Rue du Fauconnier, 11. (*S. de S.-V.-de-P.*)

## V<sup>e</sup> *Arrondissement.*

Bureau de bienfaisance : A la Mairie, place du Panthéon.

Saint-Étienne-du-Mont, place du Carré Sainte-Geneviève.

    *B. de b.* Rue Thouin, 15. (*S. de S.-V.-de-P.*)
    *B. de b.* Rue Boutebrie, 1. (*S. de S.-V.-de-P.*)

**Saint-Médard**, rue Mouffetard, 141.

> *B. de b.* Rue de l'Épée-de-Bois, 5. (*S. de S.-V.-de-P.*)

**Saint-Séverin**, rue des Prêtres-Saint-Séverin, 1.

> *B. de b.* Rue Saint-André-des-Arts, 39. (*S. de S.-V.-de-P.*)
> *B. de b.* Rue Boutebrie, 1. (*S. de S.-V.-de-P.*)

**Saint-Jacques-du-Haut-Pas**, rue Saint-Jacques, 252 *bis*.

> *B. de b.* Rue Saint-Jacques, 250, et rue de la Tombe-Is-
> soire, 81 (xiv° arrondissement).

**Saint-Nicolas-du-Chardonnet**, rue Saint-Victor, 104.

> *Par.* Rue des Bernardins, 19. (*S. de S.-V.-de-P.*)

### VI° Arrondissement.

Bureau de bienfaisance : A la Mairie, place Saint-Sulpice.

**Saint-Sulpice**, place Saint-Sulpice.

> *B. de b.* Rue de Vaugirard, 82. (*S. de S.-V.-de-P.*)

**Saint-Germain-des-Prés**, rue Bonaparte, 39.

> *B. de b.* Rue Saint-Benoît, 16 et 18. (*S. de S.-V.-de-P.*)

**Notre-Dame-des-Champs**, rue de Rennes, 131.

> *B. de b.* Rue de Vaugirard, 149 (xv° arrondissement).
> (*S. de S.-V.-de-P.*)

### VII° Arrondissement.

Bureau de bienfaisance : Rue de Grenelle, 116.

**Sainte-Clotilde**, rue Las-Cases, 23 *bis*.

> *Par.* Rue Las-Cases, 27. (*S. de S.-V.-de-P.*)

**Saint-Thomas-d'Aquin**, place Saint-Thomas-d'Aquin.

> *B. de b.* Rue Saint-Guillaume, 13. (*S. de S.-V.-de-P.*)

SAINT-FRANÇOIS-XAVIER, boulevard des Invalides, 26.

    *B. de b.* Rue Oudinot, 3. (*S. de S.-V.-de-P.*)

SAINT-PIERRE-DU-GROS-CAILLOU, rue Saint-Dominique, 166 *bis.*

    *B. de b.* Rue Saint-Dominique, 187. (*S. de S.-V.-de-P.*)

SAINT-LOUIS-DES-INVALIDES, Hôtel des Invalides.

    *Par.* Hôtel des Invalides. (*S. de S.-V.-de-P.*)

## VIII<sup>e</sup> *Arrondissement.*

Bureau de bienfaisance : A la Mairie, rue d'Anjou-Saint-Honoré, 11.

SAINTE-MADELEINE, place de la Madeleine.

    *B. de b.* Rue de la Ville-l'Évêque, 17. (*S. de S.-V.-de-P.*)

SAINT-AUGUSTIN, rue de Laborde, 24.

    *Par.* Rue Malesherbes, 22. (*S. de S.-V.-de-P.*)

SAINT-PHILIPPE-DU-ROULE, faubourg Saint-Honoré, 152 *bis.*

    *B. de b.* Rue de Monceaux, 15. (*S. de S.-V.-de-P.*)

## IX<sup>e</sup> *Arrondissement.*

Bureau de bienfaisance : A la Mairie, rue Drouot, 6.

NOTRE-DAME-DE-LORETTE, rue de Châteaudun, 18 *bis.*

    *Par.* Rue Rodier, 26. (*S. de S.-V.-de-P.*)

SAINT-LOUIS-D'ANTIN, rue Caumartin, 63.

    *Par.* Rue Saint-Lazare, 126. (*S. de la Présentation de la S<sup>te</sup>-Vierge.*)

SAINT-EUGÈNE, rue Sainte-Cécile, 6.

    *B. de b.* Rue des Petites-Écuries, 5. (*S. de S.-V.-de-P.*)

SAINTE-TRINITÉ, rue Saint-Lazare, square de la Trinité.

    *B. de b.* Rue de la Rochefoucauld, 25. (*S. de S.-V.-de-P.*)

## X<sup>e</sup> *Arrondissement.*

Bureau de bienfaisance : A la Mairie, rue du Faub.-Saint-Martin, 72.

**SAINT-LAURENT, boulevard de Magenta, 68 *bis*.**
    *B. de b.* Rue du Terrage, 16. (*S. de S.-V.-de-P.*)

**SAINT-MARTIN, rue des Marais, 36.**
    Aucune maison sur cette paroisse.

**SAINT-VINCENT-DE-PAUL, rue Lafayette.**
    *Par.* Rue Bossuet, 12. (*S. de S.-V.-de-P.*)

## XI<sup>e</sup> *Arrondissement.*

Bureau de bienfaisance : A la Mairie, place Voltaire.

**SAINT-JOSEPH, rue Saint-Maur, 123.**
    *B. de b.* Rue Parmentier, 179 (x<sup>e</sup> arrondissement). (*S. de S.-V.-de-P.*)
    *B. de b.* Rue Saint-Maur, 135. (*S. de S.-V.-de-P.*)

**SAINTE-MARGUERITE, rue Saint-Bernard, 36.**
    *B. de b.* Rue Saint-Bernard, 33. (*S. de S.-V.-de-P.*)

**SAINT-AMBROISE, boulevard Voltaire, 73.**
    *B. de b.* Rue du Chemin-Vert, 70. (*S. Augustines de Sainte-Marie.*)
    *B. de b.* Rue Oberkampf, 113. (*S. de S.-V.-de-P.*)

## XII<sup>e</sup> *Arrondissement.*

Bureau de bienfaisance : A la Mairie, place de la Nativité,
et rue de Bercy, 45.

**SAINT-ÉLOI, rue de Reuilly, 36 *bis*.**
    *B. de b.* Rue de Reuilly, 77. (*S. de S.-V.-de-P.*)

SAINT-ANTOINE, rue de Charenton, 26.

> B. *de b.* Rue de Cîteaux, 28. (*S. de la Charité de Nevers.*)

NOTRE-DAME-DE-BERCY, place de la Nativité.

> B. *de b.* Passage Corbes, 20. (*S. de S.-V.-de-P.*)

IMMACULÉE-CONCEPTION, rue du Rendez-vous.

> B. *de b.* Rue Ruty. (*S. de S.-V.-de-P.*)

## XIII<sup>e</sup> *Arrondissement.*

Bureau de bienfaisance : A la Mairie, place d'Italie.

SAINT-MARCEL, boulevard de l'Hôpital.

> B. *de b.* Rue Jenner, 40. (*S. de S.-V.-de-P.*)

NOTRE-DAME-DE-LA-GARE, place Jeanne-d'Arc.

> B. *de b.* Place Jeanne-d'Arc, 30. (*S. de S.-V.-de-P.*)

SAINT-MARCEL-DE-LA-MAISON-BLANCHE, avenue d'Italie, 76 *bis.*

> B. *de b.* Rue Vendrezanne, 34. (*S. de S.-V.-de-P.*)

## XIV<sup>e</sup> *Arrondissement.*

Bureau de bienfaisance : A la Mairie, rue Mouton-Duvernet.

SAINT-PIERRE-DE-MONTROUGE, avenue d'Orléans, 82.

> B. *de b.* Place de la Mairie du XIV<sup>e</sup> arrondissement. (*S. de S.-V.-de-P.*)
> B. *de b.* Rue de la Tombe-Issoire, 81. (*S. de S.-V.-de-P.*)

NOTRE-DAME-DE-PLAISANCE, rue Saint-Médard, 7.

> B. *de b.* Place de la Mairie. (*S. de S.-V.-de-P.*)
> B. *de b.* Rue Vercingétorix, 55. (*S. des Écoles chrétiennes.*)

## XVᵉ Arrondissement.

Bureau de bienfaisance : A la Mairie, rue Gerbert, 5.

**SAINT-LAMBERT-DE-VAUGIRARD**, rue Gerbert.

*B. de b.* Rue d'Alleray, 13. (*S. de Saint-André-de-la-Croix.*)

**SAINT-JEAN-BAPTISTE-DE-GRENELLE**, rue des Entrepreneurs, 102.

*B. de b.* Rue Violet, 69. (*S. de Saint-Paul de Chartres.*)
*B. de b.* Rue de Vaugirard, 149. (*S. de S.-V-de-P.*)

## XVIᵉ Arrondissement.

Bureau de bienfaisance : A la Mairie, avenue de la Mairie, 115.

**SAINT-PIERRE-DE-CHAILLOT**, rue de Chaillot, 50 *bis.*

*Par.* Rue Christophe-Colomb, 10. (*S. de la Sagesse.*)

**ANNONCIATION DE PASSY.**

*Par.* Rue Raynouard, 60. (*S. de S.-V.-de-P.*)
*B. de b.* Rue du Ranelagh, 68. (*S. de S.-V-de-P.*)

**SAINT-HONORÉ-DE-PASSY**, place d'Eylau.

*B. de b.* Rue Lauriston, 78. (*S. de la Sagesse.*)

**NOTRE-DAME-D'AUTEUIL**, place d'Auteuil.

*B. de b.* Rue Jouvenet, 23. (*S. A. de Sᵗᵉ-Marie.*)
*B. de b.* Rue du Ranelagh, 68. (*S. de S.-V.-de-P.*)

## XVIIᵉ Arrondissement.

Bureau de bienfaisance : A la Mairie, rue des Batignolles, 18.

**SAINT-FRANÇOIS-DE-SALES**, rue Brémontier, 4.

*Par.* Rue d'Asnières, 85. (*S. de la Présent. de la Sᵗᵉ-Vierge.*)

SAINTE-MARIE-DES-BATIGNOLLES, rue Legendre, 63 *bis*.

    *B. de b.* Rue Salneuve, 19. (*S. A. de S<sup>te</sup>-Marie.*)

SAINT-FERDINAND-DES-TERNES, rue d'Armaillé, 27 *bis*.

    *B. de b.* Rue de Villiers, 15. (*S. de S.-V.-de-P.*)

SAINT-MICHEL-DES-BATIGNOLLES, rue Saint-Jean, 10 *bis*.

    *B. de b.* Rue Gauthey, 43. (*S. A. de S<sup>te</sup>-Marie.*)

### *XVIII<sup>e</sup> Arrondissement.*

Bureau de bienfaisance : A la Mairie, place des Abbesses.

SAINT-DENIS-DE-LA-CHAPELLE, rue de la Chapelle, 94 *bis*.

    *Par.* Rue Riquet, 68. (*S. de S.-V.-de-P.*)

SAINT-PIERRE-DE-MONTMARTRE, rue du Mont-Cenis, 2.

    *B. de b.* Rue Durantin prolongée, 51. (*S. de S.-V.-de-P.*)

SAINT-BERNARD-DE-LA-CHAPELLE, rue Affre, 9 *bis*.

    *B. de b.* Rue Affre, 13. (*S. de S.-V.-de-P.*)

NOTRE-DAME-DE-CLIGNANCOURT, rue Ordener, 78.

    *B. de b.* Rue Ordener, 117. (*S. de S.-V.-de-P.*)

### *XIX<sup>e</sup> Arrondissement.*

Bureau de bienfaisance : A la Mairie, rue de Crimée, 160.

SAINT-JACQUES ET SAINT-CHRISTOPHE, rue de Crimée, 158.

    *B. de b.* Place de l'Église, à la Villette. (*S. de S.-V.-de-P.*)

SAINT-GEORGES, rue de Puébla, 456.

    *B. de b.* Rue de Meaux, 36. (*S. de S.-V.-de-P.*)

SAINT-JEAN-BAPTISTE-DE-BELLEVILLE, rue de Belleville, 151.

    *B. de b.* Rue de Louvain, 7. (*S. de S.-V.-de-P.*)

    *B. de b.* Rue de la Mare, 24 (xx<sup>e</sup> arr.) (*S. de S.-V.-de-P.*)

*XX^e Arrondissement.*

Bureau de bienfaisance : A la Mairie, place de Puébla.

NOTRE-DAME-DE-LA-CROIX, rue de Ménilmontant, 69.

*B. de b.* Rue de Ménilmontant, 119. (*S. de S.-V.-de-P.*)

SAINT-GERMAIN-DE-CHARONNE.

*B. de b.* Rue de Bagnolet, 121. (*S. de la Providence.*)
*B. de b.* Rue Pelleport. (Hospice de Charonne.)

## DÉPÔTS DE MENDICITÉ.

A Villers-Cotterets (Aisne) et à Saint-Denis (Seine).

### Préfecture de police.

Une section est réservée, dans les dépôts de mendicité, pour les vieillards des deux sexes dépourvus de tout moyen d'existence, et que l'Administration de l'Assistance publique ne peut recevoir dans les hôpitaux ou hospices.

Le dépôt de mendicité de Saint-Denis doit être prochainement transféré à Nanterre.

## SOCIÉTÉ DE SAINT-VINCENT-DE-PAUL.

Secrétariat : Rue Furstenberg, 6 (vi^e arrondissement).
Ouvert tous les jours, de 10 heures du matin à 5 heures du soir.

La Société de Saint-Vincent-de-Paul a été fondée en 1833 par des jeunes gens chrétiens qui, pour sauvegarder l'intégrité de leur foi et la pureté de leurs mœurs, se réunirent dans la pratique de la charité envers les pauvres. Elle a à la fois pour but la sanctification de ses membres et le soulagement des misères spirituelles et temporelles des malheureux.

Aucune œuvre de charité ne lui est étrangère; mais son œuvre principale est la visite à domicile. Chacun de ses membres adopte un certain nombre de familles pauvres et va régulièrement chaque semaine leur porter des secours en pain, viande, bois, etc. Il veille à ce que les enfants aillent au catéchisme et à l'école, cherche à placer les apprentis, à procurer du travail aux ouvriers et à les faire profiter de toutes les ressources que la charité met à sa disposition.

La Société a créé:

Des patronages d'apprentis (voir chap. III);

Des associations de Saintes-Familles (voir chapitre XII);

Des fourneaux économiques (voir chap. IV);

Des caisses de loyers (voir chap. VIII);

Le secrétariat des pauvres (voir chap. IX);

Le bureau d'avocat des pauvres (voir chap. IX).

Elle concourt à l'Œuvre des Tutelles (voir chapitre IX);

Elle a fondé des vestiaires afin de pourvoir à l'habillement des pauvres et des bibliothèques qui prêtent des livres gratuitement;

Elle a établi des comités pour la réhabilitation des unions illicites (voir chap. ix).

La Société se divise en *Conférences*, qui sont établies dans un grand nombre de paroisses de France, dans les deux mondes et dans toutes les paroisses de Paris.

Les Conférences ont chacune des réunions hebdomadaires où se traitent toutes les questions qui intéressent les familles secourues; on y distribue aux membres de la Société les secours qu'ils doivent porter, et l'on fait une quête, principale ressource de la caisse. Plusieurs ont recours à un sermon de charité, à une loterie, à des souscriptions pour subvenir aux besoins des familles admises.

S'adresser au Président de chaque Conférence ou au secrétariat général, rue Furstenberg, 6.

Ouvert tous les jours, le dimanche excepté.

## SOCIÉTÉ PHILANTHROPIQUE.

Rue d'Orléans-Saint-Honoré, 17 (1er arrondissement).
Bureau ouvert tous les jours, de 10 h. du matin à 5 h. du soir.

Reconnue d'utilité publique le 27 septembre 1849.

La Société philanthropique, fondée en 1780 sous le patronage de Louis XVI, s'applique à deux genres de secours.

Le premier est le traitement gratuit, soit par des visites à domicile, soit par des consultations dans les dispensaires, des malades non inscrits au bureau de bienfaisance et cependant hors d'état de se faire traiter à leurs frais.

La Société a créé à cet effet, sous le nom de *Dispensaires*, six bureaux tenus par un agent, et auxquels sont attachés des médecins, chirurgiens et pharmaciens.

Le second est l'organisation de fourneaux économiques où l'on délivre une ration d'aliments d'une valeur de 10 centimes. Les bons servis par ces fourneaux sont vendus 10 centimes au siége de la Société et sont distribués aux pauvres par les personnes charitables qui les ont achetés.

Mais les pauvres ont le droit, lorsqu'ils achètent une ration au fourneau, de ne la payer que 5 centimes.

La Société est, en outre, chargée de répartir, à titre de prime d'encouragement, à des ouvriers laborieux et économes qui veulent s'établir, les sommes provenant des legs Wolff, Nast et Goffin.

La condition indispensable pour profiter de ces legs est d'avoir, selon le vœu des testateurs, un commencement d'établissement ou une volonté expresse de s'établir, en offrant des garanties sérieuses comme moralité et aptitudes. La demande doit être adressée au Président de la Société, et une enquête est faite avant toute décision.

Les ressources de la Société consistent en souscriptions annuelles, vente des bons, dons et legs, intérêts des fonds de réserve, allocations faites par l'Administration.

La souscription est de 40 francs par an. Tout souscripteur de 40 francs reçoit cent bons de fourneaux et une carte de dispensaire. Cette carte est valable pendant un an; elle donne droit de faire traiter un malade pendant ce laps de temps. Il suffit, pour en faire profiter un malade, d'envoyer la carte à l'agent du dispensaire de l'arrondissement du malade, avec le nom et l'adresse de la personne recommandée. Après la guérison, la carte est renvoyée au souscripteur, qui peut la remettre à un autre malade chaque fois qu'elle lui revient.

*Président de la Société :* M. le comte DE MORTEMART.

*Secrétaire :* M. BERCAND.

*Trésorier :* M. DEVALOIS.

*Agent général de la Société :* M. Albert LAPORTE, rue d'Orléans-Saint-Honoré, 17.

### DISPENSAIRES DE LA SOCIÉTÉ.

Consultations de Médecins et Chirurgiens, les lundis et les jeudis, de 2 heures à 3 heures.

### 1er Dispensaire.

Rue Cambacérès, 10.

Pour le service des VIIIe, IXe, XVIe et XVIIe arrondissements.

M. DECHASTELUS, *agent*, au dispensaire.

### 2<sup>e</sup> *Dispensaire.*

Boulevard Saint-Martin, 4.

Pour le service des III<sup>e</sup>, IV<sup>e</sup>, X<sup>e</sup>, XVIII<sup>e</sup> et XIX<sup>e</sup> arrondissements.

M. GOSSET, *agent*, au dispensaire.

### 3<sup>e</sup> *Dispensaire.*

Rue de la Roquette, 130.

Pour le service des XI<sup>e</sup>, XII<sup>e</sup> et XX<sup>e</sup> arrondissements.

M. BAGET, *agent*, au dispensaire.

### 4<sup>e</sup> *Dispensaire.*

Rue Lacépède, 15.

Pour le service des V<sup>e</sup>, XIII<sup>e</sup> et XIV<sup>e</sup> arrondissements.

M. BLÉRET, *agent*, au dispensaire.

### 5<sup>e</sup> *Dispensaire.*

Rue Vanneau, 80.

Pour le service des VI<sup>e</sup>, VII<sup>e</sup> et XV<sup>e</sup> arrondissements.

M. BONGARD, *agent*, au dispensaire.

### 6<sup>e</sup> *Dispensaire.*

Rue d'Orléans-Saint-Honoré, 17.

Pour le service des I<sup>er</sup> et II<sup>e</sup> arrondissements.

M. LAPORTE, *agent*, au dispensaire.

## SOCIÉTÉ PHILANTHROPIQUE SAVOISIENNE
## DE PARIS.

Rue d'Aboukir, 78 (11ᵉ arrondissement).

La Société philanthropique savoisienne est une société exclusivement de bienfaisance : elle a pour but de rapprocher les uns des autres les Savoisiens qui sont à Paris, de procurer des emplois et de l'ouvrage à ceux qui n'en ont pas, de secourir ceux qui sont dans le besoin, de les faire soigner dans leurs maladies, de faciliter aux infirmes et aux malheureux les moyens de se rapatrier, qu'ils soient ou non membres de la Société.

Il faut, pour être sociétaire, avoir quinze ans au moins, être né en Savoie ou de parents savoisiens et payer une cotisation annuelle de 12 francs.

Des consultations gratuites sont données par des médecins aux Savoisiens indigents; un conseil de famille les dirige dans leurs affaires d'intérêt.

Le bureau de placement et le siége de la Société sont rue d'Aboukir, 78.

Toutes les lettres ou demandes doivent être adressées au Président de la Société.

M. VELAT, *agent de la Société*, reçoit tous les jours, de 1 heure à 4 heures, le dimanche excepté, au siége de la Société, rue d'Aboukir, 78.

## ASSOCIATIONS DE CHARITÉ DANS LES PAROISSES.

Dans la plupart des paroisses de Paris il existe une Association de dames de charité, présidée par M. le Curé.

Les dames visitent les pauvres de la paroisse, leur distribuent, conjointement avec les Sœurs du quartier, les aumônes recueillies dans l'église ou remises à M. le curé et remplissent envers eux tous les devoirs de protection et de charité.

Elles se réunissent périodiquement pour prononcer sur l'admission des pauvres aux secours de l'Association et sur la répartition des secours.

Toute demande de secours doit être adressée à M. le Curé de la paroisse.

Il se fait tous les ans dans chaque église, et au dehors, des quêtes dont le produit est distribué par les dames de charité.

### ŒUVRE DES FAMILLES.

#### Paroisse de Saint-Louis-d'Antin.

Cette Œuvre, fondée en 1848 par M. le vicomte de Melun, met chaque pauvre sous la protection de dix personnes.

Ces personnes s'engagent à le faire soigner dans ses maladies, à lui procurer du travail, à patronner ses enfants aux écoles, dans les ateliers, et à l'aider à sortir de sa misère.

Les chefs de dizaines sont chargés de visiter la famille et de recevoir les cotisations.

L'OEuvre est administrée par un conseil, sous la présidence de M. le Curé de Saint-Louis-d'Antin.

## OEUVRE DE LA MISÉRICORDE.

L'OEuvre de la Miséricorde, fondée en 1833 par Mlle Dumartray, sous les auspices de Mgr de Quelen, archevêque de Paris, a pour but de secourir les personnes qui, d'une position élevée ou aisée, sont tombées dans la misère.

Pour être admis à recevoir les secours de l'OEuvre, il faut :

1° Être Français;

2° Être domicilié à Paris depuis un an au moins;

3° N'être pas inscrit au bureau de bienfaisance;

4° Avoir une conduite régulière;

5° Justifier de son aisance passée ou de celle de sa famille; produire à l'appui des titres authentiques, tels que brevets d'officiers, états de service, patentes dans le commerce, ou diplômes constatant l'exercice d'une profession libérale.

L'OEuvre distribue aux pauvres honteux des secours en argent, leur fait des avances dans certains cas urgents, cherche à leur procurer du travail ou des emplois, fait valoir leurs droits et s'occupe de leurs intérêts.

L'Œuvre est dirigée par un conseil général; la cotisation annuelle est de 20 francs.

Le dernier samedi de chaque mois, un comité se rassemble pour statuer sur les demandes. Avant de voter les secours il fait procéder à des visites et à des enquêtes faites par des membres de l'Œuvre. Ces membres sont ensuite chargés de remettre les secours.

Les dons et souscriptions doivent être adressés à M. COLLINET, *Trésorier*, rue de Poitiers, 9; et les demandes de secours, à M. le prince DE CHALAIS, *Président*, rue Saint-Dominique, 115, ou à M. le vicomte DE MELUN, *Secrétaire*, rue Saint-Dominique, 76.

## SOCIÉTÉ DE LA PROVIDENCE.

La Société de la Providence, dont la fondation remonte à 1805, a pour objet principal de payer des suppléments de pensions pour des vieillards des deux sexes placés à l'Asile de la Providence (voir chap. VI); elle s'occupe également de secourir des aveugles et des orphelins.

Ses ressources consistent dans la souscription annuelle de 20 francs versée par ses membres et dans une quête et une loterie.

*Président :* M. le comte DE BRETEUIL, rue de la Baume, 17.

*Secrétaire-Trésorier :* M. LAFISSE, rue de Rome, 23.

## OEUVRE DE LA PROVIDENCE
### DU VIIᵉ ARRONDISSEMENT.

Cette OEuvre a été fondée en 1832 ; elle a pour but la visite des pauvres à domicile dans le VIIᵉ arrondissement et le placement des enfants dans différents orphelinats, soit à Paris, soit en province.

*Présidente :* Mᵐᵉ la maréchale comtesse RANDON, rue Barbet-de-Jouy, 27.

*Trésorière :* Mᵐᵉ CAZENAVE, rue de Bellechasse, 11.

## OEUVRE DES ANCIENS MILITAIRES.
### Presbytère de Saint-Sulpice.

Cette OEuvre se compose d'anciens membres des armées de terre et de mer réunis pour être utiles à leurs compagnons d'armes. En général ils ne distribuent pas de secours, mais ils recommandent leurs protégés aux œuvres spéciales de charité et de bienfaisance.

L'OEuvre se soutient par une quête faite à la fin de chaque séance. Les membres ne sont tenus à aucune cotisation personnelle.

278

CHAPITRE IV.

Les réunions ont lieu le premier et le troisième lundi de chaque mois, au presbytère de Saint-Sulpice.

*Président :* M. WEST, ancien intendant militaire, rue Bonaparte, 30.

*Vice-Président :* M. ESPIVENT DE LA VILLEBOISNET, rue Taranne, 9.

## FOURNEAUX ÉCONOMIQUES
## DE LA SOCIÉTÉ DE SAINT-VINCENT-DE-PAUL.

Les premiers fourneaux de la Société de Saint-Vincent-de-Paul ont été établis en 1848. Ils fournissent aux pauvres des aliments de bonne qualité et à bon marché.

Chaque fourneau s'administre lui-même, sous la direction d'un membre des Conférences de Saint-Vincent-de-Paul. Les bons émis par un fourneau sont reçus dans tous les autres et donnent droit à des portions représentant une valeur de 10 centimes en pain, bouillon, viande et légumes.

On peut aussi acheter les portions sans bons à chacun des fourneaux au prix de 10 centimes par portion.

La plupart des fourneaux ne fonctionnent que du 15 novembre au 1er mai; quelques-uns sont ouverts toute l'année.

On trouve des bons à acheter aux fourneaux et

au secrétariat général de la Société de Saint-Vincent-de-Paul, rue Furstenberg, 6, ouvert tous les jours, excepté le dimanche.

La liste des fourneaux de la Société de Saint-Vincent-de-Paul se trouve ci-après.

## FOURNEAUX DE LA SOCIÉTÉ PHILANTHROPIQUE.

Ouverts depuis le 15 novembre jusqu'à Pâques.

On peut se procurer des bons de fourneaux donnant droit à une ration de pain, viande, riz ou légumes, au prix de 10 centimes pour chaque ration, au siége de la Société, rue d'Orléans-Saint-Honoré, 17, dans les dispensaires et dans les fourneaux. (Voir ci-dessus *Société philanthropique.*)

La liste des fourneaux de la Société se trouve ci-dessous.

### ŒUVRE DE LA MARMITE DES PAUVRES.
Rue du Vert-Bois, 40 (III<sup>e</sup> arrondissement).

Cette OEuvre, qui existait avant la première révolution, a été rétablie en 1801. Elle donne pendant toute l'année du bouillon et de la viande aux pauvres du quartier, deux ou trois fois par semaine, suivant les ressources dont elle dispose. Elle ne fonctionne que dans cette paroisse.

Maison de secours des Sœurs de Saint-Vincent-de-Paul, rue du Vert-Bois, 40.

## LISTE DE TOUS LES FOURNEAUX ÉCONOMIQUES OUVERTS DANS PARIS.

Les fourneaux de la Société de Saint-Vincent-de-Paul et ceux de la Société philanthropique servent indistinctement les bons émis par les deux Sociétés (voir ci-dessus).

Les fourneaux particuliers ne servent que les bons émis par eux-mêmes, et ne font pas l'échange de leurs bons avec ceux des autres sociétés, excepté dans le VIII<sup>e</sup> arrondissement.

ADRESSES DES FOURNEAUX ET ŒUVRES AUXQUELLES ILS APPARTIENNENT,

### PARIS.

#### I<sup>er</sup> Arrondissement.

Rue Saint-Honoré, 123 (cour
d'Aligre) . . . . . . . . . . . . . .     Société philanthropique.

#### II<sup>e</sup> Arrondissement.

Rue de la Lune, 14 . . . . . . . .     Société de S<sup>t</sup>-Vincent-de-Paul.

#### III<sup>e</sup> Arrondissement.

Rue de Thorigny, 1 . . . . . . . . .     Société de S<sup>t</sup>-Vincent-de-Paul.
                                          (Ouvert toute l'année.)
Rue du Vert-Bois, 40 . . . . . . .     Marmite des Pauvres.

#### IV<sup>e</sup> Arrondissement.

Rue Simon-le-Franc, 13 . . . .     Saint-Vincent-de-Paul.
Rue du Fauconnier, 9 . . . . . . .     Société philanthropique.

### V<sup>e</sup> Arrondissement.

Rue des Sept-Voies, 11...... Saint-Vincent-de-Paul. (Ouvert toute l'année.)

### VI<sup>e</sup> Arrondissement.

Rue Stanislas, 11.......... Saint-Vincent-de-Paul.
Rue Saint-André-des-Arts, 39. Société philanthropique.

### VII<sup>e</sup> Arrondissement.

Rue de Sèvres, 42......... Société philanthropique.
Rue Saint-Dominique, 187... *Idem.*
Rue Saint-Guillaume, 9...... Paroisse de S<sup>t</sup>-Thomas-d'Aquin.

### VIII<sup>e</sup> Arrondissement.

Rue Malesherbes, 20........ Société philanthropique.
Rue Saint-Lazare, 126...... Par. de S<sup>t</sup>-Louis-d'Antin.(Ouvert toute l'année. Sert les bons de la Société de S<sup>t</sup>-Vincent-de-Paul et réciproquement.)

### IX<sup>e</sup> Arrondissement.

Rue Chaptal, 20............ Saint-Vincent-de-Paul.
Rue Rodier, 26........... Par. de N.-D.-de-Lorette.

### X<sup>e</sup> Arrondissement.

Rue de Château-Landon, 8... Société philanthropique.
Rue Bossuet, 12.......... Saint-Vincent-de-Paul.(Ouvert toute l'année.)
Rue du Canal-Saint-Martin... Saint-Vincent-de-Paul.

### XI<sup>e</sup> Arrondissement.

| | |
|---|---|
| Rue Saint-Maur, 64......... | Saint-Vincent-de-Paul. (Ouvert toute l'année.) |
| Avenue de la Roquette, 4.... | Saint-Vincent-de-Paul. |

### XII<sup>e</sup> Arrondissement.

| | |
|---|---|
| Passage Corbes, 20......... | Saint-Vincent-de-Paul. |
| Rue de Cîteaux, 28......... | Société philanthropique. |

### XIII<sup>e</sup> Arrondissement.

| | |
|---|---|
| Rue Vendrezanne, 22....... | Société philanthropique. |
| Rue Corvisart, 17......... | Saint-Vincent-de-Paul. |

### XIV<sup>e</sup> Arrondissement.

| | |
|---|---|
| Rue de la Tombe-Issoire, 62.. | Saint-Vincent-de-Paul. |
| Rue des Croisades, 10...... | Idem. |

### XV<sup>e</sup> Arrondissement.

| | |
|---|---|
| Rue Violet, 69 (Grenelle).... | Société philanthropique. |

### XVI<sup>e</sup> Arrondissement.

| | |
|---|---|
| Rue Boissière, 52......... | Saint-Vincent-de-Paul. |

### XVII<sup>e</sup> Arrondissement.

| | |
|---|---|
| Rue Trézel, 27............ | Saint-Vincent-de-Paul. |
| Rue de Villiers, 15........ | Société philanthropique. |
| Rue d'Asnières, 87........ | Saint-Vincent-de-Paul. (Ouvert toute l'année.) |

## XVIII<sup>e</sup> *Arrondissement.*

Rue de Torcy, 39. . . . . . . . .     Saint-Vincent-de-Paul.
Rue Véron, 30. . . . . . . . . . .     Société philanthropique.
Rue du Mont-Cenis, 70. . . . .     Saint-Vincent-de-Paul.
Rue Durantin prolongée, 10..     *Idem*

## XIX<sup>e</sup> *Arrondissement.*

Rue de Crimée, 146. . . . . . . .     Saint-Vincent-de-Paul.

## XX<sup>e</sup> *Arrondissement.*

Rue de la Mare, 8. . . . . . . . .     Saint-Vincent-de-Paul.
Rue Planchat, 6 *bis*. . . . . . . .     *Idem.*

## BANLIEUE.

### *Levallois-Perret.*

Rue Valentin, 16. . . . . . . . .     Saint-Vincent-de-Paul. (Ouvert
                                   toute l'année.)

### *Neuilly.*

Rue des Poissonniers, 11. . . .     Saint-Vincent-de-Paul.

### *Les Quatre-Chemins.*

Route d'Aubervilliers, 93. . . .     Saint-Vincent-de-Paul.

### *Vincennes.*

Rue de Bagnolet, 6. . . . . . . .     Saint-Vincent-de-Paul.

### *Clichy-la-Garenne.*

. . . . . . . . . . . . . . . . . . . . .     Œuvre particulière.

## DISPENSAIRES
## DE LA SOCIÉTÉ PHILANTHROPIQUE.

Pour les pauvres non inscrits au bureau de bienfaisance. (Voir *Société philanthropique.*)

### PANSEMENT ET SOIN DES MALADES.
Chez les Religieuses de Saint-Thomas-de-Villeneuve,
rue de Sèvres, 27 (vii° arrondissement).

Tous les jours, de 8 heures du matin à midi, pansements, soins et médicaments donnés gratuitement par les Religieuses de Saint-Thomas-de-Villeneuve. Dans les cas graves, on en réfère au médecin ou l'on envoie le malade dans les hôpitaux.

### CONSULTATIONS GRATUITES.

Pour les indigents : voir *Bureaux de bienfaisance, Maisons de secours,* chap. IV.
Publiques dans les hôpitaux : voir chap. V.

### SOCIÉTÉ CENTRALE DE SAUVETAGE
### DES NAUFRAGÉS.
Rue du Bac, 53 (vii° arrondissement).

Reconnue d'utilité publique par décret du 17 novembre 1865.

Cette Société se propose de porter assistance aux naufragés sur les côtes de France, de propager les principes et les procédés de nature à sauvegarder l'existence des navigateurs en danger, et d'étudier les causes des sinistres maritimes ainsi que les mesures à prendre pour en diminuer le nombre. Elle se met en relation avec toutes les sociétés locales qui existent déjà sur le littoral, les aide, soit par des subventions en argent, soit par le don d'appareils de sauvetage, facilite la formation d'associations semblables dans les centres maritimes où il n'en existe pas et établit sur les côtes des postes pourvus des engins de secours reconnus les plus utiles.

La Société se réserve de donner des récompenses aux personnes qui se sont distinguées par des actes de courage et de dévouement dans les naufrages et d'accorder des secours aux familles des marins sauveteurs de la Société, victimes de leur dévouement.

On peut faire partie de la Société comme *Bienfaiteur*, *Fondateur*, *Donateur* ou *Souscripteur annuel*, suivant l'importance des sommes versées.

*Président :* M. le vice-amiral baron DE LA RONCIÈRE-LE-NOURY.

*Administrateur délégué :* M. Camille DORÉ, ancien lieutenant de vaisseau.

## SOCIÉTÉ DES SAUVETEURS DE LA SEINE.

Secrétariat : Rue Monsieur-le-Prince, 60 (VI° arrondissement).

Reconnue d'utilité publique par décret du 20 décembre 1871.

Cette Société, fondée en 1845, a pour but le sauvetage de toutes les personnes en danger de périr par suite d'accidents.

Elle se propose en plus, lorsque cela est nécessaire, de donner aux sociétaires malades les soins des médecins, les médicaments et une indemnité par journée de maladie; d'accorder en cas de décès des secours aux familles, et enfin de constituer des pensions de retraite.

La Société décerne chaque année des prix et des médailles pour récompenser les actes de sauvetage qui lui sont signalés.

*Président* : M. le duc DE FITZ-JAMES, Cours la Reine, 36.

S'adresser, pour les renseignements, au secrétariat.

## SOCIÉTÉ DE SECOURS AUX BLESSÉS MILITAIRES,

### Siégeant à Paris, rue Matignon, 19.

Reconnue comme Établissement d'utilité publique par décret du 23 juin 1866.

Cette Société a pour objet de concourir par tous les moyens en son pouvoir au soulagement des blessés et des malades, sur les champs de bataille, dans les ambulances et dans les hôpitaux. Elle est destinée à devenir, en temps de guerre, l'auxiliaire du service sanitaire dans les armées de terre et de mer.

Dans chacune des dix-huit circonscriptions militaires de la France, un délégué choisi par elle est chargé de centraliser pour les besoins du corps d'armée de la région les ressources que peut y fournir l'assistance auxiliaire.

La Société se compose de *Membres fondateurs*, versant une cotisation annuelle de 30 francs, et de *Membres souscripteurs*, dont la cotisation est de 6 francs.

Elle est administrée par un conseil siégeant à Paris; elle est représentée en province par des comités départementaux et par des délégués auprès de chacun des dix-huit corps d'armée.

Un comité de secours distribue, chaque année, en temps de paix, des secours aux militaires blessés ou malades, aux veuves et aux ascendants privés de leurs soutiens par le fait de la guerre. Il donne des appareils aux amputés et concourt au traitement des convalescents dans les établissements d'eaux thermales.

Les demandes de secours peuvent être adressées en province aux délégués de la Société ou aux présidents des comités départementaux; à Paris, au Président de la Société, rue Matignon, 19.

*Président de la Société :* S. A. R. Mgr le duc DE NEMOURS.

*Secrétaire général :* M. le comte DE BEAUFORT.

*Trésorier :* M. le baron A. DE ROTHSCHILD.

## SOCIÉTÉ DE SECOURS AUX MUTILÉS PAUVRES.

### Secrétariat : Rue Matignon, 19.

Cette Société, fondée par M. le comte de Beaufort, a pour but d'assister les amputés nécessiteux en leur procurant des appareils appropriés à leur mutilation ou en les secourant par les moyens ordinaires de la charité.

La Société n'intervient que dans les cas où les mutilés ne font partie d'aucune des catégories assistées soit par les administrations publiques, soit par les sociétés de secours mutuels, ou bien par les administrations privées, à moins, toutefois, que les secours alloués ne soient reconnus insuffisants.

La cotisation annuelle des sociétaires est de 1 franc; les souscriptions supérieures à ce chiffre confèrent le titre de *Donateur*.

Les dons et les demandes doivent être adressés au secrétariat général, rue Matignon, 19.

*Président* : M. le baron LARREY, membre de l'Institut.

*Trésorier* : M. le commandant LEFAIVRE.

*Secrétaire général* : M. le comte DE BEAUFORT.

# SECOURS AUX NOYÉS, ASPHYXIÉS ET BLESSÉS.

### Préfecture de police.

Un grand nombre de boîtes fumigatoires, destinées à secourir les noyés et les asphyxiés, sont déposées sur les deux rives de la Seine, aux bains
froids, sur divers bateaux à lessive et bateaux à vapeur, le long du canal et dans tous les cimetières.

Des brancards et des boîtes de pansement sont
déposés dans des maisons voisines des carrefours et
des places, dans les marchés et dans la plupart des
corps de garde.

Un écriteau placé en dehors indique la présence
de ces boîtes, et un tableau suspendu dans le poste
désigne la demeure des médecins les plus voisins.

Des personnes, munies des instructions nécessaires, sont toujours en mesure de donner les premiers secours en attendant le médecin.

S'adresser aux postes de police de chaque quartier.

## ŒUVRE DES PAUVRES MALADES.

### Maison des Lazaristes, rue de Sèvres, 95 (VI° arrondissement).

Cette Œuvre a été fondée sous le nom de Confrérie des Pauvres Malades, en 1617, par saint Vincent-de-Paul, alors curé de Châtillon-les-Dombes
(diocèse de Belley), et a été établie par lui en 1629,

à Paris, dans la paroisse de Saint-Sauveur. L'Association fut bientôt organisée dans presque toutes les paroisses; elle disparut pendant la Révolution, et s'est reconstituée en 1840, à Paris, sous la direction du P. Étienne, supérieur général des Lazaristes.

Elle a pour but de visiter à domicile les pauvres malades et de leur donner tous les secours religieux et matériels dont ils ont besoin.

Elle se divise en autant de sections qu'il y a de paroisses où elle est établie. Chaque section a pour directeur le curé de la paroisse et est administrée par un bureau particulier. Une dame représentante de chaque section est désignée par le directeur pour assister aux réunions de l'Œuvre générale, qui ont lieu une fois par mois.

Dans les autres diocèses, l'Œuvre s'établit avec l'autorisation de l'ordinaire et à la demande de MM. les Curés. L'Œuvre est organisée dans un grand nombre de villes de France, en Italie, Belgique, Autriche, Allemagne, Portugal, Turquie, Mexique, République Argentine, etc.

Les dames de l'Œuvre se divisent en dames visitantes et en dames trésorières. Les premières visitent les malades désignés par les Sœurs, leur portent des bons de pain, viande, chauffage, sucre, etc.; les dames trésorières s'engagent à payer une cotisation de 50 francs par an et recueillent pour l'Œuvre des souscriptions et des aumônes.

Les dames qui désirent faire partie de l'OEuvre doivent en adresser la demande à M^me la Présidente, qui la soumet à la décision du directeur.

Les dons et souscriptions sont reçues chez les Sœurs de charité, rue du Bac, 140; chez les Lazaristes, rue de Sèvres, 95; et chez le Supérieur ou chez la Présidente de l'OEuvre.

*Directeur de l'OEuvre :* M. LE SUPÉRIEUR GÉNÉRAL DES LAZARISTES.

*Présidente :* M^me la princesse DE BAUFFREMONT-COURTENAY, rue de Grenelle, 87.

*Vice-Présidente :* M^me LEFORT, rue de Grenelle, 14.

*Trésorière :* M^me la duchesse D'ATRISCO, rue de Grenelle, 87.

*Secrétaire :* M^me HÉMAR, rue du Faubourg-Poissonnière, 52.

Pour les secours et les visites, on doit s'adresser aux Sœurs de charité des paroisses où l'OEuvre est établie.

## ŒUVRE DES PAUVRES MALADES
### DANS LES FAUBOURGS.

Maison des Lazaristes, rue de Sèvres, 95 (vi^e arrondissement).

Après les désastres de la Commune, en 1872, M^gr Langénieux, alors archidiacre de Notre-Dame,

25.

fit appel au zèle et au dévouement des dames de
l'Œuvre des Pauvres-Malades qui pourraient disposer de beaucoup de temps pour aller visiter les malades dans les paroisses les plus pauvres de Paris et
de la banlieue.

Un assez grand nombre de dames appartenant à
l'Œuvre sur les paroisses du centre de Paris répon-
dirent à l'appel de M<sup>gr</sup> Langénieux, qui les groupa
en une seule section ayant identiquement la même
organisation que chaque section paroissiale de l'Œuvre générale, et se consacrant exclusivement à la
visite des pauvres malades des paroisses de l'ancienne
banlieue, ce qui lui fit prendre le nom de section
des Faubourgs.

Les liens et les rapports de la section des Faubourgs avec le conseil de l'Œuvre sont les mêmes
que ceux de toutes les autres paroisses de Paris.

Les dames, pour participer aux faveurs spirituelles accordées aux dames de la Charité de Saint-
Vincent-de-Paul, doivent être nommées par les assemblées générales et recevoir un diplôme de M. le
Directeur de l'Œuvre générale.

La section des Faubourgs reçoit chaque année de
la caisse de l'Œuvre générale une subvention proportionnée aux ressources de l'Œuvre et au nombre
de paroisses visitées, ainsi qu'il est fait pour les paroisses relevant directement de l'Œuvre générale.

La souscription est de 5o francs. Une souscription

ou une demi-souscription donne droit au titre de *Membre honoraire.*

*Présidente :* M<sup>me</sup> la marquise DE GOUVION-SAINT-CYR, rue de Penthièvre, 8.

*Vice-Présidentes :* M<sup>me</sup> BELLAIGUE, rue Saint-Guillaume, 11 ;

M<sup>me</sup> E. HÉBERT, rue d'Anjou-Saint-Honoré, 46.

*Secrétaire :* M<sup>me</sup> GILBERT, boulevard Malesherbes, 52.

L'Œuvre est établie dans les maisons de secours des quartiers suivants :

| | |
|---|---|
| BELLEVILLE. . . . . . . . | Rue de Louvain, 7 (xix<sup>e</sup> arrondissement). Rue de la Mare, 24 (xx<sup>e</sup> arr.). |
| LA MAISON-BLANCHE. . | Rue Vendrezanne, 34 (xiii<sup>e</sup> arr.). Rue de la Glacière, 52 (xiii<sup>e</sup> arr.). Rue de la Tombe-Issoire, 81 (xiv<sup>e</sup> arr.). |
| LES GOBELINS. . . . . . . | Rue Jenner, 40 (xiii<sup>e</sup> arr.). |
| LES DEUX-MOULINS . . | Gare d'Ivry, pl. Jeanne-d'Arc (xiii<sup>e</sup> arr.). |
| MONTMARTRE. . . . . . . | Rue Durantin prol., 51 (xviii<sup>e</sup> arr.). |
| CLIGNANCOURT. . . . . . | Rue Ordener, 117 (xviii<sup>e</sup> arr.). |
| PLAISANCE. . . . . . . . . | Rue des Croisades, 1 (xiv<sup>e</sup> arr.). |
| LA CHAPELLE. . . . . . . | Rue Affre, 13 (xviii<sup>e</sup> arr.). Rue Riquet, 68 (xviii<sup>e</sup> arr.). |

Les souscriptions sont reçues par les membres du bureau et aux Lazaristes.

Les demandes de secours doivent être adressées aux Sœurs du quartier visité par l'Œuvre.

## ŒUVRE DE LA VISITE DES MALADES
## DANS LES HÔPITAUX.

Rue Notre-Dame-des-Champs, 39. (Asile du St-Cœur-de-Marie.)

Cette Œuvre est une des plus anciennes de la ville de Paris.

Les dames de l'Œuvre se divisent en dames visitantes, assistantes et collectrices.

Les dames visitantes vont dans les hôpitaux secourir, consoler et instruire les malades.

Les dames assistantes, divisées par paroisses, visitent les malades et les convalescentes à leur sortie de l'hôpital, leur portent des secours, les mettent en rapport avec les Œuvres de charité qui peuvent leur être utiles et cherchent à affermir en elles le bien moral opéré pendant le séjour à l'hôpital.

Les dames collectrices s'occupent de recueillir les souscriptions.

Par les soins des dames visitantes et assistantes, les jeunes filles sont souvent renvoyées dans leur pays, mariées, placées en apprentissage, ou préparées à la première communion.

L'Œuvre fournit aux malades de bons livres à l'aide de bibliothèques établies par elles dans chaque hôpital.

Elle reçoit dans l'Asile du Saint-Cœur-de-Marie,

rue Notre-Dame-des-Champs, 39, ou envoie dans d'autres asiles les jeunes filles convalescentes.

Elle a fondé un ouvroir dit de Saint-Joseph, rue Notre-Dame-des-Champs, 39, dans la maison où se trouvent l'Asile du Saint-Cœur et la bibliothèque centrale. Les dames se réunissent à l'ouvroir tous les lundis, de 1 heure à 4 heures, pour travailler à la confection de vêtements destinés aux pauvres malades et à leurs enfants.

On peut s'adresser pour les recommandations de malades, les souscriptions et les dons en argent, à M. l'abbé DE GIRARDIN, Supérieur de l'Œuvre, rue de la Ville-l'Évêque, 18; à la Présidente, M<sup>me</sup> la comtesse DE GONTAUT-BIRON, rue Saint-Dominique, 63; à la Trésorière, M<sup>me</sup> la comtesse DE LATOUR-MAUBOURG, rue de Vaugirard, 49.

Pour les dons en vêtements, livres, et pour tout ce qui concerne l'Asile du Saint-Cœur, s'adresser rue Notre-Dame-des-Champs, 39, à la Directrice de l'Asile.

## VISITE DES PAUVRES MALADES

PAR LES RELIGIEUSES AUXILIATRICES DES ÂMES DU PURGATOIRE.

Rue de la Barouillère, 16 (VI<sup>e</sup> arrondissement).

Cette Congrégation, instituée pour le soulagement des âmes du purgatoire (voir chap. XII), s'occupe aussi de la visite des malades. Ceux-là sont seuls secourus qui n'ont pas les ressources nécessaires pour se procurer des gardes, et qui ne demeurent pas très-loin de la communauté. Les Religieuses font leur ménage, les soignent, préparent leurs médicaments, apprêtent leurs repas et distribuent les secours qu'elles peuvent obtenir en leur faveur.

Tous les dimanches, de 2 à 5 heures, elles réunissent les jeunes filles et les femmes de la classe ouvrière et les instruisent de leurs devoirs religieux.

Les Religieuses Auxiliatrices ont organisé un tiers-ordre composé de dames qui s'occupent de la visite des familles pauvres.

## ŒUVRE DES DAMES DE LA SAINTE-FAMILLE.
### Rue de Clichy, 34 (IXᵉ arrondissement).

Maison des Sœurs de l'Espérance.

Cette Œuvre a pour but la visite des pauvres malades. Elle se compose de dames associées parmi lesquelles on choisit un conseil de douze membres présidé par l'une d'elles ou par la Supérieure des Sœurs de l'Espérance, sous la direction des Pères oblats de Marie-Immaculée. Les dames et les Sœurs visitent les malades et leur portent des secours à domicile.

Cette Œuvre s'étend sur un certain nombre de paroisses.

*Présidente :* Mᵐᵉ la comtesse CLARY, rue d'Aumale, 24.

*Secrétaire :* Mˡˡᵉ DE SAINT-ROMAIN, boulevard des Batignolles, 21.

## OEUVRE DES GARDE-MALADES DES PAUVRES.

### PETITES SOEURS DE L'ASSOMPTION.

Rue Violet, 57 (xv⁰ arrondissement, Grenelle).

#### SUCCURSALES :

Rue Saint-Honoré, 288 (1ᵉʳ arrondissement).

Rue de Monceaux, 11 (viii⁰ arrondissement).

Boulevard des Batignolles, 37 (viii⁰ arrondissement).

A Levallois-Perret, rue des Frères-Herbert, 47.

Cette OEuvre, fondée en 1874, a pour but de soigner les malades pauvres à domicile le jour et la nuit, sans aucune rétribution. Les Sœurs garde-malades se mettent complétement au service des pauvres, soignent les enfants, le ménage, la cuisine, font les courses nécessaires, soutiennent les malades par de bonnes paroles et de pieuses lectures et les préparent à recevoir dignement les sacrements.

La communauté est sous la direction des Pères de l'Assomption.

*Présidente* : Mᵐᵉ la duchesse DE FITZ-JAMES, douairière, avenue Montaigne, 27.

*Trésorière* : Mᵉˡˡᵉ C. DEMACHY, rue François Iᵉʳ, 15.

Les dons et les demandes de renseignements peuvent être adressés au siége de l'OEuvre, rue Violet, 57, aux succursales, à la Présidente, à la Trésorière, au couvent de l'Assomption, rue de l'Assomption, 25, à Auteuil.

## SŒURS GARDE-MALADES.

### SŒURS DE L'ESPÉRANCE.

Rue de Clichy, 34 (ix° arrondissement).
Rue du Faubourg-Saint-Honoré, 106 (viii° arrondissement).

### RELIGIEUSES DE BON-SECOURS, DE PARIS.

Rue Notre-Dame-des-Champs, 20 (vi° arrondissement).

### SŒURS DE BON-SECOURS, DE TROYES.

Quai du Louvre, 20 (i° arrondissement).
Rue Charles V, 12 (iv° arrondissement).
Rue du Cloître-Saint-Merry, 18 (iv° arrondissement).
Rue Jacob, 52 (vi° arrondissement).
Rue de Tournon, 31 (vi° arrondissement).
Rue de Miroménil, 34 (viii° arrondissement).
Rue de l'Annonciation, 4 (xvi° arrondissement, Passy).
A Colombes (Seine), rue Bouin, 7.

### SŒURS DE NOTRE-DAME.
#### (POUR LES FEMMES EN COUCHES.)

Rue Cassini, 3 (xiv° arrond').

Elles soignent gratuitement les femmes indigentes dans les v°, vi°, xiv° et xv° arrondissements et dans une partie du xiii°.

Elles soignent aussi les personnes riches qui en font la demande, dans les mêmes conditions que les autres Sœurs garde-malades.

SOEURS AUXILIATRICES DE L'IMMACULÉE-CONCEPTION.

Rue La Fontaine, 78 (xvi° arrondissement).

Elles soignent les malades à domicile.

## SERVICE MÉDICAL DE NUIT À DOMICILE.

Préfecture de police.

Service organisé en décembre 1875 par la préfecture de police, à l'aide d'une allocation accordée par
le conseil municipal. Dans chaque quartier, les médecins sont invités à déclarer s'ils entendent se rendre
aux réquisitions qui leur seront adressées la nuit.
Les noms et les domiciles de ceux qui ont fait cette
déclaration sont inscrits sur un tableau affiché dans
le poste de police du quartier.

La personne qui a besoin de requérir un médecin
se rend au poste de police et choisit sur le tableau le
médecin dont elle désire réclamer les soins. Un gar-
dien de la paix accompagne le requérant au domicile
du médecin, suit celui-ci chez le malade et, la visite faite, le reconduit chez lui. Le médecin reçoit un
bon d'honoraires de 10 francs, qui est payé par la
préfecture de police, laquelle, après enquête, réclame
au malade le remboursement des honoraires alloués
ou les prend définitivement à sa charge.

S'adresser aux postes de police de chaque quartier.

## VESTIAIRES.

Il existe dans un grand nombre de paroisses dès associations de charité destinées à préparer des vêtements pour les pauvres.

S'adresser chez les Sœurs des Maisons de secours.

## ŒUVRE DES VESTIAIRES.

### Rue des Bassins, 3 (xvi° arrondissement).

Fondée à Paris en 1870 dans le but de venir en aide aux femmes malheureuses sans ouvrage.

Les femmes sont employées à la confection de vêtements destinés aux indigents; ces vêtements proviennent en général de draps de troupe restés sans emploi. Ils sont vendus au siége de la Société à un prix peu élevé. (Pantalons, vareuses pour hommes et pour enfants, jupons, caracos, etc., pour femmes et jeunes filles.)

S'adresser à M. le Directeur, rue des Bassins, 3.

On envoie en province.

# CHAPITRE V.

## Hôpitaux.
## Maisons de santé et de convalescence.

———

## HÔPITAUX.

On désigne sous ce nom les établissements destinés à recevoir et à traiter les indigents pendant le temps qu'ils sont malades. Il y en a de deux sortes : les hôpitaux généraux, consacrés aux maladies aiguës et aux blessures, et les hôpitaux spéciaux réservés à certaines maladies.

A la tête de chaque hôpital sont placés un Directeur et un Économe; le service est fait par des médecins et des chirurgiens et par des élèves internes; tous sont nommés après concours par le Directeur de l'Assistance publique. Dans presque tous, le soin des malades est confié à des communautés religieuses.

Chaque hôpital a un aumônier.

L'admission dans les hôpitaux a lieu sur le bulletin délivré par le bureau central (voir ci-dessous *Bureau central*), ou est prononcée par le Directeur de l'hôpital, sur l'attestation du médecin.

## BUREAU CENTRAL D'ADMISSION AUX HÔPITAUX ET AUX HOSPICES.

Parvis Notre-Dame, ancien Hôtel-Dieu.

Assistance publique.

Tous ceux qui veulent entrer dans les hôpitaux et hospices, sauf les cas d'urgence ou de maladie spéciale, doivent se présenter au bureau central, tous les jours de la semaine, de 11 à 4 heures, et le dimanche jusqu'à midi.

Les médecins du bureau examinent si le malade a droit à l'entrée, soit à l'hospice, soit à l'hôpital, et lui délivrent s'il y a lieu, un bulletin indicatif de l'établissement où il doit se rendre, ou bien le renvoient aux bureaux de bienfaisance, qui lui donnent les secours nécessaires.

Le bureau central donne des consultations gratuites à tous ceux qui en demandent, tous les jours de la semaine, de 11 à 4 heures.

(Voir *Consultations gratuites*.)

On peut aussi être admis en se présentant à la visite du médecin à l'hôpital même ou du chirurgien de service.

Les hôpitaux sont gratuits pour les indigents. Des services payants ont été établis à l'hôpital Saint-Louis et à l'hôpital du Midi. Les prix sont de 4 francs par jour dans l'un et de 5 francs dans l'autre.

En cas de mort, lorsque les parents se chargent des frais de l'inhumation, ils doivent payer 35 francs pour la première classe et 5 francs pour la cinquième.

L'Administration vend, au profit de la caisse des hôpitaux, les effets laissés par le défunt; ils peuvent être rendus aux familles sur un certificat d'indigence.

Les consultations gratuites sont données dans les hôpitaux tous les jours (sauf les dimanches et jours de fête), à l'issue de la visite des malades dans les salles, et commencent généralement vers 9 heures.

Le secours d'hôpital n'est accordé gratuitement qu'aux habitants de Paris. Lorsque l'Administration s'est assurée par une enquête que le malade n'habite pas la ville, elle réclame le prix des journées qu'il passe à l'hôpital, soit à sa famille, soit à sa commune.

## CONSULTATIONS MÉDICALES GRATUITES.

### Assistance publique.

Des consultations médicales gratuites sont données tous les jours :

Par les médecins du bureau central (parvis Notre-Dame, ancien Hôtel-Dieu), pour toute espèce de maladies, depuis 11 heures du matin jusqu'à 4 heures du soir;

Par les médecins des hôpitaux généraux, pour toute espèce de maladies (voir *Hôpitaux généraux*);

Par les médecins des hôpitaux spéciaux pour les maladies traitées dans ces hôpitaux (voir *Hôpitaux spéciaux*);

Par les médecins des bureaux de bienfaisance aux indigents de l'arrondissement, dans les Maisons de secours (voir chap. IV);

Par les médecins attachés à divers établissements publics ou privés (voir chap. IV);

Par les médecins de chaque dispensaire de la Société philanthropique pour les indigents de la circonscription munis d'une carte de dispensaire (voir chap. IV).

## HÔPITAUX GÉNÉRAUX.

### HÔTEL-DIEU.

Parvis Notre-Dame, 4 (iv⁰ arrondissement).

562 lits. — Assistance publique.

Fondé en 650 par saint Landry, évêque de Paris. Desservi par les Dames Augustines Hospitalières. Entrée publique le dimanche et le jeudi, de 1 heure à 3. Consultations gratuites tous les jours, de 8 à 9 heures.

## HÔPITAL DE LA PITIÉ.

Rue Lacépède, 1, et rue Saint-Hilaire (v<sup>e</sup> arrondissement).

709 lits. — Assistance publique.

Fondé en 1612 comme refuge de mendiants.
Desservi par les Sœurs de Sainte-Marthe.
Entrée publique le dimanche et le jeudi, de 1 heure
à 3. Consultations gratuites tous les jours, de 8 à
9 heures.

## HÔPITAL DE LA CHARITÉ.

Rue Jacob, 47 (vi<sup>e</sup> arrondissement).

504 lits. — Assistance publique.

Fondé en 1602 par Marie de Médicis, qui fit venir
d'Italie pour le desservir des Frères de Saint-Jean-
de-Dieu ou de la Charité.
Le service des salles est confié aux Dames Augustines Hospitalières.
Entrée publique le dimanche et le jeudi, de 1 heure
à 3. Consultations gratuites tous les jours, de 8 à
9 heures.
Il existe dans cet hôpital un service externe de
bains.

## HÔPITAL SAINT-ANTOINE.

Rue du Faubourg-Saint-Antoine, 184 (XIIᵉ arrondissement).

594 lits. — Assistance publique.

Ancienne abbaye Saint-Antoine, transformée en hôpital par la Convention.

Desservi par les Sœurs de Sainte-Marthe.

Entrée publique le dimanche et le jeudi, de 1 heure à 3. Consultations gratuites tous les jours, de 8 à 9 heures.

## HÔPITAL NECKER.

Rue de Sèvres, 151 (XVᵉ arrondissement).

440 lits. — Assistance publique.

Fondé en 1779 par Mᵐᵉ Necker.

Desservi par les Sœurs de Saint-Vincent-de-Paul.

Entrée publique le dimanche et le jeudi, de 1 heure à 3. Consultations gratuites tous les jours, de 8 à 9 heures.

## HÔPITAL COCHIN.

Rue du Faubourg-Saint-Jacques, 47 (XIVᵉ arrondissement).

197 lits. — Assistance publique.

Fondé par M. Cochin, curé de Saint-Jacques, en 1782.

Desservi par les Sœurs Augustines de Sainte-Marie.

Entrée publique le dimanche et le jeudi, de 1 heure à 3. Consultations gratuites tous les jours, de 8 à 9 heures.

## HÔPITAL BEAUJON.

Rue du Faubourg-Saint-Honoré, 208 (viii° arrondissement).

416 lits. — Assistance publique.

Cet établissement, fondé par un ancien receveur général nommé Beaujon pour l'instruction de vingt-quatre enfants pauvres, a été transformé en hôpital en 1795.

Desservi par les Dames Augustines Hospitalières.

Entrée publique le dimanche et le jeudi, de 2 à 4 heures.

Consultations gratuites tous les jours, de 8 à 9 heures.

## HÔPITAL LARIBOISIÈRE.

Rue Ambroise-Paré (x° arrondissement).

634 lits. — Assistance publique.

Cet hôpital, fondé en 1846, porte le nom de Mme la comtesse de Lariboisière, qui a légué une partie de sa fortune à l'Assistance publique.

Desservi par les Dames Augustines Hospitalières.

Entrée publique le dimanche et le jeudi, de 1 heure à 3. Consultations gratuites tous les jours, de 8 à 9 heures.

## HÔPITAUX SPÉCIAUX.

(Dans ces établissements, l'admission se fait à l'hôpital lui-même.)

### HÔPITA SAINT-LOUIS.

Rue Bichat, 40 et 42 (x<sup>e</sup> arrondissement).

328 lits. — Assistance publique.

Fondé par Henri IV en 1607.

Desservi par les Dames Augustines Hospitalières.

Cet hôpital est consacré au traitement des maladies chroniques ou contagieuses, comme la gale, la teigne, les dartres rebelles ou cachectiques comme le scorbut, les vieux ulcères, les écrouelles. Il existe à Saint-Louis un traitement externe auquel peuvent prendre part les personnes du dehors. Des médicaments, des fumigations, des douches, des bains, sont délivrés gratuitement aux malades du dehors dont l'état d'indigence a été constaté.

Chambres particulières dans des pavillons isolés à 5 francs par jour. Services de chirurgie et d'accouchement.

Entrée publique le dimanche et le jeudi, de midi à 2 heures.

Consultations gratuites de 8 à 9 heures, tous les jours, excepté les dimanches et fêtes.

## HÔPITAL DU MIDI.

Boulevard de Port-Royal, 111 (xive arrondissement).

336 lits. — Assistance publique.

Ancien couvent de Capucins, transformé en hôpital en 1792.

Cet hôpital est consacré au traitement des maladies syphilitiques chez les hommes.

Entrée publique le dimanche et le jeudi, de midi à 2 heures.

Consultations gratuites tous les jours, de 8 à 9 heures.

Chambres payantes à raison de 4 francs par jour.

## HÔPITAL DE LOURCINE.

Rue de Lourcine, 111 (xiiie arrondissement).

269 lits. — Assistance publique.

Ancien couvent de Cordelières, transformé en hôpital en 1836.

Il est réservé aux maladies syphilitiques chez les femmes et desservi par les Religieuses de la Compassion.

Entrée publique le dimanche et le jeudi, de 1 heure à 3.

Consultations gratuites les mardis, jeudis et samedis, de 9 à 10 heures.

## LA MATERNITÉ.

### MAISON-ÉCOLE D'ACCOUCHEMENT.

Boulevard de Port-Royal, 123 (xiv⁰ arrondissement).

3oo lits. — Assistance publique.

Ancienne abbaye de Port-Royal, transformée en
hôpital en 1795. Desservie par des surveillantes
laïques. On y admet toutes les femmes enceintes qui
s'y présentent pour faire leurs couches et habitant
Paris ou la banlieue depuis un an au moins. Ces
femmes doivent être dans le huitième mois de leur
grossesse, ou en péril d'accoucher avant terme.

On ne demande aucune déclaration pour l'admission; il suffit de s'adresser à la sage-femme en chef,
à la maison même.

On occupe les femmes à des travaux d'aiguille
jusqu'au moment de leur délivrance. Elles retirent
de leur travail un salaire réglé par un tarif.

Elles sont soignées par des sages-femmes et au
besoin par les médecins les plus expérimentés. Elles
sortent neuf jours après leurs couches.

La mère est libre d'emporter son enfant ou de le
laisser dans l'établissement. Si elle le laisse, il est
porté à l'hospice des Enfants assistés; si elle l'em-
porte avec elle, elle peut recevoir une layette et un
secours, et dans certains cas l'Administration peut
payer les mois de nourrice.

Il existe dans la maison une école d'accouchement qui reçoit cent élèves sages-femmes.

Les visiteurs ne sont admis qu'après une autorisation spéciale du Directeur de la maison.

## HÔPITAL DES CLINIQUES.

Place de l'École-de-Médecine, 21 (vıᵉ arrondissement).

152 lits. — Assistance publique.

Cet établissement, fondé dans les bâtiments d'un ancien couvent de Cordeliers et desservi par des surveillantes laïques, est destiné aux maladies qui présentent de l'intérêt au point de vue de la science. Il se compose de deux cliniques : une de chirurgie et une d'accouchement. Le traitement des malades y est confié à deux professeurs nommés par la Faculté de médecine.

Ouvert le dimanche et le jeudi, de 1 heure à 3 heures.

Consultations gratuites tous les jours, de 8 à 9 heures.

## HÔPITAL SAINTE-EUGÉNIE OU DES ENFANTS.

Rue de Charenton, 89 (xııᵉ arondissement).

345 lits. — Assistance publique.

Cet hôpital est, depuis le 16 mars 1854, réservé aux enfants malades des deux sexes, de deux à quinze ans.

Il est desservi par les Sœurs de Saint-Vincent-de-Paul.

Entrée publique le dimanche et le jeudi, de 1 heure à 3 heures.

Consultations gratuites tous les jours, de 8 à 9 heures.

## HÔPITAL DE L'ENFANT-JÉSUS OU DES ENFANTS.

### Rue de Sèvres, 149 (xv⁰ arrondissement).

618 lits. — Assistance publique.

Cet hôpital est, comme l'hôpital Sainte-Eugénie, exclusivement réservé aux enfants malades de deux à quinze ans.

Il est desservi par les Dames de Saint-Thomas-de-Villeneuve.

Entrée publique le dimanche et le jeudi, de 1 heure à 3 heures.

Consultations gratuites tous les jours, de 8 à 9 heures.

## HÔPITAL DE FORGES-LES-BAINS
### (Seine-et-Oise).

100 lits. — Assistance publique.

Une succursale des hôpitaux d'enfants de Paris est établie à Forges-les-Bains et est affectée spécialement au traitement des scrofuleux.

# HÔPITAL MARITIME DE BERCK-SUR-MER

## (Pas-de-Calais).

### 5oo lits et 80 d'infirmerie. — Assistance publique.

Cet établissement est consacré au traitement des enfants scrofuleux des deux sexes, âgés de quatre ans au moins et de quinze ans au plus. Le grand hôpital contient 5oo lits et 80 lits d'infirmerie : on y reçoit gratuitement les enfants scrofuleux des hôpitaux et hospices de Paris et, moyennant finance, un certain nombre d'enfants du département de la Seine et du département de Seine-et-Oise pour lesquels les parents s'engagent à payer une pension de 1 fr. 80 cent. par journée.

Les enfants des autres départements ne sont admis qu'aux places payantes et dans de rares exceptions.

Le petit hôpital contient 100 lits et est exclusivement affecté aux enfants assistés du département de la Seine.

Les jeunes malades des départements de la Seine et de Seine-et-Oise dont on demande l'admission payante devront se présenter à l'un des médecins des hôpitaux des Enfants-Malades (rue de Sèvres, 149), les lundis et jeudis, à 9 heures, ou Sainte-Eugénie (rue de Charenton, 89), les mardis et samedis, à 9 heures. Ils seront examinés, et leur admission sera ensuite prononcée par le Directeur de l'Assis-

27

tance publique. Les malades de province devront écrire au Directeur et envoyer un certificat de médecin.

## ASILE DES JEUNES GARÇONS INCURABLES.

### Rue Lecourbe, 223 (xv° arrondiss', Vaugirard).

#### 150 lits.

Cet asile, fondé et dirigé par les Frères Hospitaliers de Saint-Jean-de-Dieu, reçoit les jeunes garçons de Paris et des environs atteints de maladies incurables, mais non contagieuses.

Ils sont admis depuis l'âge de six ans, moyennant une pension de 15 à 20 francs par mois. Il y a un certain nombre de lits gratuits.

Les demandes d'admission doivent être accompagnées des actes de naissance et de baptême du candidat, être appuyées par M. le Curé de sa paroisse et être adressées au Frère Supérieur, Directeur de l'asile.

L'OEuvre est administrée par un conseil présidé par M. le comte Le Pelletier d'Aunay.

## HÔPITAUX MILITAIRES.

Ces établissements sont destinés au traitement, au compte du département de la guerre, des militaires malades étant en activité de service.

Les sous-officiers et soldats titulaires d'un congé peuvent être admis dans les hôpitaux militaires, à la condition, toutefois, qu'ils ne sont pa éloignés de leurs corps depuis plus de six mois.

Sont également admis dans les hôpitaux militaires, mais à charge de remboursement à l'État des dépenses de traitement par les intéressés ou les administrations dont ils relèvent :

Les officiers, sous-officiers et soldats du corps de la marine;

Les employés des administrations civiles en Algérie;

Les colons agricoles de l'Algérie;

Les employés des douanes;

Les militaires étrangers;

Les réfugiés politiques.

Le Ministre de la guerre se réserve de plus le droit d'autoriser le traitement dans les hôpitaux militaires, à charge de remboursement, des personnes non comprises dans les catégories ci-dessus, et pour lesquelles cette faveur peut être justement motivée.

Chacun des hôpitaux de Paris reçoit les militaires casernés dans un périmètre déterminé, ainsi que les militaires de passage dans la capitale dont l'état de santé motive l'admission dans un de ces établissements.

On évacue sur l'hôpital du Val-de-Grâce tous les malades des hôpitaux de l'intérieur qui ont besoin d'un traitement hydrothérapique spécial ou atteints de maladies des yeux qui nécessitent des opérations.

## HÔPITAL DU VAL-DE-GRÂCE.

Rue Saint-Jacques, 277 (v° arrondissement).

750 lits. — Ministère de la guerre.

Cet hôpital occupe les bâtiments d'un ancien couvent de Bénédictines bâti par Anne d'Autriche pour accomplir un vœu fait à la naissance de son fils.

Il est desservi par un personnel militaire assisté par les Sœurs de Saint-Vincent-de-Paul.

## HÔPITAL DU GROS-CAILLOU.

Rue Saint-Dominique, 188 (vii° arrondissement).

640 lits. — Ministère de la guerre.

Fondé en 1765 par le duc de Biron.

Desservi par un personnel militaire assisté par les Sœurs de Saint-Vincent-de-Paul.

## HÔPITAL SAINT-MARTIN.

Rue des Récollets, 8 (x° arrondissement).

450 lits. — Ministère de la guerre.

Cet établissement occupe, depuis 1860, les anciens bâtiments de l'hospice des Incurables (hommes) complétés par des constructions neuves.

Desservi par un personnel militaire assisté par les Sœurs de Saint-Vincent-de-Paul.

## HÔPITAL DE VINCENNES.
### Grande Rue, à Vincennes.
#### 64 lits. — Ministère de la guerre.

Cet établissement a été construit pour remplacer l'ancien hôpital du Roule, à Paris. Il a été ouvert en 1858.

Desservi par un personnel militaire assisté par les Sœurs de Saint-Vincent-de-Paul.

---

## MAISON MUNICIPALE DE SANTÉ,
### CONNUE SOUS LE NOM DE *MAISON DUBOIS*.
### Rue du Faubourg-Saint-Denis, 200 (x<sup>e</sup> arrondissement).
#### 35 lits. — Assistance publique.

La Maison municipale de santé a été fondée en 1802 dans le but d'offrir un lieu de traitement aux étrangers et aux personnes malades ou blessées qui, ne pouvant se faire soigner chez elles, sont à même de payer un prix de journée fixé ainsi qu'il suit :

| | |
|---|---|
| Petits appartements composés de plusieurs pièces. | 12 et 10 fr. par journée. |
| Petits logements........ | 8, 7 et 6 |
| Chambres à 2 lits....... | 6 |
| Chambres à 3 et 4 lits[1]... | 5, 4.50 et 4 |

[1] Dans le service de la chirurgie, il n'y a pas de lits en chambres communes au-dessous de 5 francs et pas de chambres particulières au-dessous de 7 francs.

Le prix de journée comprend les visites des médecins et chirurgiens, tous les frais de pansements,
de nourriture, de médicaments, de linge, de chauffage; les bains de toute nature (service hydrothérapique complet), les accouchements, toutes les opérations, même celles de la pierre par la lithotritie,
du cancer, les amputations, etc..., le traitement des
maladies de la peau.

Lorsque l'état du malade exige une garde particulière, cette garde est à la charge du malade.

Les maladies mentales et l'épilepsie ne sont pas
traitées dans la maison.

Les personnes atteintes de maladies réputées contagieuses, ou produisant le délire, sont placées lors
de leur entrée, ou transportées durant leur séjour,
dans des chambres particulières, dont elles seront
tenues de payer le prix.

Le service de santé est confié à des praticiens distingués, secondés par des internes et des élèves en
médecine et en chirurgie; des dames surveillantes
s'occupent spécialement des malades.

Il y a dans l'établissement une chapelle où la
messe est célébrée tous les jours. Un aumônier est
chargé du service religieux.

Aucun malade ne peut être admis qu'en payant le
prix fixé par l'Administration ; ce prix est payable
d'avance par quinzaine; et quelle que soit la durée

du séjour du malade, le prix des huit premières journées reste toujours acquis à l'établissement.

Le public peut visiter les malades tous les jours : dans les chambres particulières, de 8 heures du matin à 9 heures du soir; dans les chambres à plusieurs lits, de 10 heures du matin à 6 heures du soir; mais on n'admet que trois personnes à la fois pour chaque malade.

Les personnes du dehors ont la faculté de venir dans la maison prendre chaque jour des bains de vapeur, ordinaires ou médicinaux, bains russes, douches simples et fumigations.

Pour les admissions et les renseignements, s'adresser au Directeur.

## MAISON DES FRÈRES HOSPITALIERS
## DE SAINT-JEAN-DE-DIEU.

Rue Oudinot, 19 (vii⁴ arrondissement).

Cette maison, fondée en 1843, est établie pour le traitement des hommes malades, surtout des étudiants et autres personnes éloignées de leurs familles ou qui voudraient consulter les médecins de Paris et recevoir leurs soins.

Elle n'admet aucun malade atteint de maladies mentales.

Le prix de la pension varie de 6 à 10 francs par

jour, selon la grandeur et la position des apparte-
ments.

Le chauffage, l'éclairage, les visites des médecins
autres que ceux de l'établissement, les médicaments
extraordinaires, les bains, les opérations et les consultations sont à la charge des malades.

La pension se paye par quinzaine ou par mois et
d'avance.

Les pensionnaires peuvent recevoir des visites depuis 8 heures du matin jusqu'à la chute du jour, en
se conformant au règlement de la maison.

## MAISON DE SANTÉ

### DES DAMES AUGUSTINES DU ST-CŒUR-DE-MARIE.

Rue de la Santé, 29 (xiii° arrondissement).

Pour les dames malades. Prix divers variant entre
270 et 400 francs par mois.

Traitement et opérations. Les maladies mentales
ou contagieuses ne sont pas admises. Une succursale
existe à Nice.

### MAISON DES DAMES AUGUSTINES DE MEAUX.

Rue Oudinot, 16 (vii° arrondissement).

Mêmes conditions que pour la maison rue de la
Santé. Les prix varient entre 200 et 500 francs par
mois.

## MAISON DE SANTÉ POUR LES DAMES.
### Rue des Saules, 7, à Thiais (Seine).

Dirigée par les Sœurs de l'Immaculée-Conception de Buzançais.

Les conditions d'admission se traitent de gré à gré avec la Supérieure.

## HÔPITAL HOMŒOPATHIQUE.
### Rue Saint-Jacques, 282 (v' arrondissement).

Cet hôpital, fondé par une Société, sous la direction de M. le D' Jousset, contient 30 lits.

On y reçoit les hommes et les femmes. Le prix de la pension est de 1 franc par jour dans les dortoirs et 5 francs et au-dessus dans les chambres particulières.

On peut s'adresser, pour les souscriptions, à M. le D' Champeaux, boulevard du Temple, 2 bis.

Consultations gratuites à l'hôpital tous les matins, à 8 heures, le dimanche excepté.

Le service est confié aux Sœurs de la Présentation de la Sainte-Vierge.

## HÔPITAL HOMŒOPATHIQUE HAHNEMANN.
### Rue Laugier, 26 (xvii' arrondissement).

L'hôpital Hahnemann a été fondé en 1870 par plusieurs médecins homœopathes. Il est soutenu par les souscriptions et les dons des personnes qui s'intéressent à l'Œuvre.

On y reçoit les hommes et les femmes. Le prix de la pension varie de 2 à 10 francs par jour. Un certain nombre de malades sont soignés gratuitement.

Consultations gratuites tous les jours, excepté le dimanche.

Le service est confié aux Sœurs de Saint-Vincent-de-Paul.

*Président du Comité :* M. le D<sup>r</sup> TESTE.

*Présidente des Dames Patronnesses :* M<sup>me</sup> la marquise DE GAUVILLE, rue Malesherbes, 38.

*Président du Comité médical :* M. le D<sup>r</sup> V. CHANCEREL.

*Secrétaire général :* M. le D<sup>r</sup> Léon SIMON.

## ŒUVRE DES DAMES DU CALVAIRE.

Rue Léontine, 2, à l'angle de la rue Alphonse (xv<sup>e</sup> arrondissem<sup>t</sup>).

Cette Œuvre, connue sous le nom d'Association des Dames du Calvaire, a été fondée par M<sup>me</sup> Garnier, le 8 décembre 1842, à Lyon et établie à Paris en 1874.

Son but est de réunir les dames veuves en une grande famille pour les sanctifier et les consoler par l'exercice de la charité.

L'Œuvre reçoit dans son hospice, rue Léontine, 2, des femmes incurables, atteintes de plaies vives, qui ne peuvent être reçues ou gardées assez longtemps dans les hôpitaux. Les maladies intérieures ne sont pas admises.

L'Association se compose de dames veuves *Sociétaires*, qui résident dans l'hospice et soignent les malades jour et nuit. Elles ne font aucun vœu et ne portent pas le costume religieux.

Au dehors de l'hospice, l'Association comprend : 1° les dames veuves *Agrégées*, qui prennent aux travaux de l'hospice une part aussi grande que possible; 2° les dames veuves *Zélatrices*, qui s'occupent d'une manière régulière de l'augmentation du personnel et des ressources de l'Œuvre; 3° de toutes les personnes associées qui concourent à l'entretien de l'hospice par une aumône, dont le minimum est fixé à 20 francs.

Un don de 1,000 francs donne le titre de *Fondateur*, avec droit à l'entrée d'une malade.

Un don de 10,000 francs assure à perpétuité la fondation d'un lit dans l'hospice.

Les provisions en nature, le linge neuf ou vieux, la charpie, etc., sont reçus à l'hospice avec reconnaissance.

S'adresser pour tous renseignements à M. le Curé de Saint-Jean-Baptiste-de-Grenelle, à M^mes la Supérieure de l'hospice, rue Léontine, 2, la comtesse Alphonse DE LASTIC, *Présidente*, rue de Varennes, 72, JOUSSET, *Trésorière*, rue Chanoinesse, 12.

## ASILE DE SAINT-VINCENT-DE-PAUL.

A la Teppe, près Tain ( Drôme ).

### Pour les Épileptiques.

Cet asile a été fondé en 1857 par M. le comte de Larnage, dont la famille possédait depuis long-temps un remède anti-épileptique; il est devenu, en 1859, la propriété des Sœurs de Saint-Vincent-de-Paul, à la condition qu'un dixième au moins des places serait consacré aux indigents. L'établissement compte, en 1876, deux cent vingt pensionnaires et est en mesure d'en recevoir davantage.

Les malades sont divisés en deux sections (hommes et femmes), et en cinq classes payant 975 francs, 705 francs, 375 francs, 195 francs, 127 fr. 50 cent. par trimestre, non compris les frais d'entretien, qui doivent être supportés par chaque malade. Les quatre premières classes ont en outre 50 francs d'entrée à payer pour le lit.

Les malades apportent un trousseau. Ils doivent, pour être admis, fournir :

1° Un certificat de médecin constatant la maladie et affirmant que le malade n'est pas atteint d'aliéna-tion mentale ni d'idiotisme;

2° Une note détaillée sur leur état;

3° Leur acte de naissance.

Les enfants des deux sexes sont admis au-dessus
de cinq ans.

Le séjour dans l'asile doit être d'un an au moins,
et peut durer autant d'années que la personne malade en a besoin.

Deux fois par an il est fait, le jour de la pleine
lune qui se trouve dans les mois de mai et de septembre, distribution gratuite du remède anti-épileptique à tous les malades sans distinction qui se présentent à l'établissement.

Les soins sont donnés par les Sœurs et par des
garde-malades.

Des consultations peuvent être demandées par les
personnes du dehors, et des remèdes peuvent être
envoyés à celles qui voudraient faire chez elles un
traitement analogue à celui des pensionnaires.

S'adresser, pour les admissions et les consultations,
à la Sœur Supérieure de l'établissement.

## ASILE DES INFIRMES A MARSONNA.

### Paroisse d'Aromas, par Thoirette (Jura).

### Pour les jeunes Filles idiotes.

Fondé en 1863 par les Petites Sœurs de Jésus,
Religieuses Franciscaines, dont la maison-mère est à
Saint-Sorlin (Rhône).

On y reçoit les jeunes filles de dix à seize ans, infirmes incurables, mais principalement les idiotes, moyennant une somme de 100 francs pour le lit et 50 francs pour le costume. Elles doivent avoir un trousseau et présenter les actes de naissance et de baptême.

Les enfants atteintes de maladies contagieuses ne sont pas admises.

Les pensionnaires peuvent rester indéfiniment sans payer aucune rétribution. La maison se soutient au moyen de quêtes à domicile, souscriptions et dons des parents et des bienfaiteurs.

L'établissement contient en ce moment cent trente-cinq infirmes. Les demandes sont très-nombreuses.

S'adresser, pour les dons et les demandes, à la Sœur Supérieure de l'Asile.

## HOSPICE NATIONAL DU MONT-GENÈVRE

### (Hautes-Alpes).

**Ministère de l'intérieur.**

Cet établissement, situé sur la montagne de ce nom, dans l'arrondissement de Briançon, sert de refuge momentané pendant les temps de tourmente et de neige aux voyageurs qui vont de France en Italie par la route nationale d'Espagne en Italie.

Cette maison hospitalière, dont l'origine remonte au xive siècle, possède quelques propriétés rurales dont les revenus, joints à une subvention de l'État, lui permettent de venir annuellement en aide à environ 4,500 voyageurs, dont la plupart sont indigents,

M. l'abbé Faure, Directeur-Économe.

## FONDATION MONTHYON.

Avenue Victoria, 3 (iv° arrondissement).

Assistance publique.

**Pour les Convalescents sortant des hôpitaux.**

M. le baron de Monthyon, mort le 29 décembre 1820, a légué une somme de 5 millions, représentée par une rente de 280,000 francs, pour être distribuée aux indigents à la sortie des hôpitaux.

Les bureaux de bienfaisance sont chargés de la distribution de ces fonds pour les indigents inscrits sur leurs listes. On leur alloue pour cela 10 francs par convalescent sortant de l'hôpital, plus 30,000 fr. pour tous ceux qui ont été traités à domicile.

Le secours est distribué aux convalescents non inscrits par les soins d'une commission centrale composée de deux administrateurs des bureaux de bienfaisance pris à tour de rôle et d'un employé de l'Administration. A la sortie de l'hôpital, le convalescent qui a besoin de secours reçoit un bulletin qui est envoyé au bureau de bienfaisance si le convalescent est inscrit au bureau, ou à la commission centrale: ce sont alors les employés de l'Administration qui font l'enquête et remettent le secours.

Il faut, pour recevoir ce secours, avoir fait un séjour d'au moins cinq jours à l'hôpital. On ne donne rien aux convalescents qui sortent des hôpitaux du Midi et de Lourcine, dans lesquels on traite les maladies causées par l'inconduite.

Les femmes en couche ont droit à ce secours, qui consiste pour celles qui gardent leurs enfants en une demi-layette et le premier mois de nourrice.

Les secours sont accordés partie en espèces et partie en nature, sans toutefois dépasser 25 francs; si par une délibération expresse ils sont accordés en espèces uniquement, ils ne peuvent dépasser 20 fr.

Les secours extraordinaires, c'est-à-dire ceux qui dépassent 25 francs, sont accordés par la commission Monthyon sur la demande des bureaux de bienfaisance.

## ASILE NATIONAL DE VINCENNES.

### A Saint-Maurice, par Charenton (Seine).

#### 5ss lits. — Ministère de l'intérieur.

Cet Asile, fondé par un décret en date du 8 mars 1855, est desservi pour une partie des services par les Dames Augustines Hospitalières de Belgique.

Il reçoit temporairement pendant leur convalescence :

1° Les ouvriers atteints de blessures ou de maladies en travaillant sur les chantiers de travaux publics situés dans le département de la Seine et soumis au prélèvement prescrit par le décret précité, sur le vu de certificats délivrés par les ingénieurs, architectes et médecins constatant, chacun en ce qui le concerne, les causes et la nature des infirmités et maladies;

2° Les ouvriers faisant partie des sociétés de secours mutuels ou travaillant chez des patrons qui ont passé des abonnements avec l'Asile;

3° Les convalescents envoyés par les hôpitaux de Paris et de la banlieue ou par les bureaux de bienfaisance de Paris;

4° Enfin, moyennant un prix de journée de 1 à 2 francs, et sur une décision du Ministre de l'intérieur, les convalescents qui ne rentrent dans aucune de ces catégories.

Des voitures viennent chercher les convalescents dans les hôpitaux et les ramènent dans Paris à la sortie de l'Asile. La durée moyenne du séjour est de deux semaines. On peut voir les convalescents le dimanche et le jeudi, de midi à 4 heures.

A la tête de l'Asile est un directeur, M. L. LEMOINNE, assisté d'une commission administrative présidée par M. CHARDON-LAGACHE.

## ASILE NATIONAL DU VÉSINET.

Au Vésinet (Seine-et-Oise).

400 lits. — Ministère de l'intérieur.

Cet Asile a été fondé par un décret en date du 8 mars 1855 et affecté aux femmes convalescentes par un décret du 28 août 1859.

Les conditions d'admission et de séjour sont les mêmes que pour l'Asile de Vincennes.

Il est desservi par les Sœurs de la Sagesse.

*Directeur :* M. MILLARD.

## MAISON DE CONVALESCENCE.

A la Roche-Guyon, par Bonnières (Seine-et-Oise).

60 lits. — Assistance publique.

M. le comte Georges de la Rochefoucauld a fondé cette maison, en 1850, pour les jeunes garçons convalescents sortant des hôpitaux et l'a léguée, par testament du 22 octobre 1853, à l'Administration de l'Assistance publique. L'Assistance publique l'a acceptée en 1863, avec la donation faite en 1862, par le duc et la duchesse de la Rochefoucauld-Liancourt, de l'usufruit de cet établissement.

Les scrofuleux ont quarante lits; les convalescents (garçons) en ont soixante, dont trente seulement sont ordinairement occupés. Les enfants sont envoyés en convalescence par les médecins des hôpitaux; la durée ordinaire du séjour est d'un mois.

Le soin des malades est confié aux Sœurs de Saint-Vincent-de-Paul.

## MAISON DE CONVALESCENCE
### ET ORPHELINAT SAINT-LOUIS.
Rue de Sèvres, 67 (vi° arrondissement).

Dirigée par les Sœurs de Saint-Vincent-de-Paul.

Cette Œuvre a été fondée en 1847 avec l'autorisation et les encouragements de l'Administration des hôpitaux.

La maison reçoit les jeunes garçons convalescents qui lui sont envoyés par les hôpitaux et les bureaux de bienfaisance de Paris et par les familles. Ils sont soignés jusqu'à leur guérison, suivent les classes faites par les Sœurs et, s'il est nécessaire, font leur première communion dans l'établissement.

Dans la même maison, et sous la même direction, se trouve l'orphelinat Saint-Louis, où sont admis les petits garçons de sept à douze ans. Ils peuvent être reçus jusqu'à l'âge de quatorze ans, lorsqu'ils n'ont pas fait leur première communion.

Après la première communion, l'Œuvre les met en apprentissage et continue à exercer sur eux une attentive surveillance.

La pension des enfants convalescents sortant des hôpitaux de Paris est payée par l'Assistance publique ; celle des enfants admis sur la demande de leurs parents ou de leurs bienfaiteurs est de 30 francs par mois et 50 francs d'entrée.

Cette OEuvre est administrée par MM. DE LA ROCHEFOUCAULD, duc DE BISACCIA, rue de Varennes, 47, le marquis DE JUIGNÉ, rue de Lille, 67, et le comte Joseph DE LA BOUILLERIE, rue de Lille, 105, qui sont propriétaires de la maison où l'OEuvre fonctionne.

S'adresser, pour les admissions, à la Sœur Supérieure, rue de Sèvres, 67.

## MAISON DES SŒURS DE SAINT-VINCENT-DE-PAUL.

### ASILE DE CONVALESCENCE.

#### A Royan (Charente-Inférieure).

La situation de la maison facilite les bains de mer et offre aux santés délicates les fortifiants nécessaires.

Moyennant 35 francs par mois, les enfants (garçons et filles) peuvent être reçus.

Les médicaments sont à la charge des parents.

Des chambres particulières sont aussi mises à la disposition des personnes qui désireraient faire un séjour près de la mer.

Pour toutes les conditions, s'adresser à la Sœur Supérieure, à Royan.

## ASILE DU SAINT-CŒUR DE MARIE.

Rue Notre-Dame-des-Champs, 39 (vi⁰ arrondissement).

Cet Asile, fondé par l'Œuvre de la Visite des malades dans les hôpitaux (voir chap. IV), est destiné à recevoir les jeunes filles convalescentes à leur sortie de l'hôpital.

Elles sont admises entre quinze et trente ans et restent dans la maison jusqu'à leur complète guérison. On n'admet que celles dont la conduite n'a donné lieu à aucun reproche grave.

L'admission est gratuite.

Les convalescentes doivent se présenter avec une lettre de recommandation des dames de l'Œuvre de la Visite des malades dans les hôpitaux ou des religieuses de l'hôpital où elles ont été soignées.

Elles sont, à leur sortie, rendues à leurs familles ou placées par les soins des dames de l'Œuvre.

Pour les renseignements et les admissions, s'adresser à la Directrice de l'Asile, rue Notre-Dame-des-Champs, 39.

## ŒUVRE DE L'ENFANT-JÉSUS.

Rue Dombasle, 30, avenue Sainte-Eugénie, 5 (xv⁰ arrondissem᷒).

**Pour la Convalescence et la première Communion des jeunes Filles pauvres.**

Le but de cette Œuvre est : 1° d'offrir pour le

temps de la convalescence un asile aux jeunes filles pauvres qui sont obligées de quitter les hôpitaux Sainte-Eugénie ou de l'Enfant-Jésus avant d'être en état de gagner leur vie; 2° de recevoir gratuitement les jeunes filles qui ont atteint l'âge de quatorze ans sans avoir fait leur première communion.

L'Œuvre les garde le temps nécessaire pour les instruire et les préparer, c'est-à-dire environ quatre ou cinq mois.

Les premières communions ont lieu trois fois par an.

A leur sortie, on pourvoit au placement des enfants de la première communion comme à celui des convalescentes.

Un patronage réunit chaque dimanche, toute la journée, les jeunes filles placées par l'Œuvre. Ces réunions ont lieu à l'Asile du Saint-Cœur de Marie, rue Notre-Dame-des-Champs, 39 (voir ci-dessus).

On doit, pour les premières communions, s'adresser à la maison, rue Dombasle, 30.

Les frais de séjour et de première communion de chaque jeune fille s'élèvent en moyenne à 120 francs environ.

Les zélatrices, prises spécialement parmi les jeunes personnes qui se préparent à la première communion ou viennent de la faire, recueillent les souscriptions et les dons volontaires.

*Présidente* : M<sup>lle</sup> DE GONTAUT-BIRON, rue Saint-Dominique, 63.

*Trésorière* : M<sup>lle</sup> DES CARS, cours la Reine, 24.

On peut s'adresser, pour tout ce qui intéresse l'OEuvre, à M<sup>lle</sup> DELMAS, rue Notre-Dame-des-Champs, 33. (Voir *Enfants délaissés*, chap. I, 2° section.)

## OEUVRE DES JEUNES CONVALESCENTES.

Établie dans l'*Asile Sainte-Hélène*, à Épinay-sous-Sénart,
près Brunoy (Seine-et-Oise).

Reconnue d'utilité publique par décret du 18 avril 1870.

Le but de cette OEuvre est d'admettre gratuitement à la campagne, pendant tout le temps nécessaire à la consolidation de leur santé, les jeunes filles sortant des hôpitaux Sainte-Eugénie et des Enfants-Malades (Enfant-Jésus).

Les journées de convalescence pour 1875 dépassent 23,000. Établi d'abord à Fublaines, près de Meaux, l'Asile s'est fixé définitivement à Épinay-sous-Sénart. Il contient aussi une école gratuite pour les jeunes filles pauvres du village et un service pour les malades.

Cette maison est confiée aux Sœurs de Saint-Vincent-de-Paul.

*Présidents* : M. l'abbé LE REBOURS, curé de la Madeleine, et M. le docteur H. Roger, boulevard de la Madeleine, 15.

*Secrétaire :* M. le baron Simon, rue de Castellane, 13.

## ASILE-OUVROIR GÉRANDO.

### Rue Blomet, 82.

Pour les jeunes filles de seize à vingt-quatre ans sortant des hôpitaux. (Voir chap. X : *Correction, Réhabilitation.*)

## OEUVRE DE PATRONAGE
## ET ASILE POUR LES ALIÉNÉS CONVALESCENTS.

### Rue du Théâtre, 52 (xv° arrondissement).

Reconnue d'utilité publique par décret du 16 mars 1849.

Cette OEuvre, fondée en 1841 par le docteur J. P. Falret, médecin de la Salpêtrière, et Mgr Christophe, alors aumônier de cet hospice et depuis évêque de Soissons, a pour but de venir en aide aux aliénés des deux sexes qui sortent des Asiles du département de la Seine.

Son patronage s'exerce par les soins des Sœurs de Notre-Dame-du-Calvaire et comprend :

1° *Un asile ouvroir,* rue du Théâtre, 52, où l'on reçoit un petit nombre de femmes, exceptionnellement malheureuses et abandonnées. L'OEuvre s'occupe de les placer ou de les rendre à leurs familles et les garde le temps nécessaire; mais cette maison n'est qu'un asile temporaire.

2° *Les secours à domicile* et les visites des Sœurs; c'est le mode de patronage le plus étendu : il s'adresse également aux hommes, aux femmes et aux enfants.

3° *Les réunions du dimanche*, mode de secours intermédiaire entre le séjour dans l'asile-ouvroir et le patronage à domicile : un certain nombre de femmes patronnées et leurs enfants se réunissent chaque dimanche, rue du Théâtre, 52.

Les personnes qui voudront s'associer aux bienfaits de l'OEuvre sont priées d'adresser leurs dons et souscriptions à M. le Trésorier de l'OEuvre ou à M^me la Supérieure de l'asile-ouvroir, rue du Théâtre, 52.

*Président du Conseil général de l'OEuvre :* S. Ém. M^gr l'Archevêque de Paris.

*Président de l'OEuvre :* M. le docteur J. FALRET, médecin de Bicêtre, rue du Bac, 114.

*Trésorier :* M. MAURY, chef de bureau à l'Assistance publique.

*Secrétaire :* M. le docteur FERDUT.

## HÔPITAUX PROTESTANTS ET ISRAÉLITES.
### (Voir chap. VI.)

# CHAPITRE VI.

**Hospices.**
**Maisons de retraite pour les Vieillards**
**et les Incurables.**

## HOSPICES.

Les hospices sont des établissements fondés par la charité publique ou privée pour recevoir les personnes dont l'âge et les infirmités réclament un asile et des secours que, dans leur position, elles ne pourraient trouver ailleurs.

Le pauvre admis dans un hospice y est logé, nourri, vêtu, entretenu, traité dans ses maladies pendant le reste de sa vie.

Les hospices dépendent de l'Administration de l'Assistance publique. Les uns reçoivent leurs pensionnaires gratuitement, les autres moyennant une certaine pension ou le versement en entrant d'une somme fixe.

Pour être admis dans un hospice, il faut : 1° avoir soixante-dix ans révolus, ou être reconnu incurable et avoir vingt ans accomplis : les infirmités doivent être constatées par le bureau central (avenue

Victoria, 3); 2° avoir fait un séjour de dix ans au moins à Paris; 3° être inscrit au bureau de bienfaisance; 4° n'avoir pas de parents qui puissent recueillir.

Les admissions ont lieu : 1° sur la simple exhibition des titres du pétitionnaire; 2° sur la présentation des personnes qui ont le droit de nommer aux places vacantes.

Ont droit de présentation : le Ministre de l'intérieur, le préfet de la Seine, le préfet de police et les familles qui ont fondé des lits.

Les demandes doivent être adressées au Directeur de l'Assistance publique et accompagnées d'un certificat indiquant la durée du domicile à Paris et d'un autre constatant l'inscription sur les contrôles du bureau de bienfaisance.

Une commission est chargée de dresser, après enquête, la liste de ceux des pétitionnaires qu'elle juge aptes à être admis et qui ne sont pas présentés par les fonctionnaires ou les fondateurs ci-dessus désignés. Le Directeur de l'Assistance publique prononce seul l'admission. La moitié au moins des admis doit être prise dans l'ordre indiqué par la commission.

Des admissions d'urgence peuvent être autorisées en faveur des octogénaires, des aveugles, des cancéreux, des épileptiques, qui doivent cependant satisfaire aux conditions ordinaires.

On peut fonder un lit à perpétuité aux Incurables moyennant l'abandon aux hospices d'une rente de

550 francs sur l'État et d'une somme de 1,300 francs pour le mobilier. La rente et le capital doivent être déposés à l'Administration de l'Assistance publique, avenue Victoria, 3, et l'acte est passé devant notaire. Les frais d'acte et d'enregistrement sont à la charge du fondateur.

En entrant dans un hospice, tout indigent est tenu de déclarer au Directeur s'il possède quelque rente ou pension; l'excédant du revenu supérieur à 200 francs doit être abandonné au profit de la caisse des hospices.

### SECOURS D'HOSPICE,

#### Assistance publique.

L'insuffisance du nombre des lits dans les hospices a fait créer des secours particuliers pour être distribués aux personnes qui ne peuvent y être reçues.

Le secours est de 253 francs par an pour les hommes et de 195 francs pour les femmes.

Cette somme est payable par mois, savoir : pour les hommes, 24 francs pendant les mois d'hiver et 19 francs pendant les mois d'été; et pour les femmes, 19 francs pendant les premiers et 15 francs pendant les seconds.

Ces secours d'hospices sont mis à la disposition des bureaux de bienfaisance en raison de la population indigente qu'ils secourent. Le Directeur de l'Assistance publique prononce l'admission.

Les conditions sont : 1° d'avoir soixante-dix ans révolus; 2° de vivre, autant que possible, en famille; 3° d'être dans ses meubles; 4° d'être inscrit depuis un an au bureau de bienfaisance; 5° d'avoir un domicile depuis dix années à Paris.

L'homme et la femme peuvent être admis tous les deux aux secours, mais ils doivent justifier de dix ans de mariage.

Les indigents admis au secours d'hospice ne peuvent plus participer à d'autres allocations qu'au traitement à domicile en cas de maladie et à la délivrance des médicaments, des bains et des bandages.

## HOSPICE DES MÉNAGES.

### A Issy (Seine).

1,308 lits. — Assistance publique.

Cet établissement est destiné à recevoir de vieux époux en ménage ou des veufs ou veuves qui n'ont pas des moyens d'existence suffisants pour vivre d'une manière indépendante et ne sont cependant pas dans un état complet d'indigence.

Il comprend des chambres particulières affectées soit à des époux en ménage, soit à des veufs ou veuves, et des lits de dortoir. Les chambres particulières ne peuvent être accordées qu'à des personnes valides.

Les époux qui sollicitent leur admission doivent réunir ensemble cent trente ans d'âge, sans qu'aucun des deux puisse avoir moins de soixante ans; ils doivent, en outre, compter au moins quinze années de ménage passées ensemble.

La demande doit être accompagnée de :

1° L'acte de naissance de chacun des époux;

2° Leur acte de mariage;

3° Un certificat du maire constatant qu'ils habitent le département de la Seine depuis plus de deux ans; qu'ils sont de bonnes vie et mœurs; qu'ils n'ont pas assez de ressources pour vivre d'une manière indépendante.

Les veufs ou veuves doivent être âgés de soixante ans accomplis et avoir vécu au moins dix ans en ménage.

Les pièces à fournir sont les mêmes que pour les époux, en y joignant l'acte de décès de l'époux prédécédé.

Pour les époux et pour les veufs ou veuves, il est exigé un certificat d'un médecin du bureau central constatant que le candidat n'est atteint ni d'épilepsie, ni de folie, d'idiotie, de cancer ou de toute autre maladie contagieuse ou repoussante.

Les personnes admises en chambres particulières doivent fournir un mobilier composé d'un lit en fer, un sommier élastique, deux matelas, un traversin, deux oreillers, deux couvertures de laine, quatre draps en toile, deux chaises, une table, une commode ou buffet. Elles sont tenues de pourvoir aux frais de leur habillement et de leur blanchissage et doivent justifier de ressources suffisantes pour parer à ces dépenses, qui sont évaluées à environ 150 francs par an et par personne.

Les pensionnaires en chambre reçoivent les prestations suivantes :

3 francs en argent tous les dix jours;

55 décagrammes de pain par jour pour les hommes et 50 pour les femmes;

50 décagrammes de viande crue le samedi de chaque semaine;

2 stères de bois et 4 hectolitres de charbon de bois par an.

Les personnes admises dans les dortoirs versent une somme de 200 francs en entrant pour le mobilier qui leur est fourni; elles ne reçoivent aucune prestation, soit en nature, soit en argent, et prennent leurs repas dans les réfectoires communs. Leur linge est blanchi et entretenu par la maison.

Le prix à payer pour l'admission aux ménages doit être acquitté au moyen du payement d'une pension annuelle ou du versement d'un capital.

Le prix de la pension est de 250 francs par an pour les dortoirs ou de 300 francs pour les chambres particulières par personne.

Ce payement doit être garanti par le dépôt de titres et valeurs reconnus suffisants.

Le capital à payer est fixé ainsi :

Pour une place de dortoir, 1,200 francs;

Pour une place dans une chambre, 1,800 francs.

Les personnes inscrites peuvent choisir entre les deux modes de payement, ou payer partie par une pension, partie par un capital.

En cas d'expulsion ou de sortie volontaire d'une personne ayant payé un capital, ce capital lui sera rendu moyennant déduction des frais de séjour.

En cas de décès, les héritiers n'ont droit à aucune restitution de pension, capital ou mobilier.

Les demandes doivent être adressées au Directeur de l'Assistance publique. Les admissions ont lieu suivant l'ordre d'inscription; toutefois, sur deux vacances il est réservé un tour de faveur pour les octogénaires.

Visites et sorties tous les jours.

## MAISON DE RETRAITE DE LA ROCHEFOUCAULD.

### Hommes et Femmes.

Avenue d'Orléans, 15 (xive arrondissement).

246 lits. — Assistance publique.

Cette maison, fondée en 1781 sous les auspices de la vicomtesse de la Rochefoucauld, dont elle porte le nom, est desservie par les Sœurs de Saint-Vincent-de-Paul. Destinée à l'origine aux anciens employés des hospices, elle admet aujourd'hui les personnes des deux sexes, âgées ou infirmes, qui payent une pension ou une somme fixe et déterminée.

Il faut, pour être reçu, être âgé de soixante ans révolus, ou être perclus de tous ses membres ou attaqué d'infirmités incurables qui mettent dans l'impossibilité de se livrer à aucun travail, et, dans les deux derniers cas, avoir au moins vingt ans.

Le prix de la pension est de 250 francs par an pour les vieillards valides et de 312 fr. 50 cent. pour les infirmes incurables. Six mois doivent être acquittés d'avance, à partir du jour de l'entrée dans l'établissement.

L'Administration exige, pour la garantie du payement de la pension, le dépôt entre ses mains, soit d'un titre de rente viagère ou perpétuelle sur l'État, soit des titres de pension sur l'État, les départements, les communes ou les administrations publiques, soit des obligations ou des actions des compagnies industrielles reconnues ou autorisées. Nul ne pourra être admis s'il ne satisfait à cette condition ou si le payement de la pension n'est garanti par une personne notoirement solvable.

La pension peut être remplacée par le versement d'un capital fixé en raison de l'âge de la personne admise et variant de 4,500 francs à 8,750 francs.

Avant d'entrer dans la maison, on est libre d'opter entre le payement de la pension et celui du capital; on peut être aussi admis en payant la demi-pension et en même temps la moitié du capital.

Chaque pensionnaire, en entrant dans l'établissement, est tenu, en outre, de verser une somme de 100 francs une fois payée, représentant la valeur du mobilier qui sera fourni par l'Administration d'après les modèles uniformes qui ont été adoptés.

Les pièces à produire par toute personne qui désire entrer à la maison de retraite de la Rochefoucauld sont :

1° L'acte de naissance;

2° Un certificat, délivré par le maire de son arrondissement ou de sa commune, attestant qu'elle habite le département de la Seine depuis plus de deux ans, qu'elle est de bonnes vie et mœurs et n'a pas de moyens suffisants d'existence.

Les infirmités sont constatées par les membres du bureau central, avenue Victoria, 3, pour les personnes âgées de moins de soixante ans, au moment où elles forment leur demande d'admission comme infirmes; et pour les personnes âgées de soixante ans et au delà, au moment de leur entrée à l'établissement.

Les admissions se font au fur et à mesure des vacances, par ordre de numéros d'inscription.

Lorsqu'il se trouve des octogénaires inscrits sur la

liste des candidats, ils sont préférés pour une vacance sur deux.

Les anciens serviteurs de l'Administration sont admis par préférence jusqu'à concurrence du quart des vacances.

En cas de décès, les six mois payés d'avance, ainsi que les effets mobiliers du défunt, sont acquis à l'établissement.

Lorsqu'une personne admise moyennant capital sort volontairement de l'établissement ou que l'Administration a prononcé son renvoi, il lui est alloué une pension de 230 francs ou de 286 francs, selon qu'elle est entrée comme valide ou comme infirme et incurable.

Visites tous les jours.

## INSTITUTION DE SAINTE-PÉRINE.
### Hommes et Femmes.

A Auteuil, rue de la Municipalité prolongée (xvi° arrondissement).

296 lits. — Assistance publique.

L'institution de Sainte-Périne, fondée en 1801, est destinée à venir en aide, sur la fin de leur carrière, à d'anciens fonctionnaires, à des veuves d'employés, à des personnes qui, après avoir été dans l'aisance, se trouvent dans la gêne ou la misère.

Ou y est admis à partir de l'âge de soixante ans

révolus, et moyennant le payement d'une pension annuelle de 85o francs ou le versement d'un capital proportionné à l'âge, plus une somme annuelle de 1oo francs pour le trousseau.

La pension se paye par trimestre et d'avance. Tout trimestre commencé est acquis à l'établissement.

Les demandes d'inscription pour l'admission doivent être déposées à l'Administration centrale, avenue Victoria, 3.

Ces demandes doivent indiquer : 1° si le postulant est marié ou veuf; s'il a des enfants; 2° les positions qu'il a occupées; 3° ses moyens actuels d'existence et les ressources à l'aide desquelles il payera sa pension; 4° son âge; 5° s'il est domicilié depuis au moins deux années consécutives dans le département de la Seine, condition essentielle pour l'admission.

Les personnes qui, depuis leur admission, auraient acquis des ressources suffisantes pour vivre au dehors ne peuvent être maintenues dans l'institution.

Si la demande est accueillie, elle est inscrite sur un registre d'attente tenu en double dans l'établissement et à l'Administration centrale (division des hôpitaux et hospices), et le postulant doit produire : 1° son acte de naissance; 2° un certificat du médecin de l'établissement attestant qu'il n'est atteint d'aucune infirmité rebutante ou contagieuse qui pourrait l'empêcher de se conformer aux règlements de la maison. Il devra, en outre, signer l'engagement de se conformer à ces règlements.

Les admissions sont prononcées par le Directeur de l'Assistance publique, d'après l'ordre des inscriptions. Il n'est dérogé à cette règle d'antériorité qu'avec l'approbation du préfet de la Seine, sur la proposition et l'avis préalable du conseil de surveillance, sans toutefois que l'Administration puisse être liée par cet avis.

Néanmoins, les octogénaires sont, dans l'ordre de leur inscription, appelés de préférence à tous autres expectants, et les septuagénaires de soixante-quatorze ans révolus ont un tour de faveur sur deux admissions, dans le nombre desquelles ne comptent pas celles qui ont été prononcées en faveur des octogénaires.

Toute personne âgée de plus de quarante ans peut assurer son admission à Sainte-Périne pour l'époque où elle aura atteint soixante ans, moyennant le payement d'une somme dont on lui fera connaître le montant, basé sur le nombre d'années qui lui restent à parcourir.

Si plus tard des obstacles viennent s'opposer à son admission, il lui est alloué une pension viagère de 600 francs.

Il est accordé une pension viagère de 640 francs aux pensionnaires admis moyennant capital et qui, soit volontairement, soit pour toute autre cause, quitteraient l'établissement.

Les pensionnaires ont chacun leur chambre et, excepté le cas de maladie, mangent au réfectoire commun; ils sont logés, nourris, blanchis, et soignés quand ils sont malades; ils jouissent du jardin et des salles de réunion, qui sont chauffées et éclairées. Le service spécial dans les chambres, le chauffage et l'éclairage particuliers, sont à leur charge, ainsi que leur habillement. Le trousseau apporté en nature est entretenu par l'Administration, mais il reste à l'établissement en cas de décès ou de sortie.

Tout ce qui est apporté en sus du trousseau demeure la propriété du pensionnaire.

Les pensionnaires peuvent sortir et recevoir des visites tous les jours.

## MAISON DE RETRAITE CHARDON-LAGACHE.

### Hommes et Femmes.

A Auteuil, place d'Auteuil, 1 (XVIᵉ arrondissement).

179 lits. — Assistance publique.

Cette maison, desservie par les Sœurs de Saint-Vincent-de-Paul, a été fondée par M. et Mᵐᵉ Chardon-Lagache.

On y reçoit des époux en ménage, mariés au moins depuis cinq années, des veufs ou veuves, des célibataires; tous doivent être âgés au moins de soixante ans.

On y est admis soit en chambre, soit en dortoir.

Les admissions en chambre ne peuvent être prononcées qu'en faveur de personnes valides, époux en ménage, veufs ou veuves, ou célibataires. Les pensionnaires en chambre doivent fournir un mobilier composé de : un lit de fer, un sommier, deux matelas, un traversin, deux oreillers, deux couvertures de laine, quatre draps de toile, deux chaises, une table, une commode ou buffet, et de plus se pourvoir et s'entretenir de linge et d'effets.

Chaque personne admise en chambre reçoit :

5 francs en argent tous les dix jours;

55 décagrammes de pain par jour pour les hommes;

50 décagrammes pour les femmes;

30 centilitres de vin par jour;

50 décagrammes de viande crue le samedi de chaque semaine;

2 stères de bois pour chacun des époux admis dans une chambre de ménage, par an;

3 stères pour les pensionnaires dans une chambre à une place, par an;

4 hectolitres de charbon de bois pour chacun, par an (le bois peut être remplacé par du charbon de terre).

On ne reçoit dans les dortoirs que les veufs, les veuves ou les célibataires: ces personnes n'ont droit à aucune prestation en vivres ou en argent: elles prennent leurs repas au réfectoire; la maison leur donne le linge et le blanchit.

Elles doivent payer, à leur entrée, une somme de 200 francs pour le mobilier qui leur sera fourni par la maison.

Le prix de la pension est de 500 francs pour une personne seule en chambre ou en dortoir et de 900 francs pour deux époux, le survivant des deux devant payer la pension de 500 francs.

Le payement doit s'effectuer d'avance, par trimestre, entre les mains du receveur de l'Assistance publique.

Le payement de la pension devra être garanti par le dépôt d'un titre de rente viagère ou perpétuelle, ou de créance sur l'État, les départements, les communes, les administrations publiques; soit des obligations de chemins de fer garanties par l'État.

Un aumônier est attaché à l'établissement.

Les admissions sont prononcées par le Directeur de l'Assistance publique suivant l'ordre d'inscription, auquel il n'est dérogé qu'en faveur des personnes présentées par M. et Mme Chardon-Lagache, fondateurs, lesquels se sont réservé le droit de nomination à un certain nombre de places.

L'épilepsie, la folie ou l'idiotie, le cancer et certaines maladies contagieuses font obstacle à l'admission.

Les pièces à produire sont : l'acte de naissance, l'acte de mariage pour les époux, l'acte de décès de l'époux décédé pour les veufs; un certificat du maire constatant le domicile dans le département de la Seine depuis plus de deux ans, qu'ils sont de bonnes vie et mœurs, et qu'ils n'ont pas assez de ressources pour subvenir à leurs besoins.

Les sorties et les visites ont lieu tous les jours.

Les demandes et les pièces doivent être adressées au Directeur de l'Assistance publique.

Cette maison est placée sous la surveillance du directeur de l'institution de Sainte-Périne.

## MAISON DE RETRAITE.
### Hommes et Femmes.

Rue Pelleport (xx° arrondissement).

25 lits. — Assistance publique.

Cette maison a été fondée par la commune de Belleville en 1851 et, depuis l'annexion de la banlieue, est à la charge de l'Assistance publique. Elle contient vingt-cinq lits, réservés aux indigents des deux sexes qui se trouvent dans les conditions d'admission aux hospices. L'administration est confiée à un régisseur. Les pensionnaires sont en dortoir; ils sont servis par des laïques.

## HOSPICE LEPRINCE.

### Hommes et Femmes.

Rue Saint-Dominique, 187 (vii<sup>e</sup> arrondissement).

33 lits. — Assistance publique.

Cet hospice, fondé en 1819 par M. et M<sup>me</sup> Leprince, reçoit gratuitement les vieillards domiciliés depuis dix ans au moins dans le quartier du Gros-Caillou et âgés au moins de soixante-dix ans.

L'admission est prononcée par les administrateurs du bureau de bienfaisance du vii<sup>e</sup> arrondissement.

Desservi par les Sœurs de Saint-Vincent-de-Paul.

## HOSPICE DEVILLAS.

### Hommes et Femmes.

Grande Rue, 48, à Issy (Seine).

60 lits. — Assistance publique.

Cet hospice a été fondé par M. Devillas, négociant, mort en 1832.

Il est destiné à recevoir les indigents infirmes des deux sexes ayant au moins soixante-dix ans.

Les lits sont, pour les quatre cinquièmes, à la nomination des bureaux de bienfaisance de la ville de Paris, et répartis au prorata de la population indigente, et pour l'autre cinquième à celle des deux consistoires de l'Église réformée et répartis dans la même proportion.

Pour être admis, il faut avoir soixante-dix ans et remplir les conditions ordinaires d'entrée dans les hospices.

L'établissement est desservi par des employés laïques.

## ASILE DE LA PROVIDENCE.

Rue des Martyrs, 77 (xviii° arrondissement).

Reconnu Établissement public par ordonnance royale du 24 décembre 1817.

L'Asile de la Providence a été fondé en 1804 par M. le chevalier Micault de la Vieuville pour servir de retraite à des vieillards des deux sexes. Le service intérieur y est confié aux Sœurs de la Charité de Nevers.

Il contient cinquante places, dont six seulement sont gratuites, savoir : deux au choix de la famille du fondateur, deux à la nomination du Ministre de l'intérieur et deux à la nomination du conseil municipal de la ville de Paris. Le Ministre peut fractionner les places dont il dispose en demi-bourses et quarts de bourse. Les autres places sont payantes, au prix de 700 francs par an; mais un certain nombre des personnes qui les occupent sont placées par le Ministre de l'intérieur, qui a droit à huit bourses payantes, susceptibles d'être fractionnées comme il est dit ci-dessus.

En outre, la Société de la Providence (voir chap. IV.) paye pour quelques pensionnaires une somme de 100 à 200 francs au maximum.

Les pensionnaires doivent apporter un mobilier réglementaire, qui, après leur mort, reste acquis à l'établissement. Ils sont logés, nourris et blanchis tant en santé qu'en maladie. L'éclairage et le chauffage sont à leur charge.

L'âge d'admission est fixé à soixante ans.

*Agent comptable :* M. A. DONATIS, rue des Saints-Pères, 30, et rue de Grammont, 12.

## PETITES SŒURS DES PAUVRES.

### Hommes et Femmes.

Rue Saint-Jacques, 277 (v⁰ arrondissement).
Rue Notre-Dame-des-Champs, 45 (vi⁰ arrondissement).
Avenue de Breteuil, 62 (vii⁰ arrondissement).
Rue Philippe-de-Girard, 13 (x⁰ arrondissement).
Rue de Picpus, 75 (xii⁰ arrondissement).
A Saint-Denis (Seine).

L'Œuvre, fondée en 1840 par deux jeunes ouvrières de Saint-Malo et une pauvre servante nommée Jeanne Jugan, a pour but de donner un asile gratuit aux pauvres vieillards des deux sexes en recueillant chaque jour par des quêtes à domicile les vivres, la desserte des tables, les dons de tout genre nécessaires pour subvenir à l'entretien des pensionnaires. Les dons en argent sont reçus, mais ils doivent pouvoir être immédiatement employés, les règles de l'Ordre lui interdisant d'avoir aucun revenu. Les vieillards valides s'occupent dans la maison selon leurs forces ; ceux qui sont malades ou infirmes reçoivent les soins les plus assidus.

Les conditions d'admission sont d'être âgé au moins de soixante ans et d'être privé de tout moyen d'existence.

L'Ordre des Petites Sœurs des Pauvres s'est rapidement multiplié ; un grand nombre de maisons ont été fondées en France et à l'étranger : on en compte en ce moment cent cinquante environ.

Paris en possède cinq, pouvant recueillir en tout plus de mille vieillards. Il en existe une à Saint-Denis.

S'adresser, pour les admissions, à la Supérieure de chacune des maisons.

## MAISON DE RETRAITE DE N.-D.-DE-NAZARETH.
### Hommes et Femmes.

#### Rue Stanislas, 11 (vi° arrondissement).

Cette maison de retraite est destinée aux vieillards des deux sexes, principalement des paroisses de Saint-Sulpice et de Notre-Dame-des-Champs. On y reçoit les ménages. Le logement est gratuit, mais les pensionnaires doivent subvenir aux dépenses de leur nourriture et de leur entretien.

Les conditions d'admission sont :

1° Soixante ans d'âge;

2° Une vie chrétienne et des habitudes paisibles.

La maison est placée sous la direction des Frères de Saint-Vincent-de-Paul.

L'asile des vieillards est tenu par les Sœurs du Sacré-Cœur-de-Jésus.

Les souscriptions et les demandes d'admission peuvent être adressées à M. LANTIEZ, Supérieur, rue Stanislas, 11.

Le conseil d'administration siége rue Furstenberg, 6.

## HOSPICE D'ENGHIEN.
### Hommes et Femmes.

Rue de Picpus, 12 (xii° arrondissement).

Cet hospice, fondé en 1819 par Mme la duchesse de Bourbon, appartient aux princes d'Orléans; il est desservi par les Sœurs de Saint-Vincent-de-Paul. On y reçoit des vieillards des deux sexes et principalement les anciens serviteurs de la famille d'Orléans.

S'adresser à la Sœur Supérieure de la Providence Sainte-Marie, rue de Reuilly, 77, qui est en même temps Supérieure de l'hospice d'Enghien.

## ASILE SAINT-VINCENT-DE-PAUL.

### Hommes et Femmes.

Rue Saineuve, 19 (xviiᵉ arrondissement).

Fondé par M. le Curé de Sainte-Marie-des-Batignolles.

Desservi par les Dames Augustines Hospitalières de Sainte-Marie.

L'admission est gratuite. Les demandes doivent être adressées à M. le Curé de Sainte-Marie-des-Batignolles et être accompagnées de :

1° L'acte de naissance;

2° L'acte de baptême;

3° L'acte de mariage (il peut remplacer celui de naissance);

4° L'acte de décès du mari ou de la femme, pour les veufs;

5° Un certificat d'indigence constatant l'inscription au bureau de bienfaisance;

6° Un certificat de bonnes vie et mœurs;

7° Une attestation comme quoi le candidat n'a pas d'enfant en état de le soutenir.

Il faut, pour être admis, avoir au moins soixante-dix ans, être domicilié depuis dix ans dans le xviiᵉ arrondissement et avoir, sur ces dix années, passé trois ans dans l'une des paroisses de Saint-Michel ou de Sainte-Marie.

## ASILE DE VIEILLARDS.

### Hommes et Femmes.

Rue Saint-Maur, 64 (xiᵉ arrondissement).

Fondé en 1866 par Mᵍʳ Langénieux et dirigé par les Religieuses Auxiliatrices de l'Immaculée-Conception.

Le logement seul est gratuit.

## ASILE SAINT-JOSEPH.

**MAISON DE RETRAITE POUR LES VIEILLARDS DES DEUX SEXES.**

Avenue d'Eylau, 177 (xviᵉ arrondissement).

Cet Asile, fondé en 1874 par M. le Curé de Saint-Honoré, est destiné aux vieillards des deux sexes de la paroisse.

Il est desservi par les Sœurs de la Sagesse.

S'adresser, pour les admissions, à M. le Curé de la paroisse Saint-Honoré.

## ASILE DE VIEILLARDS.

Rue de Monceaux, 15 (viiiᵉ arrondissement).

Dirigé par les Sœurs de Saint-Vincent-de-Paul.

Réservé exclusivement aux vieillards indigents de la paroisse Saint-Philippe-du-Roule.

## ASILE DE VIEILLARDS.

### Hommes et Femmes,

Rue Malesherbes, 22 (VIIIᵉ arrondissement).

Dirigé par les Sœurs de Saint-Vincent-de-Paul.

Pour les vieillards de la paroisse Saint-Augustin seulement, âgés au moins de soixante 3 et n'ayant aucune infirmité grave.

Ils sont logés gratuitement, mais doivent pourvoir à leur nourriture.

## MAISON DE RETRAITE SAINTE-GENEVIÈVE.

### Hommes et Femmes.

A l'Hay, par Bourg-la-Reine (Seine).

Cet établissement, fondé par l'Œuvre de Sainte-Geneviève en 1851, renferme une maison de retraite pour les vieillards des deux sexes, une providence pour les jeunes filles, un asile et des classes gratuites pour les enfants du village. Les Sœurs de Saint-Vincent-de-Paul en ont la direction.

La maison de retraite contient environ soixante places.

Il faut, pour être admis, avoir au moins soixante ans, à moins d'un sérieux motif d'exception.

Le prix de la pension est de 600, 800 et 1,000 fr. par an; les deux dernières catégories donnent droit à une chambre; au prix de 600 francs on loge en dortoir.

Les infirmes payent 100 francs en plus, par an, pour chaque catégorie.

Les pensionnaires doivent apporter leurs effets personnels et un petit mobilier qui restent acquis à l'établissement après leur décès.

La chapelle, le salon, le réfectoire, sont communs à tous les pensionnaires.

L'établissement se charge de la nourriture, du chauffage, du blanchissage et des soins en cas de maladie; mais les visites du médecin et les médicaments sont à la charge des pensionnaires.

La providence pour les jeunes filles peut recevoir environ quatre-vingts pensionnaires ou orphelines au prix de 35 et 30 francs par mois, plus 160 francs d'entrée.

Les moyens de transport sont : le chemin de fer de Sceaux, station de Bourg-la-Reine, ou une voiture publique allant directement à l'Haÿ et partant de Paris, rue Coq-Héron, 3.

Les demandes d'admission doivent être adressées à la Sœur Supérieure.

## ASILE ANSELME PAYEN.

### Hommes et Femmes.

Rue Violet, 77 (xv᷎ arrondissement).

Pour les vieillards de la paroisse Saint-Jean-Baptiste-de-Grenelle, âgés de 65 ou 70 ans et agréés par le conseil d'administration.

On peut fonder un lit en payant 600 francs par an.

S'adresser à M. le Curé de la paroisse.

## HOSPICE

## DU BERCEAU DE SAINT-VINCENT-DE-PAUL.

### Hommes et Femmes.

A Saint-Vincent-de-Paul, près Dax (Landes).

Reconnu d'utilité publique par décret du 21 octobre 1865.

L'hospice, dirigé par les Lazaristes et les Sœurs de Saint-Vincent-de-Paul, entretient et soigne gratuitement, dans la mesure de ses ressources, les vieillards (hommes et femmes) ou infirmes indigents, sexagénaires, à l'exclusion de ceux qui sont atteints de maladies contagieuses ou exigeant un traitement spécial.

L'établissement reçoit aussi les vieillards infirmes moyennant une pension de 300 francs par an.

On peut fonder un lit de vieillards ou d'infirmes en donnant un capital de 7,000 francs.

S'adresser au Supérieur de la maison. (Voir *Orphelinats*, chap. II.)

## ASILE SAINT-JOSEPH POUR LES VIEILLARDS.

### Hommes et Femmes.

### A Saint-Macaire (Gironde).

Hospice de Saint-Macaire, dirigé par les Sœurs de Saint-Vincent-de-Paul.

On reçoit les pensionnaires de toutes localités, mais les indigents seulement de la commune.

Le prix de la pension varie de 400 francs à 1,000 francs.

## ASILE DE LA VIEILLESSE.

### Hommes et Femmes.

Rue des Fossés-Saint-Denis, 45, à Boulogne-sur-Seine (Seine).

Dirigé par les Sœurs de Saint-Joseph de Belley.
Pour les vieillards de la commune.
S'adresser, pour les admissions, à M. le Maire de Boulogne.

## ASILE POUR LES VIEILLARDS.

### Hommes et Femmes.

A Cormeilles-en-Parisis, par Franconville (Seine-et-Oise).

Dirigé par les Sœurs de Saint-Vincent-de-Paul.

Les vieillards ne peuvent être admis avant l'âge de soixante ans.

Gratuit pour les habitants de la commune.

Il y a des places payantes pour les personnes du dehors.

S'adresser à la Supérieure.

## HÔTEL DES INVALIDES.

Place des Invalides (vii° arrondissement).

600 lits, y compris 100 de l'infirmerie. — Ministère de la guerre.

Cet établissement a été fondé par Louis XIV, qui en ordonna la construction par un édit d'avril 1674.

Il est destiné à recevoir les militaires de tous grades des armées de terre et de mer estropiés à la guerre ou vieillis dans le service.

Pour être admis aux Invalides, il faut jouir d'une pension de retraite et remplir l'une des conditions suivantes :

Être amputé ou aveugle;

Être pensionné pour ancienneté de service et avoir soixante ans d'âge au moins;

Être atteint d'infirmités équivalentes à la perte absolue de l'usage d'un membre, ou être âgé de soixante-dix ans accomplis.

Sont également admis à l'Hôtel :

Les Français pensionnés pour des blessures reçues dans les journées de juillet 1830;

Les sous-officiers et soldats des bataillons de la garde mobile pensionnés pour blessures reçues dans les journées de juin 1848.

Les demandes d'admission aux Invalides doivent être adressées aux généraux commandant les corps d'armée, chargés de les instruire et d'epprécier en premier ressort les titres des candidats.

Elles doivent être accompagnées :

1° De la copie exacte du certificat d'inscription de la pension;

2° D'une expédition de l'acte de naissance sur papier libre (cette pièce n'est exigée que pour les candidats dont la pension a été réglée antérieurement à 1817, pour les combattants de Juillet et les gardes mobiles);

3° D'un certificat délivré par le trésorier-payeur général constatant qu'il n'existe aucune opposition sur la pension du candidat, et qu'elle est entièrement libre de retenue.

Des secours peuvent être accordés aux veuves d'invalides domiciliées à Paris.

Les demandes de secours doivent être adressées au général commandant l'Hôtel, président du comité chargé de leur examen : elles doivent être appuyées d'un certificat de l'autorité civile constatant que la veuve a une bonne conduite et est réellement nécessiteuse.

Des Sœurs de Saint-Vincent-de-Paul sont attachées à l'établissement.

*Gouverneur de l'Hôtel :* M. le général comte DE MARTIMPREY.

## HOSPICE DE LA VIEILLESSE.

### Hommes.

A Bicêtre, rue du Kremlin, 1, par Gentilly (Seine).

2,534 lits. — Assistance publique.

On reçoit dans cet hospice les septuagénaires, les épileptiques, les cancéreux curables et incurables, les aveugles, les indigents au-dessous de soixante-dix ans lorsqu'ils sont atteints d'infirmités incurables et hors d'état de travailler.

Il sert d'asile départemental pour les aliénés.

Le service est confié à des surveillants et surveillantes laïques.

Il n'est accordé ni congés ni sorties aux cancéreux, aliénés, imbéciles, épileptiques, et généralement à tous les admis de droit; on ne peut les voir qu'avec permission du médecin de la section. Les autres indigents, pourvu qu'ils soient valides, peuvent sortir le dimanche, le mardi et le jeudi, avec l'autorisation du Directeur. Le public est admis à les voir le dimanche et le jeudi, de 1 heure à 3 heures.

## HOSPICE SAINT-MICHEL.
### Hommes.

A Saint-Mandé, avenue du Bel-Air, 10 (Seine).

12 lits. — Assistance publique.

**Fondation Boulard.**

Cette maison a été fondée en 1830 par M. Boulard, tapissier, pour servir de retraite à douze vieillards de soixante-douze ans.

Elle est desservie par des surveillants laïques.

L'admission est gratuite et prononcée par les bureaux de bienfaisance.

Les pièces à produire sont :

1° L'acte de naissance;

2° Un certificat d'indigence;

3° Un certificat de moralité;

4° Une attestation d'un séjour d'au moins deux ans à Paris.

Les pensionnaires peuvent sortir et recevoir des visites tous les jours.

## HOSPICE DE LA RECONNAISSANCE.
### Hommes.

A Garches, par Saint-Cloud (Seine-et-Oise).

258 lits. — Assistance publique.

**Fondation Brézin.**

Cet hospice a été fondé en 1833 par M. Michel

Brézin, ancien mécanicien et maître de forges, pour venir en aide à ceux qui avaient été ses compagnons et plus tard ses ouvriers.

Il est desservi par les Sœurs de la Compassion.

Sont admis de préférence : les commis de grosses forges, les ouvriers forgerons, fondeurs, fendeurs, mineurs, bûcherons, cuiseurs de charbon, affineurs, marteleurs, chauffeurs, leurs aides, valets ou journaliers dans les forges.

A défaut de ceux-ci, sont admis les armuriers, charpentiers, charrons, cloutiers, ciseleurs sur fer ou fonte, foreurs en métaux, mouleurs en cuivre ou fonte, polisseurs en cuivre ou fonte, forgerons en boutique, menuisiers, maréchaux, mécaniciens en métaux et bois, taillandiers, tourneurs en métaux et bois, ouvriers travaillant le fer, la fonte de fer, le cuivre.

Les demandes doivent être accompagnées des pièces suivantes :

1° Un acte de naissance constatant qu'on a soixante ans au moins;

2° Un livret indiquant la profession de l'ouvrier qui veut être admis; ou un certificat d'un directeur de grosses forges, d'un chef de manufacture, d'atelier ou de fabrique; ou un certificat de deux maîtres établis exerçant ou ayant exercé la même profession que l'ouvrier.

Quelle que soit celle de ces trois pièces que l'on fournira, elle doit constater que l'ouvrier a exercé pendant cinq ans au moins la profession qui motive son admission, et les signatures doivent être certifiées véritables, soit par le maire, soit par le juge de paix, soit par le commissaire de police du dernier domicile de l'ouvrier.

Les signatures des maires, juges de paix ou commissaires de police des départements autres que celui de la Seine seront en outre légalisées, soit par le préfet, soit par le sous-préfet, soit par le président du tribunal;

3° Un certificat du bureau de bienfaisance ou du maire de la commune constatant l'indigence absolue de l'ouvrier et l'absence de parents aux degrés fixés par la loi qui puissent pourvoir à son existence : cette pièce sera légalisée dans les mêmes formes que la précédente;

4° Un certificat de bonnes vie et mœurs délivré soit par le maire, soit par le commissaire de police, soit par le propriétaire ou principal locataire, soit par un chef de manufacture, et dont la signature, pour les trois derniers cas, sera légalisée dans la même forme que les deux pièces précédentes.

Tout individu qui aura été repris de justice ne peut être admis.

On reçoit de préférence les anciens ouvriers de M. Brézin, les octogénaires, les personnes âgées de

soixante-quinze ans paralytiques, aveugles ou affectées d'un tremblement général.

Les admissions sont gratuites; la sortie et les visites sont libres.

Les demandes d'admission doivent être adressées
à l'Assistance publique.

## INFIRMERIE DE MARIE-THÉRÈSE.

**Pour les Prêtres âgés ou infirmes du diocèse de Paris.**

Rue d'Enfer, 92 (xiv° arrondissement).

Reconnue d'utilité publique par ordonnance du 2 décembre 1827.

L'infirmerie Marie-Thérèse a été établie en faveur
des prêtres âgés ou infirmes du diocèse de Paris.

Ceux qui sont malades peuvent y être soignés pendant leurs maladies.

Ceux qui sont dans l'impossibilité, à cause de
leur âge ou de leurs infirmités, de continuer les
fonctions actives du saint ministère trouvent à Marie-
Thérèse une retraite honorable.

Les admissions sont gratuites; elles sont prononcées par Mgr l'Archevêque de Paris.

La maison est desservie par les Sœurs de Saint-
Vincent-de-Paul.

Les ressources au moyen desquelles cette OEuvre
se soutient sont principalement les dons et legs, les
aumônes et souscriptions particulières.

## ASILE DE NOTRE-DAME DU SACRÉ-CŒUR.

### Hommes.

Au Pecq, par Saint-Germain-en-Laye (Seine-et-Oise).

Cette maison, dirigée par les Sœurs de Saint-Vincent-de-Paul, est pour les hommes dans les mêmes conditions que celle de Sainte-Anne-d'Auray pour les femmes (voir plus loin). Les seules différences à signaler sont pour le prix de la pension, qui est au Pecq de 600 à 800 francs : les pensionnaires sont en petits dortoirs.

S'adresser, pour les admissions, à la Sœur Supérieure au Pecq, ou à Paris, à la maison des Lazaristes, rue de Sèvres, 95.

## HOSPICE DE LA VIEILLESSE DE LA SALPÊTRIÈRE.

### Femmes.

Boulevard de l'Hôpital, 47 (XIIIᵉ arrondissement).

4,410 lits, dont 1,841 d'aliénées. — Assistance publique.

Cet hospice est destiné aux femmes et est desservi par des surveillantes laïques.

On y est admis dans les mêmes conditions qu'à Bicêtre.

A l'exception des cancérées, aliénées, imbéciles et épileptiques, les femmes peuvent sortir de l'hospice le dimanche, et alternativement le mardi ou le jeudi, de 6 heures du matin à 9 heures du soir.

On peut les voir le dimanche et le jeudi, de midi à 4 heures. Pour visiter les aliénées et les épileptiques, il faut l'autorisation du médecin de la section.

### ASILE DE NOTRE-DAME DE BON-REPOS.
#### Femmes.
Rue Blomet, 128 (xv<sup>e</sup> arrondissement).
80 lits.

Cette maison de retraite, ouverte en 1860, est dirigée par les Religieuses du Calvaire.

Les conditions d'admission sont d'être fille ou veuve âgée de soixante ans au moins, d'être née en France et d'habiter le département de la Seine depuis vingt ans, de n'avoir aucune infirmité demandant un traitement spécial.

Le prix de la pension est de 440 francs, payables par trimestre d'avance. Il faut apporter un petit mobilier et un trousseau dont l'entretien est à la charge des pensionnaires.

S'adresser, pour les admissions, à M<sup>me</sup> la Supérieure, rue Blomet, 128.

### HOSPICE GREFFULHE.
#### Femmes.
Rue de Villiers, 76, à Levallois-Perret (Seine).

Cet établissement, fondé par MM. les comtes Greffulhe, a été inauguré et ouvert le 1<sup>er</sup> août 1873.

Il reçoit des femmes âgées de soixante-dix ans au moins.

Les personnes atteintes d'infirmités incurables ou de maladies contagieuses ne peuvent être admises.

L'admission est gratuite. Les demandes doivent être adressées à M<sup>me</sup> la comtesse GREFFULHE ou à M<sup>me</sup> la Supérieure de l'hospice Greffulhe.

La personne qui désire y entrer doit, en adressant la demande, produire :

1º Son acte de naissance;

2º Un certificat de médecin;

3º Un certificat de bonnes vie et mœurs délivré par le maire de son arrondissement ou par le maire de la commune qu'elle habite et assurant cinq ans de résidence dans le même quartier ou dans la même commune.

Les personnes admises dans l'hospice Greffulhe peuvent sortir les mardi et samedi de chaque semaine aux heures fixées par le règlement de cette maison. Elles peuvent recevoir leurs parents et amis le jeudi et le dimanche, de 2 heures à 4 heures.

La maison est desservie par les Sœurs de Saint-Vincent-de-Paul.

## SAINTE-ANNE-D'AURAY.

### MAISON DE RETRAITE POUR LES FEMMES ÂGÉES.

#### Rue de Fontenay, 5, à Châtillon-sous-Bagneux (Seine).

Cette maison, dirigée par les Sœurs de Saint-Vincent-de-Paul, a été fondée en 1860 dans le but de venir en aide aux femmes âgées qui ont perdu leur fortune ou aux personnes laborieuses qui n'ont pas les ressources nécessaires pour se procurer les soins que réclament la vieillesse et les infirmités.

Pour être admise, il faut avoir soixante ans, à moins de graves motifs d'exception, et n'avoir aucune maladie exigeant un traitement spécial.

La pension est de 550 francs par an.

Le chauffage et l'éclairage sont à la charge des pensionnaires, qui sont nourries, blanchies et soignées en cas de maladie.

Chaque dame a une petite chambre; mais elle doit apporter un mobilier qui, après son décès, reste acquis à l'établissement. Le réfectoire et le salon sont en commun.

S'adresser, pour les admissions, à M⁽ᵐᵉ⁾ la Supérieure, à Châtillon, ou à Paris, rue de Sèvres, 95, au frère Aubouer.

## RETRAITE SAINTE-ANNE.

### Femmes.

Avenue du Roule, 44, à Neuilly (Seine).

Cette maison, fondée en 1852 par M. l'abbé Deguerry, curé de la Madeleine, est dirigée par les Sœurs de la Charité de Nevers.

Aucune pensionnaire ne peut être admise avant

l'âge de soixante ans. Les personnes atteintes de maladies chroniques ou incurables ne sont pas reçues.

Le prix de la pension est ainsi fixé : 5o francs d'entrée une fois payés, 5oo francs par an dans les chambres à une pensionnaire seule. Le prix est plus élevé pour les personnes qui désirent avoir soit une chambre plus grande, soit deux chambres.

Le blanchissage, l'éclairage, le chauffage, sont aux frais de la pensionnaire. L'établissement se charge des frais de médecin et de médicaments.

Chaque pensionnaire doit apporter son mobilier et un trousseau, qui restent acquis à la maison en cas de décès.

Il y a une chapelle et un aumônier. — On peut sortir tous les jours.

S'adresser, pour les admissions, à Mᵐᵉ la Supérieure ou à M. le curé de la Madeleine.

## MAISON DE SAINT-JOSEPH.
### Femmes âgées et jeunes Filles.
#### A Cachan-Arcueil (Seine).

Cette maison, tenue par les Sœurs de Saint-Vincent-de-Paul, reçoit des jeunes filles et des dames âgées ou infirmes.

La pension des enfants varie suivant l'état et la condition des parents, mais elle ne peut être moindre de 3oo francs par an, plus un trousseau, qui peut être remplacé par une somme de 100 francs une fois donnée.

Les conditions d'admission pour les dames infirmes ou âgées se traitent de gré à gré avec la Sœur Supérieure. Le prix, qui diffère selon les infirmités ou la position de la personne, placée en chambre ou en dortoir, ne peut être au-dessous de 600 francs par an.

On va à Cachan-Arcueil par le chemin de fer de Sceaux.

S'adresser, pour tous les renseignements et les admissions, à la Supérieure de l'établissement.

## ASILE SAINTE-ANNE.

### MAISON DE RETRAITE POUR LES VIEILLES FEMMES.

Rue Perronet, 9 (vii⁰ arrondissement).

Cet Asile, fondé par M. le Curé de Saint-Thomas-d'Aquin, est desservi par les Sœurs de Saint-Vincent-de-Paul.

Les demandes doivent être adressées à M. le Curé.

## ASILE DE NOTRE-DAME-DE-BON-SECOURS.

### MAISON DE RETRAITE POUR LES VIEILLES FEMMES.

Passage Raimbaud, 9 (avenue du Maine).

Cette maison a été fondée par M. l'abbé Carton, curé de Saint-Pierre-de-Montrouge, et est destinée jusqu'à présent uniquement aux vieillards de la paroisse (femmes).

L'admission est gratuite. — Elle est prononcée par M. le Curé.

Desservie par les Sœurs Servantes du Sacré-Cœur de Jésus.

## MAISON DE LA SŒUR ROSALIE-RENDU.

### ASILE POUR LES VIEILLES FEMMES.

Rue de l'Épée-de-Bois, 5 (v° arrondissement).

Cet Asile, dirigé par les Sœurs de Saint-Vincent-de-Paul, reçoit gratuitement les femmes du v° arrondissement seulement. Les conditions sont d'être âgée de soixante-cinq ans au moins et d'être inscrite au bureau de bienfaisance.

S'adresser à la Supérieure.

## ASILE SAINT-DOMNIN.

### Femmes Âgées et Orphelins.

A Digne (Basses-Alpes).

(Voir *Orphelinats*, chap. II.)

## ASILE POUR LES FEMMES ÂGÉES.

Maison des Veuves, rue de Belzunce, 24 (ix° arrondissement).

Cette maison, qui appartient à l'Assistance publique, donne asile à un petit nombre de femmes âgées, qui doivent d'ailleurs pourvoir à leur nourriture et à leur entretien.

S'adresser, pour les admissions, à l'Assistance publique.

## ASILE POUR LES VIEILLARDS.
### Femmes.
Rue Saint-Benoît, 16-18 (vi<sup>e</sup> arrondissement).

Dirigé par les Sœurs de Saint-Vincent-de-Paul. Exclusivement pour les femmes âgées de la paroisse Saint-Germain-des-Prés, qui y sont reçues gratuitement.

## HOSPICE DES INCURABLES.
### Hommes et Femmes.
Rue du Clos-de-l'Hospice, à Ivry (Seine).

2,029 lits. — Assistance publique.

Cet établissement est formé des deux hospices des Incurables qui existaient à Paris, rue des Récollets pour les hommes et rue de Sèvres pour les femmes : le premier avait été fondé par saint Vincent-de-Paul; le second était dû à la réunion de deux fondations, l'une de M<sup>me</sup> Marguerite Rouillé, l'autre du cardinal de la Rochefoucauld.

Les indigents, pour être admis dans l'hospice actuel, doivent produire les pièces suivantes : 1° l'acte de naissance; 2° un certificat du maire de l'arrondis-

sement constatant la durée de leur séjour à Paris;
3° un certificat constatant son inscription au bureau
de bienfaisance et qu'il en reçoit les secours; 4° dans
le cas d'infirmité, un certificat du médecin du bureau de bienfaisance.

Les vieillards admis comme tels doivent être âgés
de soixante-dix ans au moins. Les incurables ne
peuvent être reçus avant l'âge de vingt ans. Les pensionnaires sont nourris, blanchis et défrayés de tout.

Les demandes d'admission doivent être adressées
à M. le Directeur de l'Assistance publique et accompagnées des pièces indiquées ci-dessus.

Un certain nombre de lits appartiennent à des fondateurs qui conservent et transmettent le droit de
présenter, en cas de vacance, un indigent réunissant les conditions exigées par les règlements.

Les pensionnaires peuvent sortir tous les trois
jours. Le public est admis à les visiter tous les jours,
de 1 heure à 4 heures.

## NOTRE-DAME-DES-SEPT-DOULEURS.

### ASILE MATHILDE.

### Jeunes Filles incurables.

Avenue du Roule, 3o, à Neuilly-sur-Seine (Seine).

Reconnu d'utilité publique par décret du 3o juin 1855.

Cet établissement a été fondé en 1853 en faveur
des jeunes filles pauvres, infirmes, incurables, du

diocèse de Paris : on les reçoit de cinq à dix-huit ans
et jusqu'à vingt-deux ans par exception. Une fois admises, elles peuvent rester indéfiniment.

Les aveugles, sourdes-muettes, aliénées, épileptiques, ou celles qui sont atteintes de maladies contagieuses, ne sont pas reçues.

Les admissions sont prononcées par le conseil de
l'Œuvre et sur la production des actes de naissance
et de baptême et d'un certificat de vaccine.

Le nombre des jeunes filles reçues gratuitement
est de deux cents.

L'Œuvre admet en plus un certain nombre de
jeunes filles remplissant les conditions voulues
moyennant une pension de 300 francs par an.

Les pensionnaires reçoivent une éducation morale
et religieuse, l'enseignement primaire et professionnel et les soins médicaux que réclame leur situation.

L'Asile est dirigé par les Sœurs de Saint-Vincent-
de-Paul.

*Présidente de l'Œuvre :* M^me la princesse MATHILDE.

*Trésorière :* M^me Amédée ROUSSEL, avenue de Fried-
land, 22.

*Secrétaire :* M^me RAZY, avenue de Neuilly, 88 *bis.*

Les demandes d'admission doivent être adressées
à M^me la Supérieure de l'Asile, avenue du Roule, 30,
à Neuilly-sur-Seine.

## ASILE DES JEUNES GARÇONS INCURABLES.
Rue Lecourbe, 223 (xv° arrondissement).

Dirigé par les Frères de Saint-Jean-de-Dieu. (Voir *Hôpitaux*, chap. V.)

# HÔPITAUX, HOSPICES ET ASILES SPÉCIAUX
**Pour les Protestants et les Israélites.**

## MAISON DE SANTÉ DES DIACONESSES DE FRANCE.
Rue de Reuilly, 95 (xii° arrondissement).

Pour les femmes et les enfants. Places gratuites et payantes, à 1, 2 et 3 francs par jour. On reçoit les petites filles scrofuleuses au prix de 30 francs par mois.

## MAISON DE SANTÉ DES DIACONESSES.
Rue de la Tour-d'Auvergne, 33 (ix° arrondissement).

Pour les femmes protestantes.
Infirmerie et soins des malades.

## MAISON DE CONVALESCENCE.
Rue Franklin, 10 (xvi° arrondissement).

Pour les femmes protestantes sortant des hôpitaux de Paris.

## ASILE LAMBRECHT.

### Rue de Colombes, 40, à Courbevoie (Seine).

Asile protestant pour les vieillards des deux sexes, les enfants, les aveugles indigents au-dessus de trente ans. Les vieillards doivent être âgés de soixante-dix ans, à moins d'infirmités, et, dans ce dernier cas, les hommes peuvent être admis à cinquante-cinq ans et les femmes à cinquante.

## HOSPICE DEVILLAS.

### A Issy (Seine).

Cet hospice (voir p. 355) contient une section réservée aux protestants. Quelques places sont réservées à la nomination des deux consistoires.

## ASILE DE NANTERRE.

### Rue Saint-Denis, 5, à Nanterre (Seine).

Asile protestant pour les femmes atteintes de maladies incurables.

30 francs par mois. — On y reçoit les orphelines ou les enfants abandonnées, moyennant 20 francs par mois.

## ASILE DE LA MUETTE.

### Rue des Boulets, 91 (x1ᵉ arrondissement).

Maison protestante pour les vieillards des deux sexes, sans famille. Ils ne peuvent être reçus avant l'âge de soixante-dix ans.

## HÔPITAL ANGLAIS.

### HERTFORD BRITISH HOSPITAL.

### Route de la Révolte, 5, à Neuilly (Seine).

Fondé par Sir Richard Wallace. Hôpital protestant pour les pauvres malades anglais des deux sexes. Consultations gratuites à l'hôpital le lundi et le vendredi, à 11 heures.

## HÔPITAL ET HOSPICE ISRAÉLITE.

### Rue de Picpus, 76 (xiiᵉ arrondissement).

Cet établissement, fondé par M. le baron James de Rothschild, reçoit gratuitement : 1° les malades (adultes et enfants) israélites et, en cas d'urgence, sans distinction d'origine; 2° les incurables israélites des deux sexes, sans condition d'âge ni de domicile; 3° les vieillards israélites des deux sexes âgés de soixante-dix ans et ayant résidé dix ans à Paris.

Consultations et médicaments gratuits tous les jours pour tous les malades sans distinction.

Pour les admissions, s'adresser à l'hôpital.

# CHAPITRE.VII.

## Aliénés, — Aveugles, — Sourds-Muets, — Bègues.

---

## MAISON NATIONALE DE CHARENTON.

### A Saint-Maurice, près Charenton (Seine).

580 lits. — Ministère de l'intérieur.

Cette maison, fondée en 1642, est exclusivement affectée au traitement des personnes des deux sexes atteintes d'aliénation mentale.

Le quartier des femmes, entièrement séparé de celui des hommes, est confié, quant à la surveillance, aux Sœurs Augustines Hospitalières de Belgique.

Il y a dans cet établissement trois classes de pensions : la première classe est de 1,500 francs par an ; la deuxième, de 1,200 francs ; la troisième, de 900 fr., non compris l'entretien des malades en vêtements et linge de corps, etc., qui reste à la charge des familles, à moins qu'elles ne prennent un abonnement dont le prix varie de 200 à 250 et 300 francs, suivant la classe. Le blanchissage, le raccommodage, le chauffage et l'éclairage en commun sont compris dans le prix de la pension. On peut avoir un domestique ou une femme de chambre pour son service personnel, moyennant un supplément de 900 ou 850 francs.

Un certain nombre de bourses et de demi-bourses, payées sur les fonds de l'État, sont à la nomination du Ministre de l'intérieur.

Le placement des malades est volontaire ou d'office.

Les placements d'office sont ordonnés par le préfet de police et par les commissaires de police de Paris, les préfets des départements et les maires des communes.

Les malades peuvent recevoir le dimanche et le jeudi, de midi à 4 heures, les visites de leurs parents, tuteurs ou correspondants, pourvu que les médecins ne les interdisent pas comme nuisibles ou dangereuses.

Il existe dans l'établissement une salle dite « du Canton » où sont soignées gratuitement les personnes victimes d'un accident sur le territoire du canton de Charenton. On y donne des consultations gratuites, comme dans les hôpitaux, tous les jours, excepté le dimanche.

Cette salle contient quatorze lits fondés par l'administration de la maison de Charenton.

*Directeur :* M. DELAGNEAU.

## ASILES D'ALIÉNÉS.

Depuis un certain nombre d'années, les placements volontaires dans les asiles publics du département de la Seine ouverts aux aliénés indigents ont cessé d'être possibles, à cause du trop grand nombre de malades.

Les placements gratuits ont lieu d'office par les soins de la police pour tous les aliénés dont l'état mental présente un danger pour leurs familles ou leurs voisins, et qui manquent des ressources nécessaires pour se faire soigner convenablement.

Le malade est amené à la Préfecture de police, soumis à un premier examen et dirigé vers l'Asile Sainte-Anne, où il peut rester ou être envoyé en province, suivant les circonstances.

Le département de la Seine possède plusieurs asiles publics pour les aliénés indigents :

Asile Sainte-Anne, rue Cabanis, 1 (XIVᵉ arrond.), pour les malades des deux sexes, desservi par les Sœurs de Saint-Joseph de Bourg;

Asile départemental de Ville-Évrard, à Neuilly-sur-Marne (Seine-et-Oise) : indépendamment de l'Asile public et gratuit, on a ouvert à Ville-Évrard une division spéciale où les aliénés du département de la Seine peuvent être reçus moyennant une pension de 900 francs;

Asile départemental de Vaucluse, à Épinay-sur-Orge (Seine-et-Oise).

Ces deux derniers asiles sont considérés comme des annexes de l'Asile Sainte-Anne.

Les aliénés sont aussi placés à Bicêtre, pour les hommes (voir p. 368); à la Salpêtrière, pour les femmes (voir p. 373); et enfin les aliénés incurables non visités par leurs familles sont dirigés vers les établissements de province avec lesquels le département a pris des arrangements : les principaux sont à Auch (Gers), Auxerre (Yonne), Bégard (Côtes-du-Nord), Fains (Meuse), Clermont (Oise), la Roche-Gaudon (Mayenne), Saint-Alban (Lozère), etc.

## ALIÉNÉS CONVALESCENTS.

### PATRONAGE ET ASILE.

(Voir chap. V.)

## PIÈCES À FOURNIR POUR LE PLACEMENT DES ALIÉNÉS DANS LES HOSPICES OU ASILES.

1° Une demande d'admission contenant les noms, prénoms, âge et domicile, tant de la personne qui la forme que de celle dont le placement est réclamé, et l'indication du degré de parenté, ou, à défaut, de la nature des relations qui existent entre elles.

La demande doit être écrite par celui qui la forme et visée par le maire ou le commissaire de police.

S'il ne sait pas écrire, elle sera reçue par le maire ou le commissaire de police, qui en donnera acte.

Si la demande d'admission est formée par le tuteur d'un interdit, il devra fournir à l'appui un extrait du jugement d'interdiction.

2° Un certificat de médecin, ayant moins de quinze jours de date, constatant l'état mental de la personne à placer et indiquant, avec les particularités de sa maladie, la nécessité de faire traiter la personne désignée dans un établissement d'aliénés et de l'y tenir renfermée.

Le médecin doit être étranger à l'établissement, et n'être ni parent ni allié au second degré inclusivement du directeur ou de la personne qui fera effectuer le placement.

3° Un passe-port ou toute autre pièce propre à constater l'identité de l'individu à placer.

En cas d'urgence, le placement est ordonné par le préfet de police et par les commissaires de police de Paris, par les préfets des départements et les maires des communes. (Voir la loi sur les aliénés du 30 juin 1838.)

## HOSPICE NATIONAL DES QUINZE-VINGTS.

### Rue de Charenton, 28 (xıı° arrondissement).

#### Ministère de l'intérieur.

L'hospice des Quinze-Vingts a pour but de secourir des aveugles français, adultes et indigents, de l'un et de l'autre sexe.

Les pensionnaires secourus se divisent en pensionnaires internes et pensionnaires externes.

Les pensions externes sont de trois classes, c'est-à-dire de 100 francs, 150 francs et 200 francs par an.

Pour être admis à recevoir les secours annuels, il faut : 1° être Français; 2° être âgé de vingt et un ans au moins et produire son acte de naissance; 3° justifier d'une cécité complète et incurable, et, pour la province, produire un certificat délivré par un médecin désigné par le préfet ou sous-préfet du domicile du pétitionnaire : à Paris, celui-ci peut se présenter, pour obtenir ce certificat, à la visite des médecins qui a lieu les mardi, jeudi et samedi de chaque semaine, de 9 à 10 heures du matin, salle des consultations de l'établissement, rue de Charenton, 28; 4° être dans un état d'indigence constaté par un certificat délivré par le maire de la commune.

Pour être admis à l'hospice des Quinze-Vingts en qualité d'interne, il faut : 1° avoir fait successivement partie des deux classes de pensionnaires externes à 100 et 150 francs et être, au moment de la demande, dans la classe des pensionnaires externes à 200 francs; 2° être âgé de quarante ans au moins.

Le conjoint et les enfants d'un aveugle interne

peuvent demeurer avec lui dans l'hospice; toutefois les garçons doivent en sortir à quinze ans et les filles à vingt et un ans.

Tout aveugle admis à l'internat reçoit par jour :

1° 1 fr. 40 cent.;

2° 625 grammes de pain.

Les femmes d'aveugles reçoivent un secours de 30 centimes par jour à tout âge; les maris d'aveugles ne reçoivent ce secours qu'à l'âge de soixante ans.

Chaque enfant au-dessous de quatorze ans reçoit un secours de 15 centimes par jour; à partir de quatorze ans, il est mis en apprentissage par les soins de l'Administration.

On reçoit l'aveugle seul ou en famille. S'il est seul, il peut à sa volonté faire sa cuisine ou prendre ses repas aux cantines de la maison, moyennant une rétribution proportionnée à ses ressources; mais nul n'est nourri dans la maison, à l'exception des malades ou des infirmes qui sont placés à l'infirmerie, et, dans ce cas, une retenue est faite sur leur allocation journalière.

Tout aveugle pensionnaire admis à résider à l'hospice doit apporter avec lui tout son mobilier ou l'argent indispensable pour se le procurer.

Un grand nombre d'aveugles internes exercent une profession qui leur procure quelques ressources.

Une confrérie pour les aveugles existait dès le xi⁰ siècle. Il paraît certain qu'elle possédait déjà vers 1250 un terrain situé à peu près sur l'emplacement actuel de la rue de Rohan, lorsque le roi saint Louis acheta pour elle un terrain voisin et chargea, en 1254, Eudes de Montreuil de reconstruire la maison. Ce travail fut terminé en 1260; une église, sous le vocable de Saint-Denis, avait été achevée en même temps, et au mois de mars 1260 saint Louis nommait Jean le Breton premier chapelain de la communauté et lui assignait 15 livres de rentes.

En 1269, le roi donnait aux Quinze-Vingts une rente annuelle et perpétuelle de 30 livres parisis « *ad opus potagii* [1] ».

Par la même lettre, le roi décidait que le nombre de quinze-vingts (trois cents aveugles) serait toujours maintenu complet et chargeait son chapelain et ses successeurs de pourvoir aux vacances.

En 1297, quand le roi fut canonisé, les aveugles reconnaissants le prirent pour patron.

En 1785, les Quinze-Vingts furent transférés dans l'ancien hôtel des Mousquetaires noirs, où ils se trouvent encore aujourd'hui.

Tout en restant fidèle au principe de la donation pour l'entretien de trois cents aveugles internes, l'établissement secourt plus de quinze cents aveugles

---

[1] La lettre patente établissant cette donation existe intacte dans les riches archives de l'hospice.

externes, dont deux cents reçoivent une pension de 200 francs, quatre cents une de 150 francs et neuf cent cinquante une de 100 francs.

L'hospice vit de ses propres revenus, composés de rentes sur l'État et de diverses propriétés, administrées par le Directeur avec l'aide d'une commission consultative et sous la haute direction du Ministre de l'intérieur.

L'infirmerie de l'hospice est desservie par les Sœurs de la Charité de Nevers.

Les demandes d'admission et de pension doivent être adressées au Ministre de l'intérieur et être accompagnées des pièces indiquées ci-dessus.

*Directeur :* M. G. DERRIEN.

## INSTITUTION NATIONALE DES JEUNES AVEUGLES.

Boulevard des Invalides, 56 (vii° arrondissement).

Ministère de l'intérieur.

Cette institution, consacrée à l'instruction des jeunes garçons et des jeunes filles aveugles, a été créée en 1791 par Louis XVI. Valentin Haüy, qui avait formé en France un établissement pour les aveugles, en fut le premier instituteur.

Le Gouvernement, au moyen d'une subvention accordée à l'institution, y entretient un certain nombre d'élèves. Le chiffre des bourses a été fixé à cent vingt, qui doivent être divisées, autant que possible, en demi-bourses et trois-quarts de bourse, dans la proportion de deux tiers pour les garçons et d'un tiers pour les filles.

Les demandes d'admission gratuite doivent être adressées au Ministre de l'intérieur et être accompagnées :

1° De l'acte de naissance de l'élève proposé, qui ne doit avoir ni moins de neuf ans ni plus de treize ans;

2° De l'acte de baptême;

3° D'un certificat délivré par un médecin et légalisé par qui de droit, constatant que l'enfant est frappé de *cécité complète et incurable*, qu'il jouit de toutes ses facultés intellectuelles, qu'il n'est pas épileptique, qu'il n'est atteint ni de scrofule au second degré, ni de maladies contagieuses, ni d'aucune infirmité qui le rende inhabile aux travaux dont les aveugles sont capables; enfin qu'il a eu la petite vérole ou qu'il a été vacciné avec succès.

Indépendamment des boursiers de l'État, on admet dans l'institution des élèves boursiers des départements, des villes et des administrations hospitalières, ainsi que des pensionnaires des familles. Le prix de la pension est, pour ces derniers, fixé à 1,000 francs par an, à moins d'une réduction qui ne peut être accordée que par le Ministre de l'intérieur; le prix de la bourse départementale est de 600 francs. Pour tous, le trousseau coûte 320 fr.

Les élèves reçoivent une éducation morale et religieuse, l'instruction primaire et l'enseignement professionnel le mieux approprié à leur situation.

Cet enseignement comprend spécialement la musique et les arts qui s'y rattachent; quelques ateliers de travaux manuels, tels que la fabrication du filet, l'imprimerie, etc.

Un comité de patronage et de secours s'occupe des élèves à leur sortie de l'établissement.

*Directeur :* M. ROMAND.

## ASILE POUR LES JEUNES AVEUGLES.

### PROVIDENCE SAINTE-MARIE.

Rue de Reuilly, 77 (xii° arrondissement).

### Filles.

Les Sœurs de Saint-Vincent-de-Paul reçoivent, moyennant une pension de 600 francs, les jeunes filles sortant de l'Institution des Jeunes Aveugles et n'ayant aucun parent qui puisse les recueillir.

S'adresser au ministère de l'intérieur ou à la Supérieure de la Providence Sainte-Marie.

## OEUVRE DES SOEURS AVEUGLES DE SAINT-PAUL.

Rue d'Enfer, 88 (xiv° arrondissement).

Approuvée par un décret du 24 août 1857.

Cette OEuvre, fondée en 1851, a pour but: 1° de

secourir les jeunes filles aveugles en leur ouvrant pour toute leur vie, si elles le veulent, un asile assuré. On les reçoit dès l'âge de quatre ans, on pourvoit à leur éducation et à leur entretien, et on leur enseigne les travaux qu'elles sont capables de faire;

2° De procurer aux jeunes aveugles qui s'y sentiraient appelées la consolation de se consacrer au service de Dieu, la communauté se composant de sœurs aveugles et de sœurs voyantes;

3° L'OEuvre admet également des dames pensionnaires aveugles auxquelles un revenu modeste ne permettrait pas de vivre dans le monde;

4° L'OEuvre reçoit des jeunes filles appelées *demi-voyantes*, qui, ne pouvant pas s'appliquer au travail de la couture dans les ouvroirs, ont besoin d'apprendre un état à la portée de leur vue;

5° Enfin l'OEuvre reçoit aussi et élève des jeunes filles voyantes auxquelles elle donne une éducation professionnelle.

Une OEuvre dite Auxiliaire des Sœurs aveugles de Saint-Paul a été créée dans le but de propager l'OEuvre principale, de la recommander et d'attirer vers elle les bienfaits des personnes charitables. Les membres de cette OEuvre payent une cotisation de 24 francs par an.

On reçoit aussi des souscriptions de 6 francs par an.

Les demandes d'admission dans l'établissement doivent être adressées à M^{me} la Supérieure, rue d'Enfer, 88.

## SOCIÉTÉ GÉNÉRALE DE PATRONAGE
### ET D'ASSISTANCE
#### POUR LES SOURDS-MUETS ET JEUNES AVEUGLES.

(Voir *Sourds-Muets.*)

## INSTITUTION POUR LES SOURDS-MUETS
### ET JEUNES AVEUGLES.

(Voir *Sourds-Muets.*)

## INSTITUTION DES JEUNES AVEUGLES.

A Notre-Dame-de-Larnay, par Poitiers (Vienne).

**Filles.**

Dirigée par les Sœurs de la Sagesse.

Les jeunes filles aveugles sont reçues au prix de 450 francs par an. (Pour les autres conditions, voir l'Institution des Sourdes-Muettes, même établissement.)

L'âge le plus favorable pour commencer l'instruction est de huit à quatorze ans. L'instruction doit durer sept ou huit ans.

Instruction primaire et religieuse. — Musique vocale, piano et orgue. — Instruction industrielle, tricots, et travaux manuels selon les facultés de l'élève.

## INSTITUTION NATIONALE DES SOURDS-MUETS.

Rue Saint-Jacques, 254 (v° arrondissement).

Ministère de l'intérieur.

### Garçons.

Cette institution, fondée par l'abbé de l'Épée en 1760 et dotée par Louis XVI en 1778, n'a pas cessé depuis cette époque d'être soutenue par l'État, qui y entretient cent quarante places gratuites divisibles par fractions de bourse.

La ville de Paris y entretient aussi quarante bourses.

Pour être admis dans l'Institution comme boursier de l'État, il faut en adresser la demande au Ministre de l'intérieur et produire l'acte de naissance, l'acte de baptême, des certificats d'indigence, de vaccine, et constatant l'infirmité, toutes ces pièces dûment légalisées.

L'enfant devra avoir dix ans accomplis et pas plus de quatorze; il est examiné à son entrée par le médecin de l'établissement. Les départements, les communes et les administrations charitables peuvent fonder et entretenir des bourses, dont le prix est de 600 francs.

La durée des études est de sept ans. Les cours de la division élémentaire comprennent la langue écrite, l'articulation de la parole et sa lecture sur les lèvres de celui qui parle, le calcul et l'enseignement religieux préparatoire à la première communion.

Des ateliers sont établis pour les enfants qui devront demander au travail manuel leurs moyens d'existence. Les principaux ateliers sont consacrés à l'horlogerie, la lithographie, l'horticulture, la reliure, la menuiserie, etc.

Les élèves qui appartiennent à des familles aisées ou qui montrent une aptitude particulière sont placés dans une classe spéciale. Le prix de la pension est fixé à 1,000 francs, à moins d'une réduction qui ne peut être accordée que par le Ministre. Le prix du trousseau est de 320 francs.

Depuis 1859, cette institution est consacrée exclusivement aux garçons : les filles sont placées à Bordeaux.

*Directeur :* M. MARTIN ETCHEVERRY.

## INSTITUTION NATIONALE DES SOURDES-MUETTES.

### A Bordeaux.

Ministère de l'intérieur.

Cette institution, fondée par l'abbé Sicard, est aujourd'hui un établissement public exclusivement consacré, par décret du 11 septembre 1859, à l'enseignement des jeunes filles sourdes-muettes.

L'État y entretient soixante-quinze bourses, divisibles par fractions.

La durée des études est de six ans. Les conditions d'admission sont les mêmes que pour l'Institution des Sourds-Muets à Paris. L'enseignement et la surveillance sont confiés aux Sœurs de la Charité de Nevers.

Les jeunes filles apprennent à s'occuper des divers travaux du ménage, à coudre, broder, dessiner, peindre sur porcelaine, etc.

*Directeur :* M. le comte DE MALARTIC.

## INSTITUTION NATIONALE DES SOURDS-MUETS.

### A Chambéry (Savoie).

#### Ministère de l'intérieur.

Cet établissement, destiné à l'éducation des sourds-muets des deux sexes, était une institution royale des États Sardes. Il a été classé parmi les établissements généraux de bienfaisance et d'utilité publique par un décret en date du 17 octobre 1861.

Le quartier des garçons, installé dans le domaine de Corinthe, à 3 kilomètres de Chambéry, est confié aux Frères de l'Instruction chrétienne; les élèves y sont particulièrement dirigés vers la pratique d'une profession agricole. Le quartier des filles forme une section spéciale dans le couvent tenu à Chambéry par les Religieuses du Sacré-Cœur.

On reçoit des pensionnaires et des boursiers. Les bourses fondées par le département et les communes sont fixées au prix de 400 francs. Les nominations aux bourses de l'État sont faites par le Ministre de l'intérieur. On ne peut être reçu boursier que de dix à quinze ans.

La pension est de 600 francs; elle peut être réduite à 400 francs, suivant la position des familles. Pour tous les élèves, le prix du trousseau est de 240 francs. Aucun élève n'est conservé après l'âge de vingt et un ans.

Les élèves reçoivent une éducation morale et religieuse, une instruction élémentaire et un enseignement professionnel.

Les demandes d'admission doivent être accompagnées : 1° de l'acte de naissance; 2° d'un certificat de médecin constatant l'infirmité; 3° d'un engagement de payer la somme de 240 francs pour le trousseau. Elles doivent être adressées au Ministre de l'intérieur.

*Directeur de l'Institution :* M. l'abbé RIEFFEL.

## SOCIÉTÉ CENTRALE D'ÉDUCATION
### ET D'ASSISTANCE
#### POUR LES SOURDS-MUETS EN FRANCE.
Rue Saint-Jacques, 254 (vᵉ arrondᵗ).

Reconnue d'utilité publique par décret du 16 mars 1870.

Le but de cette Société, fondée en 1850, est l'amélioration du sort physique et moral des sourds-muets de l'un et l'autre sexe. Elle procure aux enfants les bienfaits de l'instruction en les plaçant dans des écoles primaires, ou dans des internats, jusqu'à ce qu'ils puissent entrer dans les institutions spéciales. Elle fournit aux adultes valides des moyens d'existence par le travail, et aux malades et aux vieillards l'assistance que leur position réclame ; et enfin elle assure aux sourds-muets dans toutes les circonstances de leur vie une protection et un patronage permanents.

L'OEuvre a établi une bibliothèque, des cours d'adultes et des instructions religieuses faites le dimanche, à une heure et demie, dans l'église Saint-Roch par M. l'Aumônier des Sourds-Muets de Paris.

Les ressources de la Société proviennent des subventions de l'Administration et des dons de la charité.

Le minimum de la cotisation annuelle des membres est fixé à 10 francs.

*Président* : M. DEVIENNE, premier Président de la Cour de cassation, place Vendôme, 12.

*Secrétaire général* : M. le docteur LADREIT DE LA CHARRIÈRE, rue Bonaparte, 1.

Les demandes de renseignements et de secours doivent être adressées au siége de la Société, rue Saint-Jacques, 254, au Secrétaire général.

Le secrétariat est ouvert tous les mercredis, de 11 heures à 2 heures.

# SOCIÉTÉ GÉNÉRALE
## D'ÉDUCATION, DE PATRONAGE ET D'ASSISTANCE
### EN FAVEUR
### DES SOURDS-MUETS ET DES JEUNES AVEUGLES.

Cette Société a été fondée en 1847 par le docteur Blanchet, dans le but de donner, depuis l'enfance jusqu'à la vieillesse, aux *sourds-muets* sans fortune et aux *enfants aveugles, sourds-muets, aveugles*, l'assistance religieuse, morale, intellectuelle et physique que leur position réclame. Elle a créé des écoles dans plusieurs arrondissements de Paris, sur divers points de la France et dans nos colonies, où les enfants aveugles, sourds-muets, ou parlants nés de parents sourds-muets, sont élevés au milieu d'enfants parlants et voyants.

Elle délivre, à la fin de l'année scolaire, à tous les enfants qui se sont fait remarquer par leur bonne conduite et leur travail des livrets de patronage, qui, au sortir des écoles, servent à acquitter les frais d'apprentissage et à pourvoir à leurs besoins.

Elle donne aussi des livrets d'encouragement aux apprentis et ouvriers sortant des écoles, aux mères de famille les plus attentives, aux sourds-muets adultes les plus méritants, et à ceux qui par leur économie sont parvenus à se créer un livret de caisse d'épargne.

La Société a établi des cours pour les adultes, où l'instruction élémentaire et supérieure est offerte à tous les sourds-muets, à tous les aveugles; elle fournit des secours aux malades, aux infirmes et aux vieillards, et assiste par le ministère d'avocats, d'avoués et d'interprètes le sourd-muet devant les tribunaux, ainsi que dans tous les actes de la vie civile.

Consultations gratuites pour les élèves des classes le jeudi chez les Frères, avenue de la Roquette, 25.

Consultations gratuites et médicaments pour les personnes secourues par la Société.

### ÉCOLES COMMUNALES DE L'OEUVRE À PARIS.

#### Écoles de Garçons.

Arrondissements.

I°. Rue d'Argenteuil, 37.

V°. Rue de Poissy, 27.

VII°. Rue Vanneau, 76.

X°. Rue des Petits-Hôtels, 10.

XI°. Avenue de la Roquette, 25, école Saint-Antoine.
Rue Morand, 3.

XVII°. Rue Lemercier, 105 (les Batignolles).

#### Écoles de Filles.

I°. Rue de la Sourdière, 27.

V°. Rue Thouin, 15.

XI°. Rue du Chemin-Vert, 70.

Les demandes d'admission doivent être adressées, soit aux maires des divers arrondissements pour les écoles communales (ou à la maison des Frères, rue

Oudinot, 27), soit à M. le Curé de Saint-Roch, ou à M. Lévy, Présidents de la société, ou à M<sup>lle</sup> GIRETTE, Secrétaire générale.

On fait partie de l'OEuvre comme Membre honoraire par une souscription annuelle. Toute souscription de 100 francs donne droit au titre de Fondateur.

. Les dons et souscriptions sont reçus par M<sup>lle</sup> Girette, Secrétaire générale, rue Beautreillis, 6.

## SOCIÉTÉ POUR L'INSTRUCTION
## ET LA PROTECTION DES SOURDS-MUETS,
### POUR L'ENSEIGNEMENT SIMULTANÉ
#### DES SOURDS-MUETS ET DES ENTENDANTS-PARLANTS.

Secrétariat : Quai de la Mégisserie, 14 (1<sup>er</sup> arrondissement).

Reconnue d'utilité publique par décret du 10 mai 1875.

La Société a pour but la protection des sourds-muets : 1° par les bourses et subventions qu'elle leur accorde pour leur admission dans les écoles comme externes ou comme internes ; 2° par le patronage qu'elle continue après leur sortie de l'école pour les aider à exercer une profession et à se créer des moyens d'existence.

Cette Société a été fondée en 1866 par M. Augustin Grosselin, inventeur de la méthode phonomimique. Les sourds-muets instruits à l'aide de cette méthode dans les écoles d'enfants entendants-parlants arrivent eux-mêmes à parler distinctement.

La méthode phonomimique est employée dans un grand nombre d'écoles et d'asiles.

La Société accorde des prix, des médailles et des livrets de caisse d'épargne aux élèves les plus méritants.

Une somme de 100 francs au moins, une fois payée, donne le titre de Fondateur.

Sont souscripteurs ceux qui s'engagent à verser annuellement une somme de 10 francs.

*Président :* M. Waddington, membre de l'Institut.

*Vice-Présidents :* MM. A. Bourguin et E. Grosselin.

*Secrétaire général :* M. Émile Blondel.

*Trésorier :* M. Gustave Guérard.

## INSTITUTION
## DE SOURDS-MUETS ET DE JEUNES AVEUGLES.
### A Saint-Médard-lez-Soissons (Aisne).

Fondé en 1840 par M. l'abbé Dupont dans l'ancienne abbaye de Saint-Médard, cet établissement compte aujourd'hui plus de cent cinquante sourds-muets et trente aveugles des deux sexes. Les filles sont placées sous la direction des Religieuses, et les garçons sous celle des Frères; la grande étendue des bâtiments permet de les séparer entièrement les uns des autres.

Le prix de la pension est de 450 francs par an pour les sourds-muets et 500 francs pour les aveugles, plus un trousseau ou, à défaut de trousseau, un supplément de pension de 5o francs par an.

Quelques départements, quelques villes, le ministère de l'intérieur et plusieurs administrations hospitalières entretiennent des bourses ou demi-bourses.

Les élèves sont reçus de neuf ans jusqu'à seize ans et même plus âgés s'ils annoncent beaucoup d'intelligence et de désir de s'instruire.

La durée du cours pour les boursiers est de six ans pour les sourds-muets et de huit ans pour les aveugles. Les uns et les autres reçoivent une instruction religieuse donnée avec le plus grand soin et font des études aussi complètes que possible.

Un asile-ouvroir où travaillent les adultes, des ateliers de couture, de broderie, de tapisserie, pour les filles, de cordonnerie, de menuiserie, et un cours d'horticulture, pour les garçons, permettent d'occuper les élèves selon leur goût et leurs aptitudes.

Les demandes de bourse doivent être adressées au préfet du département où réside l'enfant.

Les demandes d'admission peuvent être adressées à Mgr l'évêque de Soissons, à qui appartient l'établissement, ou à M. l'aumônier de Saint-Médard.

## PENSIONNAT DES SOURDES-MUETTES.

### A Bourg-la-Reine (Seine).

Le pensionnat des sourdes-muettes de Bourg-la-

Reine appartient aux Religieuses de Notre-Dame-du-Calvaire, dont la maison-mère est à Gramat (Lot).

Les enfants sont admises dès l'âge de six ans. Il n'y a pas de limite d'âge pour la sortie, mais la durée des études est au moins de six années.

Le programme des études comprend : l'instruction religieuse, la langue française, le calcul élémentaire, la géographie, l'histoire sainte, l'histoire de France, le dessin.

On enseigne aux élèves à parler et à comprendre les mots par le mouvement des lèvres de leur interlocuteur.

Un ouvroir annexé au pensionnat permet de garder après leurs études les enfants sans famille. Quelques-unes d'entre elles ont été admises comme religieuses dans la communauté de Bourg-la-Reine.

Le prix de la pension varie de 400 à 600 francs, suivant la position des familles. La Société centrale d'éducation et d'assistance pour les sourds-muets, en France, place dans cette maison des élèves pour lesquelles la Société paye un prix réduit.

On admet depuis quelques années des élèves parlantes.

S'adresser, pour les admissions, à M$^{me}$ la Supérieure, à Bourg-la-Reine.

## INSTITUTION DES SOURDES-MUETTES.

### Au Puy (Haute-Loire).

Asile départemental et pensionnat dirigés par les Sœurs de la Présentation-de-Marie (du Bourg-Saint-Andéol, Ardèche).

Les jeunes filles sont admises de neuf à treize ans, au prix de 3oo francs par an.

École et ouvroir.

## INSTITUTION DES SOURDES-MUETTES.

### A N.-D.-de-Larnay, par Poitiers (Vienne).

Dirigée par les Sœurs de la Sagesse, de Saint-Laurent-sur-Sèvre.

Les jeunes filles sourdes-muettes sont admises de sept à seize ans; mais l'âge le plus favorable pour commencer l'instruction est de dix à quatorze ans. L'instruction doit durer sept ans.

On ne reçoit aucune enfant atteinte de maladie contagieuse ou incurable.

4oo francs par an (avec réduction dans certains cas, selon la position des parents).

Autant que possible, il faut un trousseau ou une entrée de 3 ou 4oo francs. Huit départements payent une subvention à l'établissement pour des bourses.

Instruction spéciale religieuse et primaire. — Travaux à l'aiguille.

Ouvroir pour la confection des ornements d'église brodés et de tous genres pour les particuliers et pour divers magasins à Paris et à Lyon.

Il existe dans la maison un asile pour les jeunes aveugles (p. 399).

## INSTITUTION DES SOURDES-MUETTES.

Rue Saint-Marceau, 117, à Orléans (Loiret).

Dirigée par les Sœurs de la Sagesse.

On reçoit les jeunes filles depuis l'âge de cinq ans; elles sortent lorsqu'elles le désirent.

La pension entière est de 400 francs par an; 25 francs d'entrée pour la literie.

On leur enseigne l'articulation de la parole. — Classes. — Ouvroir. — Soins du ménage.

## ORPHELINAT POUR LES SOURDES-MUETTES.

A Veyre (Puy-de-Dôme).

Dirigé par les Petites Sœurs de Jésus Franciscaines.

Les jeunes filles sourdes-muettes indigentes sont admises gratuitement et reçoivent une instruction primaire et professionnelle.

On leur enseigne le langage par signes.

Entrée : 100 francs.

CONFESSEURS POUR LES SOURDS-MUETS À PARIS.

M. l'abbé LAMBERT, aumônier de l'Institution nationale des sourds-muets, rue Saint-Jacques, 254.

M. l'abbé GOISLOT, vicaire à Saint-Roch, rue Saint-Roch, 6.

M. l'abbé LAMINETTE, vicaire de Sainte-Marguerite, rue Saint-Bernard, 30.

M. l'abbé J. LEFÈVRE, vicaire de Saint-Jean-Baptiste-de-Grenelle, rue des Entrepreneurs, 82.

## INSTITUTION DES BÈGUES DE PARIS.

Avenue d'Eylau, 90 (xvi⁰ arrondissement).

Traitement du bégayement et autres défauts de prononciation, sans remède ni opération, ni le secours d'aucun instrument, mais par l'emploi d'une méthode de langage.

Cours payants.

Cours gratuits pour les bègues indigents des départements qui subventionnent l'institution, sur la présentation de l'acte de naissance et du certificat d'indigence.

*Directeur :* M. CHERVIN aîné.

# CHAPITRE VIII.

**Prévoyance. — Épargne. — Secours mutuels.**

---

## CAISSE D'ÉPARGNE ET DE PRÉVOYANCE.

Caisse centrale : rue Coq-Héron, 9 (1ᵉʳ arrondissement).
Ouverte tous les jours, de 10 heures à 1 heure.

Établissement reconnu d'utilité publique.

La Caisse d'épargne, fondée en 1818 par M. le duc de la Rochefoucauld-Liancourt et M. Delessert, procure aux ouvriers, aux domestiques, aux personnes qui ne vivent que de leur travail, un placement productif pour la partie de leurs gains ou de leurs gages qu'ils peuvent économiser, et qu'ils retrouvent, augmentée des intérêts, au jour du besoin.

La Caisse d'épargne est gouvernée par un conseil composé de vingt-cinq directeurs qui se réunit une fois par mois; elle est régie par un comité s'assemblant deux fois par semaine, et par dix-huit cents administrateurs qui font alternativement le service les dimanches et lundis, jours de versement.

Toutes ces fonctions sont gratuites. Les frais de gestion sont acquittés au moyen d'une retenue sur l'intérêt des sommes déposées.

Il est délivré gratuitement à tout déposant qui verse pour la première fois, soit à la caisse centrale, soit à l'une des succursales, un livret numéroté destiné à l'inscription de toutes les sommes qui seront successivement versées ou retirées pour son compte.

Les versements peuvent être effectués par un tiers.

Lorsque le premier versement a été fait au nom d'un enfant mineur par son père, sa mère ou son tuteur, aucune somme ne peut être remboursée qu'à la personne chargée de l'administration de ses biens ou de sa tutelle.

Les dépôts effectués au nom d'une femme mariée, inscrite comme telle sur le livret, ne peuvent être retirés qu'avec le consentement du mari.

Aucun déposant ne peut être porteur de plus d'un livret en son nom personnel, soit dans une même caisse, soit dans des caisses différentes.

Tout contrevenant à cette disposition est remboursé immédiatement sans aucune bonification d'intérêts et ne peut plus avoir de compte à la Caisse d'épargne.

On ne peut faire qu'un versement par semaine, et il ne peut être moindre de 1 franc ni excéder 300 francs. Aucun versement n'est reçu lorsque la somme déposée atteint le chiffre de 1,000 francs, soit par le capital, soit par l'accumulation des intérêts, sauf les exceptions suivantes : le compte des sociétés de secours mutuels peut s'élever jusqu'à la somme de 8,000 francs; les réengagés dans les armées de terre et de mer sont admis à déposer en un seul versement le prix de leur réengagement, quel qu'il soit, et les marins de l'inscription maritime sont admis à déposer en un seul versement le montant de leur solde au moment de leur embarquement ou débarquement.

Sauf ces exceptions, lorsque par suite du règlement des intérêts la somme déposée dépasse 1,000 francs, si dans les trois mois elle n'a pas été réduite au-dessous de ce chiffre, l'Administration achète, au compte du déposant, une rente sur l'État de 10 francs. Pour les sociétés de secours mutuels, lorsque leur compte dépasse 8,000 francs, si elles ne le réduisent pas, l'Administration achète à leur profit une rente de 100 francs sur l'État : celles qui sont reconnues par décret comme établissements d'utilité publique peuvent faire des dépôts de fonds égaux à la totalité de ceux qui seraient permis au profit de chaque sociétaire individuellement.

L'argent confié à la Caisse d'épargne est déposé à la Caisse des dépôts et consignations, qui lui bonifie un intérêt de 4 p. o/o, et cet argent reste à la charge du Trésor public, qui en est responsable. Le taux de l'intérêt est fixé tous les ans pour chaque Caisse : il est à Paris de 3 fr. 25 cent. p. o/o (1876). Cet intérêt s'ajoute au capital et produit des intérêts à son tour.

La Caisse d'épargne tient compte de l'intérêt à

partir de huit jours après le versement, jusqu'au dimanche qui précède le jour désigné pour le remboursement. Toute somme de 1 franc produit intérêt; les fractions de franc n'en produisent pas.

Les dépôts et les demandes de remboursement peuvent être faits dans toutes les caisses ou succursales.

Par suite d'une décision récente, les déposants peuvent obtenir le remboursement partiel des sommes portées à leur compte sans demande préalable, en se présentant, munis de leurs livrets, à la caisse centrale tous les jours de la semaine, excepté le dimanche et le lundi, de 10 heures à 1 heure.

La demande préalable n'est maintenue que lorsqu'il s'agit d'un remboursement total donnant lieu à la liquidation du compte.

Les déposants ont le droit de faire transférer leurs fonds d'une caisse à une autre.

Tout déposant dont le crédit est de somme suffisante pour acheter une unité de rente a l'avantage de pouvoir obtenir sur sa demande, par l'intermédiaire de la Caisse d'épargne, et gratuitement, une inscription de rente sur le Grand-Livre de la Dette publique. Il peut laisser ses titres à la Caisse d'épargne, qui se charge gratuitement de toucher les arrérages pour le compte du titulaire. (Voir plus haut pour les achats d'office.)

La Caisse d'épargne reçoit aussi, mais à la caisse

centrale seulement, des dons conditionnels, soit au profit de mineurs, avec la condition que les versements et les intérêts en provenant ne pourront être délivrés qu'à leur majorité, soit au profit d'individus majeurs, avec la condition que les fonds ne pourront être retirés qu'à une époque fixée par le donateur, mais qui ne doit pas excéder vingt-cinq ans. Mention est faite de ces conditions sur le livret et sur les registres.

*Président du Conseil :* M. F. BARTHOLONY.

*Secrétaire :* M. F. LEFEBVRE.

*Agent général :* M. BAYARD, rue Coq-Héron, 9.

Toutes les réclamations doivent être adressées à l'Agent général.

La caisse centrale, rue Coq-Héron, 9, est ouverte tous les jours de la semaine, de 10 heures à 1 heure.

Les succursales dans Paris sont ouvertes le dimanche et le lundi, de 9 heures à midi, dans toutes les mairies, excepté au 1er et au IIe arrondissement, desservis par la caisse centrale.

Le XVIIIe arrondissement a en plus une succursale, Grande Rue de la Chapelle, 61.

Les succursales dans la banlieue sont ouvertes le dimanche, de 9 heures à midi, aux mairies de Saint-Denis, Courbevoie, Neuilly, Pantin, Boulogne, Aubervilliers, Levallois-Perret, Sceaux, Charenton, Ivry, Vincennes, Choisy-le-Roi, Montrouge.

# INSTITUTION DES CAISSES D'ÉPARGNE SCOLAIRES.

### OEUVRE ANNEXE

#### DE LA SOCIÉTÉ DES INSTITUTIONS DE PRÉVOYANCE.

Rue de Rennes, 44 (vi° arrondissement).

La Caisse d'épargne scolaire a pour but de mettre la Caisse d'épargne à la portée et à la mesure de l'enfant, en lui procurant le moyen de déposer ses petites épargnes inférieures au franc admis par la Caisse d'épargne ordinaire et la faculté de déposer sans déplacement, dans l'école même, entre les mains de l'instituteur.

Quand les sous épargnés ont atteint la somme de *un franc*, ce franc est versé mensuellement à la Caisse d'épargne de la localité par l'instituteur; il est inscrit sur un livret ordinaire au nom de l'écolier, qui devient ainsi un véritable déposant de la grande Caisse d'épargne. Par ce maniement du livret, qui lui rend palpable l'OEuvre de l'épargne, l'écolier, tout en se faisant un précieux pécule, s'exerce aux vertus d'ordre, d'économie et de sobriété.

## CAISSE DE RETRAITES POUR LA VIEILLESSE.

Rue de Lille, 56 (vii° arrondissement), à la Caisse des dépôts et consignations.

(Lois des 18 juin 1850, 12 juin 1861, 4 mai 1864 et 20 décembre 1872.)

La Caisse de retraites est gérée par l'État et placée sous sa garantie.

Elle a pour objet la constitution au profit de toute personne de l'un ou l'autre sexe, âgée de plus de trois ans, d'une rente payable jusqu'à son décès, à partir d'une année d'âge fixée, au choix du déposant, de cinquante à soixante-cinq ans.

Les rentes viagères sont inscrites au Grand-Livre de la Dette publique.

Elles sont payables par trimestre : à Paris, à la caisse centrale du Trésor public ; dans les départements, chez les trésoriers payeurs généraux, les receveurs particuliers, et dans les communes, par l'intermédiaire des percepteurs.

Les versements sont reçus à Paris à la Caisse des dépôts et consignations, rue de Lille, 56, et en province dans les endroits indiqués ci-dessus.

Ils peuvent être faits à capital aliéné, c'est-à-dire à fonds perdu, ou à capital réservé. Dans ce dernier cas, ils sont remboursés, lors du décès du titulaire, à ses héritiers ou ayants droit.

Les versements doivent être de 5 francs et au-dessus sans fraction de franc.

Les versements faits pendant le mariage par l'un des conjoints profitent séparément à chacun d'eux par moitié, sauf dans le cas de séparation de biens ou d'autorisation judiciaire.

Les versements peuvent être faits par le titulaire lui-même, par un intermédiaire ou par un donateur.

Le donateur peut stipuler la réserve du capital à son profit ou à celui des héritiers du donataire.

Les rentes sont incessibles et insaisissables jusqu'à concurrence de 360 francs.

A l'appui du premier versement, il doit être produit un acte de naissance (délivré dans ce but sur papier libre et sans frais), ou toute autre pièce établissant la date et le lieu de la naissance.

Un livret contenant le texte de la loi et le règlement d'administration est remis aux déposants lors du premier versement moyennant 25 centimes. Ce livret leur sert de titre. A l'époque de l'ouverture de la retraite, il est remplacé par une inscription de rente viagère sur l'État.

L'ouverture de la pension ne peut avoir lieu avant cinquante ans, à moins de cas exceptionnels d'infirmités ou blessures. Mais le déposant est libre d'en reculer lui-même l'époque, par une déclaration nouvelle, jusqu'à l'âge de soixante-cinq ans: dans ce cas, l'abandon de ses arrérages produit intérêt comme un versement nouveau.

Les versements faits au compte de la même personne du 1er janvier au 31 décembre de la même année ne peuvent excéder 4,000 francs.

La rente viagère inscrite au compte de la même personne ne peut dépasser 1,500 francs.

La Caisse des retraites offre à l'ouvrier une ressource précieuse pour le temps de sa vieillesse. En versant par exemple 10 centimes par jour, c'est-à-dire 30 francs par an depuis l'âge de vingt ans, une personne aurait droit à soixante-cinq ans à une pension viagère annuelle de 1,140 francs si le capital est aliéné (à fonds perdu), ou de 816 francs en réservant le capital aux héritiers.

En versant pour un enfant depuis l'âge de trois ans 15 francs par an (5 centimes par jour), il aurait droit, à soixante-cinq ans, à une pension de 1,278 fr. en réservant le capital aux héritiers.

Les opérations de la Caisse des retraites sont applicables aux usines, aux grandes compagnies, aux sociétés de secours mutuels, aussi bien qu'aux individus isolés. Les sociétés de secours mutuels ne sont pas astreintes à observer les limites indiquées ci-dessus pour le dépôt des fonds.

### CAISSE D'ASSURANCE EN CAS DE DÉCÈS.

Rue de Lille, 56, à la Caisse des dépôts et consignations.

( Loi du 11 juillet 1868. )

La Caisse d'assurance en cas de décès a pour objet d'assurer aux héritiers ou ayants droit de l'assuré, lors du décès de celui-ci, le payement d'un capital déterminé.

Les assurances peuvent être contractées sur la tête de toute personne âgée de seize ans au moins et de soixante ans au plus.

Elles sont contractées moyennant le payement d'une prime unique, ou de primes annuelles payables jusqu'au décès de l'assuré ou pendant un nombre d'années déterminé.

Les sommes assurées sur une même tête ne peuvent excéder 3,000 francs. Elles ne peuvent être ni saisies ni cédées jusqu'à concurrence de la moitié, sans toutefois que la partie incessible et insaisissable puisse descendre au-dessous de 600 francs.

Le payement des primes et le payement des sommes assurées se fait dans les endroits indiqués pour la Caisse des retraites.

L'acte de naissance est nécessaire pour le premier versement des primes. Pour le payement de l'assurance, on exige les pièces établissant les droits des héritiers; ces pièces peuvent être sur papier libre.

Les assurés ne sont pas soumis à la visite d'un médecin; mais les assurances contractées moins de deux ans avant le décès de l'assuré demeurent sans effet : les primes sont alors seulement remboursées avec l'intérêt à 4 p. o/o.

Les personnes qui n'ont que des ressources viagères peuvent avoir un grand intérêt à assurer par un léger sacrifice le payement d'une somme à leur famille après leur décès.

Ainsi une personne de vingt ans, payant une seule fois une prime de 100 francs, assurerait à ses héritiers une somme de 362 fr. 95 cent. au moment de son décès.

Une personne de vingt ans payant 20 francs par an pendant vingt ans, ses héritiers toucheraient 961 fr. 53 cent.

## CAISSE D'ASSURANCE EN CAS D'ACCIDENTS.

Rue de Lille, 56, à la Caisse des dépôts et consignations.

### (Loi du 11 juillet 1868.)

Cette Caisse a pour objet de constituer des pensions viagères au profit des personnes assurées qui, dans l'exécution de travaux agricoles ou industriels, seront atteintes de blessures entraînant une incapacité permanente de travail, et de donner des secours aux veuves et enfants mineurs, ou, à leur défaut, au père ou à la mère sexagénaire des personnes assurées qui auraient péri par suite d'accidents survenus dans l'exécution desdits travaux.

Les assurances en cas d'accidents sont faites pour un an, moyennant le versement d'une prime de 8 fr., 5 francs ou 3 francs. Elles peuvent être renouvelées indéfiniment.

Tout individu âgé de plus de douze ans peut s'assurer ou être assuré par un tiers.

Les pensions viagères sont réglées d'après les accidents survenus. Ceux-ci sont distingués en deux classes :

1° Accidents entraînant une incapacité permanente de travail ;

2° Accidents entraînant une incapacité permanente de la profession.

L'appréciation de l'importance des accidents est attribuée à une commission spéciale désignée dans chaque localité.

Le minimum de la pension allouée pour la première catégorie est 150 francs et le maximum 644 francs, suivant le nombre d'années pendant lesquelles la prime a été payée et l'importance de cette prime. Les pensions allouées pour la seconde catégorie des accidents sont moitié moins considérables.

Le secours alloué en cas de mort à la veuve, aux enfants mineurs ou, à leur défaut, au père ou à la mère sexagénaire de l'assuré, est égal à deux années de la pension à laquelle il aurait eu droit.

S'il laisse à la fois une veuve et des enfants mineurs, ce secours est doublé.

### MONT-DE-PIÉTÉ.

Administration centrale : rue des Francs-Bourgeois, 55.

Succursales : rue Bonaparte, 16, et rue Servan, 23.

Bureaux auxiliaires dans les vingt arrondissements de Paris.

L'institution du Mont-de-piété a pour but de faciliter à ceux qui ont besoin d'argent un emprunt immédiat contre le dépôt d'un nantissement, mais ce n'est pas à proprement parler un établissement charitable ou de bienfaisance : il sert en réalité à toutes les classes de la société; ses services ne sont pas gratuits, au moins à Paris.

Le Mont-de-piété prête sur dépôt d'objets de toute nature, en conservant le droit de vendre le gage s'il n'est pas retiré à l'époque fixée dans la reconnaissance qu'il délivre.

Sur les matières d'or et d'argent il prête les quatre cinquièmes de la valeur, et sur les objets mobiliers, les trois quarts.

Le prêt est fait pour quatorze mois, avec la faculté de dégager avant l'expiration de ce terme le nantissement, mais à la charge par l'emprunteur de payer l'intérêt des mois échus ou, à l'expiration du terme, de renouveler son engagement. L'intérêt est de 3/4 p. o/o par mois, ou 9 p. o/o par an. Il faut payer en outre un droit fixe de 1/2 p. o/o pour les commissaires-priseurs.

Si, le terme échu, l'emprunteur n'a pas retiré son gage ou renouvelé son engagement, le gage est vendu aux enchères publiques, et le boni ou la plus-value sur l'estimation, prêt et frais prélevés, reste pendant trois ans à la disposition de l'emprunteur; passé ce temps, le boni appartient à l'Administration des hospices, entre les mains de laquelle le Mont-de-piété est tenu de verser ses bénéfices, tous frais de gestion ou autres prélevés.

Le Mont-de-piété reçoit à Paris par an environ 1,600,000 articles pour une valeur de 32,150,000 fr. Il en est dégagé environ 1,400,000, représentant une somme de 28 millions. Les engagements sont renouvelés pour près de 600,000 articles, représentant une somme de 15,660,000 francs; il en est vendu 132,000, représentant une somme de 2,200,000 francs.

En moyenne, 5,190 objets sont déposés chaque jour (valeur : 104,000 francs); 1,650 objets sont renouvelés journellement pour une somme de 420,000 francs. Les samedis, les dégagements s'élèvent à 4,650 articles pour une somme de 95,500 fr.

Douze commissionnaires accrédités par l'Administration, établis dans les divers quartiers de Paris, en plus des bureaux auxiliaires, reçoivent les articles et en donnent reconnaissance, font les avances, déposent les gages au Mont-de-piété et les retirent.

Ils perçoivent un droit de commission de 3 p. o/o.

Le Mont-de-piété est administré, sous l'autorité du préfet de la Seine, par un directeur et un conseil de surveillance.

Les bénéfices du Mont-de-piété sont versés à l'Assistance publique.


## ŒUVRE DU MONT-DE-PIÉTÉ.

Cette Œuvre a été fondée, en 1849, dans le but

de retirer les objets de première nécessité et plus spécialement les vêtements, couvertures, draps, outils, déposés au Mont-de-piété par les familles malheureuses, et surtout par les pauvres honteux.

L'Œuvre exclut tous les objets de luxe, pour s'attacher à ceux dont l'utilité est démontrée, et dégage de préférence les reconnaissances dont le délai est expiré.

Les reconnaissances ne peuvent être présentées que par l'entremise des personnes abonnées à l'Œuvre ou avec une recommandation donnée par elles.

Le minimum de l'abonnement est de 5 francs par an.

L'Œuvre fonctionne principalement du mois de novembre au mois de mai.

S'adresser pour faire partie de l'Œuvre à M. l'abbé D'HULST, vicaire général, *Président*, rue de Varennes, 90.

*Trésorière :* M^{me} TIRET, rue Saint-Roch, 37.

*Trésorière adjointe :* M^{lle} LAURENT, rue du Cherche-Midi, 89.

Les demandes de dégagement doivent être adressées à M^{me} la Trésorière et à M^{me} la Trésorière adjointe.

## SOCIÉTÉ DES PRÊTS DE L'ENFANCE AU TRAVAIL.

**(Société du Prince Impérial, organisée par décret du 26 avril 1862.)**

Bureaux : au Crédit foncier de France,

Rue Neuve-des-Capucines, 19 (1ᵉʳ arrondissement).

Cette Société a pour but de faire des prêts destinés à faciliter l'achat des instruments, outils, ustensiles ou matières premières nécessaires au travail ou à l'établissement d'ouvriers pauvres et laborieux.

Elle se compose de membres fondateurs et de membres associés payant une cotisation minime.

La Société est dirigée par un conseil dont M. FRÉMY, Directeur du Crédit foncier, est Vice-Président.

Depuis la guerre, la Société a dû ralentir et même suspendre ses opérations; mais elle n'a pas cessé d'exister.

### CAISSES DES LOYERS.

Ces caisses ont été établies pour faciliter aux pauvres l'acquittement d'une de leurs charges les plus lourdes, leur loyer, et pour leur donner des habitudes d'économie et de prévoyance. Elles reçoivent chaque semaine les sommes, si minimes qu'elles soient, qu'ils ont pu prélever sur le gain de leur travail; elles les mettent en sûreté contre les tentations de dépenses auxquelles les pauvres sont exposés et les rendent avec de fortes primes au moment de l'échéance du terme. Les dépôts réclamés avant cette échéance ne portent pas d'intérêts. Çette OEuvre fonctionne dans un grand nombre de conférences de Saint-Vincent-de-Paul et a pris dans quelques paroisses un certain développement.

S'adresser aux Présidents des conférences ou au secrétariat général de la Société de Saint-Vincent-de-Paul, rue Furstenberg, 6, tous les jours, excepté le dimanche.

## SOCIÉTÉ DES INSTITUTIONS DE PRÉVOYANCE.

### Rue de Rennes, 44 (vi* arrondissement).

#### Autorisée par arrêté du 24 mars 1876.

#### (Loi du 15 juillet 1850, décrets du 14 juin 1851 et du 26 mars 1852.)

Cette Société a été fondée à Paris le 14 novembre 1875; son but est ainsi défini par les statuts :

1° Poursuivre et favoriser l'étude comparée des législations, des procédés et des faits relatifs aux institutions de prévoyance dans les divers pays du monde (caisses d'épargne, bureaux d'épargne des manufactures, caisses d'épargne scolaires, assurances sur la vie, en cas de maladie, pour la vieillesse, retraites civiles et militaires, associations de consommation et autres fondées sur le principe de la prévoyance);

2° Encourager les institutions de prévoyance fondées ou à fonder, et aider à leur développement;

3° Propager les vues et les moyens reconnus les plus propres à répandre les habitudes de prévoyance.

La Société publie un *Bulletin*, qui est adressé aux membres de la Société (cotisation annuelle, 10 fr.) et aux correspondants (cotisation annuelle, 5 francs).

*Président du comité des fondateurs :* M. Hippolyte PASSY (de l'Institut).

*Président en exercice :* M. ROY, Président à la Cour des comptes.

*Secrétaire perpétuel :* M. Augustin CHAURAND DE MALARCE.

Adresser à M. de Malarce, Secrétaire perpétuel, les demandes pour faire partie de la Société. Les correspondances et les communications relatives au Bulletin doivent être adressées au secrétariat, rue de Rennes, 44, ouvert tous les dimanches, de midi à une heure.

## SOCIÉTÉS DE SECOURS MUTUELS.

(Loi du 15 juillet 1850, décrets du 14 juin 1851 et du 26 mars 1852.)

Les sociétés de secours mutuels accordent moyennant une cotisation mensuelle, dont le chiffre est fixé par les statuts, les soins du médecin, les médicaments et une indemnité quotidienne pendant la maladie et la convalescence; elles pourvoient aux frais funéraires, et la plupart d'entre elles donnent un secours à la femme et aux enfants des membres décédés.

En dehors des membres participants, elles admettent des membres honoraires, qui payent des cotisations sans recevoir les secours et augmentent ainsi les ressources des sociétés. Un grand nombre de sociétés versent chaque année à la Caisse des dépôts et consignations (Caisse des retraites pour la vieillesse, voir ci-dessus) une partie de leurs économies, pour assurer des pensions de retraite à leurs membres les plus anciens et les plus âgés.

A Paris, la cotisation est en général de 2 francs par mois pour les hommes et de 1 franc pour les femmes. Le chiffre de l'indemnité par jour de maladie varie selon les sociétés : il égale ordinairement celui de la cotisation mensuelle.

Les associations d'assistance mutuelle sont de trois sortes :

1° Les *sociétés libres*, c'est-à-dire simplement autorisées par les préfets dans les départements, par la préfecture de police à Paris;

2° Les *sociétés reconnues comme établissements d'utilité publique* (loi du 15 juillet 1850 et décret du 14 juin 1851);

3° Les *sociétés approuvées*, qui remplissent les conditions et jouissent des avantages du décret du 26 mars 1852.

Le Ministre de l'intérieur répartit chaque année

entre les sociétés reconnues et approuvées un fonds
spécial mis à sa disposition, soit pour aider à la formation de nouvelles sociétés, soit pour verser à la
Caisse des retraites au nom des sociétés anciennes
une somme proportionnée à celle que versent les sociétés elles-mêmes.

Il existe dans chaque arrondissement de Paris et
dans presque toutes les communes de la banlieue
des sociétés municipales de secours mutuels, ayant
dans les mairies un bureau d'admission et un local
de réunion.

Presque tous les corps d'état ont organisé des sociétés de secours mutuels. On compte en plus un
grand nombre de sociétés spéciales pour les médecins, notaires, écrivains, artistes, employés, anciens
condisciples, compagnons d'armes, compatriotes, etc.

Beaucoup d'entre elles accordent des secours aux
familles de leurs membres décédés, et quelquefois
aux personnes de leur profession ne faisant pas partie de l'association.

Un bureau général établi au ministère de l'intérieur, rue de Grenelle, 101, procure tous les renseignements relatifs à ces sociétés.

## SOCIÉTÉ DE SAINT-FRANÇOIS-XAVIER.

La Société de Saint-François-Xavier a pour but
principal de procurer aux ouvriers l'instruction chré-

tienne, et des secours spirituels et temporels en cas
de maladie. Elle est placée, dans chaque paroisse,
sous la surveillance du curé et d'un prêtre qu'il désigne.

Les associés se réunissent une fois par mois, le
dimanche, à sept heures du soir, dans l'église de leur
paroisse.

La séance est consacrée à des instructions religieuses, à des exercices de piété et à des lectures
sur des sujets d'histoire ou de science.

A la fin de chaque séance, des récompenses sont
tirées au sort entre les associés présents.

Des diplômes d'honneur sont distribués solennellement à la fin de chaque année aux membres qui
ont assisté régulièrement aux séances, en récompense
de leur assiduité.

L'Association se compose de membres titulaires
payant une cotisation mensuelle et de membres honoraires, protecteurs de la Société.

Le produit des cotisations forme une caisse de secours mutuels entre les associés, qui sont visités et
secourus lorsqu'ils sont malades.

Pour faire partie de la Société, il faut avoir dix-
sept ans au moins et assister à trois séances consécutives.

Quelques-unes de ces sociétés admettent des
femmes comme associées.

Fondée en 1837 à l'école d'adultes des Frères des

Écoles chrétiennes de la paroisse Saint-Nicolas-des-Champs, cette OEuvre s'est répandue dans un certain nombre de paroisses de Paris; elle existe, entre autres, dans les églises Saint-Sulpice, Saint-Eustache, Saint-Étienne-du-Mont, Saint-Laurent, Saint-Nicolas-des-Champs, Sainte-Marguerite, Saint-Gervais, etc.

# CHAPITRE IX.

## Mariages. — Assistance judiciaire.

———

### PIÈCES NÉCESSAIRES POUR LES MARIAGES.

Les pièces exigées pour la célébration du mariage civil et religieux sont :

Les actes de naissance et de baptême des futurs;

Les actes de décès du père et de la mère de chacun des futurs, si les parents n'existent plus;

S'ils existent et ne peuvent assister au mariage, leur consentement par acte notarié;

Le certificat des propriétaires des mariés constatant au moins six mois de résidence pour celui des mariés dans la commune duquel se célèbre le mariage.

En dehors de ces pièces obligatoires pour tout le monde, il en est exigé, suivant certains cas particuliers, d'autres qui seront indiquées aux bureaux des mairies :

S'il s'agit du mariage d'un veuf ou d'une veuve, il faut l'acte de décès de l'époux décédé;

S'il s'agit d'un mariage entre parents ou alliés au degré prohibé, il faut des dispenses spéciales.

En certains cas, il faut des jugements en rectification d'état civil.

Les pièces nécessaires au mariage des indigents sont délivrées gratuitement, en vertu de la loi sur le mariage des indigents, du 10 décembre 1850.

Les pièces pour le mariage, pour la légitimation de leurs enfants naturels et pour le retrait de ces enfants déposés dans les hospices peuvent, sur la demande du maire, être réclamées et transmises par les procureurs de la République. (Art. 1ᵉʳ de la loi.)

Les extraits des registres de l'état civil, les actes de notoriété, de consentement et de publications, les délibérations des conseils de famille, les certificats de libération du service militaire, les dispenses pour cause de parenté, d'alliance ou d'âge, les actes de reconnaissance des enfants naturels, les actes de procédure, les jugements et arrêts dont la production est nécessaire pour la légitimation de ces enfants et leur retrait des hospices, sont visés pour timbre et enregistrés, s'il y a lieu, gratuitement. (Art. 4.)

La taxe des expéditions des actes de l'état civil nécessaires au mariage des indigents est de 30 centimes, et de 50 centimes s'il y a lieu à légalisation. (Art. 5.)

Pour être admis au bénéfice de cette loi, il faut produire un certificat d'indigence délivré par le commissaire de police, ou par le maire dans les communes où il n'existe pas de commissaire de police; ce certificat s'accorde sur le vu d'un extrait du rôle des contributions constatant que les parties intéressées payent moins de 10 francs, ou d'un certificat du percepteur constatant qu'elles ne sont pas imposées. Le certificat d'indigence doit être visé et approuvé par le juge de paix du canton. (Art. 6.)

Les actes ainsi délivrés et destinés à la célébration du mariage ne peuvent servir à une autre fin sous peine de 25 francs d'amende, outre le payement des droits. (Art. 7.)

Cette loi est aussi applicable au mariage entre Français et étrangers et est exécutoire aux colonies.

# SOCIÉTÉ CHARITABLE DE SAINT-FRANÇOIS-RÉGIS
## DE PARIS.

Rue de Madame, 13 (vı° arrondissement).

La Société de Saint-François-Régis a été fondée
en 1826 par M. Gossin dans le but de faciliter le
mariage civil et religieux des indigents du diocèse
de Paris et la légitimation de leurs enfants naturels.
Sont considérés comme indigents ceux qui, n'étant
pas imposés au rôle des contributions directes ou
payant moins de 10 francs de contributions, peuvent
obtenir un certificat d'indigence, conformément à la
loi du 10 décembre 1850.

La Société se charge de procurer gratuitement aux
futurs tous les actes, les jugements et les dispenses
nécessaires à la célébration du mariage civil et religieux. Elle ne distribue pas de secours, mais elle
remet à chaque future une alliance en argent et
une médaille destinée à servir de pièce de mariage.

Les futurs doivent se présenter le dimanche, de
midi à 1 heure, rue de Madame, 13, près Saint-
Sulpice, porteurs d'une lettre de recommandation,
soit de MM. les curés et prêtres du diocèse de Paris, de MM. les maires ou adjoints, soit des Sœurs
de charité, des membres des bureaux de bienfaisance
ou des Œuvres de charité.

Si leurs parents existent encore, les futurs doivent

apporter des lettres constatant que les parents ont
été consultés sur le mariage projeté et qu'ils donne-
ront leur consentement. Ces lettres ne suffiront pas
pour la célébration du mariage; mais la Société, certaine du consentement des parents, pourra faire avec
assurance les démarches et les déboursés pour obtenir à ses frais les actes réguliers des consentements.
A moins d'empêchement grave, les deux futurs
doivent se présenter ensemble.

Les futurs, déjà inscrits, qui ont des renseignements à demander doivent se présenter le mercredi,
de 10 heures à 2 heures.

Une messe est dite le premier dimanche de chaque
mois, dans une chapelle de l'église Saint-Sulpice,
à l'intention des personnes qui ont été précédem-
ment mariées par les soins de la Société; elles sont
averties des jour et heure de cette messe.

Des sociétés analogues, avec lesquelles la Société
de Paris correspond, sont établies dans un grand
nombre de villes de France et de l'étranger, particulièrement en Belgique.

En l'année 1875, 1,406 mariages ont été réalisés
par ses soins et 560 enfants ont été légitimés.

Les résultats obtenus depuis sa fondation en 1826
jusqu'au 1er janvier 1876 ont été de 53,936 mariages
réalisés, 29,551 enfants légitimés.

*Vice-Président :* M. Léon Gossin, boulevard Saint-

André, 2, à qui doivent être adressées les offrandes et souscriptions, lettres et demandes.

*Agent comptable :* M. DEBART, rue de Madame, 13.

## COMITÉS DES MARIAGES

### SOUS LA DIRECTION

#### DES CONFÉRENCES DE LA SOCIÉTÉ DE SAINT-VINCENT-DE-PAUL.

Les Conférences ont organisé dans chaque arrondissement un comité chargé de faciliter le mariage des pauvres gens.

### LISTE DES COMITÉS ET DES PAROISSES LES COMPOSANT.

#### *Comité des I<sup>er</sup> et II<sup>e</sup> Arrondissements.*

S<sup>t</sup>-Germain-l'Auxerrois.
S<sup>t</sup>-Eustache.
S<sup>t</sup>-Roch.

N.-D.-de-Bonne-Nouvelle.
N.-D.-des-Victoires.
S<sup>t</sup>-Leu.

*Président :* M. CITERNE, rue de Seine, 12.

Reçoit le mardi, de midi 1/2 à 1 heure 1/2, impasse des Provençaux, école des Frères.

#### *Comité du III<sup>e</sup> Arrondissement.*

S<sup>te</sup>-Élisabeth.
S<sup>t</sup>-Denis-du-S<sup>t</sup>-Sacrement.

S<sup>t</sup>-Nicolas-des-Champs.
S<sup>t</sup>-Jean-S<sup>t</sup>-François.

*Président :* M. RICHÉ, rue Bossuet, 12.

#### *Comité du IV<sup>e</sup> Arrondissement.*

S<sup>t</sup>-Merry.
S<sup>t</sup>-Gervais.
S<sup>t</sup>-Paul-S<sup>t</sup>-Louis.

Notre-Dame
S<sup>t</sup>-Louis-en-l'Ile.
N.-D.-des-Blancs-Manteaux.

*Président :* M. BERNAULT, rue Saint-Martin, 111.

### Comité du V<sup>e</sup> Arrondissement.

S<sup>t</sup>-Séverin.  
S<sup>t</sup>-Nicolas-du-Chardonnet.  
S<sup>t</sup>-Étienne-du-Mont.

S<sup>t</sup>-Jacques-du-Haut-Pas.  
S<sup>t</sup>-Médard.

*Président :* M. LAMBERT, rue du Quatre-Septembre, 2.

Reçoit le lundi matin, de 8 à 9 heures, à la maison de secours, rue Saint-Jacques, 250.

### Comité des VI<sup>e</sup> et VII<sup>e</sup> Arrondissements.

S<sup>t</sup>-Sulpice.  
S<sup>t</sup>-Germain-des-Prés.  
N.-D.-des-Champs.  
S<sup>te</sup>-Clotilde.

S<sup>t</sup>-Thomas-d'Aquin.  
S<sup>t</sup>-François-Xavier.  
S<sup>t</sup>-Pierre-du-Gros-Caillou.

*Président :* M. THIÉNOT, cité Martignac, 4.

Reçoit le mercredi, de 9 à 10 heures, rue Stanislas, 11, et le jeudi, de 9 à 10 heures, rue Saint-Dominique, 187.

### Comité des VIII<sup>e</sup> et IX<sup>e</sup> Arrondissements.

S<sup>te</sup>-Madeleine.  
S<sup>t</sup>-Augustin.  
S<sup>t</sup>-Philippe-du-Roule.

S<sup>te</sup>-Trinité.  
N.-D.-de-Lorette.  
S<sup>t</sup>-Louis-d'Antin.

*Président :* M. REY, rue Cambacérès, 19.

Reçoit le mercredi, à 4 heures 1/2, rue Malesherbes, 20.

### Comité du X<sup>e</sup> Arrondissement.

S<sup>t</sup>-Vincent-de-Paul.  
S<sup>t</sup>-Laurent.  
S<sup>t</sup>-Martin.

S<sup>t</sup>-Joseph.  
S<sup>t</sup>-Eugène.

*Président :* M. NACQUART, rue des Saussaies, 15.

Reçoit le mercredi, de 8 à 9 heures du matin, rue Bossuet, 12.

### Comité du XI<sup>e</sup> Arrondissement.

S<sup>te</sup>-Marguerite. | S<sup>t</sup>-Ambroise.

Président : M. Boisseau, rue de Condé, 20.

### Comité du XII<sup>e</sup> Arrondissement.

S<sup>t</sup>-Antoine. | N.-D.-de-Bercy.
S<sup>t</sup>-Éloi. |

Président : M. Brochier, rue de Reuilly, 33.
Reçoit le mardi, à 8 heures du soir, rue de Reuilly, 77.

### Comité du XIII<sup>e</sup> Arrondissement.

Saint-Marcel-de-la-Maison- | S<sup>t</sup>-Marcel.
Blanche. | N.-D.-de-la-Gare.

Président : M. de Bagneux, rue de Lille, 73.
Reçoit le lundi et le vendredi, de 10 heures à 4 heures, boulevard d'Italie, 50.

### Comité du XIV<sup>e</sup> Arrondissement.

S<sup>t</sup>-Pierre-de-Montrouge. | N.-D.-de-Plaisance.

Président : M. Pety, rue Schomer, 9.
Il reçoit chez lui.

### Comité du XV<sup>e</sup> Arrondissement.

S<sup>t</sup>-Lambert-de-Vaugirard. | S<sup>t</sup>-J.-B.-de-Grenelle.

Président : M.

## Comité du XVI<sup>e</sup> Arrondissement.

S<sup>t</sup>-Pierre-de-Chaillot.
L'Annonciation-de-Passy.
S<sup>t</sup>-Honoré.

N.-D.-d'Auteuil.
S<sup>t</sup>-J.-B., à Neuilly-sur-Seine.

*Président :* M. MATIGNON, rue de la Pompe, 17.

## Comité du XVII<sup>e</sup> Arrondissement.

S<sup>te</sup>-Marie-des-Batignolles.
S<sup>t</sup>-Michel-des-Batignolles.

S<sup>t</sup>-Ferdinand.
S<sup>t</sup>-Justin, à Levallois-Perret.

*Président :* M. LOISELLE, rue des Moines, 18.

Il reçoit le jeudi, de 8 à 9 heures du matin, à l'école des Frères, avenue de Saint-Ouen, 25, et le dimanche, à 11 heures, à l'école des Sœurs, rue des Moines, 43.

## Comité du XVIII<sup>e</sup> Arrondissement.

S<sup>t</sup>-Pierre-de-Montmartre.
N.-D.-de-Clignancourt.
S<sup>t</sup>-Bernard-de-la-Chapelle.

S<sup>t</sup>-Denis-de-la-Chapelle.
S<sup>t</sup>-Pierre-S<sup>t</sup>-Paul, à Clichy-la-Garenne.

*Président :* M. Paul NEFF, rue des Martyrs, 100.

Il reçoit le dimanche, de 8 heures 1/2 à 10 heures, rue Ordener, 117.

## Comité du XIX<sup>e</sup> Arrondissement.

S<sup>t</sup>-Jacques-S<sup>t</sup>-Christophe-de-la-Villette.

S<sup>t</sup>-J.-B. de Belleville.
S<sup>t</sup>-Georges.

*Président :* M. BERTINOT, rue Vivienne, 10.

Il reçoit le dimanche matin, de 7 heures 1/2 à 9 heures, rue de Crimée, 146.

*Comité du XX<sup>e</sup> Arrondissement.*

| N.-D.-de-la-Croix-de-Ménil-montant. | S<sup>t</sup>-Germain-de-Charonne. |
|---|---|

*Président :* M. CARA DE VAUX, rue de Varennes, 53.
Le Comité reçoit boulevard de Ménilmontant, 57.

### Vincennes.

Notre-Dame.

*Président :* M. JACQUEMARD, avenue Marigny, 37, à Vincennes.
Il reçoit chez lui.

## MARIAGES.

### INSTRUCTION POUR LES DEMANDES DE DISPENSES
### À ADRESSER À L'OFFICIALITÉ.

Pour éviter les difficultés et les retards dans l'expédition des dispenses, on se conformera autant que possible aux dispositions suivantes :

1° Toute demande de dispense faite par les contractants devra être accompagnée d'une lettre de la paroisse de la future épouse : cependant, s'il s'agit d'une demande pour un mariage mixte, la lettre sera invariablement envoyée de la paroisse de la partie catholique;

2° Lorsqu'il s'agit d'un empêchement de *consan-*

guinité ou d'*affinité* qui atteint le premier degré, ou bien encore d'*affinité spirituelle*, le recours à Rome est indispensable : les parties intéressées devront, par conséquent, se présenter à l'officialité avec deux témoins, afin qu'en leur présence soient constatés la nature de l'empêchement et les motifs de dispense exposés dans la requête;

3° La dispense de toute publication de bans n'étant accordée que pour des causes graves, la demande qui en sera faite devra toujours exprimer ces motifs;

4° Les procès-verbaux envoyés de la paroisse devant être conservés dans les archives de l'officialité diocésaine, il convient qu'ils soient rédigés avec soin sur une feuille de papier double;

5° Afin d'éviter aux suppliants les démarches inutiles et le désagrément d'arriver à l'archevêché trop tôt ou trop tard, MM. les curés et MM. les vicaires voudront bien les avertir que le bureau de l'officialité n'est ouvert que les lundis, mercredis et vendredis, de midi à 2 heures.

## ASSISTANCE JUDICIAIRE.

L'admission à l'Assistance judiciaire devant les tribunaux civils, les tribunaux de commerce et les juges de paix est prononcée par un bureau spécial établi au chef-lieu judiciaire de chaque arrondissement et composé de cinq membres. Le bureau d'assistance établi près d'une Cour d'appel, de la Cour de cassation ou du Conseil d'État se compose de sept membres.

Toute personne qui réclame l'assistance judiciaire adresse sa demande sur papier libre au procureur de la République du tribunal de son domicile.

Elle doit fournir : 1° un extrait du rôle de ses contributions, ou un certificat du percepteur de son domicile, constatant qu'elle n'est pas imposée; 2° une déclaration attestant qu'elle est, en raison de son indigence, dans l'impossibilité d'exercer ses droits en justice, et contenant l'énumération détaillée de ses moyens d'existence, quels qu'ils soient.

L'assisté est dispensé provisoirement du payement des sommes dues au Trésor pour droits de timbre, d'enregistrement et de greffe, ainsi que de toute consignation d'amende,.... des sommes dues aux greffiers, aux officiers ministériels et aux avocats pour droits, émoluments et honoraires. Les actes de la procédure faits à la requête de l'assisté sont visés pour timbre et enregistrés au débet.

....Les actes et titres produits par l'assisté sont pareillement visés pour timbre..... Les frais de transport des juges, des officiers ministériels et des experts, les honoraires de ces derniers et les taxes des témoins..... sont avancés par le Trésor.....

Des défenseurs d'office sont donnés aux accusés
devant les cours d'assises et les tribunaux correctionnels, aux prévenus détenus préventivement, lorsqu'ils en feront la demande et que leur indigence
sera constatée. (Loi du 22 janvier 1851.)

## ŒUVRE DE L'AVOCAT DES PAUVRES.

### (SOCIÉTÉ DE SAINT-VINCENT-DE-PAUL.)

Cette Œuvre, fondée à Paris en 1849, a pour
but de fournir aide, conseil et secours aux pauvres
pour la défense ou la réclamation de leurs droits et
de les aider dans les procès qu'ils ont intérêt à soutenir; elle défend les accusés devant les tribunaux
ou confie leurs procès à l'Assistance judiciaire, après
les avoir préalablement instruits elle-même.

Elle est soutenue par une allocation des Conférences de Saint-Vincent-de-Paul et ne s'occupe que
des pauvres visités par les membres des Conférences.

S'adresser aux diverses Conférences de Paris, ou
au secrétariat général de la Société de Saint-Vincent-
de-Paul, rue Furstenberg, 6.

## ŒUVRE DES TUTELLES.

### (SOCIÉTÉ DE SAINT-VINCENT-DE-PAUL.)

Rue Furstenberg, 6 (vi<sup>e</sup> arrondissement).

Cette Œuvre, qui forme comme une section de

l'OEuvre de l'Avocat des pauvres, a pour but de constituer des tutelles à de pauvres enfants mineurs abandonnés ou confiés à de mauvaises mains; elle organise des conseils de famille et fait les démarches nécessaires pour procurer aux enfants dont elle s'occupe des tuteurs honnêtes et moraux. Les familles secourues par les Conférences de Saint-Vincent-de-Paul sont seules admises à profiter des secours de l'OEuvre.

On peut s'adresser au secrétariat général des Conférences de Saint-Vincent-de-Paul, rue Furstenberg, 6, tous les jours, excepté le dimanche.

## OEUVRE DU SECRÉTARIAT DES PAUVRES.

### (CONFÉRENCES DE LA SOCIÉTÉ DE SAINT-VINCENT-DE-PAUL.)

Cette OEuvre a pour but d'aider les pauvres secourus par la Société de Saint-Vincent-de-Paul à rédiger et à écrire leurs lettres, requêtes et pétitions et de les seconder dans leurs démarches.

S'adresser aux Conférences et au secrétariat général de la Société de Saint-Vincent-de-Paul, rue Furstenberg, 6, tous les jours, excepté le dimanche.

## ASSISTANCE JUDICIAIRE.

Cette OEuvre, fondée par la Société de protection

des apprentis et des enfants employés dans les manufactures (voir chap. III, 1ᵉ section), s'occupe spécialement des états civils, tutelles, subrogées-tutelles, pour les enfants.

*Secrétaire* : M. JORET-DESCLOSIÈRES, avocat, rue Thénard, 4.

# CHAPITRE X.

## Correction. — Réhabilitation. — Préservation.

———

## CORRECTION PATERNELLE.

Lorsqu'un enfant donne à sa famille de graves sujets de mécontentement, s'il a moins de seize ans, son père peut demander au Président du tribunal de première instance son admission dans une maison de correction; cette admission ne peut être refusée. La durée du séjour n'excède pas un mois, mais on peut renouveler plusieurs fois. Si l'enfant a seize ans, la demande doit être faite, pour un temps qui ne peut excéder six mois, par le père, la mère ou le tuteur, au Président du tribunal :

1° Si l'enfant, ayant plus de seize ans, n'est ni majeur ni émancipé;

2° Ou s'il est orphelin de mère et que son père soit remarié;

3° Ou s'il est orphelin de père et que sa mère, non remariée, ait l'assentiment des deux plus proches parents paternels;

4° Ou s'il est orphelin de père et de mère et que le tuteur ait l'autorisation du conseil de famille;

5° Ou si l'enfant, même au-dessous de seize ans, a des biens personnels ou exerce un état.

Quelle que soit la décision du Président du tribunal, il n'y aura, dans tous les cas, aucune écriture ni formalité judiciaire, si ce n'est l'ordre d'arrestation, qui n'énoncera pas les motifs. Le droit de réquisition cesse à l'époque de la majorité ou de l'émancipation du mineur; il n'appartient jamais à la mère remariée.

La demande peut être répétée lorsque l'enfant tombe dans de nouveaux écarts.

A Paris, les garçons ainsi détenus sont admis à la maison pénitentiaire, rue de la Roquette, 143; ils sont renfermés dans des cellules, dans un quartier séparé des autres condamnés. Ils reçoivent les leçons des Frères des Écoles chrétiennes, les instructions de l'aumônier et exercent un état.

Les jeunes filles sont enfermées, à Paris, chez les Dames de Saint-Michel, rue Saint-Jacques, 193 (voir ci-après). Dans les départements, elles sont placées dans les maisons d'arrêt et séparées des autres catégories de détenues. (Pour les jeunes filles protestantes, voir Maison des Diaconesses, même chapitre.)

Le Président du tribunal détermine, suivant les ressources des parents, la somme qu'ils ont à payer pour les frais d'entretien et de nourriture de leurs enfants, ou si ceux-ci seront reçus gratuitement.

## JEUNES DÉTENUS.

### (Ministère de l'Intérieur.)

Les enfants de l'un et de l'autre sexe, âgés de moins de seize ans, traduits en justice sous l'incul-

pation de crimes ou délits sont, suivant les circonstances, acquittés comme ayant agi sans discernement
(art. 66 du Code pénal) ou condamnés à une peine
(art. 67) dont les tribunaux déterminent la durée.

Lorsque l'enfant est déchargé de la responsabilité
de ses actes, il peut être remis à sa famille, si elle
présente des garanties de moralité, ou envoyé dans
une maison de correction, pour y être détenu et élevé
pendant un certain nombre d'années, qui ne doit pas
dépasser l'âge de vingt ans accomplis.

S'il est décidé, au contraire, qu'il a agi avec discernement, il est condamné à une peine qu'il subira
dans une prison départementale : dans un quartier
spécial si elle ne dépasse pas six mois; dans une colonie pénitentiaire si elle ne dépasse pas deux ans;
dans un quartier correctionnel si elle excède ce dernier chiffre.

Ces dispositions de la loi sont applicables aux
jeunes garçons et aux jeunes filles. Ces dernières sont
enfermées dans des établissements qui portent le
nom de *Maisons pénitentiaires* et qui sont, la plupart,
annexés à des congrégations religieuses.

D'après les prescriptions de la loi du 5 août 1850
(Règlement et Législation), les établissements de
jeunes détenus sont publics ou privés. Les premiers
sont ceux fondés et administrés par l'État; les seconds, dus à l'initiative privée, reçoivent du Gouvernement un prix de journée et des subventions

pour l'entretien des enfants dont l'éducation leur est confiée.

A leur sortie des maisons d'éducation correctionnelle, les jeunes détenus des deux sexes sont placés par les soins des sociétés de patronage.

La nomenclature ci-après comprend les différentes catégories d'établissements dont il vient d'être parlé, avec l'indication des professions qu'on y enseigne.

COLONIES PÉNITENTIAIRES PUBLIQUES POUR LES GARÇONS.

LES DOUAIRES, par Gaillon (Eure).............. Travaux agricoles et industriels.
SAINT-BERNARD, par Haubourdin (Nord)........... Travaux agricoles.
SAINT-MAURICE (Loir-et-Cher). Idem.
SAINT-HILAIRE, commune de Roiffé, par les Trois-Moûtiers (Vienne).......... Idem.
LE VAL-D'YÈVRE, par Saint-Germain-du-Puits (Cher).. Travaux agricoles et horticoles.

Les jeunes détenus israélites sont placés à Saint-Bernard.

QUARTIERS CORRECTIONNELS.

DIJON (Côte-d'Or)........ Travaux industriels.
LYON (Rhône)............. Idem.
ROUEN (Seine-Inférieure).... Idem.
VILLENEUVE (Lot-et-Garonne).. Idem.
NANTES (Loire-Inférieure).... Idem.

## COLONIES PÉNITENTIAIRES PRIVÉES POUR LES GARÇONS.

Autreville (Haute-Marne)... Agriculture.
Bar-sur-Aube (Aube)........ Viticulture.
Bayel (Aube)............... Idem.
Beaurecueil (Bouch.-du-Rh.).. Agriculture.
Cîteaux (Côte-d'Or)........ Travaux agricoles et industriels.
Fontgombault (Indre)....... Agriculture et viticulture.
Fontillet (Cher)........... Idem.
Fouilleuse (Seine-et-Oise)... Idem.
Grande-Trappe (Orne)...... Idem.
Île du Levant (Var)........ Idem.
Langonnet (Morbihan)...... Agriculture.
La Loge (Cher).......... Idem.
Le Luc (Gard)........... Idem.
Mettray (Indre-et-Loire).... Travaux agricoles et industriels.
Moisselles (Seine-et-Oise)... Travaux industriels.
Naumoncelle (Meuse)....... Agriculture.
Nogent (Haute-Marne)...... Travaux industriels.
Oullins (Rhône).......... Idem.
Sainte-Foy (Dordogne)...... Agriculture et viticulture.

Cet établissement est spécialement affecté aux jeunes garçons du culte réformé.

Saint-Ilan (Côtes-du-Nord)... Agriculture.
Saint-Urbain (Haute-Marne).. Idem.
Tesson (Deux-Sèvres)....... Agriculture et industrie.
Nailhanquès (Hérault)....... Viticulture.
La Borde (Aube)........... Agriculture.

## ÉTABLISSEMENTS PUBLICS POUR LES FILLES.

Quartier annexé à Saint-La-
    zare....................................................

Quartier correctionnel de Ne-
  vers (Nièvre)............ Travaux industriels.
Maison pénitentiaire de Sainte-
  Marthe (Seine-et-Oise).... *Idem.*


## ÉTABLISSEMENTS PRIVÉS (RELIGIEUX) POUR LES FILLES.

Amiens (Somme)............ Couture.
Angers (Maine-et-Loire)..... Couture et agriculture.
Bavilliers (arrond. de Belfort). Ménage, horticulture, couture.
Bordeaux (Gironde)........ Couture.
Bourges (Cher)........... *Idem.*
Dôle (Jura)............. *Idem.*
Le Mans (Sarthe)......... *Idem.*
Le Méplier (Saône-et-Loire).. Agriculture et ménage.
Limoges (Haute-Vienne)..... *Idem.*
Nazareth, à Montpellier (Hé-
  rault)................ *Idem.*
Rouen (Seine-Inférieure). ... *Idem.*
Sainte-Anne-d'Auray (Morbi-
  han)................ Couture et jardinage.
Saint-Omer (Pas-de-Calais).. Couture.
Sens (Yonne)............ *Idem.*
Tours (Indre-et-Loire)...... *Idem.*
Varennes-lez-Nevers (Nièvre). *Idem.*


## MAISONS AFFECTÉES AUX JEUNES FILLES
### DES CULTES DISSIDENTS, À PARIS.

Protestantes, maison des Diaconesses, rue de Reuilly, 95. Couture.
Israélites, boulevard Eugène,
  45.................. *Idem.*

## COLONIE AGRICOLE ET PÉNITENTIAIRE
## DE METTRAY
### (Indre-et-Loire).

Bureau à Paris : rue Chérubini, 4 (ıı° arrondissement).

Reconnue d'utilité publique par décret du ıı juillet 1853.

Cet établissement, le premier de ce genre qui ait été fondé en France, a été créé en 1837 par M. de Metz et le vicomte de Bretignères de Courteilles à Mettray, près Tours, et est exclusivement consacré aux enfants qui, reconnus coupables d'un délit, ont été acquittés pour avoir agi sans discernement, mais doivent rester entre les mains de la justice jusqu'à l'âge de vingt ans au plus tard, par application des articles 66 et 67 du Code pénal.

Le nombre des places est de huit cents.

Le Gouvernement accorde pour chaque enfant présent 75 centimes par jour.

Les jeunes colons ne sont admis que sur la décision du Ministre de l'intérieur. Ils sont occupés au dehors aux travaux agricoles, et dans les ateliers aux travaux qui se rattachent à l'agriculture; ils reçoivent l'instruction primaire complète.

A leur sortie de la colonie, ils sont placés autant que possible à la campagne, chez des cultivateurs. Ils restent pendant un temps illimité sous le patronage de la Société paternelle.

La Société paternelle (reconnue d'utilité publique par décret du 21 juillet 1853) nomme le conseil d'administration de la colonie et s'occupe de l'éducation morale, agricole et professionnelle des jeunes détenus, et après leur sortie exerce sur eux une tutelle bienveillante.

Tous les trois ans, il est rendu compte de la situation morale et financière de la Société dans une séance publique à laquelle sont convoqués tous les souscripteurs.

La Société est composée de membres fondateurs ayant payé une somme de 100 francs et de membres souscripteurs s'engageant à payer chaque année une souscription qui ne peut être inférieure à 10 francs.

*Président du Conseil d'administration*: M. DROUYN DE LHUYS.

*Secrétaire général*: M. GAUDIN.

*Trésorier*: M. Eugène GOUIN.

Les souscriptions et les demandes de renseignements doivent être adressées à M. DEMOREUILLE, Agent général de la Société, rue Chérubini, 4.

## COMITÉ
## DE PATRONAGE DES PRÉVENUS ACQUITTÉS.

Asile : rue de Lourcine, 136 (XIII° arrondissement).

Ce Comité a été fondé en 1836 par M. de Metz

dans le but de procurer un asile temporaire et du pain à un certain nombre de prévenus (hommes et femmes) paraissant dignes d'intérêt, mis en liberté par les juges d'instruction ou acquittés par les tribunaux de Paris.

Les individus assistés sont reçus pendant quelques jours dans un asile appartenant au Comité, rue de Lourcine, 136. On leur fournit parfois quelques vêtements, et on leur facilite le moyen, soit de trouver du travail, soit de rejoindre leur famille.

Le Comité est composé principalement de magistrats.

La souscription est de 10 francs par an.

*Président :* M. Aubépin, Président du Tribunal de première instance, boulevard Saint-Germain, 266.

*Secrétaire :* M. Georges Picot, juge, rue Pigalle, 54.

*Trésorier :* M. Second, notaire, rue de Provence, 44.

## SOCIÉTÉ DE PATRONAGE
### POUR
### LES JEUNES DÉTENUS ET LES JEUNES LIBÉRÉS
#### DU DÉPARTEMENT DE LA SEINE.

Rue de Mézières, 9 (vi° arrondissement).

Reconnue d'utilité publique par ordonnance du 5 juin 1843.

Cette Société, fondée en 1833, se propose de

maintenir dans les habitudes d'une vie honnête et laborieuse les jeunes garçons sortis par libération des maisons d'éducation correctionnelle du département de la Seine. Elle se charge également des jeunes délinquants qui peuvent lui être remis par l'autorité administrative avant l'époque de leur libération. Elle s'occupe de compléter l'éducation morale et religieuse de ces enfants, leur procure un placement ou un apprentissage et les confie au patronage des membres de la Société désignés à cet effet. Elle donne asile à ceux de ses patronnés malades ou sans ouvrage qui n'ont personne pour les recevoir.

Tous les dimanches, les enfants se réunissent à la maison où siége la Société, rue de Mézières, 9; on leur donne des vêtements en échange de ceux qu'ils laissent et qu'ils retrouvent propres le dimanche suivant. Ils suivent des cours de lecture, d'écriture, de musique vocale et de gymnastique. Le premier dimanche du mois il y a une réunion solennelle, où l'un des membres de l'Œuvre est chargé de leur adresser la parole. On donne des récompenses aux plus méritants.

*Président:* M. DÉSORMEAUX, docteur en médecine, chirurgien de l'hôpital Necker.

*Vice-Président:* M. MUSNIER DE PLEIGNES, conseiller maître honoraire à la Cour des comptes.

*Secrétaire général :* M. BOURNAT, avocat à la Cour d'appel, rue Jacob, 20.

*Trésorier :* M. Arthur MALLET, banquier.

S'adresser pour tous renseignements à l'Agent général : M. Charles SALLÉ, rue de Mézières, 9.

## SOCIÉTÉ GÉNÉRALE
## POUR LE PATRONAGE DES LIBÉRÉS ADULTES.

Rue de Varennes, 78 *bis* (vii<sup>e</sup> arrondissement).

Reconnue d'utilité publique par décret du 4 novembre 1875.

Cette Œuvre a été fondée en 1871 par M. de Lamarque, chef du bureau des établissements pénitentiaires au ministère de l'intérieur. Elle a pour but de procurer du travail et de ramener aux habitudes d'une vie honnête et réglée les condamnés de l'un ou l'autre sexe qui ont manifesté en prison des sentiments de repentir. Elle patronne également les jeunes libérés des colonies et maisons pénitentiaires, facilite leur rapatriement, ou, s'ils le désirent, leur émigration dans les colonies. Elle provoque aussi la réhabilitation des libérés qui remplissent les conditions exigées, à cet effet, par les lois.

La Société étend son action dans les départements au moyen de sociétés analogues ou organisées par elles à Rouen, Bordeaux, Lyon, Tours, Laon, Poitiers, Dijon, Lille, etc.

La Société se compose de donateurs, de souscripteurs, de membres honoraires, de membres correspondants et de délégués pour le placement.

Le titre de Donateur est acquis à tout souscripteur dont la cotisation annuelle s'élève à 100 francs au moins, pendant quatre années, ou à tout donateur d'une somme de 300 francs au moins.

*Président :* M. Léon LEFÉBURE, ancien membre de l'Assemblée nationale.

*Vice-Président :* M. CONNELLY, conseiller à la Cour de cassation.

S'adresser, pour les renseignements et les admissions, au Secrétaire général, rue de Varennes, 78 *bis*, de deux à quatre heures.

Il existe des sociétés de patronage à Lille, pour les jeunes détenus du département du Nord; à Lyon, pour ceux du département du Rhône; à Dijon, pour les jeunes détenus de la colonie de Cîteaux, etc.

## REFUGE DE NOTRE-DAME-DE-LA-CHARITÉ,
### DIT *SAINT-MICHEL.*

Rue Saint-Jacques, 193 (v° arrondissement).

Reconnu d'utilité publique par décret de septembre 1808.

Cet établissement a été fondé à Paris le 29 septembre 1724 dans le but de recueillir les jeunes filles et les femmes qui se sont écartées de la bonne voie et de les ramener à une vie régulière; mais si édifiante que devienne leur conduite, elles ne sont jamais admises au rang des religieuses.

Une classe spéciale, dite de *Grande Persévérance*, a été créée pour celles des pénitentes qui veulent finir leur existence dans la maison.

L'OEuvre compte actuellement 3oo enfants ou jeunes filles de la classe ouvrière, amenées par leurs familles; une grande partie est à la charge de la maison. Un atelier de buanderie et de repassage occupe plus de quatre-vingts ouvrières; d'autres sont employés aux travaux de couture.

Depuis 1826, à la demande de l'Administration, les Religieuses de Notre-Dame-de-la-Charité reçoivent dans leur maison les jeunes filles mineures envoyées par M. le Président du Tribunal civil, qui fixe lui-même la durée de leur séjour à la correction paternelle : ce séjour varie de un à six mois. Lorsque leur détention est terminée, et si leur conduite a été satisfaisante, elles peuvent passer dans la catégorie de la *Petite Persévérance;* elles y restent souvent plusieurs années et achèvent de se perfectionner dans la vertu et le travail.

Une autre division, sous le nom de Saint-Joseph, a été formée en 1874; elle est entièrement séparée des autres et est destinée aux jeunes personnes ou jeunes femmes d'un rang plus élevé, appartenant à d'honorables familles, mais ayant donné à leurs parents quelques motifs de plainte.

Chaque pensionnaire a sa chambre séparée.

Le prix de la pension de cette catégorie se règle avec la maison suivant le régime demandé.

Le prix de la pension des élèves de la catégorie dite « de la Petite Persévérance » est de 10 à 15 fr. par mois.

Les élèves de la correction paternelle ne payent rien à la communauté : c'est l'Administration qui détermine et perçoit ce que les parents peuvent donner.

S'adresser, pour les admissions aux diverses catégories, à Mᵐᵉ la Supérieure, rue Saint-Jacques, 193.

## SOCIÉTÉ DE PATRONAGE

### DES JEUNES FILLES DÉTENUES ET LIBÉRÉES

#### DU DÉPARTEMENT DE LA SEINE.

Rue de Vaugirard, 71 (vɪᵉ arrondissement).

Reconnue d'utilité publique le 22 octobre 1871.

La Société de patronage des jeunes filles détenues et libérées du département de la Seine a été fondée en 1838 par Mᵐᵉ de Lamartine, par Mᵐᵃ la marquise de la Grange, née de Caumont-Laforce, et par Mᵐᵉ Lechevallier.

Cette Œuvre est destinée à recueillir les jeunes filles enfermées à Saint-Lazare et qui obtiennent l'autorisation de passer le temps de leur détention dans la maison située rue de Vaugirard, 71. Elles y reçoivent, sous la direction des Sœurs de Marie-Joseph, une éducation chrétienne et réformatrice. Une partie du gain de leur travail est placé à la caisse d'épargne; le livret leur est remis, ainsi qu'un petit trousseau, lorsqu'elles quittent la maison.

A l'expiration de leur peine, l'Œuvre les place ou les rend à leurs familles et continue à exercer sur elles une surveillance et un patronage sérieux, qui produisent les meilleurs résultats. La maison leur reste toujours ouverte lorsqu'elles se trouvent momentanément sans travail.

La Société est dirigée par un comité de dames dont la Présidente est M^me la comtesse DE LUPPÉ, rue Barbet-de-Jouy, 29, assisté d'un conseil consultatif d'hommes, dont M. DE RAYNAL, président à la Cour de cassation, est Président.

## MAISON DE NOTRE-DAME-DE-LA-MISÉRICORDE,

### DITE *OUVROIR DE VAUGIRARD.*

Rue de Vaugirard, 340 (xv^e arrondissement).

(Reconnue d'utilité publique.)

Cet établissement, dirigé par les Sœurs de l'ordre de Marie-Joseph, reçoit des jeunes filles de seize à vingt-cinq ans provenant des maisons de correction, ou confiées par leurs familles, ou abandonnées après une faute.

Elles sont au nombre de quatre-vingts environ; elles payent 15 francs par mois jusqu'à ce qu'elles puissent aider la maison par leur travail, et alors non-seulement elles ne payent rien, mais on leur abandonne le quart du produit de leur ouvrage. Lorsqu'elles paraissent corrigées, on s'occupe de les placer ou de les rendre à leurs familles. Quelques-unes sont admises dans des communautés religieuses, et enfin celles qui préfèrent rester dans la maison y forment une catégorie à part, désignée sous le nom de *Madeleines*.

*Présidente :* M^me la marquise DE BIENCOURT, rue Saint-Dominique, 67.

*Trésorière :* M^me la comtesse DE LA BOUILLERIE, avenue de Tourville, 1.

## ŒUVRE DES PRISONS.

### SOCIÉTÉ CHARITABLE POUR LE SOULAGEMENT DES PRISONNIERS.

Cette Œuvre avait été fondée au XVII^e siècle par M^lle de Lamoignon pour délivrer les prisonniers pour dettes; elle a rempli cette mission jusqu'en 1867, où la contrainte par corps fut abolie. Les prisonniers pour dettes n'existant plus, l'Œuvre a reporté sa sollicitude sur les prisonniers ordinaires, qu'il ne s'agit pas de délivrer, mais d'améliorer pendant leur séjour en prison et de diriger dans la bonne voie en leur procurant du travail après leur libération.

A cet effet, l'OEuvre est en relation avec les aumôniers de trois grandes prisons de Paris : Mazas, la Santé et Sainte-Pélagie. L'OEuvre leur alloue, dans la limite de ses ressources, des fonds pour les dépenses utiles au point de vue religieux; mais son principal objet est de créer des vestiaires où les libérés véritablement méritants puissent recevoir des effets d'habillement au moment où ils sortent de prison : habillés convenablement, ils peuvent trouver plus aisément du travail.

L'OEuvre est représentée par un conseil dont M. DE VERDIÈRE est Président.

Pour les dons et les demandes, s'adresser à Mᵐᵉ DES GLAJEUX, Trésorière, rue de Varennes, 46.

## MAISON ET OEUVRE DU BON-PASTEUR.

### Rue d'Enfer, 71 (xivᵉ arrondissement).

Reconnue d'utilité publique par décret du 28 août 1858.

L'OEuvre du Bon-Pasteur, ancienne déjà, a été reconstituée en 1819 par M. l'abbé Legris-Duval et Mᵐᵉ la marquise de Croisy. Elle s'occupe de ramener au bien les jeunes filles que leur mauvaise conduite a dû faire entrer à l'infirmerie ou aux ateliers de Saint-Lazare. Les pénitentes peuvent, à leur sortie

de Saint-Lazare, être reçues au Bon-Pasteur, où elles
trouvent un asile gratuit. On les admet seulement
de seize à vingt-trois ans et on les garde indéfiniment. Elles consacrent leur temps à la prière et à des
travaux de couture. Les dames de l'association placent
dans des maisons de confiance celles dont la conduite offre des garanties suffisantes. La maison, entièrement brûlée le 24 mai 1871, a été reconstruite
et peut recevoir environ 130 pensionnaires; elle est
tenue par les Dames de Saint-Thomas-de-Villeneuve;
les R. P. de la Miséricorde en ont la direction spirituelle. Les ressources de l'OEuvre consistent dans le
produit du travail des pénitentes, dans les subventions de l'Administration et les dons de la charité.
Le comité de dames est assisté d'un conseil consultatif d'hommes.

*Présidente :* M<sup>me</sup> la comtesse HERVÉ DE KERGORLAY,
rue de Varennes, 48.

*Trésorière :* M<sup>me</sup> OZANAM, rue de Vaugirard, 46.

# SOCIÉTÉ DE PATRONAGE
## POUR LES LIBÉRÉS REPENTANTS
### (SEINE-ET-OISE).

Cette Société a pour but de procurer un asile et
du travail aux libérés adultes des deux sexes, de les
placer, de les soutenir par son patronage et d'accor-

der à eux et à leur famille s'il y a lieu, une assistance nécessaire.

La Société se compose de fondateurs, de souscripteurs et de patrons.

Les souscripteurs s'engagent à verser annuellement la somme de 5 francs au moins.

Le siége de la Société est à Versailles, mais elle étend son action sur tous les points du département de Seine-et-Oise.

*Directeur :* M. l'abbé CHOMET, aumônier des prisons, fondateur, à Versailles.

*Trésorier :* M. BRÉBION, ancien huissier, à Versailles.

## MAISON PATERNELLE.
### Près Tours.

M. de Metz a fondé auprès de Mettray (voir ci-dessus), dans un local tout à fait séparé, une Maison Paternelle, destinée à recevoir les fils de famille indisciplinés, les élèves paresseux, que les parents envoient pour redresser leur caractère et réformer leurs habitudes.

C'est en quelque sorte un collége de répression : les études sont continuées, mais les jeunes gens sont placés sous une discipline sévère, et entièrement séparés les uns des autres : ils ne sont connus que par leur prénom.

Le prix de la pension est de 200 francs par mois.

La durée moyenne du séjour est de deux mois.

Les résultats obtenus sont très-satisfaisants.

S'adresser à Mettray (Indre-et-Loire), ou à Paris, à M. Demoreuille, agent général, rue Chérubini, 4.

## NOTRE-DAME-DE-CHARITÉ (SAINT-MICHEL).

### Rue Saint-Jacques, 193.

### Réhabilitation. — Préservation.

(Voir ci-dessus.)

## NOTRE-DAME-DE-MISÉRICORDE.

### Rue de Vaugirard, 340 (vie arrondissement).

### Préservation.

(Voir ci-dessus.)

## CONGRÉGATION DE NOTRE-DAME-DE-CHARITÉ DU BON-PASTEUR D'ANGERS.

### A Conflans-Charenton, rue de l'Église, 6 (Seine).

Cette congrégation, dont la maison mère est à Angers, est répandue dans les cinq parties du monde et compte plus de 120 monastères.

Son œuvre spéciale est de recevoir les jeunes filles qui désirent rentrer dans les voies de l'honneur et de la vertu. Elles peuvent se présenter elles-mêmes ou être confiées par leurs familles ou par d'autres personnes s'intéressant à elles. Elles ne sont pas admises avant l'âge de quatorze à quinze ans. La maison peut recevoir 80 où 100 personnes. Le prix de la pension varie entre 200, 250, 300 ou 400 francs, suivant la position des familles et le régime alimentaire que l'on veut faire suivre aux enfants.

Quand il n'y a pas de pension possible, l'Œuvre se contente d'une somme de 250 francs une fois donnée.

Les œuvres secondaires établies à Conflans sont :

1° Une classe dite *de Préservation*, composée d'enfants et de jeunes filles d'un caractère difficile, mais non complétement vicieuses, et qui ne peuvent être suffisamment surveillées par leurs parents. Elles sont admises après leur première communion moyennant une pension de 25 francs par mois, plus la literie et le trousseau ou 150 francs une fois donnés si l'on veut charger la maison de les fournir.

Elles reçoivent l'instruction primaire et sont formées au travail et aux soins du ménage.

On peut en admettre quatre-vingts.

2° Un pensionnat de jeunes filles connu sous le nom de Notre-Dame-de-Charité, dont le prix est de 400 francs par an. La literie, l'entretien des enfants, les frais classiques, sont à la charge des parents.

Toutes ces œuvres sont complétement distinctes les unes des autres et les élèves n'ont aucun rapport entre elles.

Les conditions d'admission dans les maisons du Bon-Pasteur en province varient selon les localités et les ressources des monastères; mais le but est le même partout, et l'OEuvre fait toutes les concessions nécessaires pour l'atteindre.

Liste des maisons de Notre-Dame-de-Charité du Bon-Pasteur d'Angers établies en France :

Angers (maison mère).
Amiens.
Angoulême.
Annonay.
Arles.
Arras.
Avignon.
Bastia.
Bourges.
Chambéry.
Chollet.
Dôle.
Écully, près Lyon.
Grenoble.
Lille.
Loos.
Lyon.
Moulins.
Nancy.
Nazareth, près Angers.
Nice.
Orléans.
Paris, transférée à Conflans-Charenton en 1852.
Perpignan.
Poitiers.
Puy-en-Vélay (Le).
Reims.
Saint-Omer.
Saumur.
Sens.
Toulon.
Alger.

## ASILE-OUVROIR DE GÉRANDO.

Rue Blomet, 82 (xv<sup>e</sup> arrondissement).

Reconnu d'utilité publique par ordonnance du 9 août 1843.

Cet asile, fondé en 1839 par le baron de Gérando, est placé sous la direction des Sœurs de Marie-Joseph. Il est destiné à recevoir les jeunes filles victimes d'une première faute, et que leur état d'abandon expose, à la sortie de l'hôpital, à tous les dangers de la corruption et de la misère.

La maison renferme 50 lits; elle est ouverte gratuitement aux convalescentes de seize à vingt-quatre ans, qui y restent, suivant les circonstances, un temps plus ou moins long. L'OEuvre, à leur sortie, s'occupe de les placer et continue à les patronner autant qu'il est possible. Les ressources de l'établissement consistent dans les subventions de l'Administration, les dons et quêtes et le travail des pensionnaires.

S'adresser, pour les admissions, à Mᵐᵉ la Supérieure de l'ouvroir.

*Président de l'OEuvre :* M. le baron DE GÉRANDO, boulevard Saint-Michel, 113.

*Trésorier :* M. BUCHÈRE, rue Saint-Sulpice, 24.

## OEUVRE DU REFUGE DE SAINTE-ANNE.

### Rue du Landy, 31, à Clichy-la-Garenne (Seine).

Reconnue d'utilité publique par décret du 10 août 1861.

Cette OEuvre a été fondée en 1854 par Mˡˡᵉ Chupin, ancienne dame inspectrice de Saint-Lazare, dans le but de secourir les filles égarées, en les gardant un certain temps dans la maison pour leur donner des habitudes de religion, d'ordre, de régularité et de travail.

Le Refuge compte trois classes :

1° La classe de persévérance, pour les pénitentes qui veulent rester dans la maison ;

2° Une classe comprenant les filles de tout âge et de toutes positions ;

3° Enfin la classe de préservation, complétement séparée, qui reçoit les enfants que l'incurie des parents ou des instincts pervertis tendent à livrer au mal. Depuis sa création, le Refuge a reçu près de cinq mille jeunes filles. Sur ce nombre, environ trois cent cinquante ont été réconciliées avec leurs familles, trois cents se sont mariées dans de bonnes conditions, onze ont été baptisées, quatre-vingts ont fait leur première communion, un grand nombre ont été placées.

Les admissions sont gratuites. Les préservées seules payent une petite pension.

La maison est dirigée par les Religieuses Dominicaines. Sœur VINCENT FERRIER (née CHUPIN), Prieure.

S'adresser, pour les admissions, à M<sup>me</sup> la Supérieure du Refuge.

### OEUVRE DE LA PRÉSERVATION.

Rue de Vanvres, 209 (xiv° arrondissement).

**Dirigée par les Religieuses du Saint-Nom de Jésus.**

Cette Œuvre a pour but de recevoir des jeunes filles qui ont besoin d'être placées sous une surveillance toute particulière.

On admet celles qui ont à se reprocher quelque légèreté de conduite; mais on ne prend pas celles qui sont tombées.

Elles peuvent entrer dans l'établissement dès l'âge de dix ans et y rester jusqu'à vingt et un ans.

S'adresser, pour les conditions de l'admission, à M<sup>me</sup> la Supérieure, rue de Vanvres, 209.

### PETIT OUVROIR SAINT-VINCENT-DE-PAUL.

Rue du Cherche-Midi, 120 (vi<sup>e</sup> arrondissement).

Cet établissement, fondé en 1849 par M<sup>lle</sup> Lavarde, qui le dirige encore aujourd'hui, est destiné à recueillir les petites filles pauvres, orphelines ou délaissées, chez lesquelles se manifestent de précoces dispositions au vice, et qui, à cause de cela même, ne seraient pas admises dans les ouvroirs ou orphelinats ordinaires. Elles sont reçues depuis l'âge de quatre ou cinq ans jusqu'à celui de onze ans et ne sortent que lorsqu'elles sont corrigées de leurs défauts. Outre l'instruction primaire qui leur est donnée, elles apprennent la couture et font tour à tour les travaux de la maison, ce qui les prépare soit à se placer comme domestique, soit à tenir leur ménage quand elles se marient.

*Président de l'Œuvre :* M. Boré, supérieur général de la congrégation de Saint-Lazare et des Filles de la Charité, rue de Sèvres, 95.

*Secrétaire :* M^{me} G. Deseilligny, rue de Clichy, 14.

*Trésorière :* M^{me} Gilbert, boulevard Malesherbes, 52.

Pour faire partie du comité, il suffit de s'engager à recueillir pour l'Œuvre une somme annuelle de 50 francs au moins.

S'adresser pour les admissions à M^{me} la Directrice de l'ouvroir, à la Secrétaire ou à la Trésorière.

## ŒUVRE DE NOTRE-DAME-DE-CHARITÉ DU REFUGE.
### Rue du Refuge, 3, à Versailles.

L'Œuvre du Refuge, établie à Caen en 1641 par le vénérable père Jean Eudes et établie à Versailles en 1804, a pour but de recueillir et de soustraire aux entraînements du vice des femmes ou des jeunes filles qui ont fait dans le monde des fautes ou qui pourraient en faire, et viennent demander à la religion de réformer leur nature et de fortifier leur âme.

Elles sont partagées en plusieurs catégories et travaillent sous la direction des Sœurs de Notre-Dame-de-Charité.

Après un temps suffisant de travail et d'épreuve, celles qui ne veulent pas rester au Refuge sont reprises par leurs familles ou placées dans des maisons sûres.

Une quatrième classe, à l'abri de toute communication avec les autres, renferme des enfants depuis l'âge de cinq ou six ans jusqu'à celui-de dix-huit ou vingt ans.

Le prix de la pension est de 3o francs par mois; il y a un certain nombre de places gratuites.

S'adresser, pour les admissions, à M<sup>me</sup> la Supérieure du Refuge.

## ASILE SAINTE-MADELEINE.

Boulevard du Mont-Parnasse, 8i (vi° arrondissement).

Cette maison est destinée à recueillir pendant quelque temps des jeunes filles ou des femmes, après une première faute.

## ŒUVRE DES RÉHABILITÉES.

### MAISON DE BÉTHANIE.

à Mont, par Saint-Wit (Doubs).

Dirigée par les Sœurs Dominicaines.

Cette communauté est consacrée à recevoir les jeunes filles qui, en sortant des maisons de détention, de refuge ou de repentir, ou de leurs familles, aspirent à mener une vie religieuse. Elles sont partagées en trois catégories et elles ne sont reçues qu'après une conversion déjà complète et éprouvée.

## NOTRE-DAME-DU-REFUGE.
### A Anglet-Bayonne (Basses-Pyrénées).

Cet établissement est destiné à servir d'asile à des filles repenties qui s'y livrent à la culture de la terre et aux travaux de couture et de broderie. Il est dirigé par les Sœurs Servantes de Marie.

Aucune pension n'est exigée : la maison reçoit ce que les pensionnaires ou leurs bienfaiteurs peuvent donner. On admet les pénitentes de tous les départements.

Un orphelinat de jeunes filles est annexé au Refuge. L'admission est gratuite, mais elle est réservée exclusivement aux enfants nés à Bayonne.

## MAISON PROTESTANTE DES DIACONESSES.
### Rue de Reuilly, 95 (xii° arrondissement).

*Disciplinaire* pour les jeunes filles vicieuses de six à treize ans : 25 francs par mois;

*Retenue* pour les jeunes filles vicieuses de quatorze à vingt et un ans, au prix de 25 francs par mois, et gratuitement lorsqu'elles entrent par ordre du président du tribunal.

Maison de santé (voir chap. V).

# CHAPITRE XI.

**Secours des Ministères et de la Ville de Paris.
Pensions. — Reconnaissance légale
des Œuvres. — Autorisation pour les loteries.
Logements insalubres.**

---

## RECONNAISSANCE DES ŒUVRES
### COMME ÉTABLISSEMENTS D'UTILITÉ PUBLIQUE.

Les OEuvres peuvent être reconnues d'utilité publique par un décret rendu en Conseil d'État. Elles doivent adresser leur demande au préfet du département, avec l'extrait des délibérations du conseil de l'OEuvre tendant à obtenir la reconnaissance, une expédition authentique des statuts, la liste des administrateurs, l'état actuel des dépenses et recettes, les comptes rendus de la situation morale et financière des dernières années, l'exposé des services rendus par l'OEuvre depuis sa fondation et des titres qu'elle peut avoir à la reconnaissance d'utilité publique. La possession d'un certain capital et un certain nombre d'années d'existence sont ordinairement exigés comme preuve de la vitalité et de l'importance de l'OEuvre.

## LEGS. — DONATIONS. — ACQUISITIONS. — VENTES.

Les OEuvres reconnues peuvent acquérir et aliéner

leurs propriétés, recevoir les donations et les legs, avec l'autorisation du Gouvernement. Les pièces à fournir au préfet du département pour obtenir cette autorisation sont, avec la demande de l'autorisation et la copie du décret de reconnaissance d'utilité publique :

Pour un legs :

1° Extrait notarié du testament ;

2° Acte de décès du testateur ;

3° Acte d'adhésion ou d'opposition des héritiers et du légataire universel, s'il y en a un, à la délivrance du legs.

A défaut de cette pièce :

Acte extrajudiciaire constatant que les héritiers connus ont été mis en demeure de présenter leurs observations ; et si les héritiers sont inconnus :

Certificat constatant les affiches du testament au chef-lieu de la mairie du domicile du testateur et l'insertion d'un extrait du même testament dans le journal judiciaire du département ;

4° Procès-verbal d'estimation si le legs consiste en immeubles ou objets mobiliers ;

5° Délibération du conseil d'administration de l'Œuvre (ou de la fabrique, ou de la communauté) portant acceptation provisoire et tendant à obtenir l'autorisation d'accepter définitivement ;

6° Budget de l'Œuvre, état des recettes et dépenses de l'année précédente, avec indication sommaire de l'actif et du passif.

Pour une donation :

1° Acte notarié de donation;

2° Certificat de vie du donateur délivré par le maire ou le notaire;

3° Délibération et budget, comme ci-dessus nᵒˢ 5 et 6.

Pour une vente d'immeubles :

1° Délibération tendant à obtenir l'autorisation de vendre (indiquer l'origine de l'immeuble à aliéner) et d'employer le produit de la vente à...;

2° Plan figuré et détaillé des lieux;

3° Procès-verbal d'expertise indiquant la contenance des immeubles et leur valeur estimative;

4° Budget ou état de l'actif et du passif.

Pour une acquisition d'immeubles :

1° Délibération tendant à obtenir l'autorisation d'acquérir un immeuble (indiquer sa destination, son prix, les ressources dont on dispose pour en réaliser l'acquisition);

2° Acte par lequel le propriétaire en a consenti la vente, moyennant la somme de.....;

3° Procès-verbal d'expertise dressé *contradictoirement* par deux experts et indiquant la contenance et la valeur estimative de l'immeuble;

4° Budget ou état de l'actif et du passif.

Les fabriques et les communautés religieuses reconnues doivent, pour obtenir l'autorisation de recevoir, aliéner ou acquérir, envoyer les pièces indiquées ci-dessus au secrétariat général de l'archevêché ou de l'évêché, aussi bien qu'au préfet.

Les congrégations de femmes reconnues ne peuvent accepter des donations et legs qu'à titre particulier; les personnes qui en font partie ne peuvent disposer en faveur de leur communauté ou d'un de ses membres qui n'est pas leur héritier direct, à moins que la libéralité n'excède pas 10,000 francs. L'acceptation doit être faite par la Supérieure générale lorsque la communauté est sous la dépendance d'une maison mère; dans le cas contraire, l'acceptation est faite par la Supérieure locale. La congrégation autorisée peut accepter les libéralités faites à une école qu'elle dirige, lors même que cette école n'est pas reconnue d'utilité publique.

Les établissements non reconnus (œuvres ou établissements religieux) ne peuvent être autorisés à accepter des dons et legs. Quand il s'agit de dispositions testamentaires, le Conseil d'État peut, pour donner un effet à la volonté du testateur, changer l'intermédiaire désigné quand son intervention n'est pas une condition absolue; mais jamais il ne peut détourner la libéralité de sa destination. L'établissement non reconnu, ne pouvant accepter, est remplacé par les représentants nés des pauvres, qui sont, sui-

vant les circonstances, le maire, le bureau de bienfaisance, la commission administrative de l'hospice,
l'assistance publique. L'autorisation accordée ne confère aucun droit à l'établissement légataire non reconnu ; elle ne rend pas son intervention nécessaire. Parmi
les conditions favorables à l'acceptation, on peut
citer le consentement des héritiers à la délivrance du
legs, un état de fortune tel qu'aucun ne soit dans le
besoin, une valeur suffisante dans la libéralité. Il est
essentiel que l'établissement légataire ne soit pas une
de ces œuvres de charité qui ne s'occupent qu'acces-
soirement du soulagement des misères temporelles
comme d'un moyen plus efficace pour parvenir à
faire l'aumône spirituelle.

Les fabriques peuvent être autorisées à accepter
le legs fait à des établissements religieux non reconnus, comme les confréries, lorsque le but du testateur est de venir en aide à la fabrique pour donner
de la pompe aux cérémonies du culte : tels seraient
des fondations de messes, de services religieux, de
prédications extraordinaires [1], des legs pour la construction ou l'ornement d'une chapelle, pour le traitement d'un vicaire, etc. Les dispositions testamentaires qui ne constituent pas des fondations, mais
des services religieux une fois payés, ne sont pas
soumises à l'autorisation. Quand un legs est fait pour

---

[1] Il ne faut pas les confondre avec les missions interdites par
un décret du 26 septembre 1800.

la construction d'une église, la fondation ou l'entretien d'un établissement de bienfaisance ou d'instruction, c'est le maire, et non la fabrique, qui a qualité pour accepter.

On peut considérer comme n'étant pas susceptibles d'une autorisation d'accepter, les legs ou donations renfermant une substitution, les donations aux établissements ecclésiastiques avec réserve d'usufruit en faveur du donateur, les donations anonymes, les dispositions universelles en faveur des communautés religieuses, les legs à des associations défendues, à des personnes incertaines (un legs fait aux pauvres, sans autre désignation, est attribué aux pauvres du domicile du testateur), ou avec condition de servir une rente à un taux trop élevé, d'être enterré dans une église, de ne jamais vendre, de fonder un hospice privé, les dispositions avec les conditions que les services religieux seront célébrés exclusivement par tel ou tel prêtre, ou que le donateur pourra élever à ses frais une tribune pour lui et sa famille.

## SUBVENTIONS ET SECOURS

### ACCORDÉS PAR LE MINISTÈRE DE L'INTÉRIEUR.

Des subventions peuvent être accordées par le ministère de l'intérieur aux établissements publics de bienfaisance, ainsi qu'aux œuvres de charité privée.

Les demandes de subvention doivent être adressées au Ministre de l'intérieur avec une notice faisant connaître le but et l'origine de l'OEuvre qui sollicite l'aide du Gouvernement, le résumé des recettes et des dépenses de l'année précédente, l'exposé de leur situation actuelle, les résultats obtenus, etc. Le bureau qui s'occupe de la répartition de ces subventions est rue Cambacérès, n° 7.

C'est également au Ministre qu'il faut s'adresser pour obtenir des bourses ou fractions de bourse, des admissions gratuites dans les établissements généraux de bienfaisance, ainsi que dans les autres établissements où le Ministre dispose de quelques lits. Le bureau qui reçoit ces demandes est actuellement rue de Grenelle-Saint-Germain, 101.

C'est ce bureau qui prépare, en outre, la répartition des pensions des aveugles externes, des subventions aux sociétés de charité maternelle et aux crèches.

Enfin des secours individuels peuvent être accordés, dans des circonstances exceptionnelles, à des personnes tombées dans l'indigence et qui, par des services publics rendus soit par elles-mêmes, soit par leurs familles, ont des titres à la bienveillance du Gouvernement. Le bureau est rue de Varennes, 78 bis.

Le montant des sommes affectées sur les fonds de l'État à ces subventions et secours est déterminé annuellement par le vote du budget.

Toutes les demandes doivent être adressées au Ministre de l'intérieur; à Paris elles peuvent être envoyées directement, mais dans les départements elles doivent être transmises par l'intermédiaire des préfets.

## SECOURS DU MINISTÈRE DE LA GUERRE.

Bureau de secours : rue de l'Université, 173.

Le Ministère de la guerre, accorde des secours quand la nécessité en est bien justifiée :

1° Aux anciens militaires de l'armée de terre qui ne sont titulaires d'aucune pension et qui comptent néanmoins un certain nombre d'années de service;

2° Aux officiers, sous-officiers et soldats en jouissance d'une pension de retraite, lorsqu'il est reconnu que cette ressource est complétement insuffisante pour les besoins de leurs familles;

3° Aux veuves d'anciens militaires ou fonctionnaires du département de la guerre;

4° Aux orphelins;

5° Aux ascendants.

Les demandes doivent être adressées au général commandant la subdivision de la région où résident les intéressés.

Elles doivent être accompagnées :

1° Pour les anciens militaires non pensionnés :

D'un état régulier de leurs services; — d'un certificat de la mairie de leur résidence, attestant leur situation malheureuse;

2° Pour les officiers, sous-officiers et soldats pensionnés : D'une copie certifiée du titre de pension; — d'un certificat du maire comme il est dit ci-dessus.

3° Pour les veuves : D'un état des services du mari ou copie certifiée; — d'un extrait de leur acte de mariage; — d'un extrait de l'acte de décès du mari (pour les veuves pensionnées, la lettre de notification de leur pension, ou une copie certifiée de ce titre, peut remplacer les trois pièces ci-dessus); — d'un certificat de l'autorité civile;

4° Pour les orphelins : D'un état des services du père ou copie certifiée; — des actes de naissance des postulants; — de l'acte de mariage des parents (s'il s'agit d'enfants légitimes); — de l'acte de décès des père et mère (s'il s'agit d'enfants légitimes, ou du père seul s'il s'agit d'enfants naturels reconnus); — d'un certificat délivré par le maire;

5° Pour les ascendants : D'un état des services de leurs enfants morts au service, ou copie certifiée; — de l'acte de naissance de ces enfants; — de leur acte de décès; — de l'acte de mariage du père et de la mère; — de l'acte de décès du père (si la mère seule existe); — d'un certificat délivré par le maire.

Les demandes de secours, les extraits des actes de

l'état civil délivrés par les maires, sont établis sur papier libre; à défaut des actes de l'état civil, les actes délivrés par les paroisses des localités sont suffisants.

### PENSIONS POUR LES VEUVES DE MILITAIRES.

*Note des pièces à produire à M. le Sous-Intendant pour l'instruction des demandes de pension ou de secours annuels formées pour les veuves et orphelines de militaires.*

1° Demande de pension adressée au Ministre de la guerre et apostillée par le maire de la commune ou de l'arrondissement, si le domicile est à Paris;

2° Acte de naissance de la veuve;

3° Acte de célébration de mariage;

4° Acte de décès du mari:

Ces pièces doivent être légalisées par le président du tribunal de première instance de l'arrondissement du domicile, si elles ne sont pas délivrées dans le département de la Seine;

5° L'état des services ou la lettre de pension du mari ou, à leur défaut, un bulletin indicatif de l'époque de la cessation d'activité: ce bulletin sera demandé directement au Ministre de la guerre;

6° Certificat délivré par l'autorité civile sur la déclaration de trois témoins et constatant qu'il n'y a eu entre les époux ni divorce ni séparation de corps, et que la veuve est en possession de ses droits civils.

Si le militaire a été tué sur le champ de bataille, on devra produire :

7° Un rapport du conseil d'administration du corps dont il faisait partie, justifiant l'époque, le lieu et les circonstances, soit des événements de guerre, soit du service commandé où il a été tué.

Si le militaire est décédé à la suite de ses blessures, on devra produire :

8° Un certificat constatant l'époque, le lieu et les circonstances dans lesquelles il a été blessé ;

9° Un certificat des officiers de santé qui lui ont donné leurs soins, constatant que lesdites blessures ont été la cause directe et immédiate de sa mort.

Les mêmes justifications 7, 8 et 9 seraient à produire dans le cas où le mari serait mort à la suite de maladies contagieuses ou d'événements de guerre.

Pour les demandes de secours aux veuves et aux orphelins de militaires, voir Secours du Ministère de la guerre, page 486.

*Nomenclature des pièces à produire pour les pensions de veuves d'employés civils.*

La demande de pension doit être adressée par la voie hiérarchique et accompagnée des pièces suivantes :

1° Acte de décès du mari ;

2° Acte de naissance de la veuve;

3° Acte de célébration du mariage;

4° Certificat de non-divorce (si le mariage est antérieur à 1816);

5° Certificat de non-séparation de corps, délivré par le maire en présence de trois témoins ou de deux notaires;

Dans le cas où il y aurait eu séparation de corps, la veuve doit justifier que cette séparation a été prononcée sur sa demande;

6° État de services du mari.

La demande doit être adressée au ministre sous les ordres duquel se trouvait l'employé. La signature de la veuve doit être légalisée par la mairie.

## SECOURS
### DE LA CHANCELLERIE DE LA LÉGION D'HONNEUR.
#### Rue de Solférino, 1.

Le Grand Chancelier de la Légion d'honneur accorde des secours, quand la nécessité en est bien justifiée :

1° Aux légionnaires;

2° A leurs veuves;

3° A leurs orphelins.

Les pièces à produire à l'appui d'une demande de secours sont :

1° Pour les légionnaires : l'état de services; le titre de nomination;

2° Pour les veuves : la copie de l'acte civil de mariage; les états de services du mari; la copie de son brevet de légionnaire; la copie de son acte de décès; la copie du titre de pension de la veuve;

3° Pour les orphelins : l'acte de naissance des enfants; l'acte de décès du père; le certificat de nomination de légionnaire.

## CAISSE DES OFFRANDES NATIONALES

### EN FAVEUR DES ARMÉES DE TERRE ET DE MER.

Au Ministère de la Guerre, rue Saint-Dominique, 86.

La Caisse des offrandes nationales en faveur des armées de terre et de mer a été créée par un décret en date du 18 juin 1860, puis réorganisée par un décret du 9 janvier 1873 rendu pour l'exécution de la loi du 27 novembre 1872.

Les revenus de cette caisse se composent du produit des sommes offertes par les particuliers ou provenant de crédits ouverts dans le but de compléter les pensions des amputés.

Les anciens sous-officiers, caporaux ou brigadiers, soldats et assimilés des armées de terre et de mer, qui recevaient un complément de pension sur la liste civile impériale, conformément à la décision de l'Empereur du 25 juillet 1854, doivent, pour recevoir ce complément de leur pension, faire connaître au Ministre de la guerre, *Président du comité* : 1° leurs

nom et prénoms; 2° le lieu et la date de leur naissance; 3° leur domicile; 4° le numéro et le montant de la pension dont ils jouissent sur les fonds de
l'État; 5° le numéro d'inscription du titre de la pension complémentaire qui leur était servie par la liste
civile impériale et le montant de cette pension.

Les Alsaciens-Lorrains qui ont opté pour la nationalité française devront produire, en outre, une
copie authentique de leur déclaration d'option.

Pour les secours indiqués plus haut, le comité
ayant décidé qu'ils ne seraient accordés qu'à partir
du 1er janvier 1877, les pièces qu'il y aura lieu de
produire pour leur obtention seront déterminées
ultérieurement.

### CAISSE DES INVALIDES DE LA MARINE.

Administration : rue Royale-Saint-Honoré, 1 (viii° arrond.),
Au Ministère de la Marine et des Colonies.

Fondée par règlements des 23 septembre 1673 et
6 octobre 1674, en même temps que l'Hôtel des invalides, cette caisse donne :

1° Des pensions dites *demi-soldes* aux marins qui,
depuis l'âge de dix-huit ans, ont accompli vingt-
cinq ans de navigation, tant au commerce qu'à l'État;

2° Des secours de 2 à 3 francs par mois aux enfants des demi-soldiers, jusqu'à l'âge de dix ans;

3° Des suppléments de 6 à 9 francs par mois pour
blessures, infirmités ou vieillesse;

4° Des secours mensuels et temporaires aux orphelins des officiers, marins et autres décédés avec la pension ou avec le droit de l'obtenir;

5° Des secours, dont le maximum annuel, fixé par la loi du 13 mai 1791, ne peut excéder 200 francs par famille, et qui sont donnés :

Aux familles des marins qui périssent dans les naufrages;

Aux pères et mères des marins et militaires de la marine qui meurent par suite de faits de guerre ou d'accidents de service;

Aux marins et ouvriers des arsenaux maritimes obligés d'abandonner l'exercice de leur profession avant d'avoir le temps voulu pour la retraite, ainsi qu'aux orphelins et marins non susceptibles d'obtenir le bénéfice des lois des 11 et 18 avril 1831 et 28 juin 1862;

Aux familles des officiers, marins et ouvriers qui sont morts sans avoir entièrement accompli les conditions voulues par la loi pour léguer un droit à la pension, mais dont les services sont une recommandation pour leurs veuves, enfants et autres proches parents;

Aux anciens pensionnaires dont les infirmités se sont aggravées ou qui sont tombés dans la gêne par maladies ou autres causes;

Aux enfants des anciens ouvriers inscrits, domiciliés depuis longtemps dans les ports de Brest, Rochefort, Lorient et Cherbourg.

Les demandes de secours doivent être adressées aux commissaires de l'inscription maritime.

## SECOURS DU MINISTÈRE DE L'AGRICULTURE ET DU COMMERCE.

Le Ministère de l'agriculture et du commerce accorde des indemnités aux victimes des accidents tels qu'incendies, inondations, grêles, etc. Les demandes doivent lui être adressées par l'intermédiaire des préfets et être accompagnées de pièces constatant les dommages éprouvés, la situation malheureuse des sinistrés et le chiffre de leurs impositions.

## CONSEIL SUPÉRIEUR DE L'ENSEIGNEMENT TECHNIQUE.

Ministère de l'Agriculture et du Commerce, Rue Saint-Dominique-Saint-Germain, 60 (vıı<sup>e</sup> arrondissement).

### SECOURS ET SUBVENTIONS.

Le Ministère de l'agriculture et du commerce, sur l'avis d'une commission spéciale et sur des crédits mis à cet effet à sa disposition par les pouvoirs législatifs, vient en aide aux ateliers d'apprentissage, aux écoles professionnelles et aux établissements d'enseignement technique fondés par des initiatives publiques, locales ou privées.

Les subventions sont proportionnées aux besoins, aux services rendus et aux ressources créées par les établissements eux-mêmes. Elles sont accordées, selon les cas, en argent, en instruments, en outils de travail ou modèles de dessins, appropriés aux industries locales qu'il s'agit de perfectionner.

Les demandes doivent être adressées par les fondateurs ou les directeurs des établissements à M. le Ministre de l'agriculture et du commerce.

## SECOURS DE LA VILLE DE PARIS
### ET DU CONSEIL GÉNÉRAL DE LA SEINE.

Des subventions sont votées, chaque année, aux Œuvres de Paris par le Conseil municipal de Paris et par le Conseil général de la Seine.

Pour obtenir une subvention, il faut adresser au préfet de la Seine une demande en faveur de l'Œuvre, avec un exposé de son but et de ses moyens d'action, un compte rendu de la situation et l'état des recettes et dépenses de l'année précédente.

## LOTERIES DE CHARITÉ.
### (Ordonnance du 29 mai 1844.)

ARTICLE PREMIER. Les autorisations pour l'établissement des loteries désignées en l'article 5 de la loi du 21 mai 1836 (loteries d'objets mobiliers exclusivement destinées à des actes de bienfaisance ou à

l'encouragement des arts) seront délivrées, savoir :
par le préfet de police pour Paris et le département
de la Seine, et dans les autres départements par les
préfets, sur la proposition des maires. Ces autorisations ne seront accordées que pour un seul tirage;
elles énonceront les conditions auxquelles elles auront été accordées, dans l'intérêt du bon ordre et
dans celui des bénéficiaires.

ART. 2. Lesdits tirages se feront sous l'inspection
de l'autorité municipale, aux jours et heures qu'elle
aura déterminés. L'autorité municipale pourra, lorsqu'elle le jugera convenable, faire intervenir dans
cette opération la présence de ses délégués ou de
commissaires agréés par elle.

ART. 3. Le produit net des loteries dont il s'agit
sera entièrement appliqué à la destination pour laquelle elles auront été établies et autorisées, et il
devra en être préalablement justifié.

## LOGEMENTS INSALUBRES.

La loi s'est préoccupée des inconvénients qui
peuvent résulter, pour les indigents, de leur habita-
tion dans des logements malsains ou dangereux. Elle
permet, dans certains cas, d'intervenir et de signaler
à l'autorité compétente les logements notoirement
insalubres.

Une commission, nommée par le conseil municipal, est chargée de rechercher et d'indiquer les

moyens d'assainissement dans les logements mis en location et habités par d'autres que le propriétaire ou l'usufruitier. (Loi du 13 avril 1850, art. 1er.)

Le propriétaire peut être forcé par l'autorité municipale à exécuter les travaux nécessaires, s'il est reconnu que les causes d'insalubrité soient dépendantes de sa volonté (art. 7). Il est passible d'une amende s'il refuse ou diffère l'exécution des travaux au delà du délai fixé (art. 8).

Si le logement n'est pas susceptible d'assainissement, l'autorité municipale peut en interdire d'une manière provisoire la location. L'interdiction définitive ne peut être prononcée que par le conseil de préfecture (art. 10).

Les travaux d'assainissement et d'ensemble peuvent être exécutés par les communes, qui ont le droit d'acquérir et exproprier les terrains nécessaires (art. 13).

Les amendes sont attribuées en entier au bureau de bienfaisance.

# CHAPITRE XII.

**Missions. — Œuvres religieuses. — Paroisses.
Pèlerinages.**

## ŒUVRE DE LA PROPAGATION DE LA FOI.

Bureaux à Paris : rue Cassette, 34 (vi⁰ arrondissement).
A Lyon : place Bellecour, 31.

L'Œuvre de la Propagation de la foi, fondée à Lyon
en 1822, s'est répandue en peu de temps dans tous
les diocèses de la France et dans les pays étrangers;
elle compte un très-grand nombre d'associés et distribue chaque année des sommes importantes.

Elle a pour but unique d'aider, par des prières et
par des aumônes, les missionnaires catholiques chargés de la prédication de l'Évangile dans les pays
d'outre-mer, et de secourir les églises catholiques
dans les pays protestants ou schismatiques d'Europe.

L'Œuvre est administrée par deux conseils, composés d'ecclésiastiques et de laïques, qui siégent l'un
à Paris, l'autre à Lyon. Chaque conseil élit son président et son bureau et s'entend avec l'autre conseil
pour la répartition des fonds entre les différentes
missions.

Il y a en outre dans les diocèses et dans beaucoup de paroisses des conseils chargés de recueillir les souscriptions.

Pour être membre de l'OEuvre, il faut :

1° Appliquer à son intention, et une fois pour toutes, le *Pater* et l'*Ave* de la prière du matin et du soir de chaque jour, et y joindre cette invocation : « Saint François-Xavier, priez pour nous! »

2°. Donner comme aumône à l'OEuvre *un sou par semaine* (2 fr. 60 cent. par an).

Pour la plus facile perception des aumônes, un souscripteur sur dix est chargé de les recueillir; il en verse le montant entre les mains d'un autre membre de l'OEuvre qui a dix collectes semblables à recevoir, c'est-à-dire cent souscriptions.

Les nouvelles reçues des missions, et une fois par an le compte rendu des recettes et des dépenses, sont, par les soins des deux conseils de Lyon et de Paris, publiés dans un recueil paraissant tous les deux mois et destiné à faire suite aux lettres édifiantes, sous le titre d'*Annales de la Propagation de la foi.*

Toute personne qui réunit dix souscriptions, y compris la sienne (soit 26 francs), a droit à un abonnement aux *Annales*, dont elle procure gratuitement la lecture aux neuf autres personnes.

Tous les ans, il est célébré dans l'église des Missions étrangères, rue du Bac, à Paris, une messe pour le repos de l'âme des missionnaires et des souscripteurs décédés; un sermon est prêché en faveur de l'Œuvre.

Pour les ornements sacerdotaux, linge, missels et tous objets servant au culte, à l'usage des missionnaires, s'adresser à l'Œuvre apostolique, rue de Monsieur, 12. (Voir ci-après.)

L'Œuvre de la Propagation de la foi a son siége à Paris, rue Cassette, 34. C'est là qu'il faut écrire pour tout ce qui concerne l'Œuvre, pour la distribution des *Annales*, pour les souscriptions, etc.

On souscrit aussi dans toutes les paroisses.

## ŒUVRE DE LA SAINTE-ENFANCE.

Bureaux : passage Sainte-Marie, 2 (rue du Bac, 60).

Cette Œuvre a pour but le *baptême*, le *rachat* et l'*éducation chrétienne* des enfants nés de parents infidèles, en Chine et dans les autres pays infidèles. Organisée à peu près sur le modèle de l'Œuvre de la Propagation de la foi, et lui prêtant un utile concours, elle reçoit comme associés les enfants depuis l'âge le plus tendre, moyennant une cotisation de 5 centimes par mois; les zélateurs ou zélatrices, outre leur cotisation personnelle, s'engagent à réunir les cotisations de onze autres personnes.

Le produit des souscriptions est centralisé au conseil de l'Œuvre, et tous les ans il en est fait une répartition entre les divers vicariats apostoliques pour les aider à sauver les enfants abandonnés en si grand nombre dans certaines contrées païennes et à soutenir les établissements destinés à recueillir ces enfants.

Cette répartition est publiée chaque année dans les *Annales* que reçoit chaque zélateur ou zélatrice.

De nombreuses indulgences ont été accordées aux membres de l'OEuvre par les Souverains Pontifes; elle est organisée dans presque tous les diocèses de France.

*Président :* M. l'abbé DE GIRARDIN, rue de la Ville-l'Évêque, 18, Directeur général de l'OEuvre.

*Vice-Président :* Le R. P. PÉTÉTOT, Supérieur général de l'Oratoire.

*Secrétaire général :* M. PERNOT, Directeur au séminaire des Missions étrangères.

*Trésorier général :* M. CAUCHY, membre de l'Institut.

Les demandes, réclamations et offrandes doivent être adressées à M. le Directeur de l'OEuvre de la Sainte-Enfance, passage Sainte-Marie, 2.

## OEUVRE DES ÉCOLES D'ORIENT.
### Rue du Regard, 12 (VIᵉ arrondissement).

L'OEuvre des écoles d'Orient, solennellement approuvée par le Saint-Siége et enrichie par lui de nombreuses faveurs spirituelles, a pour but de ramener l'Orient à la vraie foi, en y fondant et entretenant des écoles, des asiles, des orphelinats, des ouvroirs, des patronages, des pensionnats, des colléges, des séminaires, des providences, des communautés catholiques, avec les Œuvres qui s'y rattachent.

Les souscriptions pour l'Œuvre se recueillent par décuries. Pour constituer une décurie, il suffit d'une somme annuelle de 10 francs, soit qu'on la fournisse seul, soit qu'on réunisse plusieurs souscriptions de 1 franc.

Toute souscription de 10 francs donne droit à un abonnement au *Bulletin*, qui paraît tous les deux mois et qui met les lecteurs au courant de la situation religieuse et des progrès de l'instruction catholique en Orient.

La répartition des fonds est faite chaque année par le conseil général de l'Œuvre, sur le rapport d'une commission spéciale à laquelle le directeur de l'Œuvre fournit tous les documents utiles.

Les souscriptions ou offrandes, les correspondances, les demandes d'abonnement ou de secours, doivent être adressées à M. E. DAUPHIN, prélat de la maison de Sa Sainteté, Directeur de l'Œuvre, rue du Regard, 12.

## MISSIONS D'AFRIQUE.

A Paris : bureaux de l'*Œuvre des écoles d'Orient*,
Rue du Regard, 12.

Une congrégation religieuse d'hommes a été fondée par Mᵍʳ LAVIGERIE, archevêque d'Alger, dans le but d'amener peu à peu les Arabes à la foi chrétienne. Les Pères vivent au milieu des populations indigènes et les instruisent. Mᵍʳ l'archevêque a confié à cette congrégation la direction et la conservation de ses Œuvres arabes : Orphelinats. — Villages. — Écoles. — Séminaires indigènes.

Le siége de la congrégation des missionnaires d'Afrique est à la Maison-Carrée (près Alger).

Les ressources de ces Œuvres sont les quêtes, les souscriptions, les adoptions de missionnaires et d'orphelins.

On peut adresser les dons à l'archevêché d'Alger, à la Maison-Carrée ou au bureau de l'Œuvre des écoles d'Orient, rue du Regard, 12.

## ASSOCIATION CATHOLIQUE
## DE SAINT-FRANÇOIS-DE-SALES,
### POUR LA DÉFENSE ET LA CONSERVATION DE LA FOI.

Secrétariat : passage Sainte-Marie, 11 *bis* (vııᵉ arrondissement).

Cette Œuvre, fondée en 1856, a pour but le maintien de la foi catholique en France. Elle concourt suivant ses ressources à la fondation et à l'entretien des églises, des écoles et des bibliothèques catholiques ; elle procure des prédicateurs, des missions, favorise la création des OEuvres charitables et religieuses, principalement dans les pays où s'exerce le plus la propagande protestante.

Elle a contribué à la création des églises récemment construites dans les faubourgs et la banlieue de Paris. Le minimum de la souscription est de 60 centimes par an (un sou par mois).

Les demandes de secours doivent être apostillées par l'évêque du diocèse.

L'association publie tous les mois un *Bulletin :* le prix de l'abonnement est de 3 francs par an. Toute personne qui réunit trois douzaines de souscriptions a droit à un abonnement gratuit.

Cette OEuvre est répandue dans un grand nombre de diocèses. Elle est dirigée par un conseil central.

*Président :* Mgr DE SÉGUR, rue du Bac, 39.

*Vice-Présidents :* M. l'abbé D'HULST, vicaire général, rue de Varennes, 90 ; le R. P. PÉTÉTOT, supérieur de l'Oratoire, rue du Regard, 11 ; le R. P. PICARD, religieux de l'Assomption, rue François Ier, 8.

*Vice-Président* et *Secrétaire général :* M. le marquis DE SÉGUR, conseiller d'État, rue de Bellechasse, 72.

*Trésorier général :* M. le comte D'ESGRIGNY.

Les lettres et demandes doivent être adressées au secrétariat, à M. LERMIGNY, passage Sainte-Marie, 11 *bis*.

## OEUVRE DES CAMPAGNES.

Cette OEuvre se propose de procurer des missions, sur la demande de l'autorité ecclésiastique, au plus grand nombre possible de paroisses rurales pauvres; de concourir à l'établissement de Sœurs à la fois institutrices et hospitalières; de répandre de bons livres dans les écoles et les familles; de fonder de petites pharmacies et toutes les OEuvres de charité et de piété qui peuvent s'établir dans les campagnes.

Elle demande à ses membres : 1° de verser dans la caisse centrale une cotisation de 12 francs par an ou de recueillir douze cotisations de 1 franc; 2° de chercher à créer des conseils diocésains dans le plus grand nombre de diocèses.

L'OEuvre est administrée par un conseil central.

Les demandes doivent être signées par les curés, apostillées par l'autorité diocésaine et adressées à Mᵐᵉ CASENAVE, trésorière, rue de Bellechasse, 11.

L'OEuvre des campagnes publie un *Bulletin* qui paraît tous les deux mois, rend compte de ses travaux et de ses projets, et est envoyé à tous ses souscripteurs de 12 francs.

*Directeur :* Le R. P. BAZIN, rue de Sèvres, 35.

*Président :* M. le comte DE LAMBEL, rue Saint-Dominique, 33.

*Secrétaire :* Mᵐᵉ DE LA ROQUETTE, rue de l'Université, 25.

# PAROISSES DE PARIS.

(Voir chap. IV : *Liste des Paroisses et des Bureaux de bienfaisance.*)

## CONGRÉGATIONS D'HOMMES.

Assomption (*Pères Augustins de l'*), rue François I<sup>er</sup>, 8.
OEuvres. (Voir chap. IV.)

Barnabites (*Clercs réguliers de Saint-Paul*), rue de Monceaux, 64.
OEuvres. (Voir chap. XV.)

Capucins (*Frères Mineurs*), rue de la Santé, 15.
Prédication.

Carmes déchaussés (*Pères*), rue de la Pompe, 53.

Conventuels (*Frères Mineurs*), rue de Romainville, 23.

Dominicains (*Frères Prêcheurs*), rue Jean-de-Beauvais, 7.
Prédication. — Maison d'éducation.

Eudistes (*Pères de la congrégation de Jésus et Marie*), rue Saint-Jacques, 193.

Écoles chrétiennes (*Frères des*), rue Oudinot, 27.
Écoles communales. (Voir chap. I<sup>er</sup>.) — Pensionnat à
Passy. — Pensionnat et cercle de la Jeunesse. (Voir
chap. XIII.) — Saint-Nicolas. (Voir chap. II.)

Franciscains (*Frères Mineurs observantins*), de la Terre-Sainte,
rue des Fourneaux, 83.
OEuvres en Palestine.

Irlandais (*Séminaire des*), rue des Irlandais, 5.
Dirigé par les Lazaristes.

43.

JÉSUS (*Pères de la Compagnie de*), rue de Sèvres, 35.

> Prédication. — Missions. — École préparatoire, rue Lhomond, 18.— École libre de l'Immaculée Conception, rue de Vaugirard, 391. — École Saint-Ignace, rue de Madrid, 7. — OEuvre pour les Allemands, rue Lafayette, 212.

LAZARISTES (*Prêtres de la congrégation de la Mission*), rue de Sèvres, 95.

> Missions. — Séminaire des Irlandais. — Chapelle Sainte-Rosalie.

MARIANITES (*Pères de la Société de Marie*), rue du Mont-Parnasse, 28.
> Collége Stanislas. — Institution Sainte-Marie.

MARISTES (*Pères de la Société de Marie de Lyon*), rue de Vaugirard, 104.
> Prédication.

MARISTES (*Frères*), rue Pernetty, 48.

MÉCHITARISTES (*Pères*), de Venise, rue de Monsieur, 12.
> Collége arménien.

MISÉRICORDE (*Congrégation des Pères de la*), rue de Varennes, 15.
> Missions. — OEuvres. (Voir chap. XII.)

MISSIONS ÉTRANGÈRES (*Prêtres de la Société des*), rue du Bac, 128.
> Missions.

OBLATS DE MARIE IMMACULÉE (*Pères*), rue de Saint-Pétersbourg, 40.

ORATOIRE (*Congrégation des Prêtres de l'*), rue du Regard, 11.
> École Massillon. — Prédication. — OEuvres.

PASSIONNISTES (*Pères*), avenue de la Reine-Hortense, 50.
> OEuvres. (Voir chap. XV.)

RÉDEMPTORISTES (*Pères de la congrégation du Très-Saint-Rédempteur*), boulevard de Ménilmontant, 57.

RÉSURRECTION (*Prêtres de la*), rue Saint-Honoré, 263.
> OEuvres pour les Polonais. (Voir chap. XV.)

SACRÉS CŒURS DE JÉSUS ET DE MARIE (*Pères de l'Adoration perpétuelle et des*), rue de Picpus, 33.

SAINTE-CROIX (*Pères de la congrégation de Notre-Dame-de-la-*), avenue du Roule, 22, à Neuilly.
Institution. — Orphelinats. (Voir chap. II.)

SAINT-ESPRIT ET DU SAINT-CŒUR DE MARIE (*Pères de la congrégation du*), rue Lhomond, 30. (Voir chap. II.)

SAINTE-FAMILLE (*Frères de la*) : Saint-Marcel de la Maison-Blanche, Saint-Pierre du Gros-Caillou, Église votive de Montmartre, Notre-Dame-des-Victoires, Saint-Eugène, Saint-Jean-Baptiste de Grenelle.

SAINT-JEAN-DE-DIEU (*Frères hospitaliers de la Charité*), rue Oudinot, 19. (Voir chap. V.)

SAINT-SACREMENT (*Pères du*), rue Châteaubriand, 14.

SAINT-SULPICE (*Prêtres de la Société de*), rue de Vaugirard, 50. Grand séminaire et noviciat à Paris et à Passy.

SAINT-VIATEUR (*Frères de*), de Lyon, églises de Montrouge et de Charenton.


# COMMUNAUTÉS RELIGIEUSES POUR LES FEMMES.

## (DIOCÈSE DE PARIS.)

ADORATION RÉPARATRICE (*Sœurs de l'*), rue d'Ulm, 36; rue Gay-Lussac, 39.

ANDRÉ (*Sœurs de la Croix de Saint-*), de la Puye, près Poitiers; rue de Sèvres, 90; rue Blomet, 97; rue d'Alleray, 13; à Antony, Issy, Ivry, Nogent-sur-Marne, Sceaux, Saint-Maur, Thiais. (Voir *Orphelinats,* chap. I<sup>er</sup>; *Hospices,* chap. VI.)

Anges (*Sœurs de Notre-Dame des Saints*), rue Blomet, 147. (Voir *Orphelinats*, chap. II.)

Assistance maternelle (*Sœurs de Notre-Dame de l'*), rue Cassini 3. (Voir *Garde-malades*, chap. IV.)

Assomption (*Dames de l'*), rue de l'Assomption, 17 et 25. Pensionnat.

Assomption (*Petites Sœurs de l'*), garde-malades des pauvres, rue Violet, 57; rue Saint-Honoré, 288; rue de Monceaux, 11; boulevard des Batignolles, 37; Levallois-Perret. (Voir chap. IV.)

Augustines anglaises (*Dames*), boulevard Eugène, 24, à Neuilly-sur-Seine. Institution.

Augustines (*Dames*) de Meaux, rue Oudinot, 16. (Voir *Maisons de santé*, chap. V.)

Augustines (*Dames*) du Saint-Cœur de Marie, rue de la Santé, 29. (Voir *Maisons de santé*, chap. V.)

Augustines hospitalières (*Dames*). (Voir *Hôpitaux*, chap. V.)

Augustines hospitalières (*Dames*), de Belgique. (Voir *Charenton*, chap. VII; *le Vésinet*, chap. V.)

Auxiliatrices de l'Immaculée Conception (*Dames*), rue La Fontaine, 78; rue Saint-Maur, 64; rue aux Ours, 23; rue Bayen, 21. (Voir chap. II, 2ᵉ section, et chap. VI.)

Auxiliatrices des Ames du purgatoire (*Dames*), rue de la Barouillère, 16. (Voir chap. IV et XII.)

Aveugles de Saint-Paul (*Sœurs*), rue d'Enfer, 88. (Voir chap. VII.)

Bénédictines de l'Immaculée Conception (*Dames*), rue de Reuilly, 80. (Voir chap. II, 2ᵉ section.)

BÉNÉDICTINES DU SAINT-SACREMENT (*Dames de l'Adoration perpé-tuelle*), rue Tournefort, 16.

BÉNÉDICTINES DU TEMPLE (*Dames de l'Adoration perpétuelle du Saint-Sacrement, dites*), rue de Monsieur, 20.

BON-PASTEUR D'ANGERS (*Dames de la Charité de Notre-Dame du Bon-Pasteur*), à Conflans. (Voir chap. X.)

BON-SECOURS (*Religieuses du*), rue Notre-Dame-des-Champs, 20 (voir *Garde-malades*, chap. IV); collége Stanislas; rue du Regard, 13 (voir chap. II, 2ᵉ section).

BON-SECOURS (*Sœurs de Notre-Dame du*), de Troyes. (Voir *Garde-malades*, chap. IV.)

CALVAIRE (*Sœurs de Notre-Dame du*), rue du Théâtre, 52 (voir chap. V); rue Blomet, 128 (voir chap. VI); Bourg-la-Reine (voir chap. VII).

CARMÉLITES (*Religieuses*), rue d'Enfer, 25; avenue de Messine, 25; avenue de Saxe, 26; Saint-Denis.

CHARITÉ DE NEVERS (*Sœurs de la*), rue des Martyrs, 77 (voir chap. VI); Quinze-Vingts (voir chap. VII); rue de Cîteaux, 28 (voir chap. II); à Neuilly (voir chap. VI.)

CHARLES (*Sœurs Saint-*), de Nancy, rue Lafayette, 190 (voir chap. XV); rue du Télégraphe, 18; rue d'Allemagne, 87; rue Charlot, 58; les Quatre-Chemins (Écoles).

CŒUR DE MARIE (*Sœurs du Saint-*), de Nancy, rue Perceval, 22. (*Orphelinats*, voir chap. II, 2ᵉ section.)

CLOTILDE (*Dames de Sainte-*), rue de Reuilly, 101. Pensionnat.

COMPAGNES DE JÉSUS (*Sœurs fidèles*), rue de la Santé, 63. Gentilly. (*Orphelinats*, voir chap. II.)

COMPASSION DE LA SAINTE-VIERGE (*Sœurs de la*), rue de Lourcine, 111. (*Hôpitaux spéciaux*, voir chap. V.)

CROIX (*Sœurs de la*), OEuvre de Notre-Dame auxiliatrice, rue du Cherche-Midi, 138. (Voir chap. III, 2ᵉ section.)

DÉLIVRANDE (*Religieuses de Notre-Dame de la Charité du monastère de la*), dites *de la Vierge fidèle*, avenue Montaigne, 4. (Voir chap. II, 2ᵉ section, et chap. XII.)

DOMINICAINES (*Religieuses*), du monastère de la Croix, rue de Charonne, 92.
Pensionnat.

DOMINICAINES DE NANCY (*Religieuses*), avenue Sainte-Foy, 18, à Neuilly.

ÉCOLES CHRÉTIENNES DE LA MISÉRICORDE DE SAINT-SAUVEUR-LE-VICOMTE (*Sœurs des*), rue de Picpus, 60; rue Brochant, 28; rue des Croisades, 1 et 12; rue Servan, 48; rue Vercingétorix, 60. (*Asiles, Écoles, Secours,* voir chap. Iᵉʳ et IV.)

ESPÉRANCE (*Sœurs de la Sainte-Famille de Bordeaux*, dites *de l'*), rue de Clichy, 34 (voir chap. IV); rue du Faubourg-Saint-Honoré, 106. Petit séminaire, collége d'Arcueil.

FRANCISCAINES DE SAINTE-ÉLISABETH (*Religieuses*), rue de Turenne, 60.

FRANCISCAINES OBLATES DU SACRÉ-CŒUR (*Religieuses*), rue de la Glacière, 25; boulevard d'Italie, 50. (Voir chap. II, 2ᵉ section.)

IMMACULÉE CONCEPTION (*Sœurs de la Sainte-Famille* de Bordeaux, dites *de l'*), rue Chaptal, 22. Saint-Mandé.

IMMACULÉE CONCEPTION (*Sœurs de l'*), de Buzançais, à Vitry, à Thiais. (Voir chap. V.)

IMMACULÉE CONCEPTION (*Sœurs de l'*), de Castres, rue Lhomond, 27.

IMMACULÉE CONCEPTION (*Petites Sœurs de l'*) du tiers-ordre de Saint-François-d'Assise, rue de la Voie-Verte, 27. (*Orphelinats*, voir chap. II, 1ʳᵉ et 2ᵉ sections.)

INTÉRIEUR DE MARIE (*Sœurs de l'*), à Montrouge.

JOSEPH (*Sœurs de Saint-*), de Belley, rue de Monceaux, 17. Pensionnat. — Colléges Saint-Louis, Sainte-Barbe. — École polytechnique; rue de la Procession, 6; rue Fessard, 34. Boulogne (voir chap. VI). Billancourt.

JOSEPH (*Sœurs de Saint-*), de Cluny, rue Méchain, 19; rue d'Ulm, 16 (*Orphelinats*, chap. II, 2ᵉ section). Maisons. Villejuif.

JOSEPH (*Sœurs de Saint-*), de Notre-Dame-des-Arts, rue Dufresnoy, 18. (Voir chap. II, 2ᵉ section.)

JOSEPH (*Sœurs de*), à Saint-Ouen.

JOSEPH DU BON-SECOURS (*Sœurs de Saint-*), de Toulouse, rue des Fêtes, 19. (*Orphelinats*, voir chap. II, 2ᵉ section.)

MARIÉ (*Sœurs de Sainte-*), de Broons (Côtes-du-Nord). Institution à Neuilly.

MARIE DE LA FAMILLE (*Sœurs de Sainte-*), rue Chaptal, 29; rue Truffaut, 15; maison Wolff et Pleyel, route de la Révolte, 15, à Saint-Denis.

MARIE AUXILIATRICE (*Sœurs de*), de Bourges, rue de la Tour-d'Auvergne, 17. (Voir chap. III, 2ᵉ section.)

MARIE-JOSEPH (*Sœurs de*), rue de Vaugirard, 71 (chap. X); rue de Vaugirard, 340 (chap. X); rue Blomet, 82 (chap. X). Prisons de la Conciergerie, du dépôt et de Saint-Lazare.

MARIE RÉPARATRICE (*Religieuses de*), rue de Calais, 21. (*Bibliothèques*, chap. XIII; *Œuvres*, chap. XII.)

**Maur** (*Religieuses du Saint-Enfant Jésus et de la Mère de pureté, dames de Saint-*), rue des Missions, 8; rue Lhomond, 59.

**Mère de Dieu** (*Congrégation de la*), rue de Picpus, 43 à 47. Pensionnat. — Écouen. — Les Loges. (Voir chap. II.)

**Michel** (*Monastère de Saint-*), Dames de la Charité de Notre-Dame-du-Refuge, rue Saint-Jacques, 193. (Correction, voir chap. X.)

**Miséricorde** (*Dames Augustines de Notre-Dame de la*), rue Tournefort, 39.

**Nom de Jésus** (*Sœurs du Saint-*), rue de Vanvres, 209. (*Présentation*, voir chap. X).

**Notre-Dame** (*Congrégation de*), abbaye aux Bois, rue de Sèvres, 16. Les Oiseaux, rue de Sèvres, 86. Le Roule, avenue de la Reine-Hortense, 29.
Pensionnats.

**Oblates de Saint-François-de-Sales** (*Religieuses*), rue de Vaugirard, 79.
Pensionnat.

**Paul** (*Sœurs de Saint-*), de Chartres, rue Violet, 44; rue Violet, 36; rue Violet, 67. (*Écoles*, chap. Iᵉʳ; *Secours*, chap. IV.)

**Petites Sœurs des pauvres**, avenue de Breteuil, 62; rue Notre-Dame-des-Champs, 45; rue Philippe-de-Girard, 13; rue de Picpus, 75; rue Saint-Jacques, 277; à Saint-Denis. (Voir *Hospices*, chap. VI.)

**Présentation de la Sainte-Vierge** (*Sœurs de la*), de Tours, rue de Vaugirard, 106 (voir chap. III, 2ᵉ section); rue Saint-Lazare, 126; rue de Clichy, 50; rue d'Asnières, 87 (voir chap. II, 2ᵉ section); rue Saint-

Jacques, 282 (voir *Hôpitaux homœopathiques*, chap. V); lycée de Vanvres.

PROVIDENCE DE PORTIEUX (*Sœurs de la*), passage Saint-Roch, 20 (voir chap. II, 2ᵉ section); rue Vitruve, 10; rue Saint-Blaise, 45; petit séminaire; Bagnolet, Bonneuil, Colombes, Courbevoie, Épinay, Gennevilliers, les Lilas, Levallois-Perret, Pierrefitte, Romainville, Rosny, Surènes, Vincennes.

PROVIDENCE (*Sœurs de la*), de Ruillé-sur-Loir, à Malakoff.

PROVIDENCE (*Sœurs de la*), de Sens, collége Chaptal.

PROVIDENCE (*Sœurs de la*), de Ribeauvillé, à Ivry. (*Orphelinats*, chap. II.)

RÉGIS (*Sœurs de Saint-*), de Viviers, à Asnières. Institution.

RETRAITE (*Dames de la*), rue du Regard, 15. (Voir chap. III, 2ᵉ section, et chap. XIII.)

RETRAITE CHRÉTIENNE (*Dames de la*), à Issy.

SACRÉ-CŒUR DE JÉSUS (*Dames du*), boulevard des Invalides, 33; rue de Varennes, 77 (pensionnat); Conflans (noviciat).

SACRÉS-CŒURS DE JÉSUS ET DE MARIE (*Dames de l'Adoration perpétuelle du Très-Saint-Sacrement et des*), rue de Picpus, 35. Pensionnat.

SAINT-SACREMENT (*Religieuses du*), de Romans, rue du Rocher, 76; avenue de Malakoff, 42; Issy, Montrouge, Saint-Maur-les-Fossés.

SAGESSE (*Sœurs de la*), de Saint-Laurent-sur-Sèvre, passage Dulac, 7 (*Orphelinats*, chap. II, 2ᵉ section); rue Lauriston, 78; rue Christophe-Colomb, 10; avenue d'Eylau, 105 et 77. (Voir *Hospices*, chap. VI.)

SERVANTES DE MARIE (*Sœurs*), rue Duguay-Trouin, 7. (Voir chap. III, 2ᵉ section.)

SERVANTES DU SACRÉ-CŒUR DE JÉSUS (*Sœurs*), rue Dombasle, 82. (Voir chap. II, III et VI.)

SERVANTES DU SAINT-CŒUR DE MARIE (*Sœurs*), rue Lhomond, 41; rue Rataud, 2; à Chevilly (*Orphelinats*, chap. II); collége Rollin.

SERVANTES DU SAINT-SACREMENT (*Sœurs*), rue Leclerc, 8. (Adoration perpétuelle.)

SION (*Congrégation de Notre-Dame de*), rue Notre-Dame-des-Champs, 61. (Voir chap. XII.)

THOMAS-DE-VILLENEUVE (*Dames de Saint-*), rue de Sèvres, 27; hôpital de l'Enfant-Jésus (voir chap. V); rue d'Enfer, 71 (voir *Bon-Pasteur*, chap. X); impasse des Vignes, 3 (voir chap. II, 2ᵉ section).

TRÈS-SAINT-SACREMENT (*Sœurs du*), de Niederbronn, à Ivry. (*Orphelinats*, voir chap. II.)

TRINITAIRES (*Religieuses*), de Valence, rue Léonie, 6. Pensionnat.

URSULINES (*Religieuses*), de Troyes, rue de Belleville, 173.

VINCENT-DE-PAUL (*Filles de la Charité*, dites *de Saint-*), rue du Bac, 140. (Voir *Écoles*, chap. Iᵉʳ; *Orphelinats*, chap. II; *Maisons de secours*, chap. IV; *Hôpitaux*, chap. V; *Hospices*, chap. VI, etc.)

VISITATION DE SAINTE-MARIE (*Dames de la*), rue d'Enfer, 70; rue de Vaugirard, 110.

ZÉLATRICES DE LA SAINTE-EUCHARISTIE (*Dames*), rue de Douai, 60.

# ŒUVRE DU VŒU NATIONAL
## AU SACRÉ CŒUR DE JÉSUS.

Rue Furstenberg, 6.

Vers la fin de 1870, quelques âmes chrétiennes conçurent la pensée de travailler à l'érection d'un sanctuaire dédié au Sacré-Cœur de Jésus, pour obtenir la délivrance du Souverain-Pontife et le salut de la France.

Le sanctuaire projeté doit s'élever sur la colline de Montmartre, et la loi du 25 juillet 1873 a reconnu le caractère national de l'Œuvre en donnant à S. Ém. le cardinal archevêque de Paris les facilités nécessaires pour l'acquisition des terrains et la construction de l'église votive.

Une chapelle provisoire a été élevée sur une partie des terrains achetés par Son Éminence, rue de la Fontenelle, 31. Tous les jours, la sainte messe est célébrée et des prières sont dites pour la délivrance du Souverain-Pontife et le salut de la France. En outre, une confrérie du Sacré-Cœur a été instituée dans cette même chapelle, sous la direction du Père Supérieur des Oblats de Marie-Immaculée, chargés de desservir le sanctuaire du Vœu national.

L'Œuvre, honorée de plusieurs brefs et de riches offrandes personnelles du Souverain-Pontife et de l'approbation de la plupart des archevêques et

44

évêques de France, est placée sous l'autorité de S. Ém. le cardinal archevêque de Paris, qui en a confié la propagande et la direction financière à un comité nommé par lui.

Elle reçoit toutes les offrandes, même les plus modiques; elle accepte aussi des dons en nature.

On peut envoyer les souscriptions et les listes d'adhésion rue Furstenberg, 6, à Paris, au nom de M. Théod. Dauchez, Trésorier, ou de MM. Legentil et H. Rohault de Fleury, secrétaires. On peut aussi prendre à cette adresse des abonnements au *Bulletin mensuel* de l'Œuvre.

Pour les messes, les prières, les recommandations, les demandes d'affiliation à la confrérie du Sacré-Cœur, les ex-voto à faire placer dans la chapelle provisoire, s'adresser au R. P. Rey, Supérieur, rue de la Fontenelle, 31 (xviiie arrondissement).

## ŒUVRE DES SAINTES FAMILLES
### (SOCIÉTÉ DE SAINT-VINCENT-DE-PAUL).

Cette association a pour but de faciliter aux familles pauvres la pratique des devoirs religieux. Les réunions se composent d'une messe, lorsque cela est possible, d'une instruction religieuse faite par un prêtre et de lectures édifiantes et récits faits par un membre de l'Œuvre. On y ajoute souvent une distribution d'objets de piété et de ménage.

Les associés reçoivent des secours gratuits en cas de maladie et sont visités par les membres de l'Œuvre ; après leur mort, des prières sont dites pour eux.

### LISTE DES SAINTES FAMILLES ET LIEUX DE RÉUNION.

#### IV<sup>e</sup> Arrondissement.

SAINT-PAUL-SAINT-LOUIS, 1<sup>er</sup> et 3<sup>e</sup> mercredis, à 8 heures du soir, dans la chapelle des catéchismes, rue Charlemagne.

#### V<sup>e</sup> Arrondissement.

SAINT-ESPRIT, 1<sup>er</sup> et 3<sup>e</sup> dimanches, à 7 heures et demie du soir, dans la chapelle Sainte-Mélanie, rue Lhomond, 26.

SAINT-NICOLAS-DU-CHARDONNET, le dimanche par quinzaine, à 9 heures, dans la chapelle des catéchismes.

SAINT-SÉVERIN, 2<sup>e</sup> et 4<sup>e</sup> dimanches, à 1 heure, dans la chapelle des catéchismes.

#### VI<sup>e</sup> Arrondissement.

SAINT-SULPICE, 2<sup>e</sup> et 4<sup>e</sup> dimanches, à midi et demi, dans la chapelle basse des catéchismes, rue Saint-Sulpice.

NOTRE-DAME-DE-NAZARETH, 1<sup>er</sup> et 3<sup>e</sup> dimanches, à 7 heures et demie du soir, dans la chapelle de Notre-Dame-de-Nazareth, boulevard du Mont-Parnasse.

#### VII<sup>e</sup> Arrondissement.

SAINT-THOMAS-D'AQUIN, 1<sup>er</sup> et 3<sup>e</sup> dimanches, à 8 heures, dans l'école des frères, rue de Grenelle, 44.

LES CARMÉLITES, 1<sup>er</sup> et 3<sup>e</sup> dimanches, à midi, dans la chapelle des Carmélites, avenue de Saxe, 26.

### VIII' *Arrondissement.*

SAINT-PHILIPPE-DU-ROULE, tous les dimanches, à 11 heures du matin, dans la chapelle de Notre-Dame du-Sacré-Cœur, rue de Monceaux, 13.

### X' *Arrondissement.*

SAINT-CHARLES, tous les dimanches, à 8 heures et demie, dans la chapelle du patronage des apprentis, rue Bossuet, 12.

### XIII' *Arrondissement.*

SAINTE-ROSALIE, 2' et 4' dimanches, à midi, dans la chapelle de Sainte-Rosalie, boulevard d'Italie, 50.

### XIV' *Arrondissement.*

SAINT-PIERRE DE MONTROUGE, par quinzaine, à 11 heures et demie du matin, dans la chapelle, rue de la Voie-Verte, 31, à Montsouris.

### XV' *Arrondissement.*

SAINT-JEAN-BAPTISTE DE GRENELLE, 1er et 3' dimanches, à 7 heures et demie du soir, dans l'église de Grenelle, rue des Entrepreneurs.

### XVI' *Arrondissement.*

SAINT-PIERRE DE CHAILLOT, 1er et 3' dimanches, à 7 heures et demie du soir, église de Chaillot, rue de Chaillot.

### XVII' *Arrondissement.*

SAINT-MICHEL DES BATIGNOLLES, tous les dimanches, à 11 heures et demie du matin, chez les Sœurs de la Doctrine chrétienne, rue des Moines.

## XVIII Arrondissement.

SAINT-DENIS-EN-FRANCE, 2ᵉ et 4ᵉ dimanches, à midi et demi, à la nouvelle église dite Saint-Denis-d'Estrée.

NOTRE-DAME DE CLIGNANCOURT, 1ᵉʳ et 3ᵉ dimanches, à midi, dans la chapelle des catéchismes.

SAINT-PIERRE DE MONTMARTRE, 2ᵉ et 4ᵉ dimanches, à 9 heures, dans la chapelle des catéchismes.

## XIX Arrondissement.

SAINT-JACQUES DE LA VILLETTE, 2ᵉ et 4ᵉ dimanches, à 11 heures du matin, dans la chapelle des catéchismes, attenant à l'église.

## XX Arrondissement.

SAINT-JEAN-BAPTISTE DE BELLEVILLE, 1ᵉʳ et 3ᵉ dimanches, à midi et demi, dans la chapelle des catéchismes, rue de Paris.

NOTRE-DAME-DE-LA-CROIX DE MÉNILMONTANT, 2ᵉ et 4ᵉ dimanches, à midi et demi, à l'église, salle des catéchismes.

### Pour les Italiens.

SAINTE-ANNE, 2ᵉ dimanche, à 7 heures et demie du soir, à Sainte-Anne, rue Planchat, 6 *bis*.

SAINTE-ANNE, 3ᵉ dimanche, à 7 heures et demie du soir, à Saint-Étienne-du-Mont, chapelle des catéchismes.

SAINTE-ANNE, 4ᵉ dimanche, à 7 heures et demie du soir, dans la chapelle Saint-Paul, rue de Monceaux, 64.

## OEUVRE DE LA DOCTRINE CHRÉTIENNE.
### Église Saint-Sulpice.

Cette OEuvre a été fondée en 1850 par un prêtre de Saint-Sulpice, avec le concours de quelques laïques, pour venir en aide au clergé paroissial dans l'instruction religieuse de ceux qui n'ont pu apprendre le catéchisme d'une manière suffisante. Les réunions ont lieu dans l'église Saint-Sulpice, d'octobre en mai, le lundi et le jeudi, à huit heures du soir.

## LÉGION DE SAINT-MAURICE,

### SOUS LA DIRECTION SPIRITUELLE DE M. L'ABBÉ BARON,

#### Aumônier de l'hôpital militaire du Gros-Caillou.

#### Rue Saint-Dominique, 166 (VII<sup>e</sup> arrondissement).

Cette association a pour but de maintenir les jeunes soldats dans l'accomplissement de leurs devoirs chrétiens. Ils se réunissent le jeudi et le dimanche pour prononcer l'admission des nouveaux membres et entendre une instruction religieuse et le salut. Une bibliothèque est à leur disposition, ainsi que des secours pour les malades.

La légion s'étend en province.

## INSTITUT DES DAMES DE SAINTE-GENEVIÈVE.
### Église Saint-Étienne-du-Mont.

L'institut a pour but la vie sérieusement chrétienne au milieu du monde, la prière pour l'Église et la France, et le culte de sainte Geneviève, patronne de Paris et de la France, au moyen de prédications, retraites, prières et bonnes œuvres.

Réunion des associées le premier mardi du mois, à neuf heures, à Saint-Étienne-du-Mont, et le troisième jeudi, chez les Dames de Saint-Maur, rue des Missions, 8.

Pour être associée, il faut être inscrite, faire partie d'une dizaine et prendre part aux prières et aux œuvres de l'institut.

La cotisation ordinaire des associées est de 1 franc par an. Les zélatrices se chargent de réunir une ou plusieurs dizaines d'associées.

Des indulgences ont été accordées à l'institut par un bref du Saint-Père du 12 décembre 1856.

S. Ém. le cardinal archevêque de Paris est Président de cette association.

*Assistante générale :* M<sup>me</sup> la comtesse douairière DE KERSAINT, rue de la Ville-l'Évêque, 26.

S'adresser, pour faire partie de l'Œuvre, au chapelain de l'institut, à Saint-Étienne-du-Mont.

## OEUVRE DU DENIER DE SAINT-PIERRE.

Cette OEuvre a pour but de subvenir aux besoins du Saint-Siége par les offrandes volontaires des fidèles. L'organisation est la même que celle de l'OEuvre de la Propagation de la foi. La cotisation est de 1 franc par an. Réunies par les chefs de dizaine, les cotisations sont centralisées par les comités locaux et versées à l'archevêché.

Cette Œuvre existe dans un grand nombre de diocèses.

*Vice-présidents :* M. Léon Pagès et M. le marquis des Cars.

*Secrétaire :* M. le comte Gaston Yvert.

On peut s'adresser pour les renseignements à M. Léon Pagès, rue du Bac, 110.

Le siége de l'Œuvre est à l'église Notre-Dame-des-Victoires. Les souscriptions et le produit des collectes peuvent être remis à la sacristie.

## UNION DE PRIÈRES
### EN FAVEUR DE LA VILLE ET DU DIOCÈSE DE PARIS.
#### (Avec approbation de l'autorité ecclésiastique.)

L'Union de prières a pour but d'aider spirituellement toutes les œuvres de foi et de charité qui se font dans le diocèse de Paris. Elle publie chaque mois une feuille indiquant les intentions de prières pour les associés.

Les feuilles sont délivrées par le P. Duvey, prêtre de la Miséricorde, rue de Varennes, 15 (à qui l'on devra adresser les recommandations), et aux bureaux du comité catholique, rue de l'Université, 47 (voir chap. XIII).

## ŒUVRE DU REPOS DU DIMANCHE.
### Bureaux à Paris, passage Sainte-Marie, 11 *bis* (vii° arrond.).

Cette Œuvre a été fondée en 1854. Son but est

de provoquer l'observation du repos du dimanche par la distribution gratuite d'imprimés destinés à faire connaître les considérations d'intérêt matériel et moral qui peuvent déterminer le retour à une pratique dont l'inobservance afflige les cœurs chrétiens.

Pour faire partie de l'Œuvre, il faut s'engager à ne pas travailler ni faire travailler les dimanches et fêtes.

## ŒUVRE DES TOMBES ET DES PRIÈRES

### POUR LES VICTIMES DE LA GUERRE 1870-1871

### ET L'ÉDIFICATION DE L'ÉGLISE DE BAZEILLES.

Comité : place de la Bourse, 9, à Paris.

Cette Œuvre, après avoir fait élever 186 monuments à la mémoire de nos soldats morts en captivité ou sur le champ de bataille et fondé un nombre considérable de messes et d'anniversaires, apporte son concours à la reconstruction du village de Bazeilles.

Elle se propose de reconstruire l'église détruite par l'invasion, d'y annexer une crypte où seront déposés les restes des soldats tués sur le territoire de la commune et d'assurer des fondations de prières à perpétuité.

*Président d'honneur :* Monseigneur DE SÉGUR.

*Président :* le R. P. Joseph, missionnaire apostolique.

*Président de la Commission de souscription pour l'édification de l'église de Bazeilles :* M. Henry Blount.

On peut souscrire au siége du Comité, place de la Bourse, et au bureau du bulletin mensuel *la France militaire et religieuse,* place du Panthéon, 5.

## ASSOCIATION DE PRIÈRES ET DE BONNES ŒUVRES
## DE NOTRE-DAME DE BON-SECOURS.

Paroisse de Saint-Pierre de Montrouge (xiv° arrond.).

Cette Association a pour but de favoriser la bonne éducation des enfants, de procurer aux malades et aux infirmes les secours spirituels et corporels dont ils peuvent avoir besoin, et d'assurer aux défunts des prières qui ne leur fassent jamais défaut.

Elle a pour supérieur M. le Curé de Saint-Pierre, qui en choisit le directeur parmi les prêtres de sa paroisse et les zélateurs ou zélatrices parmi les associés les plus zélés.

S'adresser à la sacristie de Saint-Pierre, où l'on donnera des feuilles indiquant les statuts de l'Association, les prières et les indulgences.

## SOCIÉTÉ DES DAMES CHRÉTIENNES.

### Avenue de Breteuil, 31 (vii° arrond.).

Les personnes qui font partie de cette Société se proposent de mener au milieu du monde une vie de plus en plus chrétienne et pieuse.

Un bref du Souverain-Pontife, en date du 17 décembre 1875, lui a accordé de nombreuses indulgences.

*Directeur :* M. l'abbé CHAUMONT, rue de Babylone, 53.

## ARCHICONFRÉRIE

### DU TRÈS-SAINT ET IMMACULÉ COEUR DE MARIE

#### POUR LA CONVERSION DES PÉCHEURS.

### Érigée en l'église Notre-Dame-des-Victoires (ii° arrond.).

L'archiconfrérie a pour but d'honorer la Sainte Vierge par un culte spécial et d'obtenir par son intercession la conversion des pécheurs.

Elle a été fondée par M. l'abbé Dufriche des Genettes, curé de la paroisse Notre-Dame-des-Victoires, canoniquement reconnue et confirmée par une ordonnance archiépiscopale du 16 décembre 1836, enrichie d'indulgences et de faveurs spirituelles par les Souverains Pontifes Grégoire XVI et Pie IX.

Ses associés, répandus sur tous les points du globe, dépassent le nombre de 20 millions, répartis entre 17,260 confréries particulières.

Tout catholique peut en faire partie, à la condition de se faire inscrire et de réciter chaque jour la Salutation angélique.

A Notre-Dame-des-Victoires, à Paris, la réunion des associés a lieu tous les dimanches et jours de fête à l'église, à sept heures et demie du soir; tous les samedis, à neuf heures du matin, messe pour la conversion des pécheurs.

Un bulletin, sous le nom d'*Annales de l'archiconfrérie*, paraît chaque mois (3 francs par an).

## ARCHICONFRÉRIE
## DE L'IMMACULÉE CONCEPTION DE NOTR -DAME
## DE SAINTE-ESPÉRANCE.
### Église Saint-Séverin.

Une association de prières a été fondée en 1841 dans l'église Saint-Séverin pour honorer la Sainte Vierge et obtenir par son intercession le retour à la pureté de la foi et des mœurs. Elle a été érigée en archiconfrérie en 1849 et affiliée à l'archiconfrérie de Rome.

Pour en faire partie et participer aux indulgences dont elle est enrichie, il faut se faire inscrire, porter la médaille bénite et réciter tous les jours un *Pater* et un *Ave Maria.*

Tous les samedis, à huit heures trois quarts, messe de l'archiconfrérie; le troisième samedi de chaque mois, à la même heure, messe de pèlerinage.

Réunions le dimanche, à sept heures du soir.

## ARCHICONFRÉRIE DES MÈRES CHRÉTIENNES.

Chapelle de Notre-Dame-de-Sion,
Rue Notre-Dame-des-Champs, 61 (v⁰ arrondissement),
Et église Saint-Augustin (viii⁰ arrondissement).

Cette association a pour but de réunir les mères chrétiennes afin de prier en commun pour leurs enfants et leur famille.

Les exercices ont lieu une fois par mois.

On prie à chaque réunion pour les intentions des associées.

Pour faire partie de l'archiconfrérie, il faut se faire inscrire à la congrégation de Notre-Dame-de-Sion et réciter chaque jour la prière indiquée.

On peut aussi se faire inscrire à Saint-Augustin, où les exercices se font également une fois par mois.

## ARCHICONFRÉRIE DE NOTRE-DAME-DES-MALADES.

Église Saint-Laurent, boulevard de Strasbourg, 70 (x⁰ arr.).

Association de prières et de bonnes œuvres pour

le soulagement spirituel et corporel des malades, canoniquement érigée en la paroisse Saint-Laurent. M. le Curé en est le directeur.

## ŒUVRE

### DE L'EXPOSITION ET DE L'ADORATION NOCTURNE

### DU TRÈS-SAINT SACREMENT.

L'Adoration nocturne a commencé à Paris le 6 décembre 1848 dans l'église Notre-Dame-des-Victoires, où elle continue à avoir un sanctuaire particulier. Elle se propose de réparer les injures dont Jésus-Christ est l'objet dans le sacrement de l'Eucharistie et d'attirer sur la France les bénédictions de Dieu. Son but est de procurer à Notre-Seigneur des adora- eurs pendant la nuit, dans toutes les églises et cha- pelles de Paris où a lieu l'Adoration perpétuelle. A 'heure où les fidèles se retirent des sanctuaires dans lesquels le Saint-Sacrement est exposé, les membres actifs de l'OEuvre viennent les remplacer et passent la nuit devant le Saint-Sacrement. Ils sont assez nombreux pour pouvoir n'être convoqués qu'une fois tous les mois et pour une heure seulement ; ils s'adjoignent dans chaque paroisse des membres auxiliaires. L'OEuvre admet des membres bienfai- teurs, qui offrent une cotisation de un franc par an pour subvenir aux dépenses et qui participent à toutes les prières de l'Association ; les femmes ne peuvent faire partie que de cette dernière classe d'associés. L'OEuvre a été affiliée par N.-S. Père le Pape à l'archiconfrérie du Très-Saint-Sacrement de Rome et a été enrichie d'indulgences.

On s'adresse, pour les demandes de renseignements et l'envoi des cotisations, à M. l'abbé RIVIÉ, curé de Saint-Nicolas-des-Champs, Directeur spirituel de l'OEuvre, rue Saint-Martin, 233, à M. GABRIEL, rue Notre-Dame-des-Victoires, 7, et au secrétariat de l'archiconfrérie de Notre-Dame-des-Victoires.

*Président de l'OEuvre* : M. DE BENQUE, rue Radzi-will, 2, à la Banque.

# ARCHICONFRÉRIE DE L'ADORATION PERPÉTUELLE

## ET DE L'OEUVRE DES TABERNACLES.

Cette association, fondée à Paris en 1846, a été érigée en archiconfrérie en 1856. Elle a pour but le culte dû à la divine Eucharistie. Chaque associée s'engage à faire une heure d'adoration par mois et à payer une cotisation de 1 franc par an, ou à sous-crire pour 3 francs par an si l'on n'est que souscripteur. Avec le produit des quêtes et cotisations et les dons en nature (argenterie ancienne, robes, étoffes de soie, toile, fleurs artificielles, etc.), l'archicon-frérie secourt les églises pauvres. Les dames se réunissent dans les ouvroirs de l'OEuvre chaque semaine ou travaillent chez elles aux objets nécessaires au culte.

L'OEuvre est établie dans un certain nombre de diocèses. Les dames zélatrices recueillent des souscriptions et les envoient à l'OEuvre de Paris, qui répartit entre ces diocèses les objets réunis par ses soins.

Les demandes pour les églises pauvres doivent être envoyées à l'évêché du diocèse, d'où, après avoir été examinées et approuvées, elles sont adressées à la Présidente de l'OEuvre, à Paris, dans le courant de novembre au plus tard.

Après avoir satisfait aux demandes faites par les diocèses affiliés, on répond, s'il est possible, aux demandes des églises les plus pauvres en dehors des diocèses réunis à l'OEuvre.

Les secours consistent en ornements, linge d'église, vases sacrés, flambeaux, et tout ce qui sert au culte divin.

Une exposition publique des objets achetés ou confectionnés par l'OEuvre a lieu tous les ans.

*Supérieur de l'archiconfrérie* : Son Éminence Monseigneur l'ARCHEVÊQUE DE PARIS.

*Directeur* : M. l'abbé LE REBOURS, curé de la Madeleine.

*Présidente de l'OEuvre* : M^me la marquise DE RASTIGNAC, rue de Grenelle, 15.

*Trésorière* : M^me DE LA ROQUETTE, rue de l'Université, 25.

*Directrice des ouvrages* : M^lle WAGNER, rue de Grenelle, 15.

## OEUVRE

## DES LAMPES DU TRÈS-SAINT-SACREMENT.

Maison du *Corpus Domini*, rue Bayen, 22 *bis* (xvii^e arr.).

Cette OEuvre a été fondée, en 1856, par M^lle de Mauroy pour permettre aux paroisses pauvres de satisfaire à l'obligation de placer une lampe toujours allumée dans les sanctuaires où le Saint-Sacrement est conservé.

Les demandes doivent être accompagnées d'un certificat de l'autorité ecclésiastique constatant l'absolue pauvreté de la paroisse. Le conseil de l'OEuvre n'accorde de lampes que si Messieurs les Curés s'engagent à les laisser perpétuellement allumées et à n'employer le pétrole sous aucun prétexte.

L'OEuvre est dirigée par un Conseil composé de dames.

*Directeur* : Monseigneur DE SÉGUR, rue du Bac, 39.

*Sous-Directeur* : M. le CURÉ DE SAINT-SULPICE.

*Présidente* : M^lle DE MAUROY, rue Bayen, 22 *bis*.

*Secrétaire* : M. DE GAVAUDAN.

Les offrandes et souscriptions peuvent être adressées à M. le Directeur ou aux membres du bureau de l'OEuvre.

## OEUVRE APOSTOLIQUE,

### SOUS LE PATRONAGE DES SAINTES FEMMES DE L'ÉVANGILE.

Rue de Monsieur, 12 (vii<sup>e</sup> arrondissement).

Fondée en 1838 et actuellement établie dans plusieurs diocèses de France, l'OEuvre apostolique a pour but de coopérer à l'expansion de la foi, en venant en aide aux besoins spirituels et matériels des différentes missions. En pays étranger, elle leur procure les objets nécessaires ou utiles, soit à la célébration des Saints Mystères, soit à l'administration des sacrements, à la décoration des églises, à l'édification des fidèles, soit encore aux missionnaires eux-mêmes ou à leurs néophytes.

Ses dons consistent en objets confectionnés, autant que possible, par les associées elles-mêmes, dans les ouvroirs où elles se réunissent. Elle tire ses ressources des offrandes en argent et en nature, des souscriptions, quêtes et sermons de charité, et surtout des travaux manuels exécutés par les membres de l'OEuvre.

Une exposition annuelle réunit, avant la répartition générale, les travaux des ouvroirs de Paris et ceux des villes affiliées à l'OEuvre.

Des souscriptions spéciales d'un certain nombre d'associées de l'OEuvre lui ont permis de venir en aide aux missionnaires, en favorisant dans les missions les vocations indigènes. L'OEuvre adopte dans les séminaires, sur la demande des vicaires apostoliques, des élèves indigènes qui plus tard doivent rester dans le clergé séculier, et elle paye leur pension jusqu'à leur admission dans le sacerdoce.

*Directeur général* : Monseigneur GAUME, protonotaire apostolique, rue de Sèvres, 16.

*Présidente générale* : M^lle DU CHESNE, rue de Monsieur, 12.

*Trésorière générale* : M^me DE LEFFEMBERG, rue de Solférino, 6.

*Secrétaire générale* : M^me DE BROSSARD, rue de Grenelle, 82.

*Directrice du travail* : M^elle DE FINANCE, rue des Missions, 39.

## ASSOCIATIONS POUR LE SOULAGEMENT DES ÂMES DU PURGATOIRE.

### Établies dans les Paroisses.

Dans la plupart des paroisses de Paris il existe une Association ayant pour but le soulagement des âmes du purgatoire; elle fait dire des messes et applique aux défunts les mérites dont elle peut disposer. Les membres donnent une petite cotisation et récitent certaines prières.

S'adresser dans les paroisses.

## SOCIÉTÉ DES RELIGIEUSES AUXILIATRICES DES ÂMES DU PURGATOIRE.

Rue de la Barouillère, 16 (vi<sup>e</sup> arrondissement).

Cette Société, établie en 1856, se consacre au soulagement des âmes du purgatoire; tous ses membres appliquent à cette intention leurs prières, leurs souffrances, leurs bonnes œuvres.

Elle se compose : 1° de religieuses, qui aux trois vœux fondamentaux ajoutent l'abandon complet de tous leurs mérites aux âmes du purgatoire; de plus, elles visitent et soignent les malades indigents de leur quartier (voir chap. IV); 2° de dames du Tiers-Ordre, qui s'engagent à mener dans le monde une vie sérieusement chrétienne et à appliquer aux âmes du purgatoire le fruit des indulgences qu'elles peuvent gagner : ces dames s'occupent également de la visite des pauvres; 3° enfin, de membres honoraires, qui soutiennent l'Œuvre par une offrande annuelle et s'engagent à réciter tous les jours à l'intention des âmes du purgatoire les trois actes de Foi, d'Espérance, de Charité, et une invocation.

Les dames du Tiers-Ordre et les membres honoraires participent, eux et leurs parents défunts, aux prières de la Société.

## ARCHICONFRÉRIE DE NOTRE-DAME-DU-SUFFRAGE.
### A Saint-Merry.

Cette association de prières pour les morts a pour but d'assurer des secours perpétuels à ses membres. à leurs parents décédés et aux âmes du purgatoire.

S'adresser à la sacristie de Saint-Merry.

## ARCHICONFRÉRIE DE LA SAINTE-TRINITÉ,
### POUR LA DÉLIVRANCE DES ÂMES DU PURGATOIRE.
#### Établie dans l'église des Lazaristes, rue de Sèvres, 95.

Cette association a pour but de procurer le soulagement des âmes du purgatoire : 1° en multipliant, selon ses moyens, le saint-sacrifice de la messe; 2° en donnant des secours aux églises pauvres; 3° en distribuant d'abondantes aumônes.

On s'associe à l'Œuvre moyennant une souscription annuelle de 3 francs, ou en versant une somme de 100 francs une fois donnée.

On peut associer les défunts moyennant 3 francs par an ou 50 francs une fois donnés.

De nombreuses indulgences sont attachées à cette Œuvre.

S'adresser chez les Lazaristes, rue de Sèvres, 95.

## ARCHICONFRÉRIE DU CŒUR AGONISANT DE JÉSUS

### ET DE LA COMPASSION DE LA SAINTE-VIERGE.

Communauté de Marie Réparatrice, rue de Calais, 21.

Cette OEuvre a pour but d'honorer d'un culte spécial le Cœur Agonisant de Jésus et d'obtenir la grâce d'une bonne mort aux 80,000 mourants de chaque jour. Érigée à Jérusalem en 1867, l'Archiconfrérie est établie à Lyon, à Toulouse, à Paris, etc. A Paris, les associés se réunissent le troisième vendredi de chaque mois chez les Religieuses de Marie Réparatrice, rue de Calais, 21.

*Promoteur de l'OEuvre :* le R. P. Boué, rue de Sèvres, 35.

### ASSOCIATION DE LA BONNE-MORT.

Fondée dans l'église du Jésus, rue de Sèvres, 35 (vi° arrond.).

Le but de cette Association, fondée à Rome en 1648 et établie à Paris en 1859, est d'obtenir pour soi et pour les autres associés une bonne et sainte mort.

Réunion des associés le premier vendredi de chaque mois, à 4 heures, dans l'église du Jésus.

*Directeur :* le R. P. Lefebvre, rue de Sèvres, 35.

## ASSOCIATION DE PRIERES
## POUR LES PRÊTRES DÉFUNTS.

### SOUS L'INVOCATION DE S<sup>T</sup> JOSEPH.

Les prêtres du diocèse sont seuls admis à faire partie de cette Association, établie dans le but de prier pour les prêtres défunts.

Fondée d'abord à Angers, cette Association existe dans un grand nombre de diocèses.

S'adresser à Paris au secrétariat de l'Archevêché.

### OEUVRE DES PÈLERINAGES EN TERRE-SAINTE.

Secrétariat : rue Furstenberg, 6.

Cette OEuvre, a été fondée en 1853 à Paris pour faciliter la visite des lieux saints aux catholiques de tous les pays qui veulent aller prier sur le tombeau de Notre-Seigneur. Elle est dirigée par un conseil : ce conseil a pour mission de prononcer l'admission des pèlerins, de préparer l'organisation des caravanes, d'assurer par ses relations en Orient la sécurité et la bonne direction des voyages, et enfin de servir, pour la réduction des prix, d'intermédiaire officieux entre les pèlerins et les compagnies ou agents chargés du transport.

Il est organisé en général deux voyages par an, au mois de mars et au mois d'août. Le chiffre de douze pèlerins est le minimum pour chaque voyage. La durée du voyage, de Marseille jusqu'au retour à Marseille, est environ de six semaines. Le prix varie, suivant les classes sur le paquebot et les itinéraires, entre 870 francs et 1,442 francs (janvier 1876). Les billets sur les paquebots sont valables pendant quatre mois.

Les demandes doivent être adressées au secrétariat six semaines au moins avant le départ et être accompagnées, pour les laïques, de la recommandation d'un ecclésiastique; pour les ecclésiastiques, de l'autorisation de l'évêque de leur diocèse.

*Président du Conseil de l'OEuvre :* M. A. BAUDON, place du Palais-Bourbon, 6.

*Secrétaire :* M. Clément JUGLAR.

S'adresser au secrétariat général de l'OEuvre, rue Furstenberg, 6.

## OEUVRE DES PÈLERINAGES.

Comité général : rue François Ier, 8 (viiie arrondissement).

Le Conseil général des Pèlerinages s'est formé en 1872 dans le but de favoriser en France le mouvement des pèlerinages, soit en les provoquant et les organisant lui-même, soit en aidant les initiatives individuelles par des démarches auprès des compagnies de chemins de fer.

Il se met en relation avec les directeurs des sanctuaires où devront se faire les pèlerinages, afin de régler les préparatifs, fait connaître les conditions des pèlerinages décidés et provoque la formation en province de comités organisés sur les mêmes bases.

Les comités locaux sont chargés de la direction des pèlerinages de leurs diocèses respectifs.

La caisse de l'OEuvre est alimentée par les aumônes et par les sommes demandées aux pèlerins à titre de frais généraux.

Un journal hebdomadaire « *le Pèlerin* » sert d'organe au Conseil général de l'OEuvre.

*Directeur :* le R. P. PICARD, Supérieur des Pères de l'Assomption, rue François Ier, 8.

*Sous-Directeur :* le R. P. BAILLY, assomptioniste.

*Président :* M. le vicomte DE DAMAS.

*Secrétaire :* le R. P. GERMER-DURAND, assomptioniste.

*Trésorier :* M. le duc DE CHAULNES.

Adresser les demandes de renseignements au siége du Comité général, rue François Ier, 8.

## OEUVRE DES ÉCOLES APOSTOLIQUES.

### A Avignon, à Amiens, à Bordeaux, à Poitiers.

Cette OEuvre, fondée à Avignon en 1865 et dirigée par les pères de la Compagnie de Jésus, a pour but d'augmenter le nombre des missionnaires dans les deux mondes. Elle élève dans les écoles, gratuitement ou pour un prix modique, les enfants qui remplissent les conditions de la vocation apostolique et qui lui sont confiés par leurs parents.

Les conditions d'admission sont : une naissance légitime, douze ans accomplis, une bonne santé, la bonne conduite, la piété et le désir d'une sincère vocation.

Les parents s'engagent par écrit à ne pas s'opposer à la vocation de l'enfant et à se conformer aux règlements de l'OEuvre.

Les bienfaiteurs participent à toutes les prières et aux bonnes œuvres des directeurs et des élèves.

Le titre de *Fondateur* est donné aux personnes qui assurent à l'OEuvre un capital de 10,000 francs ou une rente annuelle de 500 francs, pour une bourse, ou une somme de 5,000 francs, pour une demi-bourse. Les *Souscripteurs* payent une cotisation de 20 francs par an. Les *Associés* donnent une somme inférieure à 20 francs.

Adresser les demandes d'admission et de renseignements et les offrandes au père Directeur de l'École apostolique à Avignon, Amiens, Bordeaux ou Poitiers.

# PETITE COMMUNAUTÉ
# DES CLERCS DE SAINT-SULPICE.

### ŒUVRE DU CŒUR MISÉRICORDIEUX DE JÉSUS,

#### A Issy (Seine).

Cette Œuvre, fondée à Paris en 1698 par M. Tronson, troisième Supérieur général de Saint-Sulpice, a pour but de favoriser les vocations d'élite et de procurer de saints prêtres à l'Église.

Les personnes qui désirent faire partie de l'Œuvre peuvent s'adresser à Mgr DE SÉGUR, Président.

Les demandes d'admission d'élèves doivent être adressées à M. l'abbé MILLOT, Supérieur, à Issy (Seine).

## INSTITUT APOSTOLIQUE
## DES FRÈRES DE SAINT-VINCENT-DE-PAUL.

#### Chemin du Moulin, 1 (xv° arrondissement).

L'institut des Frères de Saint-Vincent-de-Paul, dans le but de préparer des hommes spécialement dévoués aux besoins de la classe ouvrière, a fondé :

1° Une École apostolique à Chaville (Seine-et-Oise), rue de l'Église, 14, où des jeunes gens choisis de treize à dix-neuf ans étudient leur vocation et les matières de l'enseignement classique;

2° Un Séminaire proprement dit à Paris (chemin du Moulin, 1, xv° arrondissement), où des jeunes gens, soit ecclésiastiques, soit laïques, achèvent de se préparer à l'apostolat et à la conduite des OEuvres ouvrières.

On prend part à cette OEuvre en souscrivant pour une somme annuelle ou en donnant, comme membre fondateur, soit une bourse de 500 francs ou une demi-bourse de 250 francs pour l'École apostolique, soit une bourse de 600 francs ou une demi-bourse de 300 francs pour le Séminaire proprement dit.

Les offrandes et les demandes d'admission peuvent être adressées au Supérieur des Frères de Saint-Vincent-de-Paul (chemin du Moulin, 1), ou aux membres du comité des dames patronnesses, dont M^me la marquise DE GONTAUT, rue Saint-Dominique, 63, est Présidente. (Voir *Orphelinats*, chap. II.)

## OEUVRE DU VÉNÉRABLE DE LA SALLE.

### POUR LES NOVICIATS DES FRÈRES DES ÉCOLES CHRÉTIENNES.

Rue Oudinot, 27 (VII^e arrondissement).

Cette OEuvre a pour but de favoriser les vocations religieuses par la création de bourses dans les noviciats des Frères des Écoles chrétiennes. La bourse pour le petit noviciat est fixée à 400 francs par an. Trois ans de petit noviciat suffisent généralement pour préparer au grand noviciat. Le noviciat de Paris fournit les sujets pour les diocèses de Paris, Beauvais, Meaux, Orléans, Sens, Versailles.

Des petits noviciats sont aussi établis à Béziers, Caen (Hirouville), Cambrai, Lyon (Caluire), Marseille, Nantes, Saint-Omer.

L'OEuvre est dirigée par un conseil dont M<sup>gr</sup> RICHARD, archevêque de Larisse, coadjuteur de Paris, est Président.

Le comité des dames patronnesses réunit les fonds nécessaires pour la création des bourses.

Un *Bulletin* trimestriel rend compte de tout ce qui intéresse l'OEuvre.

S'adresser pour le *Bulletin*, pour les versements de fonds et pour tous les renseignements à M. DIDRON, Trésorier, rue Saint-Dominique, 23, ou au siége de l'OEuvre, rue Oudinot, 27, maison des Frères.

## PETITE OEUVRE DU SACRÉ-CŒUR.

### POUR LES VOCATIONS APOSTOLIQUES.

### A Issoudun (Indre).

Cette OEuvre, fondée en 1866 chez les missionnaires du Sacré-Cœur, à Issoudun, est établie pour élever des enfants qui ont la vocation de devenir prêtres missionnaires. Les élèves ne sont pas destinés au ministère ordinaire des paroisses : leur vocation a un caractère apostolique, et ils sont appelés à répandre la dévotion au Sacré-Cœur.

Les ressources de l'OEuvre reposent sur une cotisation d'un *sou par an* et sur les dons des personnes charitables.

L'enfant doit appartenir à une famille chrétienne et de bonne réputation, être âgé de dix à quatorze ans, avoir une bonne santé et annoncer d'heureuses dispositions.

Des zélateurs et des zélatrices s'occupent de recueillir les cotisations et les souscriptions.

Il existe à Notre-Dame d'Issoudun les OEuvres suivantes :

1°. *Association de prières en l'honneur de Notre-Dame du Sacré-Cœur;*

2° *Association du Sacré-Cœur de Jésus* pour rendre au Cœur de Jésus un culte d'honneur et de réparation;

3° *Tiers-ordre du Sacré-Cœur de Jésus*, pour les personnes pieuses vivant dans le monde;

4° *Société des Missionnaires du Sacré-Cœur*, communauté établie à Issoudun;

5° *Petite OEuvre du Sacré-Cœur* (voir ci-dessus);

6° *Congrégation des Religieuses de Notre-Dame du Sacré-Cœur*, établie à Issoudun.

## RELIGIEUSES DE NOTRE-DAME DE LA RETRAITE.

Rue du Regard, 15 (vi° arrondissement).

Les Dames de la Retraite ont pour but spécial de

recevoir chez elles et d'aider les femmes de toutes conditions qui veulent consacrer quelques jours au soin exclusif de leur salut, dans les exercices d'une retraite particulière ou commune.

Des directeurs expérimentés prêtent leur concours aux retraitantes.

Les retraites communes durent huit jours et commencent à des époques fixes.

Les retraites particulières ne durent pas moins de trois jours et se prolongent au besoin; elles ont lieu dans tous les temps de l'année.

On reçoit journellement dans la maison les personnes qui ont besoin d'instruction religieuse. Une bibliothèque est ouverte dans la communauté (voir chap. XIII).

Les Religieuses de Notre-Dame de la Retraite ont une maison à Lyon, place de Fourvières; ·

A la Louvesc (Ardèche);

A Versailles, rue de la Vieille-Église, 2 (Montreuil);

A Tours, rue du Faubourg-Saint-Symphorien, 6;

A Nancy, cours Léopold, 18;

à Paray-le-Monial, rue de la Croix-de-Pierre, 5.

## RELIGIEUSES DE MARIE RÉPARATRICE.

Rue de Calais, 21 (ix⁰ arrondissement).

Les Religieuses de Marie Réparatrice donnent des

CHAPITRE XII.

retraites particulières ou générales aux personnes du monde et l'instruction religieuse à celles qui désireraient la recevoir (protestantes ou autres).

Une bibliothèque est ouverte chez elles. (Voir *Bibliothèques*, chap. XIII.)

## DAMES PENSIONNAIRES.

Chez les Religieuses de Notre-Dame de la Charité, dites *de la Vierge-Fidèle*, du monastère de la Délivrande, à Paris, Avenue Montaigne, 2 et 4 (VIIIᵉ arrondissement).

Les conditions se traitent de gré à gré avec la Supérieure. Le séjour ne peut pas être de moins d'un mois.

Maison au bord de la mer, à la Délivrande (Calvados).

# CHAPITRE XIII.

**Associations catholiques.**

**Cercles. -- Enseignement. — Bibliothèques.**

**Encouragement au bien.**

---

## COMITÉ CATHOLIQUE.

Rue de l'Université, 47 (vii° arrondissement).

Les comités catholiques ont pour but de grouper tous les hommes qui veulent travailler à sauvegarder les droits sacrés de la religion, de la famille et de la société.

Leur programme peut se résumer ainsi : Combattre la presse impie par la diffusion de publications saines et chrétiennes; maintenir la liberté de l'enseignement catholique à tous les degrés; revendiquer le repos et la liberté du dimanche; examiner au point de vue légal les questions où, sous une forme quelconque, la religion se trouve mêlée ou attaquée; en un mot, concourir énergiquement à la défense de tout intérêt catholique ou social.

Pour réaliser ce programme, le comité de Paris sollicite le concours des comités de province, avec

lesquels il se réunit annuellement en assemblées générales.

Il se partage en diverses commissions : 1° OEuvres
de prières; 2° OEuvres pontificales; 3° OEuvres en
général; 4° Enseignement; 5° Presse; 6° Économie
sociale politique; 7° Contentieux et législation;
8° Art chrétien (Société de Saint-Jean, voir ci-dessous); 9° Terre-Sainte et Orient.

Les comités catholiques ont été bénis à diverses
reprises par le Saint-Père et encouragés par monseigneur l'Archevêque de Paris et un très-grand
nombre d'autres évêques.

La cotisation des membres du comité est de 25 fr.
par an; elle peut être adressée au Trésorier.

*Président :* M. BAILLOUD.

*Trésorier :* M. DUBLAIX, rue du Bac, 92.

*Secrétaires :* M. F. DE LAUNAY, M. le comte A. DE
ROUGÉ.

S'adresser pour les renseignements au secrétariat,
rue de l'Université, 47.

## UNION DES OEUVRES OUVRIÈRES CATHOLIQUES.

Secrétariat : rue de Verneuil, 32 (VII° arrondissement).

L'Union des OEuvres ouvrières catholiques a été
fondée en 1871 dans le but de développer et propager ces OEuvres.

Le bureau central établi à Paris a pour mission d'être :

1° *Un centre de secours* pour aider à fonder, à soutenir et développer les OEuvres ouvrières, crèches et asiles, patronages d'écoliers et apprentis, cercles d'ouvriers, cercles militaires, associations chrétiennes, etc.;

2° *Un centre de renseignements* destiné à faire participer chaque directeur d'OEuvre à la lumière et à l'expérience de tous;

3° *Un foyer de zèle et de propagande*, par la publication d'un *Bulletin hebdomadaire* et par le moyen d'un grand congrès annuel des directeurs d'OEuvres, préparé par les soins de l'Union.

*Président :* Monseigneur DE SÉGUR, rue du Bac, 39.

*Vice-Président et Secrétaire général :* le R. P. BAILLY, rue François Ier, 8.

*Trésorier général :* M. Charles BARRY, avocat au Conseil d'État et à la Cour de cassation.

On s'abonne au Bulletin de l'Union au bureau central, rue de Verneuil, 32. C'est aussi au bureau central que doivent être adressées les souscriptions et les demandes de renseignements.

## ASSOCIATION DE NOTRE-DAME-DE-SALUT.

Secrétariat : rue François Ier, 8 (VIIIe arrond.).

L'Association a pour but le salut de la France et la moralisation des ouvriers. Elle prête son appui à toutes les OEuvres ouvrières, comme patronages, cercles d'ouvriers, réunions de patrons, maisons de famille, publications utiles aux ouvriers, etc., et les soutient dans la mesure de ses ressources.

Elle travaille à l'union de ces OEuvres en aidant le *Bureau central*, dont le siége est à Paris, rue de Verneuil, 32.

Les cotisations de 1 sou par mois, 10 sous par an ou de 2 sous par semaine, 5 francs par an, sont recueillies par des chefs de dizaines et des collecteurs.

L'Association est dirigée par un conseil dont le siége est à Paris, rue François Ier, 8.

*Directeur* : le R. P. PICARD.

*Secrétaire général* : le R. P. BAILLY.

*Présidente* : Mme la duchesse D'ESTISSAC.

*Vice-Présidente* : Mme GOSSIN.

*Secrétaire* : Mme AUBER.

*Trésorière* : Mme MORILLON.

## SALON DES ŒUVRES.

Au *Cercle catholique du Luxembourg* (voir p. 554).
Rue Bonaparte, 112 (VI° arrond.).

Le Salon des OEuvres est un salon de conversation ouvert aux catholiques de Paris, de la province et de l'étranger qui s'y font présenter. Les réunions ont lieu tous les mercredis, à huit heures du soir, sauf pendant les mois d'août, de septembre et d'octobre, dans un local dépendant du Cercle catholique du Luxembourg.

Tous les sujets qui, en dehors de la politique, peuvent intéresser les catholiques sont traités par des hommes spéciaux et amènent entre les membres de la réunion des communications utiles aux OEuvres dont ils s'occupent.

*Président :* M. Antonin RONDELET.

*Secrétaire :* M. Henri JOUIN.

*Trésorier :* M. Louis DE MONTROY.

## OEUVRE DE NOTRE-DAME-DES-ÉTUDIANTS.
### Église Saint-Sulpice.

Cette OEuvre a été établie dans l'église Saint-Sulpice le 6 décembre 1863. Elle ouvre une chapelle (du premier dimanche de l'Avent au premier dimanche de juillet) aux étudiants au-dessus de seize ans, pour les réunir et leur faciliter l'accomplissement de leurs devoirs religieux.

Tous les dimanches, à 9 heures, messe basse et entretien sur la doctrine catholique. L'exercice est terminé à 10 heures.

L'entrée de la chapelle se trouve dans l'intérieur de Saint-Sulpice, près de la porte latérale gauche, au bas de l'escalier du grand orgue.

## CERCLE CATHOLIQUE DU LUXEMBOURG.

Rue Bonaparte, 112 (vi° arrondissement).

Le Cercle catholique du Luxembourg a été établi en 1851 pour servir de lieu de réunion aux jeunes gens qui achèvent leurs études et principalement pour ceux dont la famille n'est pas à Paris. Ils y trouvent des ressources pour leurs études et leurs délassements, en même temps que les moyens de contracter de bonnes relations et d'assurer ainsi la conservation de leurs principes religieux.

La bibliothèque, les salons de lecture, de travail, de billard et de conversation, sont ouverts depuis le matin jusqu'à 11 heures du soir.

Des conférences de droit, de littérature, de philosophie, de sciences, de médecine, etc., ont lieu chaque semaine.

Les soirées du dimanche sont plus spécialement consacrées aux jeux et à la musique.

Les jeux de hasard et les paris sont interdits.

Toute discussion ou manifestation politique est également interdite.

. Le Cercle est administré par un bureau assisté d'un conseil.

On est admis dans le Cercle par une décision du bureau, sur la présentation de deux membres et après enquête.

Le prix de la cotisation annuelle est de 84 francs (impôt compris) pour les membres qui n'ont pas atteint l'âge de trente ans. — Au-dessus de cet âge, la cotisation est de 120 francs (impôt compris).

Pour les élèves des écoles Centrale, des Mines, des Ponts et Chaussées, la cotisation est de 42 francs par an (avec l'impôt).

Pour les élèves des écoles Polytechnique, Saint-Cyr, État-major et Normale, pour les internes des hôpitaux et pour les volontaires d'un an, la cotisation est de 20 francs par an (avec l'impôt).

Les membres qui sont admis après Pâques ne payent qu'une demi-cotisation.

*Président du Cercle :* M. Eugène BELUZE.

*Secrétaire :* M. Christian DE COULONGE.

*Trésorier :* M. Henry MESSELET.

(Dans le même local se trouve le Salon des OEuvres : voir ci-dessus.)

## CERCLE CATHOLIQUE DES EMPLOYÉS.

Rue de Seine, 91 (vi° arrond.).

Le Cercle catholique des employés a pour but de maintenir ses membres dans la pratique d'une vie honorable et chrétienne. Il leur procure des amitiés sûres, des appuis et des enseignements utiles, des récréations honnêtes.

Des cours gratuits de différentes natures, des conférences, sont organisés pour les membres du Cercle, qui ont à leur disposition des livres, journaux, revues, piano, billards et jeux divers.

Les salons sont ouverts tous les soirs, de 7 à 10 heures; les dimanches et jours de fêtes, de 10 heures du matin à 11 heures du soir.

Il faut, pour être admis, être employé, être âgé de dix-sept ans au moins, être présenté par un membre ou une personne connue, être agréé par le bureau et être inscrit comme candidat avant d'être reçu comme sociétaire.

La cotisation est de 30 francs par an, plus 6 francs d'impôt.

Sont membres fondateurs les personnes qui payent une somme de 500 francs une fois donnée, et membres honoraires celles qui payent une souscription annuelle de 20 francs.

*Président :* M. Hubert Ménage, rue Saint-Sulpice, 23.

*Trésorier :* M. J. Daniel.

*Secrétaire :* M. Eck.

## CERCLE COMMERCIAL
## DE NOTRE-DAME-DES-VICTOIRES.

Rue de la Feuillade, 2 (11ᵉ arrondissement),
Près la place Notre-Dame-des-Victoires.

Le Cercle de Notre-Dame-des-Victoires est destiné aux jeunes gens du commerce. Ils y trouvent un lieu de réunion qui supplée autant que possible au foyer de la famille absente. Le Cercle possède des salons de lecture et de conversation, une salle de billard, une bibliothèque; il s'y fait des conférences et l'on y donne fréquemment des soirées musicales.

Les candidats doivent être présentés par deux membres du Cercle.

Le prix de la cotisation est de 48 francs par an pour les membres âgés de vingt-cinq ans et de 36 francs pour ceux au-dessous de cet âge.

## CERCLE DE LA JEUNESSE.

Rue Saint-Antoine, 212 (iv° arrondissement).

Autorisé le 18 août 1858.

SOUS LA DIRECTION DES FRÈRES DES ÉCOLES CHRÉTIENNES.

L'OEuvre de la Jeunesse fondée à Marseille en 1729, et rétablie après la Révolution, a donné naissance au Cercle de la Jeunesse installé en 1854 rue des Francs-Bourgeois et actuellement rue Saint-Antoine, 212, dans l'ancien hôtel du duc de Mayenne.

Le but du Cercle est d'offrir aux jeunes gens les moyens de persévérer dans les habitudes morales et religieuses de leur éducation, remplaçant de plus, pour ceux dont les parents habitent la province, la famille absente. C'est pour ceux-ci qu'une maison de famille a été créée, et un certain nombre de chambres meublées peuvent être louées exclusivement aux membres du Cercle : les prix varient de 20 à 45 francs par mois.

Les jeunes gens trouvent au Cercle toutes les facilités pour l'accomplissement de leurs devoirs religieux, le moyen de former des liaisons utiles et d'éviter les mauvaises sociétés, une grande variété de distractions et d'amusements (salles de billards et de jeux, salons de conversation, piano, gymnastique, buffet, fumoir, bibliothèque, journaux, revues). — Cours spéciaux et conférences, sociétés musicales, villa d'été à Saint-Mandé et restaurant dans le Cercle.

Une conférence de Saint-Vincent-de-Paul est organisée parmi les membres du Cercle.

Il faut, pour être admis, être présenté à la direction ou recommandé par une personne honorable et connue, accomplir ses devoirs religieux, assister aux exercices religieux du dimanche (messe à huit heures et demie, salut à neuf heures du soir), avoir une bonne conduite, s'engager à payer la cotisation de 3 francs par mois. Avant d'être admis définitivement, on est inscrit six mois à l'avance comme candidat.

Le Cercle est ouvert tous les jours, de 7 heures du soir à 10 heures; le dimanche, de 8 heures du matin à 11 heures du soir.

S'adresser, pour tous les renseignements, au frère Supérieur des Écoles chrétiennes : *Demi-pensionnat*, rue Saint-Antoine, 212.

## OEUVRE DES CERCLES CATHOLIQUES D'OUVRIERS.
### Secrétariat : rue du Bac, 10.

Cette OEuvre a pour but de susciter et d'organiser le dévouement de la classe dirigeante envers la classe ouvrière. A cet effet, l'OEuvre forme des comités locaux, inspirés par l'esprit catholique et consacrés à la fondation des cercles catholiques d'ouvriers.

Elle a pour principe les définitions de l'Église sur ses rapports avec la vie civile et se place sous la tutelle du souverain pontife et des évêques de France.

Le cercle est une association ouvrière formée par les soins des comités locaux et dirigée par un conseil, recrutée, administrée et gouvernée par ses propres sociétaires.

Le conseil de chaque cercle se charge, avec l'aide des dames patronnesses, par des quêtes et des souscriptions, de recueillir les fonds nécessaires pour la bonne tenue du cercle.

Les ouvriers, sociétaires d'un cercle, y font profession d'une vie chrétienne. Ils y trouvent des salles de lecture, de jeux et de réunion.

Ils y forment entre eux une conférence de Saint-Vincent-de-Paul pour l'assistance des pauvres du quartier et diverses institutions charitables pour eux et leurs familles.

La cotisation des sociétaires est de 5o centimes par mois. La caisse du cercle est administrée par un conseil ouvrier élu par les sociétaires et délibérant sous la présidence d'un directeur.

Le cercle est ouvert tous les soirs de la semaine et toute la journée du dimanche.

Les adhésions, les offrandes, les communications et les demandes relatives à l'OEuvre sont reçues au secrétariat, rue du Bac, 1o.

Il existe en ce moment en France cent cercles ·d'ouvriers, dont dix à Paris :

*Tableau des Cercles catholiques d'ouvriers ouverts à Paris.*

*Cercle Sainte-Geneviève*, rue des Carmes, 23 (v° arrondissement).

*Cercle du Gros-Caillou*, rue Saint-Dominique, 170 (vii° arrondissement).

*Cercle Saint-Antoine*, rue de Montreuil, 37 (xi° arrondissement).

*Cercle du Mont-Parnasse*, boulevard du Mont-Parnasse, 126 (xiv° arrondissement).

*Cercle de Vaugirard*, rue de Vaugirard, 350 (xv° arrondissement).

*Cercle de Passy*, rue Mesnil, 10 (xvi° arrondissement).

*Cercle des Batignolles*, rue Marcadet, 277 (xvii° arrondissement).

*Cercle de Montmartre*, rue du Mont-Cenis, 53 (xviii° arrondissement).

*Cercle de Belleville*, rue de Belleville, 145 (xix° arrondissement).

*Cercle de la Villette*, rue de l'Ourcq, 84 (xix° arrondissement).

## CERCLE

### D'OUVRIERS MAÇONS ET TAILLEURS DE PIERRE

Rue des Fossés-Saint-Jacques, 11 (v<sup>e</sup> arrond.).

Société reconnue d'utilité publique par décret du 21 mars 1876.

La Société du Cercle des ouvriers maçons et tailleurs de pierre, fondée en 1867, a pour but l'instruction morale et intellectuelle de ses adhérents, ainsi que l'amélioration de leur sort. Elle leur offre, pendant le temps de leur séjour à Paris, des lieux de réunion, des cours professionnels, une caisse de secours mutuels, un dispensaire, un garni modèle et autres institutions utiles.

La direction du Cercle est confiée à un comité général composé d'architectes, d'ingénieurs, d'entrepreneurs, etc., et à un prêtre Directeur assisté d'un comité particulier choisi parmi les sociétaires.

Les membres du Cercle payent une cotisation mensuelle : leur admission est prononcée par le bureau.

Les dons doivent être adressés au Directeur, rue Lhomond, 18.

## SOCIÉTÉ GÉNÉRALE

### D'ÉDUCATION ET D'ENSEIGNEMENT.

Secrétariat général : rue de Vaugirard, 74 (vi<sup>e</sup> arrondissement).

Autorisée le 18 mars 1868.

Cette Société a pour but de travailler à la propagation et au perfectionnement de l'instruction fondée sur l'éducation religieuse et de favoriser la création d'écoles, de cours, de conférences, et la publication de livres relatifs à l'enseignement.

Elle se compose de membres actifs et de membres correspondants qui payent une cotisation de 10 francs par an et de membres souscripteurs, qui sans prendre part aux travaux de la Société s'y associent par le versement d'une souscription. Elle se divise en sections pour étudier les questions qui se rattachent au développement et aux progrès de l'instruction et publie tous les deux mois un Bulletin où se trouve l'exposé de ses travaux et des questions qui font l'objet de ses études.

La Société est administrée par un conseil résidant à Paris.

S'adresser pour les souscriptions, les demandes d'admission et les renseignements au secrétariat, rue de Vaugirard, 74.

*Président :* M. CONNELLY, conseiller à la Cour de cassation, doyen de la Faculté de droit de l'Université catholique, rue de Grenelle, 102.

*Secrétaires :* M. E. LEFÉBURE, rue Las-Cases, 7, et M. G. DE SENNEVILLE, rue de Grenelle, 52.

*Trésorier :* M. Charles HAMEL, rue de Tournon, 29.

## SOCIÉTÉ INTERNATIONALE
## DES ÉTUDES PRATIQUES D'ÉCONOMIE SOCIALE.

Place du Louvre, Mairie du 1ᵉʳ arrondissement.

Cette Société se propose surtout de constater par l'observation directe des faits, dans toutes les contrées, la condition physique et morale des personnes occupées des travaux manuels et les rapports qui les lient, soit entre elles, soit avec les personnes appartenant aux autres classes.

Elle se compose de membres honoraires payant une subvention annuelle de 100 francs et de membres titulaires payant une cotisation annuelle de 20 francs. Les membres reçoivent gratuitement les publications émanant de la Société.

*Secrétaire général :* M. Le Play, place Saint-Sulpice, 6.

*Trésorier :* M. Moreno-Henriquès.

Adresser les communications et les demandes d'admission au siége de la Société, à la mairie du 1ᵉʳ arrondissement.

## SOCIÉTÉ D'ÉCONOMIE CHARITABLE.

Fondée en 1847 par M. le vicomte de Melun, la Société d'Économie charitable s'occupe de l'étude et de la discussion des différentes questions qui se rattachent à l'économie sociale, à l'assistance publique et à la charité privée.

Le compte rendu des travaux de la Société est publié dans *le Contemporain*, revue d'économie chrétienne, qui est envoyée à tous les membres titulaires et correspondants. La cotisation des membres titulaires est de 30 francs par an et de 20 francs pour les membres correspondants.

*Président :* M. le vicomte DE MELUN, rue Saint-Dominique, 76.

Les demandes d'admission et de renseignements et les souscriptions doivent être adressées à M. LE CAMUS, *Secrétaire général*, rue Saint-Dominique, 11.

## L'UNION DE LA PAIX SOCIALE.

### COMITÉ D'UNION DE PARIS.

Siégeant : place du Louvre et rue Perrault, 2 (1er arrond.).

Préoccupés des dissensions politiques et religieuses qui menacent une partie de l'Occident, les membres du comité font appel à tous ceux qui voudraient aider au rétablissement de la paix dans les foyers et dans les ateliers. Ils proposent aux adhérents de rechercher les faits utiles à la réforme, en suivant les idées émises par M. LE PLAY et par quelques auteurs dans divers ouvrages sur ce sujet.

On souscrit, comme membre titulaire ou membre fondateur, au siége de la Société.

## ASSOCIATIONS

## PHILOTECHNIQUE ET POLYTECHNIQUE.

Reconnues d'utilité publique par décret du 11 mai 1861.

Ces deux Associations, complétement distinctes, ont l'une et l'autre pour but de donner gratuitement aux ouvriers adultes une instruction appropriée à leur profession. Elles ont établi des lectures, des conférences et des cours du soir sur des questions littéraires et historiques, les arts, le commerce et l'industrie.

Les deux Associations distribuent chaque année des prix, médailles, certificats d'étude et autres encouragements aux élèves qui se sont le plus distingués par leur exactitude, leur travail et leurs progrès. Les cours s'ouvrent chaque année le 6 novembre, et durent au moins six mois.

Les matières enseignées sont principalement : langues française, anglaise et allemande, arithmétique, algèbre, géométrie, trigonométrie, mécanique, physique, chimie, matières premières, hygiène et médecine usuelle, géographie, comptabilité commerciale, législation usuelle.

Un des cours de l'Association philotechnique est destiné aux adultes femmes.

Des affiches annoncent au commencement de

chaque hiver le local, le professeur, l'objet, les jours et heures des cours dans chaque arrondissement.

Le secrétariat de l'Association philotechnique est rue Serpente, 24.

## SOCIÉTÉ DE SAINT-JEAN.

### POUR L'ENCOURAGEMENT DE L'ART CHRÉTIEN.

Au secrétariat du *Comité catholique*, rue de l'Université, 47.

Une société a été fondée en 1872 pour l'encouragement de l'art chrétien, et une confrérie a été établie pour diriger cette société.

La confrérie est placée sous l'invocation de saint Jean-l'Évangéliste et la Société a le titre de Société de Saint-Jean.

Elle a pour but principal la régénération de l'art par la religion et se propose d'encourager les artistes qui produiront les œuvres les plus remarquables dans cet ordre d'idées.

A cet effet, elle établit des expositions, des concours, offre des prix et favorise tout ce qui répond à la pensée de sa fondation, dans les œuvres d'art et de littérature, l'enseignement de l'esthétique et de l'iconographie, l'imagerie religieuse, la musique sacrée.

La cotisation est de 20 francs par an.

S'adresser au secrétariat, rue de l'Université, 47, bureaux du Comité catholique. (Voir ci-dessus.)

## SOCIÉTÉ DES PUBLICATIONS POPULAIRES.

Rue de Grenelle-Saint-Germain, 82 (vii° arrond.).

Cette Société a pour but de favoriser la production et la diffusion de livres intéressants et irréprochables au point de vue de la religion et des mœurs.

Elle dresse un catalogue des livres populaires les plus recommandables, publie dans un Bulletin mensuel le résultat de ses travaux et l'analyse des ouvrages qu'elle a admis, se charge de procurer ces livres, aux conditions les plus favorables, aux établissements et aux particuliers qui en font la demande, et de composer elle-même les bibliothèques dont la formation lui est confiée (bibliothèques paroissiales, communales, scolaires, de régiment, d'usine, etc.).

Elle fournit aussi par unités ou par groupes, pour les distributions de prix, les livres mentionnés dans ses catalogues et ses bulletins.

Sont considérées comme Fondateurs les personnes qui ont versé une somme de 200 francs une fois donnée ou qui payent une souscription annuelle de 30 francs.

Les souscripteurs payent une cotisation annuelle de 6 francs. Les uns et les autres ont droit à une remise de 20 p. o/o sur les prix des livres qu'ils achètent par l'entremise de la Société.

Toute personne qui adresse à l'Agent bibliothécaire, en une fois, une commande de livres de 100 francs au moins, aux prix des catalogues de la Société, reçoit en prime un lot de livres, choisis sur ces mêmes catalogues, d'une valeur de 40 francs, ou d'une valeur de 18 francs pour une commande de 50 francs.

Le Bulletin de la Société paraît tous les deux mois et est envoyé gratuitement aux membres de la Société. Pour les autres personnes, le prix de l'abonnement est de 2 francs par an.

La Société est administrée par un conseil qui a pour *Président* M. le vicomte DE MELUN, rue Saint-Dominique, 76. — *Vice-Président* : M. le comte A. DE MOUSTIER.

*Secrétaire :* M. le vicomte DE LAURISTON.

S'adresser pour les renseignements, commandes, souscriptions, abonnements au Bulletin, à M. E. DE-LALAIN, *Agent bibliothécaire* de la Société, rue de Grenelle-Saint-Germain, 82, tous les jours, de 1 heure à 4 heures, excepté les dimanches et jours de fête.

## ŒUVRE DE SAINT-MICHEL.

### POUR LA PUBLICATION ET LA DIFFUSION DES BONS LIVRES.

Librairie de l'Œuvre : M. TEQUI, rue de Mézières, 6 (VIᵉ arr.).

Cette Œuvre se propose, avec le secours de la charité, de publier et de propager les bons livres au meilleur marché possible. Elle est dirigée par un conseil qui choisit les manuscrits destinés à être publiés ou les livres à rééditer. Elle procure à ses correspondants ces livres et d'autres non édités par elle avec de fortes remises, et aide ainsi à la formation de bibliothèques paroissiales.

Les associés payent une cotisation annuelle qui varie de 5 à 100 francs.

Les donateurs sont ceux qui donnent une somme quelconque une fois payée.

Les zélateurs procurent à l'OEuvre, outre leur cotisation personnelle, celles d'un certain nombre de personnes.

*Président :* Le R. P. Félix, rue de Sèvres, 35.

*Trésorier :* M. Alphonse Dosseur, rue du Cherche-Midi, 36.

*Présidente des dames patronnesses :* M^me de la Roche-foucauld, duchesse d'Estissac, rue Saint-Dominique, 102.

Les manuscrits, les demandes de livres et les fonds doivent être adressés à M. Tequi, libraire-éditeur, rue de Mézières, 6.

## SOCIÉTÉ BIBLIOGRAPHIQUE.

### Rue de Grenelle, 35.

La Société bibliographique, fondée en 1868 par

M. de Beaucourt, a pour but la publication de tous ouvrages utiles à la religion et à la science. Elle sert de lien entre les hommes d'étude et les hommes de bonnes œuvres, en venant en aide aux premiers dans leurs travaux et rattachant les seconds au mouvement intellectuel, et en les renseignant sur les publications bonnes à répandre.

Elle publie, en dehors des ouvrages ayant un caractère scientifique, *le Polybiblion*, *Revue bibliographique universelle*, mensuelle, qui apprécie les ouvrages nouveaux et tient au courant de ce qui paraît; la *Bibliothèque à 25 centimes*, composée de volumes in-32 de 128 pages destinés à éclairer le peuple sur toutes les questions de religion, de morale, d'économie sociale, d'histoire, etc.; les *Brochures populaires sur la Révolution française*, dont le but est de réfuter les mensonges révolutionnaires sur les grandes journées, les faits marquants et les personnages de la Révolution; les *Tracts*, petites feuilles volantes traitant en quatre pages in-32 une question de religion, de morale, de science, de science sociale, racontant la vie d'un saint, d'un homme illustre, des épisodes historiques, des anecdotes, etc.

La Société bibliographique a pour organe un *Bulletin mensuel*. Pour faire partie de la Société, il faut être présenté par deux membres et payer une cotisation annuelle de 10 francs.

S'adresser au secrétariat, rue de Grenelle, 35.

## ŒUVRE DES BIBLIOTHÈQUES
### DES SOUS-OFFICIERS ET SOLDATS.

Cette OEuvre a été fondée par M. le comte de Madre dans le but de procurer des bibliothèques aux hôpitaux militaires, aux casernes et aux corps de garde. Elle fournit : Une bibliothèque de cercle ou de caserne composée de 500 volumes reliés, atlas et cartes de géographie, pour 900 francs ;

Une bibliothèque d'hôpital mixte, avec boîte en menuiserie fermant à clef, pour 140 francs ;

Une bibliothèque de corps de garde avec même boîte, pour 60 francs.

Le surplus de la dépense est payé par la caisse centrale de l'OEuvre.

Les bibliothèques sont envoyées par le ministère de la guerre à l'adresse du commandant de place, aux frais de l'État, jusqu'à destination.

L'OEuvre a organisé des comités locaux dans un grand nombre de villes et coopère à la création des cercles militaires.

Les souscripteurs sont libres d'affecter leur offrande à une ville, à un corps de garde, à une caserne ou à un hôpital mixte : il est fait droit à leur demande.

Les souscriptions et les demandes doivent être adressées à M. le comte DE MADRE, boulevard des Invalides, 35.

## BIBLIOTHÈQUE DES BONS LIVRES.

Maison des *Dames de la Retraite*, rue du Regard, 15 (vi⁰ arr.).

Cette bibliothèque, fondée en 1868, met à la disposition des personnes qui désirent s'y abonner, moyennant une cotisation de 10 francs par an, les ouvrages les plus remarquables sur la religion, l'histoire, la littérature, etc.

Elle est ouverte de 2 heures à 5 heures, les lundis, jeudis, samedis, excepté les jours de fête.

## BIBLIOTHÈQUE DES FEMMES CHRÉTIENNES.

Religieuses de *Marie Réparatrice*, rue de Calais, 21 (ix⁰ arrond.).

Cette bibliothèque comprend deux sections : l'une, gratuite, est destinée à propager les bonnes lectures dans la classe ouvrière; l'autre, à laquelle on s'abonne moyennant une souscription annuelle de 10 francs, est composée d'ouvrages plus nombreux et plus choisis.

Ouverte tous les jours de 2 heures et demie à 3 heures et demie, excepté le dimanche.

## BIBLIOTHÈQUES PAROISSIALES.

Il existe dans la plupart des paroisses de Paris des bibliothèques dirigées par les membres du clergé. On s'abonne moyennant une cotisation minime.

S'adresser à la sacristie des paroisses.

## OEUVRE DES VIEUX PAPIERS.

### POUR LA FONDATION ET L'ENTRETIEN DES CERCLES MILITAIRES.

Quai de la Tournelle, 27 (v° arrond.).

Succursale : rue de Lévis, 72 (xvii° arrondissement).

Cette OEuvre a fourni depuis plusieurs années les ressources nécessaires à la fondation et à l'entretien des cercles militaires de Vincennes et du camp de Saint-Mandé, et elle a pu donner quelques secours à un certain nombre d'aumôneries des camps autour de Paris.

L'OEuvre reçoit les vieux papiers, les livres de tout genre, les objets de piété, etc.

Les objets utilisables sont remis en nature à MM. les aumôniers. Les mauvais livres sont lacérés et vendus ainsi que les vieux papiers pour être livrés au pilon, au profit de l'OEuvre.

L'OEuvre est dirigée par un comité dont Mgr GAUME est *Président*.

*Secrétaire :* M. l'abbé DE BONNIOT, vicaire à Saint-Séverin.

Un collecteur va recueillir à domicile les offrandes des personnes qui le font demander. Les envois de province se font en ballots ou en caisses de 50 kilogrammes au moins, avec l'indication *Vieux papiers*,

par la petite vitesse, à l'adresse de M. l'abbé DE BON-
NIOT, quai de la Tournelle, 27.

On peut aussi faire porter les offrandes au magasin de l'OEuvre, quai de la Tournelle, ou à la
succursale, rue de Lévis, 72.

S'adresser pour tous les renseignements à M. l'abbé
de Bonniot.

## OEUVRE PONTIFICALE DES VIEUX PAPIERS.

### A Langres (Haute-Marne).

L'OEuvre des Vieux Papiers reçoit tous les papiers
quels qu'ils soient : livres, ouvrages complets ou dé-
pareillés, brochures, journaux, papiers de tous
genres, cartes de visite, etc.

Les bons livres sont vendus comme ouvrages à lire.
Les mauvais livres, ainsi que les papiers de famille
et les correspondances, sont lacérés avant d'être livrés
au pilon et vendus.

Le produit des ventes est envoyé chaque année au
Saint-Père.

Les emballages se font dans des sacs ou dans des
caisses, en déclarant *Vieux papiers*, et autant que
possible par 100 kilogrammes à la fois, par la petite vitesse.

Les envois devront être adressés à M. Charles
MENNE, *Directeur* de l'OEuvre, à Langres.

*Sous-Directeur :* M. Victor DUFOUR, à Langres.

## PRIX MONTHYON.

M. de Monthyon a légué à l'Académie française une somme pour la fondation d'un prix annuel à décerner au Français pauvre qui aura fait l'action la plus vertueuse. L'Académie divise cette somme en plusieurs prix et en un certain nombre de médailles dont la valeur est fixée lors du jugement de chaque concours.

Les personnes qui connaissent des actions dignes d'être offertes à la reconnaissance publique peuvent rédiger un mémoire qui expose les faits avec détail; ce mémoire est remis à l'autorité municipale, qui le fait parvenir au secrétariat de l'Institut.

Tous les renseignements relatifs à l'obtention du prix de vertu, les pièces authentiques à l'appui et les certificats légalisés doivent parvenir au secrétariat de l'Académie française, palais de l'Institut, avant le 15 janvier de chaque année.

## SOCIÉTÉ D'ENCOURAGEMENT AU BIEN.

Secrétariat et bureaux : rue Brochant, 2 (XVIIᵉ arrondissement).

Autorisée par décision du Ministre de l'Intérieur du 5 septembre 1862.

Cette Société, fondée en 1862, a pour but de propager dans toutes les classes les principes de religion, de moralité, les habitudes d'ordre, d'économie et de dévouement.

Elle distribue tous les ans des récompenses consistant en médailles d'honneur, diplômes, etc., et encourage la publication des livres moraux et instructifs.

La cotisation annuelle est de 10 francs.

*Président :* M. DE LA ROCHEFOUCAULD, duc DE DOUDEAUVILLE.

*Secrétaire général :* M. HONORÉ ARNOUL, rue Brochant, 2.

## SOCIÉTÉ FRANÇAISE DE TEMPÉRANCE.

### ASSOCIATION CONTRE L'ABUS DES BOISSONS ALCOOLIQUES.

Secrétariat général : rue de l'Université, 6.

Cette Association a été fondée dans le but de combattre les progrès incessants et les effets désastreux de l'ivrognerie. Elle se propose d'employer à cet effet tous les moyens indiqués par l'expérience, et elle publie quatre fois par an un bulletin intitulé *la Tempérance.*

*Président de la Société :* M. DUMAS, de l'Institut.

*Secrétaire général :* M. le docteur L. LUNIER, Inspecteur général du service des aliénés, rue de l'Université, 6.

*Trésorier :* M. MAUOIN, rue Guénégaud, 12, à qui doivent être adressées les souscriptions.

Les adhésions sont reçues au secrétariat général.

# CHAPITRE XIV.

## Alsaciens-Lorrains.

---

## COMITÉ DE PATRONAGE CATHOLIQUE
## DES ALSACIENS-LORRAINS.

Rue de l'Université, 69 (vii° arrondiss¹).

Cette société a été fondée en 1872 dans le but de venir en aide aux Alsaciens-Lorrains qui ont quitté leur pays après avoir opté pour la nationalité française.

Elle a favorisé la création d'écoles spéciales et de services religieux en langue allemande destinés aux émigrants.

La distribution des secours en nature et en argent est confiée, dans les vingt arrondissements de Paris, aux Sœurs de Saint-Vincent de Paul, avec le concours des dames patronnesses.

Le conseil d'administration de l'Œuvre se réunit chaque semaine rue de l'Université, 69, et statue sur les demandes diverses qui lui sont adressées.

Le Comité a pour Président d'honneur Mgr DE SÉGUR, rue du Bac, 39.

Les demandes doivent être adressées au siége du Comité, rue de l'Université, 69.

## SOCIÉTÉ DE PROTECTION
## DES ALSACIENS-LORRAINS DEMEURÉS FRANÇAIS.

Rue de Provence, 9 (ix⁰ arrondissement).

Reconnue d'utilité publique par décret du 23 août 1873.

La Société de protection a été créée, dès les premiers mois de l'année 1872, dans le but de venir en aide aux nombreux Alsaciens-Lorrains forcés d'émigrer à la suite de l'annexion de l'Alsace et de la Lorraine.

Elle s'occupe notamment :

De réunir, par voie de souscription ou autrement, des fonds à distribuer en secours temporaires;

De procurer du travail, des emplois et des secours à ceux qui n'ont pas de moyens suffisants de subsistance;

De donner, à ceux qui les réclament, des renseignements, avis ou consultations légales.

Il faut, pour avoir droit aux secours de la Société, présenter un certificat d'option pour la nationalité française et une pièce constatant que l'on a quitté l'Alsace ou la Lorraine depuis l'annexion de ces deux provinces. Les Alsaciens-Lorrains établis à Paris ou dans les autres parties de la France avant la guerre sont en dehors de l'action de la Société.

Des consultations gratuites sont données tous les mercredis par les médecins de la Société, rue de Provence, 9, aux Alsaciens-Lorrains qui se présentent à eux. Les médicaments sont distribués aux frais de l'Œuvre.

Des distributions de vêtements ont également lieu le samedi au siége de la Société, sur la présentation de bons délivrés par les dames patronnesses qui vont visiter à domicile les familles secourues par l'Œuvre.

La Société entretient un certain nombre d'enfants des deux sexes dans des établissements d'instruction publics ou privés.

Elle a fondé au Vésinet un orphelinat de jeunes filles dirigé par les Sœurs de Saint-Charles (voir ci-après).

Enfin la Société a créé dans la province d'Alger plusieurs centres de colonisation et elle continuera à diriger vers les trois villages qu'elle a fondés jusqu'à ce jour, Haussonville (ancien Azib-Zamoun), Boukalfa et le Camp-du-Maréchal, les familles de cultivateurs choisies pour achever de peupler ces villages.

Elle accorde aux colons en toute propriété la concession gratuite des terrains qui lui ont été cédés par l'Administration et les maisons construites par ses soins, où elle les a installés au fur et à mesure de leur arrivée.

Jusqu'à présent il n'a été exigé des colons la garantie d'aucun capital. Ils doivent seulement rembourser peu à peu à la Société les avances qu'elle a dû leur faire jusqu'au jour où ils peuvent subvenir à leurs besoins, pour la nourriture, pour l'achat du bétail nécessaire à la culture, pour le mobilier de la maison, les semences, etc.

Les demandes des colons pour l'Algérie doivent être adressées au Président de la Société, rue de Provence, 9, qui les fait instruire par l'intermédiaire des comités de Nancy et de Belfort.

Les souscriptions sont reçues au siége de la Société.

Le versement d'une somme de 200 francs une fois donnée confère le titre de membre Fondateur.

*Président* : M. le comte D'HAUSSONVILLE, rue Saint-Dominique, 109.

*Secrétaire général* : M. H. PENOT, rue de Provence, 9.

## ŒUVRE DE SAINTE-ROSALIE.

Boulevard d'Italie, 50 (XIIIᵉ arrondissement).

(Voir chap. III, 1ʳᵉ section.)

Les Lazaristes qui desservent la chapelle de Sainte-Rosalie s'occupent d'une manière spéciale des Alsaciens-Lorrains, très-nombreux dans ce quartier.

Sermons et instructions en langue allemande.

## ŒUVRE DES SŒURS DE SAINT-CHARLES
## DE NANCY.

Rue Lafayette, 190 (xᵉ arrondissement).

Cette Œuvre est exclusivement consacrée aux Alsaciens-Lorrains.

Les Sœurs ont dans la maison :

1° Écoles gratuites pour les enfants;

2° Pensionnat et externat;

3° Patronage le dimanche pour les jeunes filles;

4° Visite des pauvres et des malades (Alsaciens-Lorrains) du quartier;

5° Asile provisoire et placement des jeunes personnes sans place et sans travail, munies de leur certificats.

## ŒUVRE DE SAINT-JOSEPH DES ALLEMANDS.

Rue Lafayette, 212 (xᵉ arrondissement).

Les RR. PP. Jésuites ont dans cette maison une chapelle, des écoles, des patronages pour les jeunes Alsaciens-Lorrains. Exercices religieux en allemand.

Confesseurs : à la chapelle Saint-Joseph; à Saint-Jacques-Saint-Christophe de la Villette, Saint-Louis d'Antin, Saint-Ferdinand des Ternes, Saint-Nicolas-des-Champs, Sainte-Marguerite, Saint-Antoine, Saint-Augustin, Notre-Dame, chapelle Sainte-Rosalie (voir Œuvre de Sainte-Rosalie, chap. III, 1ʳᵉ sect.), etc.

## SOCIÉTÉ DE PATRONAGE
## DES ORPHELINS D'ALSACE ET DE LORRAINE.

Rue Lepelletier, 1 (IX<sup>e</sup> arrondissement).

L'OEuvre du Patronage des orphelins d'Alsace et de Lorraine a été fondée, après la guerre de 1870-1871, sous les auspices de M<sup>me</sup> la maréchale de Mac-Mahon et sous la présidence de M. le marquis de Gouvello.

Son but est de recueillir et d'adopter, avec le consentement de leurs parents ou tuteurs, des orphelins pauvres, des enfants abandonnés, nés dans les provinces cédées à la Prusse, de les placer dans des établissements ruraux et de leur donner une éducation chrétienne.

Elle surveille ces orphelins pendant leur enfance, les patronne pendant leur adolescence, et leur facilite le moyen de s'établir à la campagne, soit comme cultivateurs, soit comme artisans.

Au 1<sup>er</sup> janvier 1876, il restait sous le patronage de l'OEuvre environ quatre cent cinquante enfants qui seront élevés jusqu'à leur majorité dans des établissements dirigés pour la plupart par des congrégations religieuses.

Sur ce nombre, deux cents orphelins reçoivent du ministère de l'intérieur une subvention prise sur les fonds de la souscription des Femmes de France, affectés aux Alsaciens-Lorrains par la loi du 12 décembre 1872. Les autres, c'est-à-dire deux cent cinquante élèves, sont à la charge exclusive de la Société.

Les Évêques et les conseils généraux se sont associés à cette OEuvre.

Les demandes doivent être adressées au siége de la Société, rue Lepelletier, 1.

## ORPHELINAT ALSACIEN-LORRAIN.

### Au Vésinet (Seine-et-Oise).

La généreuse libéralité d'un des membres de la Société de protection des Alsaciens-Lorrains, dont le siége est à Paris, rue de Provence, 9 (voir ci-dessus), a permis à cette Société de fonder au Vésinet un orphelinat destiné à recevoir les orphelines ou jeunes filles abandonnées originaires de l'Alsace et de la Lorraine et se trouvant dans les conditions générales de la Société. Les jeunes filles qui ont encore leur père ou leur mère ne sont admises que si les parents signent l'engagement de les laisser à l'orphelinat jusqu'à l'âge de vingt et un ans. Elles sont reçues depuis l'âge de cinq ans jusqu'à quinze ans.

La Société dispose d'un certain nombre de places gratuites.

Le prix de la pension est de 400 francs par an et 100 francs d'entrée pour le trousseau.

On peut fonder une bourse, une demi-bourse ou un quart de bourse moyennant une somme de 8,000, 4,000 ou 2,000 francs une fois payée. La désignation de l'enfant qui devra en profiter appartient aux fondateurs de la bourse.

La maison contient quarante lits et est confiée aux Sœurs de Saint-Charles de Nancy.

S'adresser pour les souscriptions, les renseignements, les demandes d'admission, à M. le Secrétaire général de la Société de protection des Alsaciens Lorrains, rue de Provence, 9.

## COLONISATION EN ALGÉRIE.

(Voir ci-dessus : *Société de protection des Alsaciens-Lorrains.*)

# CHAPITRE XV.

## Œuvres pour les Étrangers.

---

## SECOURS AUX INDIGENTS ÉTRANGERS.

Les étrangers sont reçus dans les hôpitaux de Paris dans les mêmes conditions que les Français. Ils sont, pour tous les cas d'urgence, secourus par l'Administration de l'Assistance publique et par la charité privée sans distinction de nationalité. Leurs enfants sont reçus, au même titre que les enfants français, dans les salles d'asile et dans les écoles communales.

Il existe de plus dans Paris un certain nombre d'Œuvres spéciales en faveur des étrangers.

## ALLEMANDS.

---

### SOCIÉTÉ DE BIENFAISANCE ALLEMANDE.
#### A la Légation, rue de Lille, 78.

Le mercredi et le samedi.

## AMÉRICAINS.

---

### SOCIÉTÉ DE BIENFAISANCE AMÉRICAINE.
#### Rue de la Paix, 15.

## ANGLAIS.

---

### ASSOCIATION CHARITABLE POUR LES ANGLAIS.
#### Rue du Faubourg-Saint-Honoré, 235.

Il existe sous le nom de « British charitable Fund » une association qui a pour but de venir en aide aux Anglais, sans distinction de culte, habitant Paris et se trouvant dans la misère.

Les ressources consistent dans les souscriptions recueillies parmi les Anglais.

S'adresser rue du Faubourg-Saint-Honoré, 235, le jeudi, à deux heures et demie.

### HÔPITAL ANGLAIS.
#### (Voir chap. VI.)

## AUSTRO-HONGROIS.

---

### SOCIÉTÉ DE BIENFAISANCE AUSTRO-HONGROISE.
#### Passage de Tivoli, 20 (ix° arrondissement).
##### Reconnue d'utilité publique par décret du 5 février 1875.

## FLAMANDS.

---

### ŒUVRE DES FLAMANDS.
#### Rue des Boulets, 102 (xi° arrondissement).

Cette Œuvre a pour but de donner des secours

spirituels et temporels aux Flamands qui habitent Paris. Le centre de l'Œuvre est rue des Boulets, 102, et sera transféré rue de Charonne, 179, où une église spéciale est en construction. Les Flamands trouvent dans la maison un patronage qui se réunit les dimanches, les lundis et les jours de fêtes, de trois heures et demie à neuf heures du soir. Un billard, des livres et des journaux en langue flamande sont mis à leur disposition.

Une société de secours mutuels leur garantit en cas de maladie les secours nécessaires. L'Œuvre se charge aussi de tous les papiers et de leur traduction pour les mariages belges et hollandais.

Cette Œuvre est placée sous le patronage de l'épiscopat belge et est dirigée par M. l'abbé Beyaert.

## CONFÉRENCE DE SAINT-LIÉVIN DES FLAMANDS.

Cette conférence de Saint-Vincent-de-Paul est établie au centre de la population flamande de Paris, dans le faubourg Saint-Antoine. Elle est composée de Flamands qui viennent en aide à leurs compatriotes tombés dans la misère.

Les réunions ont lieu le dimanche, à deux heures et demie, chez M. l'abbé Beyaert, rue des Boulets, 102.

*Président de la Conférence :* M. GALENS, rue Saint-Bernard, 34.

## ITALIENS.

——

### ŒUVRE DE LA SAINTE-FAMILLE ITALIENNE.

Rue de Monceaux, 64 (viii° arrondissement).

Réunion des ouvriers italiens adultes, hommes et femmes. — Instruction religieuse.

L'Œuvre met en circulation de bons livres, place dans les orphelinats les enfants abandonnés, remplit les formalités nécessaires pour les mariages civils et religieux, visite les malades, soit dans leurs domiciles, soit dans les hôpitaux ou hospices.

Réunions à sept heures et demie du soir : le premier dimanche du mois, à Sainte-Anne, rue Planchat, 6 *bis* (xx° arr.); le premier jeudi du mois, à Saint-Étienne-du-Mont, chapelle des catéchismes; le quatrième dimanche du mois, à la chapelle Saint-Paul, rue de Monceaux, 64.

La direction de l'Œuvre est chez les RR. PP. Barnabites, rue de Monceaux, 64 (viii° arrondissement).

### SOCIÉTÉ DE BIENFAISANCE ITALIENNE.

Au Consulat général d'Italie, rue de Miroménil, 19.

# POLONAIS.

---

## ÉCOLE POLONAISE DES BATIGNOLLES.

Rue Lamandé, 15 (xvii° arrondissement).

Reconnue d'utilité publique par décret du 8 avril 1865.

Cette école a été fondée par la Société d'éducation des enfants des émigrés polonais.

Le comité chargé de la direction de l'école a pour Président M. le docteur Séverin GALEZOWSKI.

## BIBLIOTHÈQUE POLONAISE.

Quai d'Orléans, 6 (iv° arrondissement).

Reconnue d'utilité publique.

Fondée en 1838 par la Société historique et littéraire polonaise.

Elle s'est enrichie de dons considérables et possède aujourd'hui environ 45,000 volumes, touchant pour la plupart à l'histoire de la Pologne, et 10,000 gravures.

Ouverte au public tous les jours, excepté les dimanches et jours de fêtes, de onze heures à quatre heures.

## CONFÉRENCE DE SAINT-CASIMIR.

Cette conférence de Saint-Vincent-de-Paul, composée de Polonais et visitant des familles polonaises,
se réunit chez les Pères de la Résurrection, rue Saint-
Honoré, 263 (presbytère de l'Assomption).

## SOCIÉTÉ DE BIENFAISANCE DES DAMES POLONAISES.

Cette Société, fondée en 1834, a pour but de secourir les malades, les veuves et les orphelins, et de
procurer aux pauvres les moyens de gagner leur vie.
Elle distribue de l'argent, des vêtements, des outils,
des bons de pain et de viande; des médecins attachés à la Société traitent gratuitement les malades
et leur font livrer aux frais de l'OEuvre les médicaments nécessaires. Les dépenses sont couvertes par
les souscriptions, quêtes, ventes et loteries.

*Présidente :* M^me la comtesse Isabelle Dzialynska,
née princesse Czartoriska, hôtel Lambert, rue Saint-
Louis-en-l'Île, 2 (IV^e arrondissement).

## INSTITUTION DES DEMOISELLES POLONAISES.

Hôtel Lambert, rue Saint-Louis-en-l'Île, 2.

Cette institution a été fondée, en 1844, pour
donner aux filles des émigrés une instruction qui
leur permette de se placer ensuite comme institu-

trices. Elles y restent de douze à dix-huit ans, étudient la langue et la littérature polonaises et se préparent aux examens pour le brevet de capacité.

L'institution est placée sous le patronage et la direction de M<sup>me</sup> la comtesse Dzialynska, née princesse Czartoriska.

## OEUVRE DE SAINT-CASIMIR.

### ORPHELINAT POUR LES JEUNES FILLES

### ET MAISON DE RETRAITE POUR LES VIEILLARDS.

Rue du Chevaleret, 119 (XIII<sup>e</sup> arrondiss<sup>t</sup>).

Reconnue d'utilité publique par décret du 16 juin 1869.

Il existe rue du Chevaleret, 119, un établissement dirigé par les Sœurs de Saint-Vincent-de-Paul polonaises, qui élèvent gratuitement les orphelines polonaises admises par l'OEuvre de Saint-Casimir. L'OEuvre a reçu du comte et de la comtesse de Montessuy une maison à Juvisy (Seine), où sont installés les vieillards et les petits garçons.

*Président de l'OEuvre :* M. le prince CZARTORISKI, hôtel Lambert.

*Présidente :* M<sup>me</sup> la comtesse DE LA REDORTE, rue du Faubourg-Saint-Honoré, 31.

*Trésorière :* M<sup>me</sup> la comtesse DE MONTESSUY, rue Saint-Dominique, 190.

## SOCIÉTÉ DES IMPOSÉS VOLONTAIRES.

Fondée au moment de l'émigration polonaise en 1831, cette Société se propose de venir au secours de tous les Polonais malheureux, moyennant une imposition volontaire que ses membres s'engagent à payer. Depuis 1862 elle s'occupe plus spécialement des vétérans et des enfants, qu'elle place dans des maisons particulières, et elle accorde des pensions viagères aux invalides polonais.

*Administrateur délégué* : M. Ladislas Laskowiez, quai Saint-Michel, 13.

## OEUVRE DU CATHOLICISME EN POLOGNE.

Cette OEuvre a été établie en 1864 afin de venir au secours des Polonais persécutés pour la foi et les encourager, par tous les moyens que suggère la charité, à se maintenir dans leur fidélité à l'Église catholique. Elle fait tous ses efforts pour subvenir aux premiers besoins des exilés polonais, pour leur procurer du travail, des occupations, leur fournir les moyens de s'instruire en les faisant entrer dans des écoles et dans des séminaires. Les membres s'appliquent surtout à accueillir avec charité les exilés, à les guider de leurs conseils, à leur adoucir autant qu'ils le peuvent les rigueurs de l'exil.

S'adresser au R. P. Lescoeur, de la congrégation des Prêtres de l'Oratoire, rue du Regard, 11.

## OEUVRE DES PAUVRES MALADES POLONAIS.

Une section de l'OEuvre des Pauvres malades (voir chap. IV) est spécialement consacrée aux Polonais. Les réunions ont lieu à l'Assomption, chez les RR. PP. Résurrectionnistes.

*Présidente :* M^me la comtesse Isabelle DZIALYNSKA, née princesse CZARTORISKA, hôtel Lambert, rue Saint-Louis-en-l'Île, 2.

## SUISSES.

### ASILE SUISSE.

Avenue de Saint-Mandé, 25 (xii° arrondissement).

Maison de retraite pour les vieillards des deux sexes, sans distinction de religion, ouverte en 1866; 30 francs par mois. Il faut, pour être admis, n'avoir pas de ressources suffisantes pour vivre seul, n'avoir subi aucune peine infamante, être âgé de soixante-cinq ans et domicilié à Paris depuis trente ans. On doit fournir un trousseau, qui reste à l'Asile après décès.

S'adresser à M. O. F. KRAUSS, Président du comité de l'Asile, rue de Provence, 29, ou au régisseur de l'établissement.

## SOCIÉTÉ HELVÉTIQUE DE BIENFAISANCE.

Rue d'Argout, 10 (1er arrondissement).

Autorisée par décision ministérielle du 27 novembre 1821.

Cette Société a pour but de secourir les Suisses en résidence ou en passage à Paris, sans distinction de religion, surtout les malades, les vieillards, les orphelins, les familles nombreuses, etc. La cotisation annuelle des membres payants est de 20 francs pour les hommes et 10 francs pour les dames.

## SOCIÉTÉ SUISSE DE SECOURS MUTUELS.

Siége : Rue Lafayette, 90 (1xe arrondissement).

Cette Société, fondée en 1842, a pour but :

1° L'assistance mutuelle en cas de maladie;

2° Une caisse de pensions en faveur des sociétaires âgés ou infirmes;

3° L'assistance, autant qu'il est possible, des Suisses nécessiteux.

La cotisation est de 2 francs par mois.

## SERVICES RELIGIEUX
### ET CONFESSEURS POUR LES LANGUES ÉTRANGÈRES.

---

### ALLEMANDS.

Les confesseurs pour la langue allemande sont indiqués au chapitre XIV (*Alsaciens-Lorrains*).

### ANGLAIS.

Église Saint-Roch. Pendant le carême, sermons.

*Confesseur anglais :* M$^{gr}$ ROGERSON.

Chapelle Saint-Joseph, avenue de la Reine-Hortense, 5o.

Sermons tous les dimanches.

*Confesseurs :* RR. PP. Passionnistes, avenue de la Reine-Hortense, 5o.

On trouve aussi des prêtres anglais au séminaire des Irlandais, rue des Irlandais, 5; chez les RR. PP. Jésuites, rue de Sèvres, 35; dans les églises Saint-Germain-des-Prés, Sainte-Trinité, Saint-Sulpice, etc.

### ESPAGNOLS.

*Confesseurs :* M. l'abbé E. G. DURAND, professeur à l'Université catholique, église des Carmes, rue de Vaugirard, 74; à l'église des RR. PP. Jésuites, rue de Sèvres, 35; à Saint-Médard, à Saint-Pierre de Chaillot, à Saint-Martin, etc.

### FLAMANDS.

Service religieux à la chapelle provisoire, rue des Boulets, 102, qui sera transférée rue de Charonne, 179; le dimanche, messe et instructions en langue flamande; à trois heures et demie, salut et instruction.

*Confesseurs* : M. l'abbé BEYAERT, rue des Boulets, 102; le R. P. STANISLAS, de l'ordre des Carmes déchaussés, rue de la Pompe, 53, à Passy.

### ITALIENS.

*Confesseurs* : Chapelle des RR. PP. Barnabites, rue de Monceaux, 64; église des RR. PP. Jésuites, rue de Sèvres, 35; chapelle des Frères mineurs Conventuels, rue de Romainville, 23; chapelle Sainte-Eugénie, faubourg Saint-Antoine, 110; églises Saint-Augustin, Saint-Antoine, Annonciation de Passy, Saint-Eustache, Saint-Étienne-du-Mont, Saint-Ferdinand des Ternes, Saint-Germain-des-Prés, Sainte-Geneviève, Sainte-Marguerite, Saint-Médard, Saint-Michel des Batignolles.

### POLONAIS.

Les RR. PP. de la Résurrection, rue Saint-Honoré, 263 (à l'Assomption), s'occupent spécialement des OEuvres polonaises. Le R. P. JELOWICKI, *supérieur*.

Le dimanche, à l'Assomption, messe et sermon à dix heures et demie.

*Confesseurs* : à l'Assomption, à Saint-Augustin, à Sainte-Marie des Batignolles, etc.

## PORTUGAIS.

*Confesseurs* : Église des RR. PP. Jésuites, rue de Sèvres, 35 ; église des Carmes, rue de Vaugirard, 74, M. l'abbé E. G. DURAND.

## RUSSES.

*Confesseurs* : Église des RR. PP. Jésuites, rue de Sèvres, 35.

# TABLE ANALYTIQUE.

## CHAPITRE PREMIER.

### ENFANCE

### PREMIÈRE SECTION.

**Premier âge, — Crèches, — Asiles, — Écoles
et Œuvres pour les Écoles.**

# SECONDE SECTION.

### Œuvres pour les Enfants et les Orphelins.

—

### ŒUVRES SPÉCIALES POUR LES ENFANTS
### ET LES ORPHELINS.

### PREMIÈRE COMMUNION.

HÔPITAUX POUR LES ENFANTS ET MAISONS
DE CONVALESCENCE.

(Voir chap. V : *Hôpitaux.*)

# CHAPITRE II.

## ORPHELINATS.

---

### PREMIÈRE SECTION.

#### Orphelinats dans Paris pour les Garçons.

---

## TROISIÈME SECTION.

### Institutions charitables et Orphelinats hors Paris pour les Garçons.

———

## QUATRIÈME SECTION.

### Institutions charitables
### et Orphelinats hors Paris pour les Filles.

# CHAPITRE III.

## JEUNESSE.

## PREMIÈRE SECTION.

### Apprentissage. — Patronage. — Écoles professionnelles.

#### APPRENTISSAGE ET PATRONAGE.

ÉCOLES PROFESSIONNELLES.

SECOURS AUX ATELIERS D'APPRENTISSAGE.

## SECONDE SECTION.
### Œuvres pour la Jeunesse.

———

# CHAPITRE IV.

**Secours à domicile aux Indigents, aux Malades
et aux Blessés. — Bureaux de bienfaisance.**

BUREAUX DE BIENFAISANCE, SECOURS
DE L'ADMINISTRATION.

# CHAPITRE V.

### Hôpitaux. — Maisons de santé et de convalescence.

— — — —

# CHAPITRE VI.

### Hospices.
**Maisons de retraite pour les Vieillards et les Incurables.
Asiles pour les Protestants et les Israélites.**

### HOSPICES.

# CHAPITRE VII.

### Aliénés. — Aveugles. — Sourds-Muets. — Bègues.

# CHAPITRE VIII.

**Prévoyance. — Épargne. — Secours mutuels.**

———

### ÉPARGNE, RETRAITES.

### ASSURANCES.

### PRÊTS, PRÉVOYANCE.

# CHAPITRE IX.

### Mariages. — Assistance judiciaire.

#### MARIAGES.

#### ASSISTANCE JUDICIAIRE.

# CHAPITRE X.

### Correction. — Réhabilitation. — Préservation.

#### CORRECTION PATERNELLE.

# CHAPITRE XI.

**Secours des Ministères et de la Ville de Paris. — Pensions.
Reconnaissance légale des Œuvres.
Autorisation pour les Loteries. — Logements insalubres.**

---

## CHAPITRE XII.

### Missions. — Paroisses et Communautés. Œuvres religieuses.

———

### MISSIONS.

# CHAPITRE XIII.

**Associations catholiques. — Cercles. — Enseignement.
Bibliothèques. — Encouragement au Bien.**

### ASSOCIATIONS CATHOLIQUES.

## SUISSES.

## SERVICES RELIGIEUX.

# TABLE ALPHABÉTIQUE.

## A

# C

## D

## E

# M

# P

# Q

# R

www.ingramcontent.com/pod-product-compliance
Lightning Source LLC
Chambersburg PA
CBHW071136270326
41929CB00012B/1772

* 9 7 8 2 0 1 2 8 4 3 0 0 4 *